财政部规划教材
全国高等院校财经类教材

现代审计学

熊欢欢　主编

中国财经出版传媒集团
中国财政经济出版社
·北京·

图书在版编目（CIP）数据

现代审计学 / 熊欢欢主编. -- 北京：中国财政经济出版社，2024. 6. -- （财政部规划教材）（全国高等院校财经类教材）. -- ISBN 978-7-5223-3272-7

Ⅰ. F239. 0

中国国家版本馆 CIP 数据核字第 2024RV7936 号

责任编辑：温彦君　　　　责任印制：张　健
封面设计：卜建辰　　　　责任校对：胡永立

现代审计学
XIANDAI SHENJIXUE

中国财政经济出版社 出版

URL：http：//www. cfeph. cn
E-mail：cfeph@ cfeph. cn

社址：北京市海淀区阜成路甲 28 号　邮政编码：100142
营销中心电话：010-88191522
天猫网店：中国财政经济出版社旗舰店
网址：https：//zgczjjcbs. tmall. com
北京密兴印刷有限公司印刷　各地新华书店经销
成品尺寸：185mm×260mm　16 开　22. 25 印张　514 000 字
2024 年 6 月第 1 版　2024 年 6 月北京第 1 次印刷
定价：65. 00 元
ISBN 978-7-5223-3272-7
（图书出现印装问题，本社负责调换，电话：010-88190548）
本社图书质量投诉电话：010-88190744
打击盗版举报热线：010-88191661　QQ：2242791300

编写说明

党的二十大报告提出“教育、科技、人才是全面建设社会主义现代化国家的基础性、战略性支撑”，要求“全面提高人才自主培养质量，着力造就拔尖创新人才”，为新时代的审计人才培养和审计教育事业发展进一步指明了方向，提供了遵循。

当今，大数据伴随着云计算、移动互联网的发展，正在对全球经济社会产生巨大的影响。在这一时代背景下，审计环境发生了翻天覆地的变化，审计的对象、内容和方法也都发生了巨大的变化。数据的多样化推动了审计技术方法的创新，也大大提升了审计的效率和效果。与此同时，大数据审计、碳审计对审计人员的能力培养提出了更高要求。

基于此，本教材深入学习党的二十大精神，深刻认识教育、科技和人才“三位一体”统筹发展的内涵实质与实践要求，按照最新修订的审计准则、中国注册会计师执业准则和会计师事务所质量管理准则等要求编写，全面阐述了现代审计学的基本原理、基本理论和基本方法，不仅系统介绍了审计的业务循环、工作程序与成果报告，还拓展了大数据审计及碳审计等前沿知识，旨在构建我国自主的审计知识体系，有利于读者深刻理解审计本质，把握我国审计发展基本规律及前沿动态，培养应对复杂审计环境的思维素养与综合能力，全面提高自主人才培养的质量。

本教材是江西省一流本科课程、南昌大学课程思政示范课程“审计与认证”的参考配套教材。编写特色如下:

第一，内容前瞻。教材关注政策变化，并结合审计最新理论、审计准则规定以及最前沿的审计实际，全面而系统地阐述了现代审计学的基础知识、基本理论、基本程序与方法，并补充拓展了有关大数据审计和碳审计等前沿理论知识，与时俱进。

第二，结构严谨。教材内容循序渐进，通俗易懂。以最新会计准则和审计准则为依据，以财务报表审计为重点，以审计目标为导向，以审计专业能力与职业精神培养为根本，将审计基本原理与实务循环相结合，进而过渡到审计的最终成果审计报告，层层递进。

第三，体系完善。教材从体系上注重实用性以及读者审计思路的培养和形成，教材理论与实践相结合。教材每章除主题内容外，还设置学习目标、案例导入、同步思考、同步案例、知识拓展、本章小结、复习思考题等配套内容，帮助读者逐渐形成审计思路，培养应对复杂审计环境的思维素养与综合能力，同时巩固学习者的知识和开阔读者的视野。

本教材编写过程中，南昌大学经济管理学院陈姝君、梅燕欣、周淑洁、黄翌辰、张莉参与了大量的资料搜集和编排版工作，在此表示感谢。

本教材共 14 章内容：包括审计概论，审计职业规范，审计目标与审计责任，审计证据、审计抽样与审计工作底稿，计划审计工作，风险评估与应对，销售与收款循环审计，采购与付款循环审计，生产与存货循环审计，筹资与投资循环审计，货币资金审计，审计报告，大数据审计，碳审计。

本教材适用对象为会计学、审计学、财务管理等财经类专业的本科生。同时，由于本教材内容前瞻、结构严谨、体系完善、可读性强，因此，本教材也可作为经济与管理等专业以及在职人员学习审计的参考书。

本教材在编写过程中参考了注册会计师考试大纲以及大量专家同行的专著、教材、文献资料及网络资源，编者已在各章中标注，相关参考书目附于书后的参考文献中，但仍难免有所疏漏，谨在此一并表示感谢！

本教材为用书学校任课老师提供了相关配套资源，如有需要，请以电子邮件向中国财政经济出版社索取（请注明：学校、全书名、版次），Email：caijingjiaocai@ 163. com。也可以登录以下网址下载：http：//jiaocai. cfeph. cn。

限于编者经验和水平，书中疏漏和不足之处在所难免，恳请广大读者批评指正。

熊欢欢

2024 年 6 月

目　录

第一章　审计概论

学习目标

1. 了解审计的产生与发展。
2. 理解鉴证业务与合理保证以及审计的定义、职能与特征。
3. 掌握审计的分类。

☞ 案例导入

理解审计

在日常生活中，很多人认为审计就是查账。事实是如此吗？请看如下事例：

事例一：当你准备购买船山公司股票时，该公司会不断地介绍相关的信息，其目的只有一个：让你认为该公司具有投资前景与投资价值，且当前的估值与定价是合理的，你的投资行为物有所值。当然，你可能对其所披露的信息表示怀疑，难以决定是否进行投资，但此时若有第三方介入，并表示该公司所披露的信息是合规、可靠的，你可能很快做出投资决定。

事例二：朗山公司向浔阳银行提出贷款申请，银行要求该公司提供与贷款相关的信息，如公司历史沿革、行业及产品分析、商业模式介绍、财务状况、资金预算及公司前景等方面的信息，以判断贷款的风险。朗山公司按要求提供了相关资料，但银行还需要有第三方对该公司资料的鉴证文件，以判断这些资料的可靠性。

事例三：黄逸樵担任濂溪县县长已经五年，刚刚获得调令去另一地区任职，在其离任前，需要对其任职以来的经济责任进行判断，因此，有关部门委托审计部门对其任职期间相关经济责任进行了调查，并出具了相关的报告。

事例四：2022 年 3 月，狮子山公司根据股东会要求，安排公司内部审计人员对公司 2021 年度预算及各项计划完成情况进行了审计，并对公司 2021 年度基建项目进行决算。

思考：上述各项事例简要地反映了当前审计的基本职能，那么什么是审计呢？其基本职能是什么、有什么特征？我们应该如何理解审计？这将是本章主要介绍的内容。

第一节 审计的产生与发展

一、国家审计的产生与发展

（一）我国国家审计的产生与发展

我国国家审计的起源可以追溯到古代西周时期。

西周时期，中央政权设置有“宰夫”一职，其工作是带有审计性质的财政监察，是我国国家审计的萌芽。其后，秦汉时代的“上计制度”、隋唐时代的“比部”都对审计制度有所完善和发展。到了宋代，专门设立了审计司，是我国正式以审计一词命名审计机构的开始。到了元、明、清三代，未设立专门的国家审计机构。

1914 年，北洋政府设立审计院，颁布了《审计法》。1928 年，南京国民政府设立了审计院，后改为审计部，隶属检察院，但这一段时期的审计制度徒有形式，没有充分发挥作用。1932 年，在革命根据地成立了中央苏维埃政府审计委员会，1934 年，中央苏维埃政府颁布了《审计条例》，实行审计监督制度。

新中国成立以后的 30 多年时间里，我国审计没有独立建制，审计监督寓于监察之中。1982 年，第五届全国人民代表大会第五次会议修改的《中华人民共和国宪法》中，规定我国在国务院和县级以上地方各级人民政府设立审计机关。对国务院各部门和地方各级政府的财政收支，对国家的财政金融机构和企业事业组织的财务收支进行审计监督。1983 年 9 月 15 日，国务院正式设立审计署，地方各级审计机关相继成立，随后发布了一系列审计法规，审计工作如火如荼地开展起来。1994 年 8 月 31 日，第八届全国人民代表大会常务委员会第九次会议通过了《中华人民共和国审计法》，并于 1995 年 1 月 1 日开始实施。这标志着我国国家审计正式跨入了法治化的轨道。

（二）国外国家审计的产生与发展

西方一些国家的审计，既具有悠久的历史，又具有具体的内容，更体现了现代商品经济发展的需要。据考证，早在奴隶制度下的古埃及、古罗马和古希腊时代，就有了官厅审计机构及政府审计的事实。审计人员以“听证”的方式，对掌管国家财物和赋税的官吏进行考核，成为具有审计性质的经济监督工作。在西方的封建王朝中，也设有审计机构和人员，对国家的财政收支进行监督。例如，法国在资产阶级大革命前就设有审计厅，在资产阶级大革命后，拿破仑一世创建的审计法院至今仍是法国政府实施事后审计的最高法定机构。在资本主义时期，随着社会的发展和资产阶级国家政权组织形式的完善，政府审计也有了进一步的发展。欧洲的许多国家于 19 世纪在宪法或特别法令中都规定了审计的法律地位，确立了国家审计机关的职权、地位和审计范围。在现代资本主义国家中，大多实行立法、行政、司法三权分立的国家政权组织形式，议会为国家的最高立法机关，并对政府行使包括财政监督在内的监督权。为了监督政府财政收支，执行财政预算法案，维护统治阶级的利益，西方大多数国家在议会下设有专门的审计机构，由议会或国会授权，对政府的财政财务收支进行审计监督。

西方国家除了立法型的审计体制以外，还有司法型审计体制、行政型审计体制等。如法国审计法院是独立于立法机构的一个司法机构，审计法院的院长由总统任命，为终身制；审计法院的裁决为终审判决，且有法律效力。国外的国家审计，不论是哪一种类型，都立足于保证国家审计机关拥有独立性和权威性，以便于不受干扰，客观而公正地行使审计监督权。

第二次世界大战以后，西方国家不仅在审计体制上有了较大的发展，更重要的是在审计理论和实务上也有了较大的发展，即把经济监督和经济管理相互结合，从传统的财务审计向现代的三 E 审计、绩效审计方面发展。

二、注册会计师审计的产生与发展

（一）中国注册会计师审计的产生与发展

我国注册会计师审计起步较晚。1918 年 9 月 7 日，北洋政府农商部颁布了《会计师暂行章程》，同年创办了我国第一所会计师事务所，标志着我国注册会计师制度正式诞生。1930 年后，国民政府颁布了《会计师条例》，确立了会计师的法律地位。

新中国成立后，1951 年，政务院财政经济委员会以《中央人民政府政务院财政经济委员会函》的形式，专门就会计师的资格、执业范围、执业要求、收费以及职业责任问题做出原则性规定。之后由于实行计划经济，注册会计师失去了服务对象，会计师事务所被列入改造对象。1980 年，财政部印发了《关于成立会计顾问处的暂行规定》，注册会计师重登历史舞台。1986 年 7 月，国务院颁布了《中华人民共和国注册会计师条例》，第一次确立了注册会计师的法律地位。1993 年 10 月颁布了《中华人民共和国注册会计师法》，此后一批与国际接轨的注册会计师审计准则先后发布，在国家法律法规的规范下，随着我国经济的迅猛发展，我国注册会计师行业迅速发展起来。

（二）国外注册会计师审计的产生与发展

注册会计师审计起源于企业所有权和经营权的分离，是市场经济发展到一定阶段的产物。从注册会计师审计发展的历程来看，注册会计师审计最早起源于意大利合伙企业，在英国股份公司出现后得以形成，伴随着美国资本市场的发展而逐渐完善起来。

16 世纪意大利的合伙企业中，部分合伙人不参与企业经营管理，所有权与经营权开始分离。那些参与经营管理的合伙人有责任向不参与经营管理的合伙人证明合伙契约得到了认真履行，利润的计算与分配是正确的，以保证全体合伙人的权益。在这种情况下，客观上需要独立的熟悉会计专业的第三方对合伙企业的经营活动进行鉴证。这样，在16世纪意大利的商业城市中出现了一批具有良好的会计知识，专门从事查账和公正工作的专业人员，他们从事的工作，可以说是注册会计师审计的起源。随着会计专业人员人数的增多，他们于1581年在威尼斯创建了威尼斯会计协会。其后，米兰等城市的执业会计师也成立了类似的组织。

18世纪下半叶，股份有限公司的兴起，使公司的所有权与经营权进一步分离，绝大多数股东不再直接参与经营管理，但由于自身利益，非常关心公司的经营成果。证券市场上潜在的投资人同样十分关心公司的经营情况，以便进行投资决策。同时，由于金融资本对资本资产的逐步渗透，增加了债权人的风险，债权人也非常重视公司的生产经营情况，以便决定是否继续贷款或者是否索偿债务。这些利益相关者主要通过公司提供的财务报表来了解公司的财务状况和经营成果。这就在客观上要求独立会计师对公司财务报表进行审计，以保证财务报表真实可靠的需求。值得一提的是，注册会计师审计产生的“催产剂”是1721年英国的“南海公司事件”。当时的“南海公司”以虚假的会计信息诱骗投资者上当，其股票价格一时扶摇直上。但好景不长，“南海公司”最终未能摆脱破产倒闭的厄运，使投资者和债权人损失惨重。英国议会聘请会计师查尔斯·斯奈尔对“南海公司”进行审计。斯奈尔以“会计师”名义出具了“查账报告书”，从而宣布了独立会计师——注册会计师的诞生。

为监督公司管理层的经营管理活动，保护投资者、债权人利益，避免“南海公司事件”重演，英国政府于1844年颁布了《公司法》，规定股份公司必须设监察人，负责审查公司的账目。1845年，又对《公司法》进行了修订，规定股份公司的账目必须经董事以外的人员审计。于是，独立会计师业务得到了迅速发展，独立会计师人数越来越多。此后，英国政府对一批精通会计业务，熟悉查账知识的独立会计师进行了资格确认。1853年，苏格兰爱丁堡创立了第一个注册会计师的专业团体——爱丁堡会计师协会。该协会的成立，标志着注册会计师职业的诞生。

从20世纪初开始，全球经济发展中心逐步由欧洲转向美国。因此，美国的注册会计师审计得到了迅速发展，对注册会计师职业在全球的迅速发展起到了重要作用。

在美国，南北战争结束后出现了一些民间会计组织，为会计人员提供继续教育等服务。当时英国巨额资本开始流入美国，促进了美国经济的发展。为了保护广大投资者和债权人的利益，英国的注册会计师远涉重洋到美国开展审计业务；同时美国本土也很快形成了自己的注册会计师队伍。这一时期，美国许多州正式承认注册会计师审计是一门职业，执业人员通过考试获取注册会计师称号。许多重要的铁路公司和工业公司都定期聘请注册会计师检查它们的账簿。注册会计师审计逐步渗透到社会经济领域的不同层面。

1929—1933年，资本主义世界经历了严重的经济危机，大批企业倒闭，投资者和债权人蒙受了巨大经济损失。这在客观上促使企业利益相关者从只关心企业财务状况转变到更加关心企业的盈利水平，产生了对企业利润表进行审计的客观要求。美国1933年《证券法》规定，在证券交易所上市的企业的财务报表必须接受注册会计师审计，向社会公众公布注册会计师出具的审计报告。因此，审计报告使用人扩大到社会公众。美国注册会计师协会和证券交易所合作的特别委员会与纽约证券交易所上市委员会于1936年发布了《独立公共会计师对财务报表的审查》文告。

第二次世界大战以后，经济发达国家通过各种渠道推动本国的企业向海外扩张，跨国公司得到了空前发展。国际资本的流动带动了注册会计师职业的跨国发展，形成了一批国际会计师事务所。随着会计师事务所规模不断扩大，形成了“八大”国际会计师事务所，20世纪80年代末合并为“六大”，之后又合并为“五大”。2001年，美国爆发了安然公司会计造假丑闻。安然公司作为美国的能源巨头，在追求高速增长的狂热中利用会计准则的漏洞进行表外融资的游戏，并通过关联方交易操纵利润。为其出具审计报告的安达信会计师事务所与其他国际会计师事务所合并。时至今日，尚有“四大”国际会计师事务所，即普华永道、安永、毕马威和德勤。

【知识拓展1-1】

南海公司审计结果影响

英国议会没收了南海公司所有董事的个人财产，将主要责任人逮捕入伦敦塔监狱，其依据便是有史以来的第一份审计报告——查尔斯·斯奈尔的题为《伦敦市霍斯特·莱恩学校的习字教师兼会计师查尔斯·斯奈尔对索布里奇商社会计账簿检查的意见》的查账报告。南海公司泡沫的破灭让神圣的政府信用也随之破灭了，从此英国没人再敢问津股票，导致英国股票市场沉寂了100年。

英国政府颁布的《泡沫公司取缔法》，主要目的是防止不正常的股份投机，对股份公司的成立严加限制，以保持资本市场的稳定，保护投资者及债权人的利益不受侵害。

通过英国南海公司破产审计案例的研究可以看出，股份公司的存在需要民间审计及公司立法，民间审计的发展对公司立法同样有着客观要求。英国南海公司破产案件之后，英国政府开始重视对股份公司的规范。1815年英国第一次出现经济危机，而后每隔3—10年重演一次，每次都有大批股份公司倒闭，大量股东和债权人蒙受损失。

为了保护投资者、债权人的利益，防止公司的经营管理者徇私舞弊，避免“南海公司事件”重演，1844年英国政府颁布了《公司法》，规定股份公司必须设监察人，负责审查公司的账目。1845年，又对《公司法》进行了修订，规定股份公司的账目必须经董事以外的人员审计。于是，独立会计师业务得到迅速发展，从事该行业的人也越来越多，为了规范该行业，英国政府采取了资格确认准入制度。1853年，苏格兰爱丁堡创立了第一个注册会计师的专业团体——爱丁堡会计师协会。该协会的成立标志着注册会计师执业的诞生。1862年，英国《公司法》确定注册会计师为法定的破产清算人，奠定了注册会计师审计的法律地位。1844年到20世纪初，是注册会计师审计的形成时期。在这一时期内，英国的法律规定使英国注册会计师审计得到了迅速发展，并对当时欧洲、美国及日本等产生了重要影响。这一时期英国注册会计师审计的主要特点是：注册会计师审计的法律地位得到了法律确认；审计的目的是查错防弊，保护企业资产的安全和完整；审计的方法是对会计账目进行详细审计；审计报告使用人主要为企业股东等。

资料来源：改编自《审计理论与案例》，刘华著，复旦大学出版社，2005年。

三、内部审计的产生与发展

（一）我国内部审计的产生与发展

据史料记载，我国西周时期的天宦所属的中大夫司会，总司审计监督大权，进行财政收支的审核和监督，是我国最早的官厅内部审计。我国现在的内部审计是伴随着国家审计的恢复和重建而产生与发展的。1978年，党的十一届三中全会以后，为强化各部门各单位内部控制及管理，完善审计监督体系，中华人民共和国审计署于1984年提出在各部门各单位内部成立专门审计机构、配备专职审计人员实施内部审计，内部审计的相关法规相继颁布，我国内部审计得到发展。

（二）国外内部审计的产生与发展

国外奴隶社会是内部审计的萌芽时期。进入中世纪之后，内部审计较为完整，如史料记载的庄园审计、宫廷审计、行会审计和寺院审计等均属于内部审计范畴。19世纪末20世纪初，资本主义发展进入垄断阶段，垄断使得公司规模变大，管理层次增多，分支机构遍及各地，公司内部只能采取分级、分散管理体制。为了使总公司能够更好地控制其下属，从前所采用的一年一次聘请注册会计师审计已经不能满足企业发展的需求，于是企业管理者提出，从员工中选拔具有经营管理知识和能力的特殊人才，让其从企业利益出发，对总公司下属（分公司）进行经常性监督，对所发生的事情进行调查和报告，这些人被称为"内部审计人员"，他们组成的机构被称为"内部审计机构"。1941年，在美国纽约成立了内部审计师协会，随之出版了一系列内部审计的专著，揭开了现代内部审计的序幕。第二次世界大战后，资本主义经济得到空前的发展，现代内部审计也得到迅速发展。

四、审计产生与发展的客观原因

回顾历史，人类社会进入奴隶制社会之后就出现了审计，审计发展到现在已经经历了漫长的历史时期。审计，作为社会经济管理活动的一个重要组成部分正在发挥着不可或缺和不可替代的作用，它是经济发展到一定阶段的产物，它随着社会生产力和生产关系的发展而发展和完善起来。随着社会经济的发展，当财产所有者与财产经营管理者出现了分离，形成委托与受托经济责任关系之后，财产所有者（委托人）出于对财产经营管理者（受托人）的经营情况进行检查和监督的需要，产生了对审计的客观需求。同时，受托人出于解除受托责任的需要，会主动要求向委托人提供履行受托责任的评价结果，为使委托人相信其提供相关资料的真实性，必然需要客观公正的第三方出面对这些资料进行检查，并出具客观公正的检查意见。

受托责任关系的确立是审计产生的前提条件，审计产生之后的发展，也是受托责任发展的结果。不论是国家审计、注册会计师审计还是内部审计的产生和发展都无不遵循了这样的发展规律。

【知识拓展1－2】

审计动因的经济学分析

审计动因是指审计产生、存在与发展的动力和原因。主要的审计动因理论包括信息理论、代理理论、受托责任理论、保险理论、冲突理论等。

信息理论认为，之所以需要审计，是因为审计的结果可以使信息更加可靠，减少出现于管理当局和投资者之间潜在的信息不对称，使市场更具效率。审计的本质在于增加财务信息的价值，亦即提高财务信息使用者决策的正确程度。

代理理论认为，企业中的股东与债权人和管理当局之间符合代理关系，为了减少这种代理关系下的代理成本，委托代理双方签订一系列契约，契约条款的实施需要外部独立第三方的监督，所以就产生了对独立审计的需求。审计的本质在于使股东利益和企业管理人员的利益达到最大化。

受托责任理论认为，审计因受托责任的产生而产生，并伴随着受托责任的发展而发展。当受托责任关系确立后，客观上就存在授权委托人对受托人实行监督的需要。审计的本质是一项独立的经济监督活动。

保险理论认为，审计是降低风险的活动，即审计是一个把财务报表使用者的信息风险降低到社会可接受的风险水平之下的过程，甚至认为审计是分担风险的一项服务。审计的本质在于分担风险。

冲突理论认为，审计存在的根本原因就是“人跟人之间存在利害冲突”，就是因为财务报表的提供者和使用者之间、使用者和使用者之间的利益并不一致，他们之间存在实际或潜在的利害冲突，正是因为存在利害冲突才导致财务报表存在不实报道的可能性，而审计是协调冲突的活动。审计的本质在于通过独立的合理保证业务来维护各个利益集团的利益。

第二节　审计的基本概念

一、鉴证业务与保证程度

鉴证业务是指注册会计师对鉴证对象信息提出结论，以增强除责任方之外的预期使用者对鉴证对象信息信任程度的业务。

鉴证业务分为基于责任方认定的业务和直接报告业务。在基于责任方认定的业务中，责任方对鉴证对象进行评价或计量，鉴证对象信息以责任方认定的形式为预期使用者获取。如在财务报表审计中，被审计单位管理层（责任方）对财务状况、经营成果和现金流量（鉴证对象）进行确认、计量和列报（评价或计量）而形成的财务报表（鉴证对象信息）即为责任方的认定，该财务报表可为预期报表使用者获取，注册会计师针对财务报表出具审计报告。这种业务属于基于责任方认定的业务。在直接报告业务中，注册会计师直接对鉴证对象进行评价或计量，或者从责任方获取对鉴证对象评价或计量的认定，而该认定无法为预期使用者获取，预期使用者只能通过阅读鉴证报告获取鉴证对象信息。如在内部控制鉴证业务中，注册会计师可能无法从管理层（责任方）获取其对内部控制有效性的评价报告（责任方认定），或虽然注册会计师能够获取该报告，但预期使用者无法获取该报告，注册会计师直接对内部控制的有效性（鉴证对象）进行评价并出具鉴证报告，预期使用者只能通过阅读该鉴证报告获得内部控制有效性的信息（鉴证对象信息）。这种业务属于直接报告业务。

鉴证业务的保证程度分为合理保证和有限保证。鉴证业务包括审计、审阅和其他鉴证业务。审计属于合理保证（高水平保证）的鉴证业务，注册会计师将审计业务风险降至审计业务环境下可接受的低水平，以此作为以积极方式提出审计意见的基础。审阅属于有限保证（低于审计业务的保证水平）的鉴证业务，注册会计师将审阅业务风险降至审阅业务环境下可接受的水平，以此作为以消极方式提出审阅结论的基础。合理保证和有限保证的区别如表 1-1 所示。

表 1-1　　合理保证与有限保证的区别

项目	合理保证 （财务报表审计）	有限保证 （财务报表审阅）
目标	在可接受的低审计风险下，以积极方式对财务报表整体发表审计意见，提供高水平的保证	在可接受的审阅风险下，以消极方式对财务整体发表审阅意见，提供低于高水平的保证。该保证水平低于审计业务的保证水平
证据收集程度	通过一个不断修正的、系统化的执业过程，获取充分、适当的证据，证据收集程序包括检查记录或文件、检查有形资产、观察、询问、函证、重新计算、重新执行、分析程序等	通过一个不断修正的、系统化的执业过程，获取充分、适当的证据，证据收集程序受到有意的限制，主要采用询问和分析程序获取证据
所需证据数量	较多	较少
检查风险	较低	较高
财务报表的可信性	较高	较低
提出结论的方式	以积极方式提出结论。例如："我们认为，ABC 公司财务报表在所有重大方面按照企业会计准则的规定编制，公允反映了 ABC 公司 20×1 年 12 月 31 日的财务状况以及 20×1 年度的经营成果和现金流量"	以消极方式提出结论。例如："根据我们的审阅，我们没有注意到任何事项使我们相信，ABC 公司财务报表没有按照企业会计准则的规定编制，未能在所有重大方面公允反映被审阅单位的财务状况、经营成果和现金流量"

二、审计的定义

审计概念中具有代表性的是1973年美国会计学会（AAA）审计基本概念委员会发表的《审计基本概念的说明》中将审计定义为："审计是一个系统化过程，即通过客观地获取和评价有关经济活动与经济事项认定的证据，以证实这些认定与既定标准的相符程度，并将结果传达给有关使用者。"

在我国的审计实践中，国内审计界学者各抒己见，对审计进行定义，都各有可取之处。1989年，中国审计学会对审计定义为："审计是由专职的机构或人员依法对被审计单位的财政、财务收支活动及其有关经济活动的真实性、合法性和效益性进行审查，评价经济责任，用以维护财经法纪、提高经济效益、促进宏观控制的独立性经济监督活动。"

关于审计的定义还有很多，这里不再一一列举。分析各种审计定义，一般具有以下内容：

审计主体，即由谁来进行审计。如审计机关、独立的专门机构和人员、国家授权或委托机构和人员、注册会计师，等等。

审计的客体，即国家行政、事业单位和企业单位及其他经济组织。

审计的依据，即依法，包括法律、法规、制度、准则、标准等。

审计的对象和内容，如财政、财务收支，会计账簿，会计凭证，会计报告及相关资料和有关经济活动，有关经济活动和经济现象，等等。

审计的特征，即独立性。

审计的职能是监督，有的还包括鉴证和评价职能。

综上所述，审计是由独立的专门机构或人员接受委托或根据授权，对国家行政、事业单位和企业单位及其他经济组织的财务报表和其他资料及其所反映的经济活动进行审查，并发表意见的经济监督、鉴证、评价活动。

三、审计的要素

鉴证业务要素是指鉴证业务的三方关系人、鉴证对象信息、标准、证据和报告五要素。审计是最典型的鉴证业务，审计业务要素包括审计业务的三方关系人、财务报表（鉴证对象信息）、财务报表编制基础（标准）、审计证据和审计报告五要素。

（一）审计业务的三方关系人

审计业务的三方关系人，分别是注册会计师、被审计单位管理层（责任方）和预期使用者。三方之间的关系是，注册会计师对由被审计单位管理层负责的财务报表发表审计意见，以增强除管理层之外的预期使用者对财务报表的信任程度。应注意的是：管理层（责任方）与预期使用者有时可能是同一方，或是预期使用者之一，但不是唯一的预期使用者。

1. 注册会计师

注册会计师通常指项目合伙人或项目组其他人员，有时也指其所在的会计师事务所。在三方关系中，注册会计师是审计业务的执行者，注册会计师的责任是按照中国注册会计师审计准则的规定对财务报表进行审计并发表审计意见。为履行这一职责，注册会计师应遵守注册会计师职业道德，按照审计准则的规定计划和实施审计工作，获取充分、适当的审计证据，得出合理的审计结论，发表恰当的审计意见。注册会计师通过签署审计报告确认其责任。如果审计业务涉及的知识和技能超出了注册会计师的能力，注册会计师可以利用专家协助其执行审计业务，确保项目组整体具有胜任能力，注册会计师要对专家的工作结果承担责任。

2. 被审计单位管理层（责任方）

被审计单位管理层是指对被审计单位经营活动的执行负有经营管理责任的人员，其对财务报表的形成负有责任。治理层是指对被审计单位战略方向以及管理层履行经营管理责任负有监督责任的人员或组织，治理层的责任包括监督财务报表。在某些被审计单位，管理层包括部分或全部的治理层成员，治理层可能包括管理层。管理层和治理层（如适用）认可与财务报表相关的责任，是注册会计师执行审计工作的前提，构成注册会计师按照审计准则的规定执行审计工作的基础。管理层和治理层应承担的责任包括：（1）按照适用的财务报告编制基础编制财务报表，并使其实现公允反映（如适用）；（2）设计、执行和维护必要的内部控制，以使财务报表不存在由于舞弊或错误导致的重大错报；（3）向注册会计师提供必要的工作条件，包括：允许接触与编制财务报表相关的所有信息，提供审计所需的其他信息，允许在获取审计证据时不受限制地接触其认为必要的内部人员和其他相关人员。

在三方关系中，管理层和治理层负责编制和监督财务报表的形成，注册会计师负责审计财务报表并发表审计意见，二者各司其职，双方责任不能互相替代。财务报表审计不能减轻被审计单位管理层和治理层的责任。如果财务报表存在重大错报，而注册会计师通过审计没有发现，管理层和治理层对财务报表的编制中存在的重大错报承担编制责任，注册会计师对在财务报表审计中未能查出重大错报承担审计责任。

3. 预期使用者

预期使用者是指预期使用审计报告和财务报表的组织和人员。在实务中，注册会计师可能无法识别所有的预期使用者，尤其是各种可能的预期使用者对财务报表存在不同的利益需求时，此时，预期使用者应考虑与财务报表有重要和共同利益的主要利益相关者。注册会计师应根据法律法规的规定或与委托人签订的协议识别预期使用者，审计报告的收件人应尽可能地明确为所有的预期使用者。

（二）财务报表（鉴证对象信息）

鉴证对象是否适当是注册会计师能否承接业务的前提条件。适当的鉴证对象应同时具备下列条件：(1）鉴证对象可以识别；(2）不同的组织或人员对鉴证对象按既定标准进行评价或计量的结果一致；(3）注册会计师能够收集与鉴证对象有关的信息，获取充分、适当的证据，以支持其提出适当的鉴证结论。在财务报表审计中，鉴证对象是历史的财务状况、经营成果和现金流量，鉴证对象信息是财务报表（通常为整套财务报表)。

（三）财务报表编制基础（标准）

标准是指用于评价或计量鉴证对象的基准，当涉及列报时，还包括列报的基准。对鉴证对象做出评价离不开适当的标准。适当的标准应当具备下列所有特征：相关性、完整性、可靠性、中立性和可理解性。注册会计师基于自身的预期、判断和个人经验对鉴证对象进行的评价和计量，不构成适当的标准。

适用的财务报告编制基础，是指法律法规要求采用的财务报告编制基础；或者管理层和治理层（如适用）在编制财务报表时，就被审计单位性质和财务报表目标而言，采用的可接受的财务报告编制基础。财务报告编制基础分为通用目的编制基础和特殊目的编制基础。通用目的编制基础，是指旨在满足广大财务报表使用者共同的财务信息需求的财务报告编制基础，主要是指会计准则和会计制度。特殊目的编制基础，是指旨在满足财务报表特定使用者对财务信息需求的财务报告编制基础，包括计税核算基础、监管机构的报告要求和合同的约定等。

（四）审计证据

审计证据是指注册会计师为了得出审计结论和形成审计意见而使用的必要信息；包括会计记录中含有的信息和其他信息。审计证据的基本特性是充分性和适当性，两者相互关联。在评价审计证据的充分性和适当性以支持鉴证报告时，注册会计师应当运用职业判断，并保持职业怀疑态度。

（五）审计报告

审计报告是注册会计师根据审计准则的规定，在执行审计工作的基础上，对财务报表发表审计意见的书面文件。注册会计师应当针对财务报表在所有重大方面是否符合适当的财务报表编制基础，以书面报告的形式发表能够提供合理保证程度的意见。

四、审计的职能

审计作为一项独立的经济监督活动，本身有很直观的职能。一般而言，审计宏观的职能是评价受托管理者或经营者的经济责任；微观的职能是审查、确认审计对象的真实性、合法性和效益性等。审计的职能是随着经济的发展而发生变化的，在市场经济背景下，审计的基本职能包括经济监督、经济鉴证和经济评价三方面。

（一）经济监督职能

经济监督职能是审计最基本的职能是指通过审计，监察和督促被审计单位的经济活动在规定的范围内、在正常的轨道上运行。检查被审计单位经济活动，借以揭露违法违纪行为、制止损失浪费、查明错误弊端，督促被审计单位遵守国家法律法规，履行经济责任，使经济活动更加合法、有效。在审计实践中，国家审计依法进行审计，依法做出审计处理决定并督促处理决定的执行，最能体现审计的监督职能。

（二）经济鉴证职能

经济鉴证职能是指通过对被审计单位的财务报表及其他经济资料进行检查，确定其财务状况和经营成果的公允性、合法性并做出书面证明，以提高信息使用者对信息的信任程度。在审计实践中，经济鉴证职能是注册会计师审计的主要职能。一般情况下，公司的财务报表只有经过注册会计师审计并出具审计报告后，才能得到社会的承认。

（三）经济评价职能

经济评价职能是指通过审核、检查被审计单位的经济资料及其经济活动，评定被审计单位财政、财务收支及其经济活动是否合法；评价被审计单位的计划、预算、决策、方案是否先进可行；内部控制是否健全有效；经济活动是否高效等，在此基础上有针对性地提出意见和建议，促使其改善经营管理，提高经济效益。经济评价职能因功能的建设性，是国家审计、内部审计和注册会计师审计共同要实现的功能，在现代审计中，绩效审计（又称经济效益审计）最能体现审计的经济评价职能。

审计的各个职能之间相互关联，经济监督是其基础职能，而经济评价和经济鉴证职能是经济监督职能的演进和发展，也是经济监督的重要表现方式。

[同步案例1－1]

背景与情境：

毕马威的瑞士子公司曾连续16年负责审计国际足联的财务报表。2016年6月初有报道称，国际足联前主席布拉特和另外两名高管在过去五年中利用职务之便贪污了7900万瑞士法郎。此前三周，国际足联财务总监马库斯·卡特纳（Markus Kattner）宣布辞职。国际足联表示，将很快选聘一家新的审计机构，“考虑到瑞士和美国当局涉及财务交易的严重指控，对国际足联的财务职能进行外部审查和彻底改革是必要的”。

资料来源：改编自《环球市场播报》，https：//weibo. com/1640337222/DA69579z5.

问题：根据以上资料，探讨审计的对象、职能和作用。

分析提示：

审计对象是该组织自身的财务状况、财务报表以及相关业务活动。审计的主要职能是对审计对象的财务状况、财务报表和业务活动进行审查和验证，包括以下方面：（1）审查财务记录和凭证，确保其准确性和合规性；（2）评估内部控制体系的有效性，以确保风险管理和治理体系的健全性；（3）检查财务报表的准确性和真实性，确保其符合适用的国际财务报告准则和相关法规；（4）发现潜在的风险和问题，并提供改进建议；（5）协助解决财务和业务上的问题，为组织提供经营决策的支持。审计在国际足联这样的组织中发挥着重要的作用，包括：(1) 提高透明度和信任度；(2) 保障利益相关者的权益；(3) 促进合规性。

第三节 审计的分类

一、审计的基本分类

（一）按审计主体分类

审计主体是指在审计活动中实施审计行为、履行审计职能的专职审计机构及其审计人员。按其主体不同，审计可以分为国家审计、社会审计和内部审计。

1. 国家审计

国家审计或政府审计是指由政府审计机关依法所进行的审计。政府审计机关对中央和地方政府各部门及其他公共机构财务报告的真实性、公允性，运用公共资源的经济性、效益性和效果性，以及提供公共服务的质量依法进行审计。

政府审计机关主要是依法对国务院各部门和地方各级人民政府及其各部门的财政收支，国有金融机构和企事业单位的财务收支及其经济效益，国有资本占控股或主导地位的企业及金融机构的财务收支进行审计。国家（政府）审计的主要目的是保证财政资金的依法合理使用，防止国有资产损失浪费，维护国家财经法纪，提高财政资金使用效益，促进廉政建设，保障国民经济的健康发展。

2. 社会审计

社会审计或民间审计，又称注册会计师审计、独立审计，是指由社会审计组织依法所实施的审计。社会审计组织（如会计师事务所），经财政部门审核批准成立，接受委托可以对被审计单位的财务收支及其经济活动的真实性、合法性和效益性，进行审计查证、鉴证和咨询服务。

社会审计的特点是受托审计。社会审计组织接受各类资源财产的所有人或主管人，包括政府审计机关，国家行政机关，企业、事业单位和个人的委托或授权，依法对被审计单位的财务收支及其经济效益承办审计鉴证、经济案件鉴定、注册资本验证和年检、管理咨询服务等业务。

3. 内部审计

内部审计是指由本单位内部专职的审计机构或人员依法执行的审计。它是一种独立、客观的确认和咨询活动，旨在增加价值和改善组织的运营。它通过系统、规范的方法，评价并改善风险管理、控制和治理过程的效果，帮助组织实现其目标。国家机关、金融机构、企事业单位、社会团体及其他组织应该按国家规定依法设立专职的内部审计机构，依法对本单位及其下属单位的财务收支、经营管理活动及其经济效益进行内部审计评价。

（二）按审计内容和目的分类

按审计内容的不同，审计可分为财务报表审计、经营审计和合规性审计。

1. 财务报表审计

财务报表审计是对被审计单位编制的财务报表及其相关会计资料实施的审计，其目标是对财务报表是否按照既定的标准编制发表审计意见，而既定的标准通常是指企业会计准则和相关会计制度。一套完整的财务报表包括资产负债表、利润表、现金流量表、所有者权益变动表和财务报表附注。这些报表的使用范围非常广泛，包括股东、债权人、政府监管部门和潜在投资者等在内的广大社会公众，都要依据财务报表所反映的信息进行投资、信贷等决策。因此财务报表审计是当今市场经济环境下最重要的审计形态之一，通常是由被审计单位聘请会计师事务所中的注册会计师来负责实施。此外，政府审计中的财政财务收支审计的内容也涉及对财务报表的审计。

2. 经营审计

经营审计是对被审计单位经营活动的有关方面实施的审计，其目的是评价被审计单位经营活动的效率性、效果性和经济性，并向管理当局提出改善经营管理的建议。其中，效率性是指投入与产出的关系，即以最小的投入取得最大的产出。效果性是指实际结果与预期目标的关系，即是否实现预期的目标。经济性是指在考虑质量的前提下，尽量减少资源的耗费。经营审计的对象是组织内部的各项经营活动，几乎涉及组织活动的所有重要方面，如组织机构、会计核算、信息系统、生产方法、市场营销等领域。因此，经营审计也构成了内部审计的重要内容。

3. 合规性审计

合规性审计是对被审计单位财务或经营活动的某些方面所进行的审计，其目的是通过对这些经济活动的审查，来确定其是否与某些既定的标准相符合，进一步说，就是审查被审计单位是否遵循有关的法律、法规及其他规章制度的要求。合规性审计的既定标准多种多样，既可以是国家的财经法纪或政府部门制定的各种法规，如经济法、税法等；也可以是经济合同中的各项规定，如在贷款合同中债权人规定的条款；还可以是单位内部制定的各项规章制度，如管理当局制定的内部控制程序。因此，部分合规性审计的内容也可以看成是政府审计或内部审计。

（三）按审计实施的时间与企业经济业务发生时间的关系分类

按照审计实施的时间与企业经济业务发生时间的关系，审计可以分为事前审计、事中审计、事后审计和跟踪审计。

1. 事前审计

事前审计是指在被审计单位经济业务发生以前进行的审计。就其内容而言，事前审计主要包括财政预算、生产经营计划、决策方案、信贷计划等，如固定资产更新决策方案、投资方案的可行性、财政收支计划、产品生产和加工方案等。这种审计有利于预防错弊、防患于未然，避免被审计单位出现重大的决策失误，保证单位计划和决策的可行性与合理性，保证经营活动的有效性和正确性。事前审计的主要目的就是加强预算、计划、预测和决策的可行性、合理性和准确性。这种审计也称为预防性审计。

2. 事中审计

事中审计是指在被审计单位业务执行过程中进行的审计。例如，对一些建设期的基建项目和承包合同的执行情况进行的审计。事中审计主要是通过对被审计单位的支出预算、费用标准、产品生产计划、材料消耗定额等的执行情况进行审计，从而及时地发现错误并加以纠正和控制，以保证企业的经营管理活动朝着既定的方向进行，保证经济活动的合法性、合理性和有效性。

3. 事后审计

事后审计是指在被审计单位经济业务完成以后进行的审计。事后审计的适用范围十分广泛，国家审计和社会审计大多是事后审计，内部审计也经常进行事后审计。事后审计主要是对合法性、公允性和效益性的审计，其主要目的是监督和评价被审计单位的财务收支及有关经济活动、会计资料和内部控制是否符合国家财经法规和会计制度的规定，是否符合会计准则和会计制度的要求，从而确定或解除被审计单位的受托经济责任。

4. 跟踪审计

跟踪审计是指在被审计单位经济业务（或审计事项）发生的全过程中分阶段、有重点进行的审计。跟踪审计是一种过程审计，是与事后（结果）审计相对应的，但不包括对政府等决策的审计。作为一种具有中国特色的有效审计方式，跟踪审计可以在各类型审计中有选择地运用，但它并不是一种新的审计类型。跟踪审计的总目标是通过审查项目、资金的管理使用和有关政策执行情况，促进项目和资金规范管理，提高效益，从而达到预期的效果和政策目标。

二、审计的其他分类

（一）按审计范围分类

按审计范围分类可以分为全面审计、局部审计和专项审计。

全面审计又称全部审计，是指对被审计单位一定时期的全部经济活动及相关资料进行的审计。其优点是审查详细彻底，有利于被审计单位改善经营管理；但审计工作量大，花费时间多，审计成本较高。全面审计一般仅适用于规模较小、业务量不多的企事业单位。局部审计又称部分审计，是指对被审计单位一定时期的部分经济活动或部分资料进行的审计。局部审计的优点是针对性强、效率高、成本低。但由于审计范围不全面，审计结论往往容易出现遗漏甚至错误。

（二）按审计的执行地点分类

按审计的执行地点分类可以分为就地审计和报送审计。

就地审计是指审计人员直接到被审计单位进行的审计。就地审计的优点是可以减少被审计资料往返传递的时间，保证审计资料的安全，并且有助于审计人员深入现场，迅速获取审计证据，保证审计质量。就地审计是一种普遍采用的审计方法。报送审计是指审计人员在审计组织所在地对被审计单位报送的资料进行的审计。报送审计的优点是省力省时，但难以从报送资料中发现问题。

（三）按审计动机分类

按审计动机分类可以分为法定审计和任意审计。

法定审计是指根据国家法律规定，必须执行的带有强制性的审计。法定审计是按照审计机关的审计计划进行的，不管被审计单位是否愿意接受审计都应依法进行。任意审计是指根据被审计单位自身的需要，要求审计机构对其实施的审计。一般会计师事务所接受委托人的委托，按照委托人的要求对其进行的审计属于任意审计。

按照实施审计的时间是否预先规定，审计可以分为定期审计和不定期审计。定期审计是指审计机构按照预先规定的时间进行的审计。例如，由社会（民间）审计机构在年终时对企业年度财务报表进行的审计等。不定期审计是指审计机构根据需要临时安排的审计。例如，对被审计单位贪污受贿案件进行的审计、经济合同纠纷审计等。

此外，按照所审计的报告期不同，审计也可以分为期中审计和期末审计。期中审计是指在被审计单位报告期内（如月、季、年）进行的审计。例如，由社会审计机构对上市公司中期报告执行的审计等。期末审计是指在被审计单位的会计年度结束时或结束后所进行的审计。

本章小结

1. 当财产所有者与财产经营管理者出现了分离，形成委托与受托经济责任关系之后，财产所有者（委托人）出于对财产经营管理者（受托人）的经营情况进行检查和监督的需要，产生了对审计的客观需求，是审计产生和发展的客观原因。

2. 鉴证业务是指注册会计师对鉴证对象信息提出结论，以增强除责任方之外的预期使用者对鉴证对象信息信任程度的业务。鉴证业务的保证程度分为合理保证和有限保证，审计属于合理保证的鉴证业务，注册会计师将审计业务风险降至审计业务环境下可接受的低水平，以此作为以积极方式提出审计意见的基础。

3. 审计是由独立的专门机构或人员接受委托或根据授权，对国家行政、事业单位和企业单位及其他经济组织的财务报表和其他资料及其所反映的经济活动进行审查，并发表意见的经济监督、鉴证、评价活动。

4. 审计业务包含五要素，分别是审计业务的三方关系人、财务报表、财务报表编制基础、审计证据和审计报告。

5. 审计基本分类可以按审计主体、审计内容和目的以及审计实施的时间与企业经济业务发生时间的关系分类。

复习思考题

1. 简述审计产生和发展的客观原因。
2. 简述合理保证与有限保证的区别。
3. 简述审计的概念和基本职能。
4. 简述审计业务的五要素。
5. 审计的基本分类有哪些，分别是什么？

第二章　审计职业规范

学习目标

1. 熟悉注册会计师职业规范体系组成内容。
2. 了解注册会计师业务准则体系的基本框架。
3. 理解并掌握注册会计师职业道德规范的含义及其主要内容。
4. 了解会计师事务所质量管理体系的主要内容。

☞ 案例导入

康美药业审计案的启示

2019 年 4 月 30 日，康美药业在上市公司披露年度业绩的最后关头，发布了高达近 300 亿元的“会计差错”，发布公告表明 2018 年以前，在营业收入、营业成本、费用及款项收付方面存在“财务错误”——货币资金多计 299.44 亿元、营业收入多计 88.98 亿元、营业成本多计 76.62 亿元、存货少计 195.46 亿元、在建工程少计 6.32 亿元。

康美药业 300 亿元货币资金“离奇失踪”案令人震惊，引发了监管部门和广大投资者的高度关注。同时，为其连续审计了 18 年财务报表的广东正中珠江会计师事务所（以下简称“正中珠江”）也难辞其咎。正中珠江与康美药业的牵手始于 2000 年，此后一直负责康美药业年度财报的审计工作，给康美药业过往 17 份年度财务报表出具了“标准无保留意见”的审计报告，获取的审计服务费超过 4000 万元。对于上市公司的财务数据，正中珠江没有提出过异议，直到上市公司被中国证券监督管理委员会调查“东窗事发”，正中珠江的“非标”意见才姗姗来迟。

正中珠江审计失败的原因主要包括银行存款的函证程序不科学、有形资产监盘程序设计不合理、收入确认审计程序失当，以及会计师事务所审计质量控制机制失灵四个方面。

思考：正中珠江会计师事务所在其审计过程中是否违背了审计职业道德规范？为什么？

资料来源：改编自“宋夏云，谭博文．正中珠江会计师事务所对康美药业审计失败的案例研究[J]．商业会计，2019（22）：4－8.”。

第一节　审计执业准则

一、注册会计师执业准则体系

注册会计师执业准则体系是指注册会计师在执行业务过程中所必须遵循的一系列技术规范。注册会计师执业准则体系涵盖注册会计师所有执业领域，包括业务准则和质量控制准则。其中，业务准则又包括鉴证业务准则和相关服务准则。注册会计师业务准则的基本框架如图2－1所示。

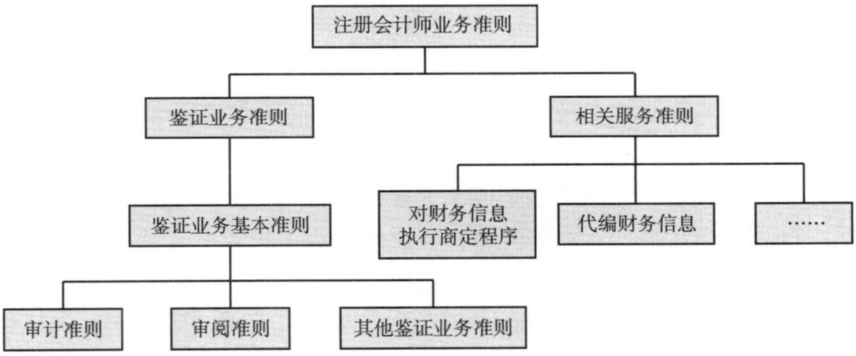

图2－1　注册会计师业务准则基本框架

（一）鉴证业务准则

鉴证业务准则由鉴证业务基本准则统领，按照鉴证业务提供的保证程度和鉴证对象的不同，分为注册会计师审计准则、注册会计师审阅准则和注册会计师其他鉴证业务准则（以下分别简称“审计准则”、“审阅准则”和“其他鉴证业务准则”）。其中，审计准则是整个执业准则体系的核心内容。

审计准则用以规范注册会计师执行历史财务信息（主要是财务报表）的审计业务。审阅准则用以规范注册会计师执行历史财务信息（主要是财务报表）的审阅业务。其他鉴证业务准则用以规范注册会计师执行除历史财务信息审计或审阅以外的其他鉴证业务。

（二）相关服务准则

相关服务准则用以规范注册会计师代编财务信息、执行商定程序、提供管理咨询等其他服务，即非鉴证服务。针对这类服务，注册会计师不提供任何程度的保证。

二、注册会计师执业准则的作用

注册会计师执业准则体系的确定，为注册会计师执行各项业务提供了执业标准和指导，保证了注册会计师执业质量，规范了审计工作，促进了审计经验的交流，从而推动了审计理论的发展。具体地说，注册会计师执业准则的作用主要表现在以下四个方面。

（一）有助于提高和评价注册会计师行业的服务质量

注册会计师执业准则体系对注册会计师在执业过程中应保持职业怀疑态度，对财务报表审计、审阅、验资、执行商定程序等业务均作出了详细的规定，涵盖了鉴证业务和相关服务等业务领域，为质量控制提供了标准，有助于注册会计师行业服务质量的保证与提高。

由于审计和鉴证业务质量直接影响着客户、社会公众及注册会计师自身的利益。因此，无论是客户、社会公众还是注册会计师职业界本身都需要一个衡量和评价注册会计师执业质量的标准。注册会计师执业准则体系为评价会计师事务所和注册会计师的执业质量提供了依据。在注册会计师行业内部进行执业质量检查，以及会计师事务所（或者注册会计师）被起诉时，注册会计师执业准则体系都是用于评判会计师事务所（或者注册会计师）是否存在过失或不当行为的重要依据。

（二）有助于规范审计工作

执业准则规范了在审计业务中注册会计师如何签订审计业务约定书，如何编制审计计划，如何实施审计程序，以及如何记录工作底稿和出具审计报告等；执业准则也对注册会计师从事财务报表审阅、其他鉴证业务和相关服务进行了规范。这就使注册会计师在执行业务的每一环节都有了相应的依据和标准，从而规范了注册会计师的行为，维护了社会经济的秩序。

（三）有利于维护审计机构和审计人员的正当权益

注册会计师不能就审计结果做绝对的保证，只要能严格按照执业准则的要求执业，就应认为已尽责。当客户与注册会计师发生纠纷并诉诸法律时，执业准则就成为法庭判明是非、划清责任界限的重要依据。

（四）有助于推动审计理论与实务的发展与完善

执业准则是审计实践经验的总结和升华，已成为审计理论的一个重要组成部分，在执业准则的制订过程中，必然会激发各种理论的争论、探讨，从而带动审计理论的研究。执业准则发布以后，审计学界仍然要围绕着如何实施准则和怎样达到准则的要求展开细致的工作和研究，不断改进完善这些准则。因此，审计理论水平会随着执业准则的制定和实施不断得以提高。审计工作质量和理论水平的提高，无疑会带动审计教育水准的提高，这样必然会有助于培养现代化的审计人才，从而推动审计事业的进一步发展。

第二节 审计职业道德规范

一、职业道德基本原则

审计人员为实现执业目标，必须遵守一些基本的原则。与职业道德有关的基本原则包括诚信、独立性、客观公正、专业胜任能力和勤勉尽责、保密和良好的职业行为。

（一）诚信

诚信，是指诚实、守信。也就是说，一个人的言行与内心思想一致，不虚假；能够履行与别人的约定而取得对方的信任。诚信原则要求审计人员应当在所有的职业关系和商业关系中保持正直和诚实，秉公处事，实事求是。

审计人员如果认为业务报告、申报资料、沟通函件或其他方面的信息存下列问题，不得与这些有问题的信息发生关联：

（1）含有严重虚假或误导性的陈述。

（2）含有缺乏充分依据的陈述或信息。

（3）存在遗漏或含糊其词的信息。

审计人员如果注意到已与有问题的信息发生牵连，应当采取措施消除牵连。

在审计业务中，如果审计人员依据执业准则出具了恰当的非标准业务报告，不被视为违反上述要求。

（二）独立性

独立性原则通常是对审计人员提出的要求。在执行审计业务时，审计人员必须保持独立性。在市场经济条件下，投资者要求作为第三方审计人的审计人员对企业的财务信息做出保证，从而据以做出投资决策。如果审计人员不能与客户保持独立性，而是存在经济利益、关联关系，或屈从于外界压力，就很难取信于社会公众。审计人员的独立性包括两个方面——实质上的独立和形式上的独立。审计人员在执行审计及其他鉴证业务时，应当从实质上和形式上保持独立性，不得因任何利害关系影响其客观性。因此在接受审计业务之前，会计师事务所和注册会计师通常分别需要针对独立性进行问卷调查。

【知识拓展2－1】

大华会计师事务所（特殊普通合伙）
注册会计师独立性问卷调查

被审计单位名称：上海电气股份有限公司　　资产负债表日：2016年12月31日
所属会计师事务所：上海分所　　项目负责人：×××

评估内容		是	否	不适用
一、识别和评价对独立性造成威胁的情况和关系				
1	项目负责人是否向事务所提供与客户委托业务相关的信息，以使事务所能够评价这些信息对保持独立性的总体影响	√		
2	所有应当保持独立性的人员，是否将注意到的违反独立性要求的情况立即告知事务所	√		
3	事务所是否将已识别的违反这些政策和程序的情况，立即传达给需要与事务所共同处理这些情况的项目负责人，以及需要采取适当行动的事务所内部其他相关人员			√
4	项目负责人、事务所内部的其他相关人员，以及需要保持独立性的其他人员，是否在必要时，立即向会计师事务所告知他们为解决有关问题采取的行动	√		
5	事务所是否为需要保持独立性的人员提供关于独立性政策和程序的培训	√		
6	事务所是否每年至少一次向所有受独立性要求约束的人员获取其遵守独立性政策和程序的书面确认函	√		
7	对所有的上市公司财务报表审计，是否按照法律法规的规定定期轮换项目负责人	√		
8	事务所是否建立适当的标准，以防范同一高级人员由于长期执行某一客户的鉴证业务可能对独立性造成的威胁			√
9	在建立适当的标准时，会计师事务所是否考虑到高级管理人员提供该项鉴证业务的服务年限	√		
10	在接受或保持客户关系和具体业务时，事务所是否已考虑客户的诚信，且没有信息表明客户缺乏诚信	√		
11	在接受或保持客户关系和具体业务时，事务所是否已考虑具有执行业务必要的素质、专业胜任能力、时间和资源	√		
12	在接受或保持客户关系和具体业务时，事务所是否已考虑能够遵守职业道德规范	√		
13	接受该业务是否会导致现实或潜在的利益冲突	√		
14	是否识别出存在潜在的利益冲突	√		
二、保持客户关系				
1	该客户在本期或以前业务执行过程中是否存在不符合规定又未调整重大事项，导致非标意见的情况		√	

续表

	评估内容	是	否	不适用
2	如果解除与客户关系时，是否与客户适当级别的管理层和治理层讨论会计师事务所根据有关事实和情况可能采取的适当行动			√
3	如果确定解除业务约定或同时解除业务约定及其客户关系是适当的，事务所是否就解除的情况及原因，与客户适当级别的管理层和治理层讨论			√
4	考虑是否存在法律法规的规定，要求会计师事务所是否保持现有的客户关系，或向监管机构报告解除的情况及原因		√	
5	事务所是否明确将本所项目负责人的身份和作用告知客户管理层和治理层的关键成员	√		
三、关于项目组及其成员				
1	项目组对其独立性作出的评价	√		
2	项目组成员就其独立性是否作出评价并签署独立性承诺	√		
3	事务所委派的项目质量控制复核人员是否符合要求	√		
4	项目组成员履行职责需要的技术资格，包括必要的经验和权限	√		
5	项目组成员是否在不损害其客观性的前提下提供业务咨询，其程度如何			√
6	如果聘请具有适当资格的外部人员或专家，该外部人员或专家是否符合独立性要求			√
四、关于复核人员				
1	对事务所质量控制制度的监控是否由具有专业胜任能力的人员实施	√		
2	事务所实施质量监控的复核人员是否也进行了独立性评估	√		

编制：×× 日期：2016 年 11 月 8 日

资料来源：杨书怀：《现代审计学》，复旦大学出版社，2020 年。

（三）客观公正

客观，是指按照事物的本来面目去考察，不添加个人的偏见。公正，是指公平、正直、不偏袒。客观公正原则要求审计人员应当公正处事、实事求是，不得由于偏见、利益冲突或他人的不当影响而损害自己的职业判断。如果存在导致职业判断出现偏差，或对职业判断产生不当影响的情形，审计人员不得提供相关专业服务。

（四）专业胜任能力和勤勉尽责

专业胜任能力要求审计人员通过教育、培训、执业实践，获取和保持专业胜任能力。审计人员应当持续了解并掌握当前法律、技术和实务的发展变化，将专业知识和技能始终保持在应有的水平，确保为客户提供具有专业水准的服务，审计人员作为专业人士、应当积极学习最新的法律法规，将知识保持在一定的水平。

专业胜任能力是指审计人员具有专业知识、技能和经验，能够经济、有效地完成客户委托的业务。审计人员在应用专业知识和技能时，应当合理运用职业判断。

专业胜任能力可分为两个独立阶段：

（1）专业胜任能力的获取；

（2）专业胜任能力的保持。

持续职业发展能够使审计人员发展和保持专业胜任能力，使其能够胜任特定业务环境中的工作。

勤勉尽责要求审计人员遵守法律法规、相关职业准则的要求并保持应有的职业怀疑，认真、全面、及时地完成工作任务。同时，审计人员应当采取适当措施以确保在其授权下从事专业服务的人员得到应有的培训和督导。在适当时，审计人员应当使客户、工作单位和专业服务的其他使用者了解专业服务的固有局限。

（五）保密

审计人员从事职业活动必须建立在为客户、为工作单位等利益相关方信息保密的基础上。遵循保密原则可以促进信息在审计人员与客户、审计人员与工作单位之间的自由传输。如果审计人员遵循保密原则，信息提供者通常可以放心地向审计人员提供其从事职业活动所需的信息，而不必担心该信息被其他方获知，这有利于审计人员更好地维护公众利益。保密原则要求审计人员应当对职业活动中获知的涉密信息保密。

根据该原则，审计人员应当遵守下列要求：

（1）警觉无意中泄密的可能性，包括在社会交往中无意中泄密的可能性，特别要警觉无意中向关系密切的商业伙伴或近亲属泄密的可能性，近亲属是指配偶、父母、子女、兄弟姐妹、祖父母、外祖父母、孙子女、外孙子女；

（2）对所在会计师事务所、工作单位内部的涉密信息保密；

（3）对职业活动中获知的涉及国家安全的信息保密；

（4）对拟承接的客户、拟受雇的工作单位向其披露的涉密信息保密；

（5）在未经客户、工作单位授权的情况下，不得向会计师事务所、工作单位以外的第三方披露其所获知的涉密信息，除非法律法规或职业准则规定审计人员在这种情况下有权利或义务进行披露；

（6）不得利用因职业关系而获知的涉密信息为自己或第三方谋取利益；

（7）不得在职业关系结束后利用或披露因该职业关系获知的涉密信息；

（8）采取适当措施，确保下级员工以及为审计人员提供建议和帮助的人员履行保密义务。

审计人员在下列情况下可以披露涉密信息：

（1）法律法规允许披露，并且取得客户或工作单位的授权；

（2）根据法律法规的要求，为法律诉讼、仲裁准备文件或提供证据，以及向有关监管机构报告发现的违法行为；

（3）法律法规允许的情况下，在法律诉讼、仲裁中维护自己的合法权益；

（4）接受注册会计师协会或监管机构的执业质量检查，答复其询问和调查；
（5）法律法规、执业准则和职业道德规范规定的其他情形。

（六）良好的职业行为

审计人员应当遵守相关法律法规，维护自身的职业声誉。审计人员在向公众传递信息以及推介自己和工作时，应当客观、真实、得体，不得损害职业形象。审计人员应当诚实、实事求是，不得有下列行为：如夸大宣传提供的服务、拥有的资质或获得的经验；贬低或无根据地比较其他审计人员的工作。

二、职业道德概念框架

（一）解决职业道德问题的路径

职业道德概念框架是指解决职业道德问题的思路和方法（识别、评价和采取防范措施），用以指导审计人员：
（1）识别对职业道德基本原则的不利影响；
（2）评价不利影响的严重程度；
（3）必要时采取防范措施消除不利影响或将其降低至可接受的水平。

在运用职业道德概念框架时，审计人员应当进行职业判断。如果发现存在可能违反职业道德基本原则的情形，审计人员应当评价其对职业道德基本原则的不利影响。如果认为对职业道德基本原则的不利影响超出可接受的水平，审计人员应当确定是否能够采取防范措施消除不利影响或将其降低至可接受的水平。如果无法采取适当的防范措施，审计人员应当拒绝或终止所从事的特定专业服务，必要时与客户解除合约关系，或向其工作单位辞职。

（二）影响职业道德规范遵守的不利因素

审计人员对职业道德基本原则的遵循可能受到多种因素的不利影响。总的来说，可能对职业道德基本原则产生不利影响的因素包括自身利益、自我评价、过度推介、密切关系和外在压力。各不利因素及其含义如表2－1所示。

表2－1　影响职业道德规范的不利因素及其含义

不利因素	含义
自身利益	如果经济利益或其他利益对审计人员的职业判断或行为产生不当影响，将产生自身利益导致的不利影响
自我评价	如果审计人员对其以前的判断或服务结果做出不恰当的评价，并且将据此形成的判断作为当前服务的组成部分，将产生自我评价导致的不利影响

续表

不利因素	含义
过度推介	如果审计人员过度推介客户或工作单位的某种立场或意见，使其客观性受到损害，将产生过度推介导致的不利影响
密切关系	如果审计人员与客户或工作单位存在长期或亲密的关系，而过于倾向他们的利益，或认可他们的工作，将产生密切关系导致的不利影响
外在压力	如果审计人员受到实际的压力或感受到压力（包括对审计人员实施不当影响的意图）而无法客观行事，将产生外在压力导致的不利影响

[同步案例2-1]

背景与情境：

V公司系ABC会计师事务所的常年审计客户。2022年11月，ABC会计师事务所与V公司续签了审计业务约定书，审计V公司2022年度财务报表。假定存在以下情形：

（1）V公司由于财务困难，应付ABC会计师事务所2021年度的审计费用100万元一直没有支付。经双方协商，ABC会计师事务所同意V公司延期至2022年年底支付。在此期间，V公司按银行同期贷款利率支付资金占用费。

（2）V公司由于财务人员短缺，2022年向ABC会计师事务所借用一名注册会计师，由该注册会计师将经会计主管审核的记账凭证录入计算机信息系统。ABC会计师事务所未将该注册会计师包括在V公司2022年度财务报表审计项目组。

（3）甲注册会计师已连续5年担任V公司年度财务报表审计的签字注册会计师。根据有关规定，在审计V公司2022年度财务报表时，ABC会计师事务所决定不再由甲注册会计师担任签字注册会计师。但在成立V公司2022年度财务报表审计项目组时，ABC会计师事务所要求其继续担任外勤审计负责人。

（4）由于V公司降低2022年度财务报表审计费用近1/3，导致ABC会计师事务所审计收入不能弥补审计成本，ABC会计师事务所决定不再对V公司下属的两个重要的销售分公司进行审计，并以审计范围受限为由出具了保留意见的审计报告。

（5）V公司要求ABC会计师事务所在出具审计报告的同时，提供内部控制审核报告。为此，双方另行签订了业务约定书。

（6）ABC会计师事务所针对审计过程中发现的问题，向V公司提出了会计政策选用和会计处理调整的建议，并协助其解决相关账户调整问题。

问题：请根据中国注册会计师职业道德规范有关独立性的规定，分别判断上述六种情形是否对ABC会计师事务所的独立性造成损害，并简要说明理由。

分析提示：

（1）损害独立性。如果审计客户长期未支付应付的审计费用，尤其是大部分费用在下一年度出具审计报告之前仍未支付，可能因自身利益产生不利影响。并且ABC会计师事务所收取资金占用费，与V公司形成了除审计收费以外的直接经济利益。

（2）不损害独立性。该注册会计师从事的记账凭证输入工作不属于编制鉴证业务对象的数据和其他记录，并且该注册会计师不属于鉴证小组成员，不产生自我评价对独立性的损害。

（3）损害独立性。执行公众利益实体审计业务的关键审计合伙人，其任职时间不应超过5年。甲注册会计师仍担任V公司2022年度财务报表审计负责人，从形式上看虽然不再担任签字注册会计师，但实质上形成了关联关系。

（4）损害独立性。ABC会计师事务所受降低收费的压力而不恰当地缩小了审计范围，形成了对独立性的损害。

（5）不损害独立性。“内部控制审核”属于与鉴证业务不相容的工作，不会对独立性构成损害。

（6）不损害独立性。为V公司提出会计政策选用及会计处理调整的建议等属于审计工作的一部分。

三、职业道德概念框架的具体运用

（一）可能对职业道德基本原则产生不利影响的具体因素

每一不利因素所表现出来的形式有很多种，并不能完全进行阐述，以下以列表的形式进行具体不利因素的简要分析，如表2-2所示。

表2-2 可能对职业道德产生不利影响的具体因素

不利因素	不利因素的具体形式
自身利益	（1）审计业务项目组成员在审计客户中拥有直接经济利益； （2）会计师事务所的收入过分依赖某一客户； （3）审计业务项目组成员与审计客户存在重要且密切的商业关系； （4）会计师事务所以较低的报价获得新业务，而该报价过低，可能导致审计人员难以按照适用的职业准则要求执行业务； （5）审计人员能够接触到涉密信息，而该涉密信息可能被用于谋取个人私利； （6）审计人员在评价所在会计师事务所以往提供的专业服务时，发现了重大错误
自我评价	（1）会计师事务所在对客户提供财务系统的设计或操作服务后，又对系统的运行有效性出具审计报告； （2）会计师事务所为客户编制原始数据，这些数据构成审计业务的对象
过度推介	（1）审计人员推介客户的产品、股份或其他利益； （2）当客户与第三方发生诉讼或纠纷时，注册会计师为该客户辩护； （3）审计人员站在客户的立场上影响某项法律法规的制定

续表

不利因素	不利因素的具体形式
亲密关系	（1）项目组成员的近亲属担任客户的董事或高级管理人员； （2）客户的董事、高级管理人员或所处职位能够对业务对象施加重大影响的员工，最近曾担任会计师事务所的项目合伙人； （3）会计师事务所的合伙人或高级员工与审计客户存在长期业务关系
外在压力	（1）审计师因对专业事项持有不同意见而受到客户解除业务关系或被会计师事务所解雇的威胁； （2）由于客户对所沟通的事项更具有专长，审计人员面对服从该客户判断的压力； （3）审计人员被告知，除非其同意审计客户某项不恰当的会计处理，否则计划中的晋升将受到影响； （4）审计人员接受了客户赠予的重要礼品，并被威胁将公开其收受礼品的事情

（二）应对不利影响的防范措施

审计人员应当运用判断，确定如何应对超出可接受水平的不利影响，包括采取防范措施消除不利影响或将其降低至可接受的水平，或者终止业务约定或拒绝接受业务委托。在运用判断时，审计人员应当考虑：一个理性且掌握充分信息的第三方，在权衡审计人员当时可获得的所有具体事实和情况后，是否很可能认为这些防范措施能够消除不利影响或将其降低至可接受的水平，以使职业道德基本原则不受损害。应对不利影响的防范措施包括法律法规和职业规范规定的防范措施和在具体工作中采取的防范措施。

在具体工作中，应对不利影响的防范措施包括会计师事务所层面的防范措施和具体业务层面的防范措施。

1. 会计师事务所层面的防范措施

从会计师事务所角度而言的防范措施包括：（1）领导层强调遵循职业道德基本原则的重要性；（2）领导层强调审计业务项目组成员应当维护公众利益；（3）制定有关政策和程序，实施项目质量控制，监督业务质量；（4）制定有关政策和程序，识别对职业道德基本原则的不利影响，评价不利影响的严重程度，采取防范措施消除不利影响或将其降低至可接受的水平；（5）制定有关政策和程序，保证遵循职业道德基本原则；（6）制定有关政策和程序，识别会计师事务所或项目组成员与客户之间的利益或关系；（7）制定有关政策和程序，监控对某一客户收费的依赖程度；（8）向审计客户提供非审计服务时，指派审计业务项目组以外的其他合伙人和项目组，并确保审计业务项目组和非审计业务项目组分别向各自的业务主管报告工作；（9）制定有关政策和程序，防止项目组以外的人员对业务结果施加不当影响；（10）及时向所有合伙人和专业人员传达会计师事务所的政策和程序及其变化情况，并就这些政策和程序进行适当的培训；等等。

2. 具体业务层面的防范措施

具体业务层面的防范措施包括：（1）对已执行的非审计业务，由未参与该业务的审计人员进行复核，或在必要时提供建议；（2）对已执行的审计业务，由审计业务项目组以外的审计人员进行复核，或在必要时提供建议；（3）向客户审计委员会、监管机构或审计人员协会咨询；(4) 与客户治理层讨论有关的职业道德问题；(5) 向客户治理层说明提供服务的性质和收费的范围；(6) 由其他会计师事务所执行或重新执行部分业务；(7) 轮换审计业务项目组合伙人和高级员工。

四、职业道德概念框架的其他运用环节

职业道德概念框架在专业服务委托方面也发挥着重要作用，具体体现在接受客户关系、承接业务、客户变更委托、利益冲突、应客户的要求提供第二次意见、收费、专业服务营销、礼品和款待及保管客户资产九个方面。

(一) 接受客户关系

在接受客户关系前，审计人员应当确定接受客户关系是否对职业道德基本原则产生不利影响。审计人员应当识别不利影响因素并将客户列为可疑对象，进行多方面考虑。

客户存在的问题可能对审计人员遵循诚信原则或良好职业行为原则产生不利影响，审计人员应当评价不利影响的严重程度，并在必要时采取防范措施消除不利影响或将其降低至可接受的水平。防范措施主要包括：

1. 对客户及其主要股东、关键管理人员、治理层和负责经营活动的人员进行了解；

2. 要求客户对完善公司治理结构或内部控制做出承诺。

如果不能将客户存在的问题产生的不利影响降低至可接受的水平，审计人员应当拒绝接受客户关系。如果向同一客户连续提供专业服务，审计人员应当定期评价继续保持客户关系是否适当。

(二) 承接业务

审计人员应当遵循专业胜任能力和勤勉尽责原则，仅向客户提供能够胜任的专业服务。在承接某一客户业务前，审计人员应当确认是否有能力完成业务，并能遵守职业道德规范。此外，当存在不利影响时，审计人员应当评价不利影响的严重程度，并在必要时采取防范措施消除不利影响或将其降低至可接受的水平。防范措施主要包括：

(1) 了解客户的业务性质、经营的复杂程度，以及所在行业的情况；

(2) 了解专业服务的具体要求和业务对象，以及审计人员拟执行工作的目的、性质和范围；

(3) 了解相关监管要求或报告要求；

(4) 分派足够的具有胜任能力的员工；

(5) 必要时利用专家的工作（应当考虑专家的声望、专长及其可获得的资源，以及适用的执业准则和职业道德规范等因素）；

(6) 就执行业务的时间安排与客户达成一致意见；

(7) 遵守质量控制政策和程序，以合理保证仅承接能够胜任的业务。

（三）客户变更委托

如果应客户要求或考虑接替前任审计人员，审计人员应当从专业角度或其他方面确定应否承接该业务。审计人员在没有向前任审计人员充分了解的情况下承接了业务，将产生重大不利影响。

审计人员应当采取必要防范措施，消除因客户变更委托产生的不利影响或将其降低至可接受的水平。防范措施主要包括：

（1）当应邀投标时，在投标书中说明，在承接业务前需要与前任审计人员沟通，以了解是否存在不应接受委托的理由；

（2）要求前任审计人员提供已知悉的相关事实或情况，即前任审计人员认为后任审计人员在做出承接业务的决定前，需要了解的事实或情况；

（3）从其他渠道获取必要的信息。

如果采取的防范措施不能消除不利影响或将其降低至可接受的水平，审计人员不得承接该业务。

审计人员可能应客户要求在前任审计人员工作的基础上提供进一步的服务。如果缺乏完整的信息，可能对专业胜任能力和勤勉尽责原则产生不利影响。审计人员应当评价不利影响的严重程度，并在必要时采取防范措施消除不利影响或将其降低至可接受的水平。

采取的防范措施主要包括将拟承担的工作告知前任审计人员，提请其提供相关信息，以便恰当地完成该项工作。前任审计人员应当遵循保密原则。前任审计人员是否可以或必须与后任审计人员讨论客户的相关事务，取决于业务的性质、是否征得客户同意，以及法律法规或职业道德规范的有关要求。

审计人员在与前任审计人员沟通前，应当征得客户的同意，最好征得客户的书面同意。前任审计人员在提供信息时，应当实事求是、清晰明了。如果不能与前任审计人员沟通，审计人员应当采取适当措施，通过询问第三方或调查客户的高级管理人员、治理层的背景等方式，获取有关对职业道德基本原则产生不利影响的信息。

（四）利益冲突

审计人员应当采取适当措施，识别可能产生利益冲突的情形。这些情形可能对职业道德基本原则产生不利影响。审计人员与客户存在直接竞争关系，或与客户的主要竞争者存在合资或类似关系，可能对客观公正原则产生不利影响。审计人员为两个以上客户提供服务，面对这些客户之间存在利益冲突或者对某一事项或交易存在争议，可能对客观公正原则或保密原则产生不利影响。

审计人员应当评价利益冲突产生不利影响的严重程度，并在必要时采取防范措施消除不利影响或将其降低至可接受的水平。审计人员应当根据可能产生利益冲突的具体情形，采取下列防范措施：

（1）如果会计师事务所的商业利益或业务活动可能与客户存在利益冲突，审计人员应当告知客户，并在征得其同意的情况下执行业务；

（2）如果为存在利益冲突的两个以上客户服务，审计人员应当告知所有已知相关方，并在征得他们同意的情况下执行业务；

（3）如果为某一特定行业或领域中的两个以上客户提供服务，审计人员应当告知客户，并在征得他们同意的情况下执行业务；

（4）如果客户不同意审计人员为存在利益冲突的其他客户提供服务，审计人员应当终止为其中一方或多方提供服务。

（五）应客户的要求提供第二次意见

在某客户运用会计准则对特定交易和事项进行处理，且已由前任审计人员发表意见的情况下，如果审计人员应客户的要求提供第二次意见，可能对职业道德基本原则产生不利影响。

如果第二次意见不是以前任审计人员所获得的相同事实为基础，或依据的证据不充分，可能对专业胜任能力和勤勉尽责原则产生不利影响。不利影响存在与否及其严重程度，取决于业务的具体情况，以及为提供第二次意见所能获得的所有相关事实及证据。如果被要求提供第二次意见，审计人员应当评价不利影响的严重程度，并在必要时采取防范措施消除不利影响或将其降低至可接受的水平。防范措施主要包括：

（1）征得客户同意与前任审计人员沟通；

（2）在与客户沟通中说明审计人员发表专业意见的局限性；

（3）向前任审计人员提供第二次意见的副本。

如果客户不允许与前任审计人员沟通，审计人员应当在考虑所有情况后决定是否适宜提供第二次意见。

（六）收费

会计师事务所在确定收费时应当主要考虑专业服务所需的知识和技能、所需专业人员的水平和经验、各级别专业人员提供服务所需的时间和提供专业服务所需承担的责任。在专业服务得到良好的计划、监督及管理的前提下，收费通常以每一专业人员适当的小时收费标准或日收费标准为基础计算。

收费是否对职业道德基本原则产生不利影响，取决于收费报价水平和所提供的相应服务。审计人员应当评价不利影响的严重程度，并在必要时采取防范措施消除不利影响或将其降低至可接受的水平。防范措施主要包括：让客户了解业务约定条款，特别是确定收费的基础以及在收费报价内所能提供的服务；安排恰当的时间和具有胜任能力的员工执行任务。

在承接业务时，报价过低，存在问题的可能性较大。会计师事务所应当提供与其服务一致的收费报价。

（七）专业服务营销

审计人员通过广告或其他营销方式招揽业务，可能对职业道德基本原则产生不利影响。在向公众传递信息时，审计人员应当维护职业声誉，做到客观、真实、得体。

审计人员在营销专业服务时，不得有下列行为：

（1）夸大宣传提供的服务、拥有的资质或获得的经验；

（2）贬低或无根据地比较其他审计人员的工作；

（3）暗示有能力影响有关主管部门、监管机构或类似机构；

（4）做出其他欺骗性的或可能导致误解的声明。

审计人员不得采用强迫、欺诈、利诱或骚扰等方式招揽业务。审计人员不得对其能力进行广告宣传以招揽业务，但可以利用媒体刊登设立、合并、分立、解散、迁址、名称变更和招聘员工等信息。

（八）礼品和款待

如果客户向审计人员（或其近亲属）赠送礼品或给予款待，将对职业道德基本原则产生不利影响。审计人员不得向客户索取、收受委托合同约定以外的酬金或其他财物，或者利用执行业务之便，牟取其他不正当的利益。

审计人员应当评价接受款待产生不利影响的严重程度，并在必要时采取防范措施消除不利影响或将其降低至可接受的水平。如果款待超出业务活动中的正常往来，审计人员应当拒绝接受。

（九）保管客户资产

除非法律法规允许或要求，审计人员不得提供保管客户资金或其他资产的服务。审计人员保管客户资金或其他资产，应当履行相应的法定义务。保管客户资金或其他资产可能对职业道德基本原则产生不利影响，尤其可能对客观和公正原则以及良好职业行为原则产生不利影响。

审计人员如果保管客户资金或其他资产，应当符合下列要求：

（1）将客户资金或其他资产与其个人或会计师事务所的资产分开；

（2）仅按照预定用途使用客户资金或其他资产；

（3）随时准备向相关人员报告资产状况及产生的收入、红利或利得；

（4）遵守所有与保管资产和履行报告义务相关的法律法规；

如果某项业务涉及保管客户资金或其他资产，审计人员应当根据有关接受与保持客户关系和具体业务政策的要求，适当询问资产的来源，并考虑应当履行的法定义务。如果客户资金或其他资产来源于非法活动（比如洗钱），审计人员不得提供保管资产服务，并应当向法律顾问征询进一步的意见。

第三节　会计师事务所质量管理体系

一、质量管理体系的概念、目标和框架

（一）质量管理体系的概念和目标

质量管理体系是会计师事务所为实施质量管理而设计、实施和运行的系统，其目标是针对所执行的财务报表审计业务、财务报表审阅业务、其他鉴证业务和相关服务业务，设计、实施和运行质量管理体系，为会计师事务所在下列方面提供合理保证：

1. 会计师事务所及其人员按照适用的法律法规和职业准则的规定履行职责，并根据这些规定执行业务；

2. 会计师事务所和项目合伙人出具适合具体情况的业务报告。

（二）质量管理体系的框架

会计师事务所质量管理体系的框架包括八个要素：

（1）会计师事务所的风险评估程序；

（2）治理和领导层；

（3）相关职业道德要求；

（4）客户关系和具体业务的接受与保持；

（5）业务执行；

（6）资源；

（7）信息与沟通；

（8）监控和整改程序。

上述各要素应当有效衔接、相互支撑、协同运行，以保障会计师事务所能够积极有效地实施质量管理。

二、质量管理体系的总体要求

会计师事务所质量管理体系应当满足以下总体要求：

（一）在全所范围内统一设计、实施和运行

会计师事务所应当在全所范围内（包括分所或分部）统一设计、实施和运行质量管理体系，实现人事、财务、业务、技术标准和信息管理五方面的统一管理；如果会计师事务所通过合并、新设等方式成立分所（或分部），应当将该分所（或分部）纳入质量管理体

系中统一实施质量管理。

（二）风险导向的思路

会计师事务所在设计、实施和运行质量管理体系时，应当采用风险导向的思路。按照风险导向的思路，会计师事务所应当采取以下三个步骤：

（1）针对质量管理体系的各个要素设定质量目标，即为了确保实现质量管理体系的目标，质量管理体系的各个要素需要达到的目标。根据会计师事务所质量管理的需要，质量目标可以进一步细化为若干子目标。例如，针对“治理和领导层”要素，会计师事务所可以设定如下质量目标：会计师事务所领导层通过实际行动展示其对质量的重视。而针对该质量目标，会计师事务所可以将其进一步细化为以下两个子目标：①会计师事务所领导层能够了解到所有与本会计师事务所执业质量相关的内外部投诉和举报及其处理情况；②对于涉及会计师事务所执业质量的重大问题，会计师事务所领导层亲自参与相关决策过程，并且在全所范围内形成一种“质量至上”的示范效应。

（2）识别和评估质量风险。质量风险是一种具有合理可能性会发生的风险，这种风险一旦发生，将单独或连同其他风险对质量目标的实现产生不利影响。

（3）设计和采取应对措施以应对质量风险。应对措施通常是指会计师事务所为应对质量风险而设计和实施的政策和程序，应对措施的性质、时间安排和范围取决于相关质量风险的评估结果及得出该评估结果的理由。

（三）根据本会计师事务所的实际需要进行“量身定制”

实务中，会计师事务所应当实事求是，根据本会计师事务所及业务的性质和具体情况，以及本会计师事务所质量管理的实际需要，“量身定制”适合本会计师事务所的质量管理体系，而不应当机械执行会计师事务所质量管理准则，也不应当盲目地“照搬照抄”其他事务所的政策和程序。由于不同会计师事务所的规模、组织结构、业务类型、业务风险等方面不同，质量管理体系在设计上会存在差异，特别是其复杂程度和规范程度也会存在差异。例如，如果一个会计师事务所规模较大，组织结构较为复杂，业务类型较多，并且执行上市实体审计业务，则该事务所很可能需要更加复杂和规范的质量管理体系和支持性工作记录。

会计师事务所在“量身定制”适合本所的质量管理体系时，针对前述质量管理体系的框架，可以使用与前述不同的名称来描述质量管理体系的要素，也可以根据实际情况调整这些要素，但调整的范围仅限于更改要素的名称、将某个要素进行拆分或将某些要素进行合并。

（四）不断优化和完善

质量管理体系是动态的，不应一成不变。实务中，会计师事务所应当根据本所及其业务在性质和具体情况方面的变化，对质量管理体系的设计、实施和运行进行动态调整。

三、质量管理体系的具体内容

质量管理体系包括针对下列要素而制定的政策和程序：会计师事务所的风险评估程序；治理和领导层；相关职业道德要求；客户关系和具体业务的接受与保持；业务执行；资源；信息与沟通；监控和整改程序。

（一）会计师事务所的风险评估程序

会计师事务所应当设计和实施风险评估程序，以设定质量目标、识别和评估质量风险，并设计和采取应对措施以应对质量风险。会计师事务所在识别和评估质量风险时，应当了解可能对实现质量目标产生不利影响的事项或情况，包括相关人员的作为和不作为，这些事项或情况主要包括会计师事务所以及会计师事务所业务的性质和具体情况。在了解上述事项或情况的基础上，会计师事务所应当考虑这些事项或情况可能对实现质量目标产生哪些不利影响，以及不利影响的程度。会计师事务所应当根据质量风险的评估结果及得出该评估结果的理由设计和采取应对措施，以应对质量风险。

在某些情况下，由于会计师事务所或其业务的性质和具体情况发生变化，可能需要设定额外的质量目标、评估额外的质量风险，也可能需要调整之前评估的质量风险或采取的应对措施。会计师事务所应当制定政策和程序，以识别表明存在这些情况的信息。如果识别出这些信息，会计师事务所应当加以考虑，并在适当时采取下列措施：

（1）设定额外的质量目标或调整之前设定的额外质量目标；

（2）识别和评估额外的质量风险，调整已评估的质量风险或重新评估质量风险；

（3）设计和采取额外的应对措施或调整已采取的应对措施。

（二）治理和领导层

会计师事务所的治理和领导层在全所范围内营造一种“质量至上”的文化氛围，能够为会计师事务所质量管理设定良好的“高层基调”，从而对质量管理体系的设计、实施和运行产生广泛和积极的影响。因此，治理和领导层应当为质量管理体系的设计、实施和运行提供良好的支持性环境。针对治理和领导层，会计师事务所应当设定下列质量目标：

（1）会计师事务所在全所范围内形成一种“质量至上”的文化，树立质量意识。这种文化认同应强调下列方面：

①会计师事务所有责任通过持续高质量地执行业务服务于公众利益；

②职业价值观、职业道德和职业态度的重要性；

③会计师事务所所有人员都对其执行业务的质量承担责任，或对质量管理体系中执行活动的质量承担责任，并且这些人员的行为应当得当；

④会计师事务所的战略决策和行动，包括会计师事务所在财务和运营方面对优先事项的安排，都不能以牺牲质量为代价。

（2）会计师事务所领导层对质量负责。

（3）会计师事务所领导层通过实际行动展示其对质量的重视。

（4）会计师事务所领导层向会计师事务所人员传递质量至上的执业理念，培育以质量为导向的文化。

（5）会计师事务所的组织结构以及对相关人员角色、职责、权限的分配是恰当的，能够满足质量管理体系设计、实施和运行的需要。

（6）会计师事务所的资源（包括财务资源）需求有计划，并且资源的取得和分配能够保障会计师事务所履行其对质量的承诺。

会计师事务所领导层成员应当以身作则、率先垂范，带头遵守质量管理体系中的各项政策和程序，不得干扰项目组按照职业准则的要求执行业务、作出职业判断。同时会计师事务所应当加强对合伙人晋升、培训、考核、分配、转入、退出的管理，体现以质量为导向的文化，确保合伙人能够按照质量管理体系的要求，切实履行其在质量管理方面的责任，防范业务风险。加强对其员工（包括外部转入人员）晋升合伙人的管理，建立和实施质量一票否决制度。综合考虑拟晋升人员的执业理念、职业价值观、职业道德、专业胜任能力和执业诚信记录，建立以质量为导向的晋升机制，不得以承接和执行业务的收入或利润作为晋升合伙人的首要指标。

会计师事务所应当在全所范围内统一进行合伙人考核和收益分配，对合伙人的考核和收益分配，应当综合考虑合伙人的执业质量、管理能力、经营业绩、社会声誉等指标，不得以承接和执行业务的收入或利润作为首要指标，不得直接或变相以分所、部门、合伙人所在团队作为利润中心进行收益分配。

（三）相关职业道德要求

对任何行业来说，职业道德都与质量密切相关，注册会计师行业尤其如此。注册会计师行业的宗旨是维护公众利益，围绕这一宗旨，注册会计师必须不断提高自身的职业道德水平，会计师事务所也必须制定相关政策和程序，对本所执业人员的职业道德水平给予充分关注并积极加强管理。针对相关人员按照相关职业道德要求（包括独立性要求）履行职责，会计师事务所应当设定相关质量目标：

（1）会计师事务所及其人员充分了解规范会计师事务所及其业务的职业道德要求，并严格按照这些职业道德要求履行职责；

（2）受职业道德要求约束的其他组织或人员，包括网络、网络事务所、网络或网络事务所中的人员、服务提供商，充分了解与其相关的职业道德要求，并严格按照这些职业道德要求履行职责。

会计师事务所还应该建立并完善与公众利益实体审计业务有关的关键审计合伙人轮换机制，明确轮换要求，确保做到实质性轮换，防止流于形式。同时完善利益分配机制，保证全所的人力资源和客户资源实现一体化统筹管理，避免某合伙人或项目组的利益与特定客户长期直接挂钩，影响独立性。会计师事务所应当定期评价利益分配机制的设计和执行情况。这样做的目的是避免某合伙人或项目组的利益与特定客户长期直接挂钩，从根源上解决关键审计合伙人轮换机制“流于形式”的问题。

（四）客户关系和具体业务的接受与保持

会计师事务所的执业质量在很大程度上受客户质量的影响。例如，如果客户的管理层和治理层缺乏诚信，不配合注册会计师执行业务，甚至蓄意实施舞弊，注册会计师将面临很高的执业风险，其执业质量难以获得保障。会计师事务所在作出是否承接与保持某项客户关系和具体业务的决策时，应当“知己知彼”。所谓“知彼”，是指这一决策应当建立在对客户及其管理层和治理层充分了解的基础之上；所谓“知己”，是指应当充分了解本所自己的专业胜任能力，包括遵守法律法规和相关职业道德要求的情况。基于“质量至上”的原则，会计师事务所在作出相关决策时，应当优先考虑的是质量方面的因素，而非商业利益。因此，对客户关系和具体业务的接受与保持，会计师事务所应当设定下列质量目标并树立风险意识：

（1）会计师事务所就是否接受或保持某项客户关系或具体业务所作出的判断是适当的，充分考虑了下列方面：

①会计师事务所是否针对业务的性质和具体情况以及客户（包括客户的管理层和治理层）的诚信和道德价值观获取了足以支持上述判断的充分信息；

②会计师事务所是否具备按照适用的法律法规和职业准则的规定执行业务的能力。

（2）会计师事务所在财务和运营方面对优先事项的安排，并不会导致对是否接受或保持客户关系或具体业务作出不恰当的判断。

（五）业务执行

会计师事务所整体的执业质量，是由每个项目组实际执行业务的质量决定的。每个项目组的质量，都会直接影响会计师事务所整体的执业质量。因此，会计师事务所有必要在项目层面实施质量管理。针对业务执行，会计师事务所应当设定下列质量目标：

（1）项目组了解并履行其与所执行业务相关的责任，包括项目合伙人对项目管理和项目质量承担总体责任，并充分、适当地参与项目全过程；

（2）基于项目的性质和具体情况、向项目组分配的资源以及项目组可获得的资源，对项目组进行的指导和监督以及对项目组已执行的工作进行的复核是恰当的，并且由经验较为丰富的项目组成员对经验较为缺乏的项目组成员的工作进行指导、监督和复核；

（3）项目组恰当运用职业判断并保持职业怀疑（如适用）；

（4）对困难或有争议的事项进行了咨询，并已按照达成的一致意见执行；

（5）项目组内部、项目组与项目质量复核人员之间（如适用），以及项目组与会计师事务所内负责执行质量管理体系相关活动的人员之间存在的意见分歧，能够得到会计师事务所的关注并予以解决；

（6）业务工作底稿能够在业务报告日之后及时得到整理，并得到妥善的保存和维护，以遵守法律法规、相关职业道德要求和其他职业准则的规定，并满足会计师事务所自身的需要。

（六）资源

会计师事务所的资源是一个宽泛的概念，包括货币资金、办公设备等各种有形的财务资源，也包括人力资源、知识资源和技术资源。其中，人力资源如会计师事务所的合伙人和员工，包括执业人员和质量管理人员；技术资源如信息技术基础设施、信息技术应用程序等；知识资源如书面的政策和程序、业务方法论或指引等。从某种意义上说，人力资源、知识资源和技术资源，与会计师事务所的整体执业质量有更高的相关性。会计师事务所应当设定下列质量目标并投入足够资源，建立相关的政策和程序，以及时且适当地获取、开发、利用、维护和分配资源，支持质量管理体系的设计、实施和运行：

（1）会计师事务所招聘、培养和留住在下列方面具备胜任能力的人员：

①具备与会计师事务所执行的业务相关的知识和经验，能够持续高质量地执行业务；

②执行与质量管理体系运行相关的活动或承担与质量管理体系相关的责任。

（2）会计师事务所人员通过其行为展示出对质量的重视，不断培养和保持适当的胜任能力以履行其职责。会计师事务所通过及时的业绩评价、薪酬调整、晋升和其他奖惩措施对这些人员进行问责或认可。

（3）当会计师事务所在质量管理体系的运行方面缺乏充分、适当的人员时，能够从外部（如网络、网络事务所或服务提供商）获取必要的人力资源支持。

（4）会计师事务所为每项业务分派具有适当胜任能力的项目合伙人和其他项目组成员，并保证其有充足的时间持续高质量地执行业务。

（5）会计师事务所分派具有适当胜任能力的人员执行质量管理体系内的各项活动，并保证其有充足的时间执行这些活动。

（6）会计师事务所获取、开发、维护、利用适当的技术资源，以支持质量管理体系的运行和业务的执行。

（7）会计师事务所获取、开发、维护、利用适当的知识资源，以为质量管理体系的运行和高质量业务的持续执行提供支持，并且这些知识资源符合相关法律法规（如适用）和职业准则的规定。

（8）结合上述第 4 项至第 7 项所述的质量目标，从服务提供商获取的人力资源、技术资源或知识资源能够适用于质量管理体系的运行和业务的执行。

（七）信息与沟通

会计师事务所质量管理体系能够流畅、有效地运行，有赖于会计师事务所与项目组之间，以及各项目组之间能够有效地进行双向沟通，传递相关、可靠的信息。在某些情况下，会计师事务所也可能有必要与外部各方进行沟通，以支持质量管理体系的设计、实施和运行。因此，会计师事务所应当设定下列质量目标并建立与信息与沟通相关的政策和程序：

（1）会计师事务所的信息系统能够识别、获取、处理和维护来自内部或外部的相关、可靠的信息，为质量管理体系提供支持。

（2）会计师事务所的文化认同并强化会计师事务所人员与会计师事务所之间，以及这些人员彼此之间交换信息的责任。

（3）会计师事务所内部以及各项目组之间能够交换相关、可靠的信息，包括：

①会计师事务所向相关人员和项目组传递信息，传递的性质、时间安排和范围足以使其理解和履行与执行业务或质量管理体系各项活动相关的责任；

②会计师事务所人员和项目组在执行业务或质量管理体系各项活动的过程中向会计师事务所传递信息。

（4）会计师事务所向外部各方传递相关、可靠的信息，包括：

①会计师事务所向网络、在网络中或向服务提供商（如有）传递信息，使该网络或服务提供商能够履行其与网络要求、网络服务或提供资源相关的责任；

②会计师事务所根据相关法律法规或职业准则的规定向外部传递信息，或为了帮助外部各方了解质量管理体系而向外部传递信息。

（八）监控和整改程序

会计师事务所通过实施监控和整改程序，能够对质量管理体系的运行情况进行定期和持续监控。如果会计师事务所发现质量管理体系存在缺陷，应当评价该缺陷的严重程度和广泛性，并考虑设计和采取恰当的整改措施。会计师事务所应当建立在全所范围内统一的监控和整改程序，并开展实质性监控，以实现下列质量目标：

（1）就质量管理体系的设计、实施和运行情况提供相关、可靠、及时的信息；

（2）采取适当的行动以应对识别出的质量管理体系的缺陷，以使该缺陷能够及时得到整改。

四、评价质量管理体系

质量管理体系在建成并运行一段时间以后，会计师事务所应当对其运行情况进行评价，并根据质量管理体系的评价结果对相关人员进行业绩评价。

（一）对质量管理体系的评价

会计师事务所主要负责人应当代表会计师事务所对质量管理体系进行评价。这种评价应当以某一时点为基准，并且应当至少每年一次。作为评价的结果，主要负责人可能得出下列结论中的一项：

（1）质量管理体系能够向会计师事务所合理保证该体系的目标得以实现；

（2）质量管理体系的设计、实施和运行存在严重但不具有广泛影响的缺陷，除与这些缺陷相关的事项外，质量管理体系能够向会计师事务所合理保证该体系的目标得以实现；

（3）质量管理体系不能向会计师事务所合理保证该体系的目标得以实现。

如果得出上述第2项或第3项结论，会计师事务所应当采取下列措施：

（1）迅速采取适当行动；

（2）与各项目组以及在质量管理体系中承担相关责任的其他人员就与其责任相关的事项进行沟通；

（3）按照会计师事务所的政策和程序，与外部各方沟通。

（二）对相关人员的业绩评价

会计师事务所应当定期对下列人员进行业绩评价：

（1）对质量管理体系承担最终责任的人员（即主要负责人）；

（2）对质量管理体系承担运行责任的人员；

（3）对质量管理体系特定方面承担运行责任的人员。

在进行业绩评价时，会计师事务所应当考虑对质量管理体系的评价结果。

五、会计师事务所对质量管理体系的记录

（一）记录的目的

会计师事务所应当对其质量管理体系进行记录，以实现下列目的：

（1）为会计师事务所人员对质量管理体系的一致理解提供支持，包括理解其在质量管理体系和业务执行中的角色和责任；

（2）为质量管理体系的持续实施和运行提供支持；

（3）为应对措施的设计、实施和运行提供证据，以支持对质量管理体系承担最终责任的人员（即主要负责人）对质量管理体系进行评价。

（二）记录的内容

会计师事务所应当就下列方面形成工作记录：

（1）对质量管理体系承担最终责任的人员（即主要负责人）和对质量管理体系承担运行责任的人员各自的身份。

（2）会计师事务所的质量目标和质量风险。

（3）对应对措施的描述以及这些措施是如何应对质量风险的。

（4）监控和整改程序，包括下列方面：

①已执行监控活动的证据；

②对发现的情况、识别出的缺陷、缺陷的根本原因作出的评价；

③为应对识别出的缺陷而采取的整改措施，以及对这些整改措施在设计和执行方面的评价；

④与监控和整改程序相关的沟通。

（三）记录的保存期限

会计师事务所应当规定质量管理体系工作记录的保存期限，该期限应当涵盖足够长的期间，以使会计师事务所能够监控质量管理体系的设计、实施和运行情况。如果法律法规要求更长的期限，应当遵守法律法规的要求。

[同步案例2-2]

背景与情境：

ABC会计师事务所是一家新成立的事务所，最近制定了质量管理体系，有关内容摘录如下：

（1）合伙人考核和晋升制度规定，连续三年业务收入额排名前三位的高级经理升级为合伙人，连续三年业务收入额排名后三位的合伙人降级为高级经理。

（2）项目质量控制复核制度规定，除上市公司审计业务外，其他需要实施质量控制复核的审计业务由审计项目组负责人执业项目质量控制复核。

（3）工作底稿保管制度规定，推行业务档案电子化，将纸质工作底稿经电子扫描后，存为业务电子档案，同时销毁纸质工作底稿。

（4）独立性政策规定，每年为需要保持独立性的人员提供关于独立性要求的培训，并要求高级经理以上（含高级经理）的人员每年签署遵守独立性要求的书面确认函。

（5）分所管理制度规定，分所可以根据自身的实际情况，自行制定业务质量控制制度。

问题：针对上述（1）至（5）项，分别指出ABC会计师事务所质量管理体系是否符合会计师事务所质量管理体系的规定，并简要说明理由。

分析提示：

（1）不符合事务所质量管理体系规定。会计师事务所制定的业绩评价、工薪及晋升程序应当强调，提高业务质量及遵守职业道德规范是晋升更高职位的主要途径，而不应当以业务收入额作为标准和途径。

（2）不符合事务所质量管理体系规定。项目质量控制复核，是指会计师事务所挑选不参与该业务的人员，在出具报告前，对项目组做出的重大判断和在准备报告时形成的结论做出客观评价的过程。因此审计项目组负责人不能作为复核人员执行本项目的质量控制复核工作。

（3）不符合事务所质量管理体系规定。如果原纸质记录经电子扫描后存入业务档案，会计师事务所应当保留已扫描的原纸质记录。

（4）不符合事务所质量管理体系规定。会计师事务所应当每年至少一次向所有受独立性要求约束的人员获取其遵守独立性政策和程序的书面确认函，而不是仅要求高级经理以上（含高级经理）的人员每年签署遵守独立性要求的书面确认函。

（5）不符合事务所质量管理体系规定。根据会计师事务所质量管理体系相关规定，会计师事务所在制定质量控制政策和程序时，应当考虑自身规模和业务特征等因素。相关的质量管理体系是事务所整体（含分所）都要遵守的。

本章小结

1. 注册会计师执业准则体系包括业务准则和质量控制准则，其中业务准则包括鉴证业务准则和相关服务准则。鉴证业务准则由鉴证业务基本准则统领，分为注册会计师审计准则、注册会计师审阅准则和注册会计师其他鉴证业务准则。相关服务准则用以规范注册会计师代编财务信息、执行商定程序、提供管理咨询等其他服务。

2. 审计人员的职业道德规范包括职业道德基本原则、职业道德概念框架及其具体运用，是所有审计人员应当遵守并践行的准则。其中职业道德基本原则包括诚信、独立性、客观公正、专业胜任能力和勤勉尽责、保密、良好的职业行为。影响审计人员对职业道德规范遵守的不利因素包括自身利益、自我评价、过度推介、密切关系和外在压力。

3. 会计师事务所质量管理体系的八要素：会计师事务所的风险评估程序；治理和领导层；相关职业道德要求；客户关系和具体业务的接受与保持；业务执行；资源；信息与沟通；监控和整改程序。

复习思考题

1. 注册会计师职业规范包括哪些内容？
2. 如何理解注册会计师执业准则及其作用？
3. 职业道德规范的基本原则是什么？
4. 为什么说独立性是注册会计师审计的灵魂？
5. 会计师事务所质量管理体系的八要素是什么？

第三章　审计目标与审计责任

学习目标

1. 理解管理层认定与审计目标之间的关系。
2. 掌握各个认定层次的具体审计目标。
3. 理解和区分被审计单位管理层和治理层的责任以及注册会计师的责任。
4. 了解注册会计师的法律责任。

☞ 案例导入

万福生科造假引起的审计法律责任

万福生科（湖南）农业开发股份有限公司于2011年9月27日由平安证券保荐上市成功，主要从事稻米精深加工系列产品的研发、生产和销售业务。年报资料显示，万福生科在2008—2010年上市之前的三年内，营业收入、净利润持续保持高速增长：2009年营业收入、净利润分别同比增长43.55%、54.20%；2010年营业收入、净利润分别同比增长32.33%、40.22%。2012年10月23日，万福生科发布更正公告，承认"业绩不是真实的"：以2012年半年报为例，该公司虚增营业收入1.88亿元、虚增营业成本1.46亿元、虚增利润4023万元，以及未披露公司上半年停产。2012年11月23日，万福生科收到深圳证券交易所对公司及相关当事人给予公开谴责的信息。

万福生科财务造假的主要手段有：通过虚构客户、虚增销售收入；虚增利润所产生的增量现金流，通过虚增在建工程转出。公司利用这些手段，使利润表收入、成本和利润增加，相应地，资产负债表未分配利润增加，资产项目预付款项和在建工程增加。

中磊会计师事务所审计失败的原因主要包括函证程序缺失、未将被审计单位业务进行横向和纵向比较以及对明显不合理状况缺乏应有的职业判断三个方面。

思考：中磊会计师事务所是否应当承担审计责任？为什么？

资料来源：改编自"于化瀛．农业上市公司财务造假动因分析及对策——以万福生科为例［J］．财会月刊，2014（08）：73－76．"。

第一节 审计目标

一、财务报表审计的总体目标

审计的目的是提高财务报表预期使用者对财务报表的信赖程度。这一目的可以通过注册会计师对财务报表是否在所有重大方面按照适用的财务报告编制基础编制发表审计意见得以实现。就大多数通用目的财务报告编制基础而言，注册会计师针对财务报表是否在所有重大方面按照财务报告编制基础编制并实现公允反映发表审计意见。

注册会计师审计准则明确规定，在执行财务报表审计工作时，注册会计师的总体目标是：①对财务报表整体是否不存在由于舞弊或错误导致的重大错报获取合理保证，使注册会计师能够对财务报表是否在所有重大方面按照适用的财务报告编制基础编制发表审计意见；②按照审计准则的规定，根据审计结果对财务报表出具审计报告，并与管理层和治理层沟通。概言之，财务报表审计的总体目标是通过执行审计工作，对被审计单位财务报表的合法性和公允性发表审计意见。

二、管理层认定

（一）管理层认定的概念

管理层认定是指管理层针对财务报表要素的确认、计量和列报（包括披露）作出一系列明确或暗含的意思表达。注册会计师在识别、评估和应对重大错报风险的过程中，将管理层的认定用于考虑可能发生的不同类型的错报。

当管理层声明财务报表已按照适用的财务报告编制基础编制，在所有重大方面作出了公允反映时，就意味着管理层对各类交易和事项、账户余额以及披露的确认、计量和列报作出了认定。管理层在财务报表上的认定有些是明确表达的，有些则是暗含的。例如，管理层在资产负债表中列报存货及其金额，意味着作出下列明确的认定：（1）记录的存货是存在的；（2）存货以恰当的金额包括在财务报表中，与之相关的计价或分摊调整已恰当记录。同时，管理层也作出下列暗含的认定：（1）所有应当记录的存货均已记录；（2）记录的存货都由被审计单位所有。

对于管理层对财务报表各组成要素作出的认定，注册会计师的审计工作就是要确定管理层的认定是否恰当。

（二）关于所审计期间各类交易、事项及相关披露的认定

关于所审计期间各类交易、事项及相关披露的认定通常分为下列类别：

（1）发生：记录或披露的交易和事项已发生，且这些交易和事项与被审计单位有关。

（2）完整性：所有应当记录的交易和事项均已记录，所有应当包括在财务报表中的相关披露均已包括。

（3）准确性：与交易和事项有关的金额及其他数据已恰当记录，相关披露已得到恰当计量和描述。

（4）截止：交易和事项已记录于正确的会计期间。

（5）分类：交易和事项已记录于恰当的账户。

（6）列报：交易和事项已被恰当地汇总或分解且表述清楚，相关披露在适用的财务报告编制基础下是相关的、可理解的。

（三）关于期末账户余额及相关披露的认定

关于期末账户余额及相关披露的认定通常分为下列类别：

（1）存在：记录的资产、负债和所有者权益是存在的。

（2）权利和义务：记录的资产由被审计单位拥有或控制，记录的负债是被审计单位应当履行的偿还义务。

（3）完整性：所有应当记录的资产、负债和所有者权益均已记录，所有应当包括在财务报表中的相关披露均已包括。

（4）准确性、计价和分摊：资产、负债和所有者权益以恰当的金额包括在财务报表中，与之相关的计价或分摊调整已恰当记录，相关披露已得到恰当计量和描述。

（5）分类：资产、负债和所有者权益已记录于恰当的账户。

（6）列报：资产、负债和所有者权益已被恰当地汇总或分解且表述清楚，相关披露在适用的财务报告编制基础下是相关的、可理解的。

注册会计师可以按照上述分类运用认定，也可按其他方式表述认定，但应涵盖上述所有方面。例如，注册会计师可以选择将关于各类交易、事项及相关披露的认定与关于账户余额及相关披露的认定综合运用。又如，当“发生”和“完整性”认定包含了对交易是否记录于正确会计期间的恰当考虑时，就可能不存在与交易和事项“截止”相关的单独认定。

三、具体审计目标

[同步思考 3-1]

审计具体目标与什么有关呢？

理解要点：首先，审计具体目标与审计总目标有关。我们的审计总目标是对财务报表发表审计意见，具体地说，就是出具审计报告。其次，为了出具恰当意见的审计报告，注册会计师必须获取充分、适当的审计证据，以合理保证报表不存在重大错弊。那么，报表存在重大错弊的原因是什么呢？当然与被审计单位的会计核算有关，也就是与被审计单位管理层对财务报表的认定有关。

(一) 与所审计期间各类交易、事项及相关披露相关的审计目标

1. 发生

由“发生”认定推导的审计目标是确认已记录的交易是真实的。例如，如果没有发生销售交易，但在销售日记账中记录了一笔销售，则违反了该目标。

“发生”认定所要解决的问题是管理层是否把那些不曾发生的项目列入财务报表，它主要与财务报表组成要素的高估有关。

[同步思考 3－2]

注册会计师小王在了解A公司的过程中，通过分析性程序发现该公司的销售收入有异常，怀疑该公司账面的收入不真实，小王应如何安排下一步的审计程序？

理解要点：小王怀疑A公司账面的收入不真实，就是说A公司账面收入有可能多计，因此小王此时的具体审计目标应该是收入的真实性。那么，多计的收入在哪儿能找到呢？一定被混在真实的收入中，也就是说在销售明细账中。小王应该以销售明细账为起点，抽取一定量的样本，然后追查至记账凭证和原始凭证。比如，抽取12月3号凭证，账面显示取得收入80万元，查看凭证后附的原始单据发票、货运单据以及销售合同，如果货运单据或者销售合同注明是在下个年度交货，则此笔80万元的收入就可以认定是不真实的。

2. 完整性

由“完整性”认定推导的审计目标是确认已发生的交易确实已经记录，所有应包括在财务报表中的相关披露均已包括。例如，如果发生了销售交易，但没有在销售明细账和总账中记录，则违反了该目标。

“发生”和“完整性”两者强调的是不同的关注点。“发生”目标针对多记、虚构交易（高估），而“完整性”目标则针对漏记交易（低估）。

3. 准确性

由“准确性”认定推导出的审计目标是确认已记录的交易是按正确金额反映的，相关披露已得到恰当计量和描述。例如，如果在销售交易中，发出商品的数量与账单上的数量不符，或是开账单时使用了错误的销售价格，或是账单中的乘积或加总有误，或是在销售明细账中记录了错误的金额，则违反了该目标。

“准确性”与“发生”“完整性”之间存在区别。例如，若已记录的销售交易是不应当记录的（如发出的商品是寄销商品），则即使发票金额是准确计算的，仍违反了“发生”目标。再如，若已入账的销售交易是对正确发出商品的记录，但金额计算错误，则违反了“准确性”目标，而没有违反“发生”目标。在“完整性”与“准确性”之间也存在同样的关系。

4. 截止

由“截止”认定推导出的审计目标是确认接近于资产负债表日的交易记录于恰当的期

间。例如，如果本期交易推到下期，或下期交易提到本期，均违反了“截止”目标。

5. 分类

由“分类”认定推导出的审计目标是确认被审计单位记录的交易经过适当分类。例如，如果将出售经营性固定资产所得的收入记录为营业收入，则导致交易分类的错误，违反了“分类”的目标。

6. 列报

由“列报”认定推导出的审计目标是确认被审计单位的交易和事项已被恰当地汇总或分解且表述清楚，相关披露在适用的财务报告编制基础下是相关的、可理解的。

（二）与期末账户余额及相关披露相关的审计目标

1. 存在

由“存在”认定推导的审计目标是确认记录的金额确实存在。例如，如果不存在某客户的应收账款，在应收账款明细表中却列入了对该客户的应收账款，则违反了“存在”目标。

2. 权利和义务

由“权利和义务”认定推导的审计目标是确认资产归属于被审计单位，负债属于被审计单位的义务。例如，将他人寄售商品列入被审计单位的存货中，违反了“权利”目标；将不属于被审计单位的债务记入账内，违反了“义务”目标。

3. 完整性

由“完整性”认定推导的审计目标是确认已存在的金额均已记录，所有应包括在财务报表中的相关披露均已包括。例如，如果存在某客户的应收账款，而应收账款明细表中却没有列入，则违反了“完整性”目标。

4. 准确性、计价和分摊

资产、负债和所有者权益以恰当的金额包括在财务报表中，与之相关的计价或分摊调整已恰当记录，相关披露已得到恰当计量和描述。

5. 分类

资产、负债和所有者权益已记录于恰当的账户。

6. 列报

资产、负债和所有者权益已被恰当地汇总或分解且表述清楚，相关披露在适用的财务报告编制基础下是相关的、可理解的。

第二节　审计责任

一、审计责任的含义

审计责任是注册会计师执行审计业务、出具审计报告所应负的责任，包括注册会计师的审计职业责任和审计法律责任。法律责任和职业责任是审计责任的两个方面，两者是互相补充、紧密相连的，法律责任一般建立在职业责任基础上，即注册会计师首先应当违反了职责，并给相关利益人造成了经济损失，才有承担法律责任的可能。

管理层和治理层（如适用）认可与财务报表相关的责任，是注册会计师执行审计工作的前提，构成注册会计师按照审计准则的规定执行审计工作的基础。

（一）管理层与治理层的概念

管理层是指对被审计单位经营活动的执行负有管理责任的人员。在某些被审计单位，管理层包括部分或全部的治理层人员，如治理层中负有经营管理责任的人员，或参与日常经营管理的业主（以下简称“业主”或“经理”）。

治理层是指对被审计单位战略方向以及管理层履行经营管理责任负有监督责任的人员或组织，治理层的责任包括监督财务报告过程。在某些被审计单位，治理层可能包括管理层，如治理层中负有经营管理责任的人员或业主兼经理。

管理层和治理层各有各的职责。在被审计单位治理层的监督下，按照适当的会计准则和相关会计制度的规定编制财务报表是被审计单位管理层的责任；对管理层是否按照适当的会计准则和相关会计制度的规定编制财务报表进行监督是治理层的责任。

（二）管理层和治理层的责任

管理层和治理层应承担的责任包括：

（1）按照适用的财务报告编制基础的规定编制财务报表，使其实现公允反映，并设计、执行和维护必要的内部控制，以使财务报表不存在由于舞弊或错误导致的重大错报；

（2）评估被审计单位的持续经营能力和使用持续经营假设是否适当，并披露与持续经营相关的事项（如适用）。对管理层评估责任的说明应当包括描述在何种情况下使用持续经营假设是适当的。

（三）注册会计师的责任

注册会计师对财务报表审计的责任应当包括下列内容：

（1）说明注册会计师的目标是对财务报表整体是否不存在由于舞弊或错误导致的重大错报获取合理保证，并出具包含审计意见的审计报告；

（2）说明合理保证是高水平的保证，但并不能保证按照审计准则执行的审计在某一重大错报存在时总能发现；

（3）说明错报可能由于舞弊或错误导致。

在说明错报可能由于舞弊或错误导致时，注册会计师应当从下列两种做法中选取一种：

（1）描述如果合理预期错报单独或汇总起来可能影响财务报表使用者依据财务报表作出的经济决策，则通常认为错报是重大的；

（2）根据适用的财务报告编制基础，提供关于重要性的定义或描述。

二、职业责任

职业责任是指人们在一定职业活动中所承担的特定的职责。审计职业责任是指审计人员在其执行的审计业务及出具的审计报告时所承担的责任，如注册会计师的审计职业责任是应当在审计报告中清楚地表达对会计报表整体的意见，并对出具的审计报告负责。注册会计师的审计职业责任也要在业务约定书和审计报告中予以明确。

审计职业责任是审计职业所固有的。依据功能主义的观点，职业必须具备四个特点，即专业知识的综合体、为公众利益服务的定位、允许进入的标准及对公众信任的需求。公众的需求催生某项职业（职业的权利），该职业必须利用专门知识服务于公众利益（职业职责），职业对公众利益的保护决定公众对职业的信任程度，这又将加强或降低职业存在的必要性。因此，任何职业都将服务社会公众利益视为最根本的职业责任，注册会计师职业也不例外。

无论是过去还是现在，服务于公众利益都是注册会计师职业努力的职业责任目标。而审计法律责任是审计职业发展到一定时期的产物，外在于职业。审计法律责任是促使审计职业责任有效履行的一种社会强制。没有审计法律责任的强制，审计职业责任就会因没有约束而流于形式；审计职业责任又是审计法律责任的基础，审计职业责任履行上的缺陷将导致审计法律责任的产生，审计职业责任的正确履行有利于减少审计法律责任。

在审计活动中，注册会计师需要承担的职责包括独立、客观、公正的原则；专业胜任能力要求；技术规范；对客户的责任；对同行的责任；等等。

三、法律责任

（一）法律责任概述

法律责任是指因违反了法定义务或契约义务，或不当行使法律权利、权力所产生的，由行为人承担的不利后果。审计的法律责任是指注册会计师出现工作失误或欺诈时，在法律上应承担的责任。审计的职业责任是无论是否发生负面后果，都需要在审计工作的执行过程中贯穿行为规范与职责，表现为负面后果发生前和发生后的责任。而法律责任则是负面后果被暴露后，司法机关需要根据事情发生的动机、行为、后果追究的责任，仅表现为负面后果发生后的责任。因此，注册会计师必须把职业责任时刻铭记在心，规范自身的言行举止，以防被追究法律责任。

（二）法律责任成因

注册会计师被控告的原因可能是多方面的，有的是被审计单位方面的责任，有的是注册会计师方面的责任，有的是双方的责任，还有的是使用者误解的原因。

1. 社会和法律环境方面的原因

现在的会计报表使用者对注册会计师审计责任的了解正在不断增加，追究注册会计师法律责任的意识正在不断增强。不少会计报表使用者在发生投资决策失误，导致投资失败时，都将注册会计师推上法庭，使其充当他们的被告，而不管注册会计师是否有过失或欺诈行为。会计报表使用者与注册会计师之间的“期望差”正在日益扩大。现在的报表使用者总希望注册会计师能够做到：在技术上具有充分的胜任能力；在品质上具有独立、客观、公正的态度；在审查中能查出所有无意和故意的重要错弊；在报告时能防止所有容易产生误导的会计报表的公布，能及时向他们通知企业可能难以持续经营的情况；等等。但是，注册会计师审计的技术方法至今未有实质性的进步，注册会计师无法满足会计报表使用者的所有期望，使报表使用者的不满越来越多，审计诉讼也就随之增加了。

许多国家近年来纷纷修改法律或形成新的判例，将注册会计师的赔偿范围扩大到被审计单位及“已知受益人”之外。使注册会计师的审计责任成为“深口袋”责任，增加了审计诉讼的机会。西方国家的法律近年来明显保护会计报表使用者的利益，这既助长了会计报表使用者控告注册会计师的积极性，也怂恿了一些律师为获得诉讼费而提供法律服务，从而又增加了审计诉讼。

西方法庭的这种倾向也影响到了我国。我国一些法庭已将注册会计师作为第七、第八，甚至第十几被告被推上法庭，如锦州港案例中，毕马威首次作为境外会计师事务所成为被告。世界各国证券监管部门保护投资人利益的意识正在增强，社会各界也日益赞同受害方应向有能力赔偿的一方提出诉讼，要求赔偿，而不问被告错在哪里。这也加重了注册会计师的法律责任。近年来，企业经营规模不断扩大，业务日益复杂，计算机的广泛运用，这些使得会计和审计业务日益复杂。同时，近年来制定的会计准则给企业编制会计报表提供了越来越多可供选择的会计政策，而注册会计师评价这种选择是否恰当，又缺乏明确的标准。这些又使注册会计师审计成为一种易出错、易受诉讼的高风险职业。

2. 被审计单位方面的原因

（1）错误、舞弊和违法行为。被审计单位发生严重的错误和舞弊而注册会计师未能查出，往往给他人造成损失，注册会计师可能遭受委托单位及有关方面的控告。

错误是指会计报表中存在的无意错报或漏报。错误主要包括：原始记录和会计数据的计算、抄写错误；对事实的疏忽和误解；对会计政策的误用。

舞弊是指被审计单位的管理层、治理层、员工或第三方使用欺骗手段获取不当或非法利益的故意行为。舞弊主要包括：①伪造、变造记录或凭证；②侵占资产；③隐瞒或删除交易或事项；④记录虚假交易或事项；⑤蓄意使用不当的会计政策。

错误和舞弊的区别在于错误是无意的，舞弊是故意的。例如，篡改、伪造、虚构编制会计报表的数据，极力掩盖错报事项，蓄意漏记重要业务，蓄意遗漏应披露的事项，蓄意错用会计政策等都是舞弊。

违法行为是指被审计单位故意或非故意违反会计准则及国家相关法律法规的行为，包括贿赂、不合法政治捐助和违反特定法律及政府规定等行为。对于被审计单位的违法行为，被审计单位应负直接会计责任，注册会计师只能负审计责任。

由于审计的固有限制，不能苛求注册会计师发现和揭露会计报表中的所有错误与舞弊，因此，既不能要求注册会计师对所有未查出的会计报表中的错误与舞弊情况负责，也不意味着注册会计师对未能查出的会计报表中的重大错误与舞弊没有任何责任，关键要看未能查出的原因是否源自注册会计师本身的过错。

（2）经营失败。被审计单位的经营失败是指被审计单位发生债务危机，甚至破产清算，无法持续经营的情况。被审计单位发生经营失败会使其债权人和投资者蒙受损失。他们为了使损失得到补偿，往往会指责注册会计师有过失或欺诈行为。

被审计单位在经营失败时，也可能会连累到注册会计师。经营失败是经营风险的极端情况。经营风险是指企业由于经济形势或经营条件的变化，如经济萧条、决策失误或同行业之间意想不到的竞争等，而无力归还借款或无法达到投资人期望的收益。审计失败是指注册会计师由于没有遵守公认审计准则而形成或提出了错误的审计意见。出现经营失败时，审计失败可能存在，也可能不存在。另外，还可能存在这样的情况，即注册会计师确实遵守了审计准则，但却提出了错误的审计意见，这种情况称为审计风险。

3. 注册会计师方面的原因

会计师事务所和注册会计师可能因违约、过失和欺诈等行为惹来麻烦。

违约是指注册会计师没有达到与客户签订的合同条款要求的行为，主要包括：①未能完成委托业务；②未能按时按质完成委托业务；③未能遵守客户事先声明的保密要求。

过失是指在一定条件下，注册会计师在执业时因缺少其应有的合理的职业谨慎而导致审计失败的行为。过失的基本特征是非故意的。当过失给他人造成损害时，注册会计师应承担过失责任。评价注册会计师的过失，是以其他合格注册会计师在相同条件下可做到的谨慎为标准的。过失分为普通过失和重大过失。

普通过失即一般过失，是指没有保持职业上应有的合理的谨慎，没有完全遵循职业准则的要求而导致审计失败。重大过失是指连起码的职业谨慎都没有保持，对业务或事项不加考虑，满不在乎，根本没有遵守专业标准或严重违背审计准则而导致审计失败。例如，注册会计师在执行审计业务时，根本没有遵循独立审计准则的要求，即为重大过失。

另外，还有一种过失叫“共同过失”，是指因注册会计师和客户双方共同的责任而导致的审计失败，即对他人过失，受害者自己未能保持合理的谨慎因而蒙受损失。例如，被审计单位未能向注册会计师提供编制纳税申报表所必要的信息，后来又指控注册会计师未能妥当地编制纳税申报表。在这种情况下，法律可能判定被审计单位有共同过失。

“重要性”和“内部控制”这两个概念有助于区别注册会计师的普通过失和重大过失。如果会计报表存在重大错报事项，注册会计师运用常规审计程序通常应予发现，但因疏忽未能发现就可能被解释为重大过失，如果会计报表有多处错报事项，每一处都不算重大，但综合起来对会计报表的影响却较大，在这种情况下，如果注册会计师未能查出这些问题，发表了不恰当的审计意见，一般被认为存在普通过失；如果内部控制制度不健全，注册会计师应调整实质性程序的性质、时间和范围，以合理确信发现由此产生的会计报表的重要错报，否则，就具有重大过失的性质；如果内部控制制度本身非常健全，却由于内部职工串通舞弊，导致良好的内部控制制度失效，一般认为注册会计师没有过失或只存在普通过失。

欺诈是以欺骗或坑害他人为目的的一种故意的错误行为，是注册会计师为了达到欺骗他人目的，明知委托单位的会计报表有重大错报，却加以虚假陈述，出具无保留意见的审计报告的行为。与欺诈相关的另一个概念是“推定欺诈”，是指虽无故意欺诈或坑害他人的动机，但却存在极端或异常的过失。推定欺诈和重大过失这两个概念的界限往往很难界定，美国许多法院曾经将注册会计师的重大过失解释为推定欺诈，注册会计师的法律责任进一步加大。

注册会计师过失程度的大小并没有特别严格的界限，在实务中也往往难以界定。前面提到了它们之间的主要区别，具体到每一个案例则由法院根据具体情况给予解释。

（三）法律责任种类

按照不同的标准，审计责任可以有不同的分类，如公法责任和私法责任，过错责任、无过错责任和公平责任，财产责任和非财产责任等，但最常见的分类是将其分为行政责任、民事责任和刑事责任。

行政责任是指注册会计师违反有关部门法律、法规的规定，政府主管部门依法对其进行行政处罚，包括对注册会计师个人处以警告，暂停营业、吊销注册会计师证书，对会计师事务所处以警告、没收违法所得、罚款、暂停营业、撤销等。

民事责任是指注册会计师或会计师事务所给利害关系人造成损失应予赔偿，可分为对委托人的责任和对第三者的责任。

刑事责任是指注册会计师犯有刑法所禁止的行为，如故意出具虚假的审计报告或验资报告，构成了犯罪，依法判处一定的徒刑。

以上三种责任在实际中既可单处，也可并处。一般来说，因违约和过失，可能会使注册会计师承担行政责任或民事责任，因欺诈可能会使注册会计师承担民事责任或刑事责任，而注册会计师和会计师事务所最常面临的则是民事责任。

以上所述是一般意义上对审计法律责任的分类，实际上各国的具体情况则有所不同。在我国，刑法、民法总则、审计法、注册会计师法、会计法、证券法、公司法、行政处罚法、行政诉讼法等法律中都有关于注册会计师法律责任的规定。对注册会计师而言，行政责任多以职业道德为依据，民事责任多以民法总则为依据，关于刑事责任，虽然注册会计师法、证券法、公司法、刑法均规定对注册会计师的重大过失和欺诈行为追究刑事责任，但最终还是要依据刑法进行惩处。

注册会计师和会计师事务所承担不同的法律责任。在我国，承担审计行政责任和刑事责任的主体是注册会计师个人，但其不承担民事赔偿责任。

[同步案例3-1]

背景与情境：

甲、乙、丙三位出资人共同投资设立丁有限责任公司（以下简称“丁公司”）。甲、乙出资人按照出资协议的约定按期缴纳了出资额，丙出资人通过与银行串通编造虚假的银行进账单，虚构了出资。ABC会计师事务所的分支机构接受委托对拟设立的丁公司的注册资本进行审验，并委派A注册会计师担任项目组负责人。审验过程中，A注册会计师按照执业准则的要求，实施了检查文件记录、向银行函证等必要的程序，保持了应有的职业谨慎，但未能发现丙出资人的虚假出资情况。A注册会计师在出具的验资报告中认为，各出资人已全部缴足出资额，并在验资报告的说明段中注明“本报告仅供工商登记使用”。丁公司注册登记半年后，丙出资人补足虚构的出资额。一年后，乙出资人抽逃其全部出资额。两年后，丁公司因资金短缺和经营不善等原因资不抵债，无力偿付戊供应商的材料款。戊供应商以ABC会计师事务所出具不实验资报告为由，向法院提供民事诉讼，要求ABC会计师事务所承担连带赔偿责任。ABC会计师事务所提出三项抗辩理由，要求免于承担民事责任：一是审验工作乃分支机构所为，与本会计师事务所无关；二是戊供应商与本会计师事务所及分支机构不存在合约关系，因而不是利害关系人；三是验资报告已经注明“仅供工商登记使用”，戊供应商因不当使用验资报告而遭受损失与本会计师事务所无关。

问题：根据以上资料，回答下列问题，并简要说明理由。

（1）戊供应商可以对哪些单位或个人提起民事诉讼？

（2）ABC会计师事务所提供的抗辩理由是否成立？

（3）ABC会计师事务所是否可以免于承担民事责任？

分析提示：

（1）戊供应商可以对丁公司、乙出资人、ABC会计师事务所的分支机构以及ABC会计师事务所提起民事诉讼。

理由：利害关系人可以对事务所提起诉讼，同时如果利害关系人未对被审计单位提起诉讼而直接对会计师事务所提起诉讼的，应当将被审计单位作为共同被告参加诉讼。被审计单位出资人虚假出资或出资不实、抽逃出资，且事后未补足的，人民法院可以将该出资人列为第三人参加诉讼。乙出资人抽逃出资且事后未补足，可以对他提起民事诉讼。丙虽然有虚假出资，但是事后已经补足，不用作为第三人参加诉讼。利害关系人对会计师事务所的分支机构提起诉讼的，人民法院可以将该会计师事务所列为共同被告参加诉讼。

（2）ABC会计师事务所提供的三条抗辩理由都不能成立。

理由1：利害关系人如果对会计师事务所的分支机构提起诉讼，人民法院可以将该会计师事务所列为共同被告参加诉讼。本例中利害关系人直接对事务所提起诉讼是可以的。

理由2：判断是否是利害关系人不是以是否存在合约关系为前提，而是因合理信赖或者使用会计师事务所出具的不实报告，与被审计单位进行交易或者从事与被审计单位的股票、债券等有关的交易而遭受损失的自然人、法人或者其他组织。所以戊供应商属于利害关系人。

理由3：准则规定在验资报告已经注明“仅供工商登记使用”等内容不能作为免责事由。

（3）ABC会计师事务所可以免于承担民事责任。

理由：会计师事务所可以证明存在下列情况，所以可以不用承担民事责任。审计业务所必须依赖的金融机构等单位提供虚假或者不实的证明文件，会计师事务所在保持必要的职业谨慎下仍未能发现虚假或者不实。

已经遵照验资程序进行审核并出具报告，但被审计单位在注册登记之后抽逃出资。为登记时未出资或者未足额出资的出资人出具不实报告，但出资人在登记后已补足出资。

（四）法律责任规避

注册会计师的法律责任不仅直接影响着整个社会经济秩序的健康运行，还关系到注册会计师行业本身的生存和发展。探讨注册会计师法律责任的规范，旨在进一步完善注册会计师的法律体系，使我国注册会计师事业能在一个较规范的环境中得到有序健康发展。

1. 严格遵循职业道德和专业标准的要求

注册会计师是否要承担法律责任，关键在于注册会计师是否有过失或欺诈行为，而判别注册会计师是否具有过失的关键在于注册会计师是否遵循了专业标准的要求执业。因此，保持良好的职业道德，严格遵循专业标准的要求执行业务、出具报告，对于避免法律诉讼或在已提起的法律诉讼中保护注册会计师是非常重要的。

2. 建立健全会计师事务所质量控制制度

会计事务所不同于一般的公司、企业，质量管理是会计师事务所各项管理工作的核心。如果一个会计师事务所质量管理不严，很有可能因某一个人或一个部门的操作失职而导致会计师事务所的信誉扫地。

3. 与委托人签订业务约定书，明确双方责任

《注册会计师法》规定，注册会计师承办业务，会计师事务所应与委托人签订委托合同（业务约定书）。业务约定书具有法律效力，它是确定注册会计师和委托人责任的一个重要文件，会计师事务所不论办理何种业务，都要按照业务约定书准则的要求与委托人签订业务约定书，这样才能在发生法律诉讼时将一切争辩降到最低限度。

4. 审慎选择被审计单位，深入了解委托人的情况，不承接不能胜任的委托业务

中外注册会计师法律案例告诉我们，注册会计师必须慎重地选择被审计单位。一是要选择正直的被审计单位。如果被审计单位对其顾客、职工、政府部门等没有正直的品格，也必然会蒙骗注册会计师，使注册会计师落入它们设定的圈套。北京中诚会计师事务所就是在长城公司非法集资出现危机之时因轻信长城公司谎言而被卷入的。这就要求会计师事务所在接受委托之前，一定要采取必要的措施对被审计单位历史情况有所了解，弄清委托

的真正目的，尤其是在执行特殊目的的审计业务时更应如此。二是对陷入财务和法律困境的诉讼案，都集中在宣告破产的被审计单位。

5. 提取风险基金或购买责任保险

在西方国家，投保充分的责任保险是会计师事务所一项极为重要的保护措施，尽管保险不能免除可能受到的法律诉讼，但能防止或减少诉讼失败时会计师事务所遭受的财务损失。我国注册会计师法规定了会计师事务所应当按规定建立职业风险基金，办理职业保险。

6. 聘请熟悉注册会计师法律责任的律师

会计师事务所应尽可能聘请熟悉相关法规及注册会计师责任的律师。在执业过程中，遇到重大的法律问题，注册会计师应同本所的律师或外聘律师详细讨论所有潜在的危险情况并仔细考虑律师的建议。一旦发生法律诉讼，应请有经验的律师参与诉讼。

7. 建立有效的同业复核制度

同业复核首先应用在美国，1974—1975 年，普华和安达信先后聘请杜罗斯会计公司为其审计质量进行检查，由此揭开了同业复核的序幕。美国同业复核制度在改善会计师事务所质量控制系统方面取得了积极的效果。同业复核制度对于提高注册会计师行业的执业质量和社会可信度，进而促进整个行业的良性发展具有重大意义。

审计的职业责任和法律责任相互联系、相辅相成、缺一不可，共同促进审计工作的健康发展。首先，各种规章制度和劳务合同为保障消费者的权益提供了法律依据，审计工作者必须铭记职业规范和职业责任。其次，审计法律责任由国家强制力直接保障，而审计职业责任通过法律责任的威慑，间接也有国家强制力的保障，国家强制力、职业前程与职业道德良心共同促使审计工作者履行自身的责任，在职业领域里为社会作出贡献。最后，注册会计师社会地位的发展对其审计职业责任和法律责任提出了更高的要求，进一步规范了其行为。

本章小结

1. 管理层认定是指管理层对财务报表组成要素的确认、计量、列报（包括披露）作出的明确的或隐含的表达。包括关于所审计期间各类交易、事项及相关披露的认定以及关于期末账户余额及相关披露的认定。将审计总目标与管理层各项认定相对应，便形成了具体审计目标。

2. 与所审计期间各类交易、事项及相关披露相关的审计目标包括确认其发生、完整性、准确性、截止、分类以及列报；与期末账户余额及相关披露相关的审计目标包括确认其存在、权利和义务、完整性、准确性、分类以及列报。

3. 在被审计单位治理层的监督下，按照适当的会计准则和相关会计制度的规定编制财务报表是被审计单位管理层的责任；对管理层是否按照适当的会计准则和相关会计制度的规定编制财务报表进行监督是治理层的责任；按照中国注册会计师审计准则的规定对财务报表发表审计意见是注册会计师的责任。管理层和治理层应对编制的财务报表承担完全责任。财务报表审计不能减轻被审计单位管理层和治理层的责任。

4. 注册会计师的审计责任包括审计职业责任和审计法律责任。其中审计法律责任的成因包括社会和法律环境方面的原因，被审计单位方面的原因以及注册会计师方面的原因。所形成的注册会计师法律责任的种类包括行政责任、民事责任和刑事责任。

5. 注册会计师可以通过多种手段合理规避法律责任：严格遵循职业道德和专业标准的要求；建立健全会计师事务所质量控制制度；与委托人签订业务约定书，明确双方责任；审慎选择被审计单位，深入了解委托人的情况，不承接不能胜任的委托业务；提取风险基金或购买责任保险；聘请熟悉注册会计师法律责任的律师以及建立有效的同业复核制度等。

复习思考题

1. 注册会计师的总体目标是什么？如何理解注册会计师的总体目标？
2. 什么是管理层认定？有哪几类管理层认定？
3. 注册会计师的总体审计目标、具体审计目标和管理层认定关系如何？
4. 在财务报表审计中，被审计单位管理层的责任和注册会计师的责任各自是什么？它们有什么关系？
5. 审计法律责任的成因和种类有哪些？注册会计师应该如何合理规避审计法律责任？

第四章 审计证据、审计抽样与审计工作底稿

学习目标

1. 掌握审计证据的含义、特征和分类。
2. 熟悉审计工作底稿的含义及归档要求。
3. 掌握各种审计抽样方法。
4. 掌握审计证据的获取程序。

☞ 案例导入

怎样获取证据才可靠?

利安达会计师事务所2016年4月对九好集团2013—2015年度的财务报表审计中，实施了函证程序，收到了数百份回函，这些回函就是审计证据，这些回函的证明力如何呢?答案是存在诸多虚假成分，也正是这些虚假的证据，让注册会计师做出了错误的判断，发表了不恰当的审计意见。让我们回顾一下这些证据取得的过程吧!

九好集团总部的询证函快递单是由总部工作人员与审计项目组成员一起填写并寄出的，子公司的询证函则由审计人员制好询证函后由集团下属子公司在各地自行寄出。审计人员要求九好集团将发函的快递单底联全部寄回杭州并由九好集团转交利安达会计师事务所，或由九好集团子公司直接寄回利安达会计师事务所北京总部。从回函情况看，大量回函的快递单存在连号或号码接近、发函与回函快递单号接近的情形。回函还有以下情况:询证函回函供应商确认盖章不符、部分询证函回函供应商确认盖章用印为另一家供应商、数家供应商回函均留有同样的邮寄信息、不同供应商回函由同一快递员收件、询证函发函与回函地址不是同一个城市。

这些询证函的发出、收回和对回函的确认过程都存在不恰当之处，未保持对函证的有效控制，未充分关注函证回函的疑点，这正是注册会计师获取审计证据时所犯的错误，最终酿成苦果。

从本案例可见，注册会计师为了对财务报表是否存在重大错报做出结论，达到审计的目标，必须设计和实施各种审计程序，从而获取充分、适当的审计证据。

思考: 注册会计师在审计过程中，需要获取哪些审计证据?怎样的审计证据才是适当

的？如何在审计工作底稿中做出适当的记录？如何采用抽样获取适当的审计证据？

资料来源：改编自搜狐网《证监会罚审计 900 万！上市公司只罚 60 万，审计却多罚 15 倍!》，https：//www. sohu. com/a/199382655_465600。

第一节　审计证据

一、审计证据的含义

审计证据是注册会计师为得出审计结论、形成审计意见而使用的所有信息，包括财务报表依据的会计信息和其他信息。如图 4－1 所示。

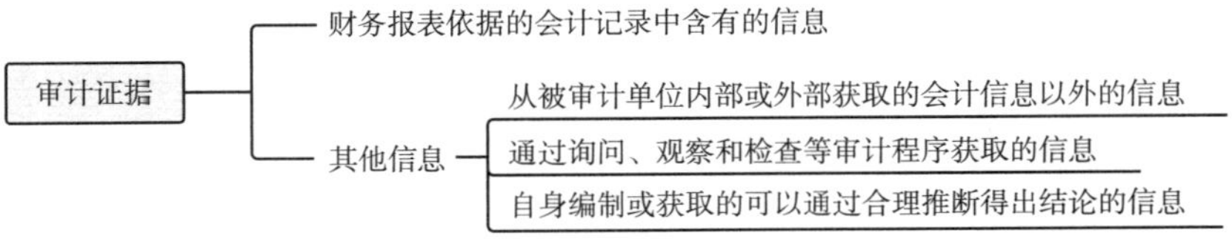

图 4－1　审计证据

[同步案例 4－1]

背景与情境：

XYZ 公司 2022 年 12 月 31 日的财务报表显示，其应收账款余额为 20 万元，坏账准备 6000 元。注册会计师小王运用所有的审计程序审核了上述两个账户，认为表述恰当，符合会计准则要求。但在 2023 年 1 月 15 日外勤工作尚未结束时，XYZ 公司的主要客户 ABC 公司因遭受火灾而无力偿还应付 XYZ 公司的债务。2022 年 12 月 31 日的账面显示，当时应收 ABC 公司的账款金额为 44000 元。现注册会计师小王与 XYZ 公司的财务经理讨论有关火灾情况。小王认为：报表上要调整这一火灾损失。而财务经理认为不应调整这一损失，因为火灾发生在 2023 年。

问题：（1）小王应如何取得证据证明这一损失发生在 2023 年，而不是在 2022 年？

（2）哪些证据将成为调整 2022 年财务报表的依据？

分析提示：

（1）注册会计师应通过取得有关部门对火灾的鉴定报告，来证实火灾确实发生在 2023 年而不是在 2022 年。如消防保险以及公安部门等。

（2）根据这些报告日期，可以基本确认坏账发生在 2022 年的年度财务报表结算日之后，所以可确认 2022 年 XYZ 公司财务状况良好，欠款可以收回。故 2022 年不应增加提取坏账准备。但由于该项损失重大，因此，应在 2022 年财务报表的附注中予以说明，或者另行编制调整后的财务报表提供参考，揭露 ABC 公司无力偿债后对 XYZ 公司财务状况的影响。

二、审计证据的特征

注册会计师应当保持职业怀疑态度，运用职业判断，评价审计证据的充分性和适当性。

（一）审计证据的充分性

审计证据的充分性考虑的是对于一个审计项目来说合适的审计证据应该有多少才是足够的。对于审计证据的充分性，审计职业界没有正式的标准，这就给审计人员的专业判断提出了要求。审计证据的充分性是对审计证据数量的衡量，主要与审计人员确定的样本量有关。体现审计证据是否充分并不是简单地以数量来衡量，同时还要复核下列要求：

其一，确定审计证据的充分性就是确定需要有多少证据来为审计人员的意见提供必要的合理保证，是审计人员为形成审计意见所需要审计证据的最低数量要求。

其二，审计证据的充分性不仅取决于审计人员寻找的审计证据是否彻底，而且取决于审计人员对证据进行客观评价的能力。对审计证据充分性的判断可视审计人员的知识与实践经验、直觉推理和职业判断而定。对于重要性较高的项目，所需获取的审计证据就越多；对于存在重大错报风险的项目，审计人员从实施的实质性程序中获取的审计证据也应该越多。

其三，评价审计证据的充分性还必须考虑获取审计证据的经济性。通常情况下，审计人员在开展审计业务过程中，应当考虑成本效益问题。在不影响审计质量的前提下，可以通过其他途径或采用其他审计程序来获取一定数量的审计证据。

审计人员需要获取的审计证据的数量受错报风险的影响，并受到错报发生的可能性以及记录金额的重要性的影响。错报风险越大，需要的审计证据可能越多。具体来说，在可接受的审计风险水平一定的情况下，重大错报风险越大，审计人员就应实施越多的测试工作，将检查风险降至可接受水平，以将审计风险控制在可接受的低水平范围内。

[同步思考 4 -1]

审计证据要满足充分性，是不是说审计证据的数量越多越好，为什么？

理解要点：

注册会计师在考虑审计证据的充分性时，必须考虑以下几个方面的因素：

一是重要性因素。这包括被审计对象的重要性和审计证据自身的重要性，重要性程度高的被审计对象对审计证据的充分性要求也高。

二是审计风险性因素。审计风险取决于重大错报风险和检查风险，注册会计师应实施审计程序，评估重大错报风险，并根据评估结果设计和实施进一步审计程序，以控制检查风险，其中与审计证据直接相关的是重大错报风险。审计人员对审计项目的重大错报风险估计越高，从实质性测试中获取的审计证据越多，当重大错报风险评价较高时，审计人员必须考虑实质性测试是否可以提供充分、适当的审计证据，将审计风险降低至某一可接受水平。

三是评价审计证据的充分性还须考虑取得审计证据的经济性。原则上，审计人员取得的有说服力的审计证据越多，说服力越强，但从另一角度来讲，审计人员在决定审计证据的充分性时，也要考虑证据的效用与收集以及评价这些证据的成本。

可见，审计证据的充分性不仅仅是对审计证据的纯数量上的要求。

（二）审计证据的适当性

审计证据的适当性是对审计证据质量的衡量，即审计证据在支持各类交易、账户余额、列报（包括披露）的相关认定，或发现其中存在错报方面具有相关性和可靠性。相关性是指审计证据应与审计目标相关联；可靠性是指审计证据能如实反映客观事实，即审计证据的可信程度。相关性和可靠性是审计证据适当性的核心内容，只有相关且可靠的审计证据才是高质量的。

1. 审计证据的相关性

审计证据要有证明力，必须与注册会计师确定的审计目标相关联。注册会计师也只有获取与审计目标相关联的审计证据，才能据以证明或否定被审计单位所认定的相关事项。例如，注册会计师在审计过程中怀疑被审计单位发出存货却没有给顾客开具发票，需要确认销售是否完整。注册会计师应当从发货单中选取样本，追查与每张发货单相应的销售发票副本，以确定是否每张发货单均已开具发票。如果注册会计师从销售发票副本中选取样本，并追查至与每张发票对应的发货单，由此所获得的证据与完整性目标就不相关。再如，存货监盘所获得的审计证据只能证明存货的存在性，却不能证明存货的计价和所有权问题。

在确定审计证据的相关性时，注册会计师应当考虑：

（1）特定的审计程序可能只为某些认定提供相关的审计证据，而与其他认定无关。例如，检查期后应收账款收回的记录和文件，可以提供有关存在和计价的审计证据，但是不一定与期末截止是否适当相关。

（2）针对同一项认定可以从不同来源获取审计证据或获取不同性质的审计证据。例如，注册会计师可以分析应收账款的账龄和应收账款的期后回收情况，以获取与坏账准备计价有关的审计证据。

（3）只与特定认定相关的审计证据并不能替代与其他认定相关的审计证据。例如，证实存货实物存在的审计证据并不能替代与存货计价相关的审计证据。

2. 审计证据的可靠性

审计证据的可靠性是指审计证据的可信程度。只有如实反映客观事实的审计证据才值得信赖，才具有可靠性。例如，审计人员亲自检查存货所获得的证据，就比被审计单位管理层提供给审计人员的存货数据更可靠。

审计证据的可靠性受其来源和性质的影响，并取决于获取审计证据的具体环境。注册会计师在判断审计证据的可靠性时，通常会考虑下列原则：

（1）从外部独立来源获取的审计证据比从其他来源获取的审计证据更可靠。从外部独立来源获取的审计证据未经被审计单位有关职员之手，从而减少了伪造、更改凭证或业务记录的可能性，因而其证明力最强。此类证据如银行询证函回函、应收账款询证函回函、保险公司等机构出具的证明等。相反，从其他来源获取的审计证据，由于证据提供者与被审计单位存在经济或行政关系等原因，其可靠性应受到质疑。此类证据包括被审计单位内部的会计记录、会议记录等。

（2）内部控制有效时内部生成的审计证据比内部控制薄弱时内部生成的审计证据更可靠。如果被审计单位内部控制有效，会计记录的可信赖程度将会增加。如果被审计单位的内部控制薄弱，甚至不存在任何内部控制，被审计单位内部凭证记录的可靠性就大为降低。例如，如果与销售业务相关的内部控制有效，注册会计师就能从销售发票和发货单中取得比内部控制薄弱时更加可靠的审计证据。

（3）直接获取的审计证据比间接获取或推论得出的审计证据更可靠。例如，注册会计师观察某项内部控制的运行得到的证据比询问被审计单位某项内部控制的运行得到的证据更可靠。间接获取的证据有被涂改及伪造的可能性，降低了可信赖程度。推论得出的审计证据，其主观性较强，人为因素较多，可信赖程度也受到影响。

（4）以文件、记录形式（无论纸质、电子或其他介质）存在的审计证据比口头形式的审计证据更可靠。例如，会议的同步书面记录比对讨论事项事后的口头表述更可靠。口头证据并不足以证明事实的真相，仅仅提供了一些重要线索，为进一步调查确认所用。如注册会计师在对应收账款进行账龄分析后，可以向应收账款负责人询问逾期应收账款收回的可能性。如果该负责人的意见与注册会计师自行估计的坏账损失基本一致，则这一口头证据就可成为证实注册会计师对有关坏账损失判断的重要证据。但在一般情况下，口头证据往往需要得到其他相应证据的支持。

（5）从原件获取的审计证据比从传真件或复印件获取的审计证据更可靠。注册会计师可审查原件是否有被涂改或伪造的迹象，排除伪证，提高证据的可信赖程度。而传真件或复印件容易是篡改或伪造的结果，可靠性较低。

（三）充分性和适当性的关系

充分性和适当性是审计证据的两个重要特征，两者缺一不可，只有充分且适当的审计证据才是有证明力的。

注册会计师需要获取的审计证据的数量受审计证据质量的影响，审计证据的适当性影响审计证据的充分性。例如，被审计单位内部控制健全时生成的审计证据更可靠，注册会计师只需获取适量的审计证据，就可以为发表审计意见提供合理的基础。

需要注意的是，充分性和适当性相关，但如果审计证据的质量存在缺陷，注册会计师仅靠获取更多的审计证据可能无法弥补其质量上的缺陷。也就是说，审计证据的充分性不会影响审计证据的适当性。例如，注册会计师应当获取与销售收入完整性相关的证据，实际获取到的却是有关销售收入真实性的证据，审计证据与完整性目标不相关，即使获得的证据再多，也证明不了收入的完整性。同样地，如果注册会计师获取的证据不可靠，证据数量再多也难以起到证明作用。

三、审计证据的分类

一般情况下，注册会计师所获取的审计证据按其外形特征可分为实物证据、书面证据、口头证据和环境证据四大类。

1. 实物证据

实物证据是注册会计师通过实际观察或检查有形资产取得的、用以确定某些实物资产是否确实存在的证据。例如，库存现金的数额可以通过有形资产检查加以验证，各种存货和固定资产也可以通过有形资产检查方式判定其是否确实存在。实物证据通常是证明实物资产是否存在的强有力的证据，但实物资产的存在并不完全能证实被审计单位对其拥有所有权。例如，年终盘点的存货可能包括其他企业寄售或委托加工的部分，或者已经销售而尚未发运的商品。另外，通过对某些实物资产的清点，虽然可以确定其实物数量，但其质量好坏有时难以判断，而质量的优劣往往又影响到资产的计价。因此，对于取得实物证据的账面资产，还应就其所有权归属及其价值情况另行审计。

2. 书面证据

书面证据是注册会计师获取的各种以书面形式存在的一类证据，包括与审计有关的各种原始凭证、会计记录（记账凭证、会计账簿和各种明细表）、会议记录和文件、合同、通知书、报告书及函件等。在审计过程中，注册会计师往往需要大量获取和利用书面证据，因此，书面证据是审计证据的主要组成部分，称为基本证据。

书面证据按其来源可分为两类：外部证据和内部证据。

（1）外部证据是由被审计单位以外的组织机构或人士所编制和处理的证据，如采购业务所取得的购货发票、函证回函等，一般具有较强的证明力，是非常重要的审计证据。

外部证据按照具体处理过程不同，又可划分为由被审计单位以外的组织机构或人士所编制，并由其直接递交至注册会计师的外部证据，以及由被审计单位以外的机构或人士编制，但由被审计单位持有并递交注册会计师的书面证据。前者如应收账款函证回函、被审计单位律师与其他独立的专家关于被审计单位资产所有权和或有负债等的证明函件、保险公司或证券经纪人的证明等，这类外部证据因未经被审计单位有关职员之手，排除了伪造、更改的可能，证明力最强；后者如银行对账单、购货发票、应收票据、顾客订购单及有关的契约、合同等，此类证据因已经被审计单位职员之手，有被涂改或加工伪造的可能性，证明力稍差。但一般情况下，外部证据仍被认为比内部证据更具有证明力。

此外，外部证据往往还包括注册会计师为证明某个事项而自己动手编制的各种计算表、分析表等。

（2）内部证据是由被审计单位内部机构或职员编制和提供的书面证据，如被审计单位的会计记录、被审计单位管理当局声明书以及其他各种由被审计单位编制和提供的书面文件。

一般来说，内部证据不如外部证据可靠。但如果内部证据在外部流转，并获得其他单位或个人的承认（如销货发票、付款支票等），则具有较强的可靠性。即使只在被审计单位内部流转的书面证据，其可靠程度也因被审计单位内部控制的好坏而异。若内部证据（如收料单与发料单）预先全部连续编号并按序号依次处理，并经过被审计单位不同部门的审核、签章，那么这些内部证据具有较强的可靠性；相反，若被审计单位的内部控制制度不健全，注册会计师就不能过分地信赖其内部自制的书面证据。

3. 口头证据

口头证据是被审计单位职员或其他有关人员对注册会计师的提问进行口头答复形成的证据。在审计过程中，注册会计师通常会向被审计单位有关人员询问会计记录、文件的存放地点，采用特别会计政策和方法的理由，收回逾期应收账款的可能性等。对于这些问题的口头答复，就构成了口头证据。

在审计过程中，注册会计师应把各种重要的口头证据尽快做成记录，注明是何人、何时、在何种情况下做的口头陈述，必要时还应获得被询问者的签名确认。一般情况下，口头证据本身并不足以证明事情的真相，而需得到其他相应证据的支持，当不同人员对同一问题所做的口头陈述相同时，口头证据具有较高的可靠性。注册会计师可通过口头证据发掘一些重要线索，从而有利于对某些需要审核的情况做进一步调查，以搜集到更为可靠的证据。例如，注册会计师在对应收账款进行账龄分析后，可以询问应收账款负责人对收回逾期应收账款的可能性的意见。如果其意见与注册会计师自行估计的坏账损失基本一致，那么这一口头证据就可成为证实注册会计师有关判断的重要证据。

4. 环境证据

环境证据又称状况证据，是指对被审计单位产生影响的各种环境事实。其具体包括以下几种：

（1）有关内部控制情况。如果被审计单位有良好的内部控制，且日常管理又一贯遵守内部控制的规定，就可认为被审计单位现行的内部控制为财务报表项目的可靠性提供了强有力的证据，即良好的内部控制增强了会计资料的可信赖程度。同时，被审计单位内部控制的完善程度还决定着注册会计师所需的从其他各种渠道搜集的审计证据的数量：内部控制愈健全、愈严密，所需的其他各类审计证据就愈少；否则，注册会计师必须获取大量的其他审计证据。

（2）被审计单位管理人员素质。被审计单位管理人员素质越高，其所提供的证据发生差错的可能性就越小，在该环境下获取的审计证据的可靠性越高。例如，当被审计单位会计人员素质较高时，其会计记录不容易发生错误。换言之，会计人员的素质会对会计资料的可靠性产生影响。

（3）各种管理条件和管理水平。通常，在良好的管理条件和较高的管理水平下提供的审计证据可靠性较强；反之，可靠性相对较弱。

必须指出的是，环境证据一般不属于基本证据，但它可以帮助注册会计师了解被审计单位及其经济活动所处的环境，是注册会计师进行判断必须掌握的资料。尽管各种不同的审计证据可实现不同的审计目标，但是对每一具体账户及其相关的认定来说，注册会计师应选择能以最低成本实现全部审计目标的证据，力求做到证据搜集既有效又经济。

四、获取审计证据的审计程序

1. 审计程序的作用

注册会计师面临的主要决策之一，是通过实施审计程序，获取充分、适当的审计证据，以满足对财务报表发表意见的要求。受到成本的约束，注册会计师不可能检查和评价所有可能获取的证据，因此对审计证据充分性、适当性的判断是非常重要的。注册会计师利用审计程序获取审计证据涉及以下四个方面的决策：一是选用何种审计程序；二是对选定的审计程序，应当选取多大的样本规模；三是应当从总体中选取哪些项目；四是何时执行这些程序。

审计程序是指注册会计师在审计过程中的某个时间，对将要获取的某类审计证据如何进行收集的详细指令。在设计审计程序时，注册会计师通常使用规范的措辞或术语，以使审计人员能够准确理解和执行。

2. 审计程序的种类

在审计过程中，注册会计师可根据需要单独或综合运用以下审计程序，以获取充分、适当的审计证据。

（1）检查。检查是注册会计师对被审计单位内部或外部生成的，对以纸质、电子或其他介质形式存在的记录和文件进行审查，或对资产进行实物审查。检查记录或文件可以提供可靠程度不同的审计证据，审计证据的可靠性取决于记录或文件的性质和来源，而在检查内部记录或文件时，其可靠性则取决于生成该记录或文件的内部控制的有效性。将检查用作控制测试的一个例子，是检查记录以获取关于授权的审计证据。

检查有形资产可为其存在提供可靠的审计证据，但不一定能够为权利和义务或计价等认定提供可靠的审计证据。对个别存货项目进行的检查，可与存货监盘一同实施。

（2）观察。观察是注册会计师查看相关人员正在从事的活动或实施的程序。观察可以提供执行有关过程或程序的审计证据，但观察所提供的审计证据仅限于观察发生的时点，而且被观察人员的行为可能因被观察而受到影响，这也会使观察提供的审计证据受到限制。

（3）询问。询问是注册会计师以书面或口头方式，向被审计单位内部或外部的知情人员获取财务信息和非财务信息，并对答复进行评价的过程。作为其他审计程序的补充，询问广泛应用于整个审计过程中。

一方面，知情人员对询问的答复可能为注册会计师提供尚未获悉的信息或佐证证据；另一方面，对询问的答复也可能提供与注册会计师已获取的其他信息存在重大差异的信息，例如，关于被审计单位管理层凌驾于控制之上的可能性的信息。在某些情况下，对询问的答复为注册会计师修改审计程序或实施追加的审计程序提供了基础。

尽管对通过询问获取的审计证据予以佐证通常特别重要，但在询问管理层意图时，获取的支持管理层意图的信息可能是有限的。在这种情况下，了解管理层过去所声称意图的实现情况、选择某项特别措施时声称的原因以及实施某项具体措施的能力，可以为佐证通过询问获取的证据提供相关信息。

针对某些事项，注册会计师可能认为有必要向管理层（如适用）获取书面声明，以证实对口头询问的答复。

（4）函证。函证是注册会计师直接从第三方（被询证者）获取书面答复以作为审计证据的过程，书面答复可以采用纸质、电子或其他介质等形式。当针对的是与特定账户余额及其项目相关的认定时，函证常常是相关的程序。但是，函证不必局限于账户余额。此外，函证程序还可以用于获取不存在某些情况的审计证据，如不存在可能影响被审计单位收入确认的“背后协议”。

由于函证来自独立于被审计单位的第三方，通过函证获取的证据可靠性较高，因此，函证是受到高度重视并经常被使用的一种重要程序。注册会计师通常应当对下列内容实施函证：

①银行存款、借款及与金融机构往来的其他重要信息。注册会计师应当对银行存款（包括零余额账户和在本期内注销的账户）、借款及与金融机构往来的其他重要信息实施函证程序，除非有充分证据表明某一银行存款、借款及与金融机构往来的其他重要信息对财务报表不重要且与之相关的重大错报风险很低。如果不对这些项目实施函证程序，注册会计师应当在审计工作底稿中说明理由。

②应收账款。注册会计师应当对应收账款实施函证程序，除非有充分证据表明应收账款对财务报表不重要，或函证很可能无效。如果认为函证很可能无效，注册会计师应当实施替代审计程序，获取相关、可靠的审计证据。如果不对应收账款函证，注册会计师应在审计工作底稿中说明理由。

③其他内容。注册会计师可以根据具体情况和实际需要对以下内容（包括但并不限于）实施函证：交易性金融资产，应收票据，其他应收款，预付账款，由其他单位代为保管、加工或销售的存货，长期股权投资，应付账款，预收账款，保证、抵押或质押，或有事项，重大或异常的交易。

可见，函证通常适用于账户余额及其组成部分（如应收账款明细账），但是不一定限于这些项目。例如，为确认合同条款是否发生变动及变动细节，注册会计师可以函证被审计单位与第三方签订的合同条款。注册会计师还可向第三方函证是否存在影响被审计单位收入确认的背后协议或某项重大交易的细节。

注册会计师通常以资产负债表日为截止日，在资产负债表日后适当时间内实施函证。如果重大错报风险评估为低水平，注册会计师可选择资产负债表日前适当日期为截止日实施函证，并对所函证项目自该截止日起至资产负债表日止发生的变动实施实质性程序。

注册会计师可采用积极的或消极的函证方式实施函证，也可将两种方式结合使用。如果采用积极的函证方式，注册会计师应当要求被询证者在所有情况下必须回函，确认询证函所列示信息是否正确，或填列询证函要求的信息。如果采用消极的函证方式，注册会计师只要求被询证者仅在不同意询证函列示信息的情况下才予以回函。

积极的函证方式通常比消极的函证方式提供的审计证据可靠。当同时存在下列情况时，注册会计师可考虑采用消极的函证方式：①重大错报风险评估为低水平；②涉及大量余额较小的账户；③预期不存在大量的错误；④没有理由相信被询证者不认真对待函证。

当被审计单位管理层要求对拟函证的某些账户余额或其他信息不实施函证时，注册会计师应当考虑该项要求是否合理，并获取审计证据予以支持。如果认为管理层的要求合理，注册会计师应当实施替代审计程序，以获取与这些账户余额或其他信息相关的充分、适当的审计证据。如果认为管理层的要求不合理，且被其阻挠而无法实施函证，注册会计师应当视为审计范围受到限制，并考虑对审计报告可能产生的影响。

分析管理层要求不实施函证的原因时，注册会计师应当保持职业怀疑态度，并考虑：①管理层是否诚信；②是否可能存在重大的舞弊或错误；③替代审计程序能否提供与这些账户余额或其他信息相关的充分、适当的审计证据。如果认为管理层的要求可能存在舞弊，注册会计师应当遵循《中国注册会计师审计准则第 1141 号——财务报表审计中与舞弊相关的责任》的有关规定。

[同步思考 4 - 2]

对应收账款进行函证时是否需要对所有债务人进行函证？在确定函证规模时应考虑哪些因素？

理解要点：

注册会计师执行应收账款的函证程序时，为了提高审计效率，一般不需要对所有债务人进行函证，可以根据审计抽样确定的样本规模，并结合以下几种因素的影响来选定函证对象：

①应收账款在全部资产中的重要程度。如果应收账款在全部资产中所占的比例较大，那么，函证的范围也应相应大一些。

②被审计单位内部控制的强弱。如果内部控制比较健全，可以相应缩小函证范围；反之，要扩大函证范围。

③以前年度的函证结果。如果以前年度函证中发现重大差异或欠款纠纷较多，函证范围应相应扩大一些。

④函证方式的选择。如果选择积极式函证，可相应减少函证量；如果选择消极式函证，则相应增加函证量。

一般情况下，账龄长、金额大、存在纠纷的应收账款、非正常名称的账户、关联方余额、有贷方余额的账户，则是注册会计师必须向债务人函证的对象。

（5）重新计算。重新计算是注册会计师以人工方式或使用计算机辅助审计技术，对记录或文件中的数据计算准确性进行核对。重新计算通常包括计算销售发票和存货的总金额、加总日记账和明细账、检查折旧费用和预付费用的计算、检查应纳税额的计算等。

一般而言，重新计算不仅包括对被审计单位的凭证、账簿和报表中有关数字的验算，而且还包括对会计资料中有关项目的加总或其他运算。在财务报表审计中，注册会计师需要大量地运用加总技术来获取必要的审计证据。

（6）重新执行。重新执行是注册会计师以人工方式或使用计算机辅助审计技术，重新独立执行原本作为被审计单位内部控制组成部分的程序或控制。例如，注册会计师利用被审计单位的银行存款日记账和银行对账单，重新编制银行存款余额调节表，并与被审计单位编制的银行存款余额调节表进行比较。

（7）分析程序。分析程序是注册会计师通过研究不同财务数据之间以及财务数据与非财务数据之间的内在关系，对财务信息做出评价。分析程序还包括调查识别出的、与其他相关信息不一致或与预期数据严重偏离的波动和关系。例如，注册会计师可以对被审计单位的财务报表以及相关资料中的重要比率及变动趋势进行分析性复核，以发现其中的异常变动项目，并重新考虑所采用的审计方法是否适当，必要时要追加适当审计程序以获取相应的审计证据。

注册会计师实施分析程序的目的包括：

1. 用作风险评估程序，以了解被审计单位及其环境

注册会计师在将分析程序用作风险评估程序时，应当遵守《中国注册会计师审计准则第1211号——重大错报风险的识别和评估》的相关规定。准则规定，注册会计师可以将分析程序与询问、检查和观察程序结合运用，以获取对被审计单位及其环境的了解，识别和评估财务报表层次及具体认定层次的重大错报风险。分析程序可以帮助注册会计师发现财务报表中的异常变化，或者预期发生而未发生的变化，识别存在潜在重大错报风险的领域。分析程序还可以帮助注册会计师发现财务状况或盈利能力发生变化的信息和征兆，识别那些表明被审计单位持续经营能力问题的事项。

2. 当使用分析程序比细节测试能更有效地将认定层次的检查风险降至可接受的水平时，分析程序可以用作实质性程序

在针对评估的重大错报风险实施进一步审计程序时，注册会计师可以将分析程序作为实质性程序的一种，单独或结合其他细节测试，收集充分、适当的审计证据。此时运用分析程序可以减少细节测试的工作量，节约审计成本，降低审计风险，使审计工作更有效率和效果。

在设计和实施实质性分析程序时，无论单独使用或与细节测试结合使用，注册会计师都应当：

（1）考虑针对所涉及认定评估的重大错报风险和实施的细节测试（如有），确定特定实质性分析程序对这些认定的适用性。

（2）考虑可获得信息的来源、可比性、性质和相关性以及与信息编制相关的控制，评价在对已记录的金额或比率做出预期时使用数据的可靠性。

（3）对已记录的金额或比率做出预期评估，并评价预期值是否足够精确以识别重大错报（包括单项重大的错报和单项虽不重大但连同其他错报可能导致财务报表产生重大错报的错报）。

（4）确定已记录金额与预期值之间可接受的，且无须按《中国注册会计师审计准则第1313号——分析程序》第七条的要求做进一步调查的差异额。

3. 在审计结束或临近结束时对财务报表进行总体复核

在审计结束或临近结束时，注册会计师应当运用分析程序，在已收集的审计证据的基础上，对财务报表整体的合理性做最终把握，评价报表仍然存在重大错报风险而未被发现的可能性，考虑是否需要追加审计程序，以便为发表审计意见提供合理基础。

在总体复核阶段执行分析程序，所进行的比较和使用的手段与风险评估程序中使用的分析程序基本相同，但两者的目的不同。在总体复核阶段实施的分析程序主要在于强调并解释财务报表项目自上个会计期间以来发生的重大变化，以证实财务报表中列报的所有信息与注册会计师对被审计单位及其环境的了解一致，与注册会计师取得的审计证据一致。因此，两者的主要差别在于实施分析程序的时间和重点不同，以及所取得的数据的数量和质量不同。另外，因为在总体复核阶段实施的分析程序并非为了对特定账户余额和披露提供实质性的保证水平，因此并不如实质性分析程序那样详细和具体，其往往集中在财务报表层面。

在运用分析程序进行总体复核时，如果识别出以前未识别的重大错报风险，注册会计师应当重新考虑对全部或部分各类交易、账户余额和披露评估的风险是否恰当，并在此基础上重新评价之前计划的审计程序是否充分，是否有必要追加审计程序。

第二节 审计抽样

一、审计抽样概述

（一）审计抽样的概念

审计抽样是指审计人员在审计过程中，对某类交易或账户余额中低于百分之百的项目实施审计程序时，从审计对象总体中选取一定数量的样本进行测试，并根据测试的结果推断审计对象总体特征的一种方法。

审计抽样应当具备三个基本特征：①对某类交易或账户余额中低于百分之百的项目实施审计程序；②所有抽样单元都有被选取的机会；③审计测试的目的是评价该账户余额或交易类型的某一特征。

（二）审计抽样的分类

1. 统计抽样与非统计抽样

按照抽样决策依据的不同，审计抽样可以分为统计抽样与非统计抽样。

统计抽样是指运用概率论和数理统计的方法确定样本规模、选取样本、评价样本结果的方法。统计抽样必须同时具备下列特征：①随机选取样本；②运用概率论评价样本结果，包括计量抽样风险。此方法强调运用概率论和数理统计技术。统计抽样可以科学地确定样本规模，避免出现样本过多或过少的现象，可以客观地评估审计结果，运用概率和数理统计理论对样本结果进行评价以推断总体特征，所得出的审计结论具有科学依据。

非统计抽样是指审计人员完全凭借主观标准和个人经验确定样本规模、评价样本结果的方法。此方法特别强调运用审计人员的经验和判断。这一方法只要运用得当，则可与统计抽样方法一样提供充分、适当的证据。采用非统计抽样不能量化抽样风险，这是它与统计抽样的根本区别。

统计抽样的优点在于能够客观地计量抽样风险，并通过调整样本规模精确地控制风险，这是它与非统计抽样最重要的区别。另外，统计抽样还有助于审计人员高效地设计样本，定量评价样本结果。但统计抽样又可能产生额外的成本，比如，统计抽样需要特殊的专业技能，需要增加额外的支出培训，要求单个样本项目符合统计要求，这些也可能需要支出额外的费用。审计人员在统计抽样与非统计抽样方法之间进行选择时主要考虑成本效益。不管是统计抽样还是非统计抽样，两种方法都要求审计人员在设计、实施和评价样本时运用职业判断。另外，对选取的样本项目实施的审计程序通常也与使用的抽样方法有关。

2. 属性抽样与变量抽样

按审计人员所了解的总体特征的不同，审计抽样可以分为属性抽样和变量抽样。

属性抽样是指在精确度界限和可靠程度一定的条件下，为了评价总体特征的发生频率而采用的一种方法。要评价的审计对象总体特征表现为一种属性，即审计总体的质量特征。样本的测试结果为“是”或“否”“对”或“错”，总体评价结果为差错率。比如，在内部控制的健全性和有效性测试中，测试“出纳与会计岗位是否分离”这一属性时，就用属性抽样的方法。在对总体进行属性评估时，要求计划的某总体属性的样本特征只有两个互不相容的结果，即是或非、存在或不存在、合规或不合规。根据样本的确定方法还可分为固定样本量抽样、停—走抽样、发现抽样等。属性抽样主要用于控制测试。

变量抽样是指用来估计总体金额的一种方法。变量抽样适用于实质性测试。比如，估计银行存款的期末余额。变量抽样的目的是获取关于未知的真实总体货币金额的证据。变量抽样有三种具体方法：单位平均估计抽样、比率估计抽样、差额估计抽样。

在审计实务中，经常存在同时进行控制测试和实质性程序的情况。这时所采用的审计抽样称为双重目的抽样。

（三）审计抽样中的基本要素

1. 总体与样本

审计抽样中的总体是指审计人员从中选取样本并据此得出结论的整套数据，是某项审计对象的全部。总体可分为多个层或子总体。每一层或子总体可以分别检查。样本是从全部总体中随机抽取出来，代表全部总体部分单位的集合体。如果说全部总体是唯一确定的，那么，抽样样本就完全不是这样，一个总体可能抽取很多个抽样总体，全部样本的可能数目和每一样本的容量有关，它也和随机抽样的方法有关。在不同的样本容量和取样方法下，样本的可能数目也有很大的差别，抽样本身是一种手段，目的在于对总体作出判断，因此，样本容量要多大，要怎样取样，样本的数目可能有多少，它们的分布怎样，这些都关系到对总体判断的准确程度，都需要加以认真研究。

2. 样本误差与推断总体误差

样本误差是指审计人员实施审计程序后在样本中已识别的误差。在控制测试中，样本误差可以用样本偏差率表示，样本偏差率等于样本中发现的控制偏差数量除以样本规模。在细节测试中，样本误差是指样本中发现的错报金额。推断总体误差是指审计人员在评价样本结果时，依据样本误差推断的总体误差。在控制测试中，推断总体误差是指推断的总体偏差率，样本偏差率就等于推断的总体偏差率。在细节测试中，审计人员应当根据样本中发现的错报金额推断总体错报金额。

3. 抽样风险与非抽样风险

使用审计抽样时，审计风险可能受抽样风险和非抽样风险的影响。

抽样风险是指审计人员根据样本得出的结论和对总体全部项目实施与样本同样的审计程序得出的结论存在差异的可能性。抽样风险分为下列两种类型：①影响审计效果的抽样风险，包括信赖过度风险（在实施控制测试时，审计人员推断的控制有效性高于其实际有效性的风险）和误受风险（在实施细节测试时，审计人员推断某一重大错报不存在而实际上存在的风险）。②影响审计效率的抽样风险，包括信赖不足风险（在实施控制测试时，审计人员推断的控制有效性低于其实际有效性的风险）和误拒风险（在实施细节测试时，审计人员推断某一重大错报存在而实际上不存在的风险）。

只要使用了审计抽样，抽样风险就会存在。对特定样本而言，抽样风险与样本规模反方向变动，无论是控制测试还是细节测试，审计人员都可以通过扩大样本规模降低抽样风险。如果对总体中的所有项目都实施检查，就不存在抽样风险，此时审计风险完全由非抽样风险产生。

非抽样风险是指由于某些与样本规模完全无关的因素而导致审计人员得出错误结论的可能性。它包括审计风险中不是由抽样所导致的所有风险。审计人员即使对某类交易或账户余额的所有项目实施某种审计程序，也可能仍未能发现重大错报或控制失效。

在审计程序实施过程中，可能导致非抽样风险的原因包括下列情况：①审计人员选择的总体不适合于测试目标；②审计人员未能适当地定义控制偏差或错报，导致审计人员未能发现样本中存在的偏差或错报；③审计人员选择了不适合于实现特定目标的审计程序；④审计人员未能适当地评价审计发现的情况；⑤其他原因。

非抽样风险是由人为错误造成的，因而可以降低、消除或防范。虽然在任何一种抽样方法中审计人员都不能量化非抽样风险，但通过采取适当的质量控制政策和程序，对审计工作进行适当的指导、监督和复核，以及对审计人员实务加以适当改进，可以将非抽样风险降至可以接受的水平。审计人员也可以通过仔细设计审计程序尽量降低非抽样风险。

二、审计抽样基本步骤

审计抽样的基本步骤分为抽样设计、样本选取和样本结果评价三个阶段。

（一）抽样设计

抽样设计是审计抽样的计划工作，是审计人员围绕样本的性质、样本量、抽样组织方式及抽样工作质量要求对抽样工作进行的全面、系统的规划。其要解决的核心问题是在确定的抽样组织方式下如何确定样本量。

1. 确定审计目标和定义误差

在设计样本时应当根据具体审计目标，考虑其所要获取的审计证据的性质，以及与该审计证据相关的可能误差情况或其他特征，以正确地界定误差构成条件和抽样总体，来确定采用的审计抽样方法，并据此明确样本的性质、规模等要素。如具体审计目标为验证账户余额估价的正确性，则需要采用统计抽样和概率方法，选取样本进行抽样测试。

审计人员必须事先准确定义构成误差的条件，否则，执行审计程序时就没有识别误差的标准。在控制测试中，误差是指控制偏差，审计人员要仔细定义所要测试的控制及可能出现偏差的情况；在细节测试中，误差是指错报，审计人员要确定哪些情况构成错报。

审计人员定义误差构成条件时要考虑审计程序的目标。清楚地了解误差构成条件，对于确保在推断误差时将且仅将所有与审计目标相关的条件包括在内至关重要。例如，在对应收账款存在的细节测试中（如函证），客户在函证日之前支付、被审计单位在函证日之后不久收到的款项（即未达账项）不构成误差。而且，被审计单位在不同客户之间误登明细账也不构成误差，因其并不影响应收账款账户的总额。即使这种情况可能对审计的其他方面（如对舞弊的可能性或坏账准备的适当性的评估）产生重要影响，在评价该审计程序的样本结果时将其判定为误差也是不适当的。

2. 定义抽样总体和抽样单元

在实施抽样之前，必须仔细定义总体，确定抽样总体的范围。总体可以包括构成某类交易或账户余额中的所有项目，也可以只包括某类交易或账户余额中的部分项目。

（1）总体的特征。审计人员所定义的总体应具备下列两个特征：①适当性。审计人员应确定总体适合于特定的审计目标。例如，在控制测试中，如果要测试“所有发运商品都已开单”的控制是否有效运行，审计人员将所有已发运的项目作为总体通常比较适当。又如，在细节测试中，如果测试应付账款是否高估，总体可以定义为应付账款清单。但在测试应付账款是否低估时，总体就不是应付账款清单，而是后来支付的证明、未付款的发票、供应商的对账单、没有销售发票对应的收货报告，或能提供低估应付账款的审计证据的其他总体。②完整性。审计人员应当从总体项目内容和设计时间等方面确定总体的完整性。例如，如果从档案中选取付款证明，除非确信所有的付款证明都已归档，否则，审计人员不能对该期间的所有付款证明得出结论。

（2）抽样单元。抽样单元是指构成审计对象总体的单位项目。审计人员应根据审计目标的要求及客户实际情况确定抽样单元。例如，对客户购货业务的内部控制执行情况进行控制测试，可将每张发票作为抽样单元；对客户的应收账款账户余额正确性进行审查，作为抽样单元的既可以是每一笔应收账款，也可以是每一个应收账款账户，还可以是构成应收账款余额的每一个货币单位。

审计人员通常从代表总体的实物中选取样本项目。例如，如果审计人员将总体定义为特定日期的所有应收账款余额，代表总体的实物就是打印的该日客户应收账款余额明细表。又如，如果审计人员将总体定义为某一测试期间的销售收入，代表总体的实物就可能是记录在销售明细账中的销售交易，也可能是销售发票。

3. 确定样本规模

样本规模是指从总体中选取样本项目的数量。在确定样本规模时，审计人员应当考虑能否将抽样风险降至可接受的低水平。影响样本规模的因素包括：

（1）可以接受的抽样风险。样本规模受审计人员可接受的抽样风险水平的影响。可接受的抽样风险与样本规模呈反比例关系。审计人员愿意接受的抽样风险越低，样本规模通常越大；审计人员愿意接受的抽样风险越高，样本规模越小。

（2）可容忍误差。在其他因素既定的条件下，可容忍误差越大，所需的样本规模越小。

（3）预计总体误差。预计总体误差越大，可容忍误差也应当越大。在既定的可容忍误差下，当预计总体误差增加时，所需的样本规模增大。

（4）总体规模。除非总体非常小，一般而言，总体规模对样本规模的影响几乎为零。审计人员通常将抽样单元超过5000个的总体视为大规模总体。对大规模总体而言，总体的实际容量对样本规模几乎没有影响。对小规模总体而言，审计抽样比其他选择测试项目的方法效率低。

（5）总体变异性。总体变异性是指总体的某一特征（如金额）在各项目之间的差异程度。在控制测试中，审计人员在确定样本规模时一般不考虑总体变异性。在细节测试中，审计人员确定适当的样本规模时要考虑总体特征的变异性。总体项目的变异性越低，通常样本规模越小。审计人员可以通过分层，将总体分为相对同质的组，以尽可能降低每一组中变异性的影响，从而减小样本规模。

（6）分层。如果总体项目存在重大的变异性，审计人员应当考虑分层。分层是指将一个总体划分为多个子总体的过程，每个子总体由一组具有相同特征（通常为货币金额）的抽样单元组成。分层可以降低每一层中项目的变异性，从而在抽样风险没有成比例增加的前提下减小样本规模。审计人员可以考虑将总体分为若干个离散的具有识别特征的子总体（层），以提高审计效率。审计人员应当仔细界定子总体，以使每一抽样单元只能属于一个层。当实施细节测试时，审计人员通常按照货币金额对某类交易或账户金额进行分层，以将更多的审计资源投入到大额项目中。例如，在对被审计单位的财务报表进行审计时，为了函证应收账款，审计人员可以将应收账款账户按其金额大小分为三层：账户金额在10000元以上的；账户金额在5000—10000元的；账户金额在5000元以下的。然后，根据各层的重要性分别采取不同的选样方法。对于金额在 10000 元以上的应收账款账户，应全部函证；对于金额在 5000—10000 元以及 5000 元以下的应收账款账户，则可采取适当的选样方法选取进行函证的样本。审计人员也可以按照显示较高误差风险的某一特定特征对总体进行分层。例如，在测试应收账款估价时，余额可以根据账龄分层。对某一层中的样本项目实施审计程序的结果，只能用于推断构成该层的项目。如果对总体作出结论，审计人员应当考虑与构成总体的其他层有关的重大错报风险。例如，在对某一账户余额进行测试时，占总体数量 20% 的项目，其余额可能占账户余额的 90%。审计人员只能根据该样本的结果推断至上述 90% 的金额。对于剩余 10% 的金额，审计人员可以抽取另一个样本或使用其他收集审计证据的方法单独得出结论，或者认为其不重要而不实施审计程序。

使用统计抽样方法时，审计人员必须对影响样本规模的因素进行量化，并利用根据统计公式开发的专门的计算机程序或专门的样本量表来确定样本规模。在非统计抽样中，审计人员可以只对影响样本规模的因素进行定性估计，并运用职业判断确定样本规模。

（二）样本选取

在选取样本项目时，审计人员应当使总体中所有抽样单元均有被选取的机会。使所有抽样单元都有被选取的机会是审计抽样的基本特征之一。因此，不管使用的是统计抽样还是非统计抽样，所有的审计抽样均要求审计人员选取的样本对总体来讲具有代表性。否则，就无法根据样本结果推断总体。选取样本的基本方法，包括使用随机数表选样、系统选样和随意选样。

1. 使用随机数表选样

随机数表也称乱数表，随机生成的每个数字在表中出现的次数是大致相同的，它们出现在表上的顺序是随机的。审计人员还可以使用计算机生成随机数，如用随机函数、电子表格程序、随机数码生成程序、通用审计软件程序等产生的随机数。表 4－1 就是 5 位随机数表的一部分。

表 4－1　　随机数表（部分列示）

	1	2	3	4	5	6	7	8	9	10
1	32044	69037	29655	92114	81034	40582	01584	77184	85762	46505
2	23821	96070	82592	81642	08971	07411	09037	81530	56195	98425
3	82383	94987	66441	28677	95961	78346	37916	09416	42438	48432
4	68310	21792	71635	86089	38157	95620	96718	79554	50209	17705
5	94856	76940	22165	01414	01413	37231	05509	37489	56459	52983
6	95000	61958	83430	98250	70030	05436	74814	45978	09277	13827
7	20764	64638	11359	32556	89822	02713	81293	52970	25080	33555
8	71401	17964	50940	95753	34905	93566	36318	79530	51105	26952
9	38464	75707	16750	61371	01523	69205	32122	03436	14489	02086
10	59442	59247	74955	82835	98378	83513	47870	20795	01352	89906

应用随机数表选样的步骤如下：

第一步，对总体项目进行编号，建立总体中的项目与表中数字的一一对应关系。一般情况下，编号可利用总体项目中原有的某些编号，如凭证号、支票号、发票号等。在没有事先编号的情况下，审计人员须按一定的方法进行编号。

第二步，确定选取随机数的方法。首先，确定所需使用随机数的位数，一般由总体项目数或编号位数决定。其次，选取一个随机起点和一个选号路线。随机起点和选号路线可以任意选择，但一经选定就不得改变。从随机数表中任何一行或任何一栏开始，按照一定的方向（上下左右均可）依次查找符合总体项目编号要求的数字，即为选中的号码，与此号码相对应的总体项目即为选取的样本项目，一直到选足所需的样本量为止。

随机数表选样不仅使总体中每个抽样单元被选取的概率相等，而且使相同数量的抽样单元组成的每种组合被选取的概率相等。这种方法在统计抽样和非统计抽样中均适用。

2. 系统选样

系统选样也称等距选样，是指按照相同的间隔从审计对象总体中等距离地选取样本的一种方法。采用系统选样方法，首先要计算选样间距，确定选样起点，然后再根据间距顺序地选取样本。选样间距的计算公式如下：

选样间距 = 总体规模 ÷ 样本规模

例如，如果销售发票的总体范围是652—3151，设定的样本量是125，那么选样间距为20[（3152 − 652）÷ 125]。审计人员必须从0—19中选取一个随机数作为抽样的起点。如果随机选择的数码是9，那么第一个样本项目是发票号码为661（652 + 9）的那一张，其余的124个项目是681（661 + 20）、701（681 + 20）……依此类推直至第3141号。

系统选样方法的主要优点是使用方便，比其他选样方法节省时间，并可用于无限总体。此外，在使用这种方法时，对总体中的项目不需要编号，审计人员只要简单数出每一个间距即可。但是，使用系统选样方法要求总体必须是随机排列的，否则容易发生较大的偏差。

3. 随意选样

随意选样也叫任意选样，是指审计人员不带任何偏见地选取样本，即审计人员不考虑样本的性质、大小、外观、位置或其他特征而选取的样本项目。随意选样的主要缺点在于很难完全无偏见地选取样本项目，即这种方法难以彻底排除审计人员的个人偏好对选取样本的影响，因而很可能使样本失去代表性。

（三）样本结果评价

审计人员应当针对选取的每个项目，实施适合于具体审计目标的审计程序。对选取的样本项目实施审计程序旨在发现并记录样本中存在的误差。经过审计测试以后就要进行样本结果评价。

1. 分析样本误差

审计人员应当考虑样本的结果、已识别的所有误差的性质和原因及其对具体审计目标和审计其他方面可能产生的影响。无论是统计抽样还是非统计抽样，对样本结果的定性评估和定量评估一样重要。即使样本的统计评价结果在可以接受的范围内，审计人员也应对样本中的所有误差（包括控制测试中的控制偏差和细节测试中的金额错报）进行定性分析。

2. 推断总体误差

在实施控制测试时，审计人员将样本中发现的偏差数量除以样本规模，就计算出样本偏差率。由于样本的误差率就是整个总体的推断误差率，审计人员无须推断总体误差率。在控制测试中，无论使用统计抽样还是非统计抽样，样本偏差率都是审计人员对总体偏差率的最佳估计，但审计人员必须考虑抽样风险。当实施细节测试时，审计人员应当根据样本中发现的误差金额推断总体误差金额，并考虑推断误差对特定审计目标及审计其他方面的影响。

3. 形成审计结论

审计人员应当评价样本结果，以确定对总体相关特征的评估是否得到证实或需要修正。

在控制测试中，审计人员应当将总体偏差率与可容忍偏差率比较，但必须考虑抽样风险。在统计抽样中，如果估计的总体偏差率上限低于可容忍偏差率，则总体可以接受；如果估计的总体偏差率上限大于或等于可容忍偏差率，则总体不能接受；如果估计的总体偏差率上限低于但接近可容忍偏差率，审计人员应当结合其他审计程序的结果，考虑是否接受总体，并考虑是否需要扩大测试范围，以进一步证实计划评估的控制有效性和重大错报风险水平。在非统计抽样中，抽样风险无法直接计量。审计人员通常将样本偏差率（即估计的总体偏差率）与可容忍偏差率相比较，以判断总体是否可以接受。

在细节测试中，审计人员首先必须根据样本中发现的实际错报要求被审计单位调整账面记录金额。在统计抽样中，如果计算的总体错报上限低于可容忍错报，则总体可以接受。这时审计人员对总体得出结论，所测试的交易或账户余额不存在重大错报。如果计算的总体错报上限大于或等于可容忍错报，则总体不能接受。在非统计抽样中，审计人员运用其经验和职业判断评价抽样结果。

第三节 审计工作底稿

一、审计工作底稿的含义

审计工作底稿是注册会计师对制定的审计计划、实施的审计程序、获取的相关审计证据，以及得出的审计结论做出的记录。审计工作底稿是审计证据的载体，是注册会计师在审计过程中形成的审计工作记录和获取的资料。它形成于审计过程，也反映整个审计过程。

二、审计工作底稿的性质

（一）审计工作底稿的存在形式

审计工作底稿可以以纸质、电子或其他介质形式存在。相关机构应当针对审计工作底稿设计和实施适当的控制，以实现下列目的：

（1）使审计工作底稿清晰地显示其生成、修改及复核的时间和人员；

（2）在审计业务的所有阶段，尤其是在项目组共享信息或通过互联网将信息传递给其他人员时，保护信息的完整性和安全性；

（3）防止未经授权改动审计工作底稿；

（4）允许项目组和其他经授权的人员为适当履行职责而接触审计工作底稿。

为便于会计师事务所内部进行质量控制和外部执业质量检查或调查，以电子或其他介质形式存在的审计工作底稿，应与其他纸质形式的审计工作底稿一并归档，并应能通过打印等方式，转换成纸质形式的审计工作底稿。

在实务中，为便于复核，审计人员可以将电子或其他介质形式存在的审计工作底稿通过打印等方式，转换为纸质形式的审计工作底稿，并与其他纸质形式的审计工作底稿一并归档。同时，单独保存这些以电子或其他介质形式存在的审计工作底稿。

（二）审计工作底稿通常包括的内容

审计工作底稿通常包括总体审计策略、具体审计计划、分析表、问题备忘录、重大事项概要、询证函回函、管理层声明书、核对表、有关重大事项的往来信件（包括电子邮件），以及对被审计单位文件记录的摘要或复印件等。

此外，审计工作底稿通常还包括业务约定书、管理建议书、项目组内部或项目组与被审计单位举行的会议记录、与其他人士（如其他注册会计师、律师、专家等）的沟通文件及错报汇总表等。但是，审计工作底稿并不能代替被审计单位的会计记录。

分析表主要是对被审计单位财务信息执行分析程序的记录。例如，记录对被审计单位本年各月收入与上一年度的同期数据进行比较的情况，记录对差异的分析等。

问题备忘录一般是指对某一事项或问题的概要的汇总记录。在问题备忘录中，注册会计师通常记录该事项或问题的基本情况、执行的审计程序或具体审计步骤，以及得出的审计结论，如有关存货监盘审计程序或审计过程中发现问题的备忘录。

核对表一般是指会计师事务所内部使用的、为便于核对某些特定审计工作或程序的完成情况的表格，如特定项目（如财务报表列报）审计程序核对表、审计工作完成情况核对表等。它通常以列举的方式列出审计过程中注册会计师应当进行的审计工作或程序以及特别需要提醒注意的问题，并在适当情况下索引至其他审计工作底稿，便于注册会计师核对是否已按照审计准则的规定进行审计。

（三）审计工作底稿通常不包括的内容

审计工作底稿通常不包括已被取代的审计工作底稿的草稿或财务报表的草稿、反映不全面或初步思考的记录、存在印刷错误或其他错误而作废的文本，以及重复的文件记录等。由于这些草稿、错误的文本或重复的文件记录不直接构成审计结论或审计意见的支持性证据，因此，注册会计师通常无须保留这些记录。

【知识拓展4－1】

通常，审计工作底稿包括下列全部或部分要素：

①审计工作底稿的标题；②审计过程记录；③审计结论；④审计标识及其说明；⑤索引号及编号；⑥编制者姓名及编制日期；⑦复核者姓名及复核日期；⑧其他应说明事项。

［参考格式4－1］

审计工作底稿

索引号：

被审计单位名称			
审计事项			
会计期间或者截止日期			
审计人员		编制日期	

审计过程记录：

审计结论或者审计查出问题摘要及其依据	审计结论： 问题摘要： 定性依据：
复核意见	
复核人员（签名）：	年　月　日

第　页/共　页　　附件：1页

［同步案例4－2］

背景与情境：

2022年12月31日，助理审计人员小王经注册会计师小徐的安排，前去广生公司验证存货的账面余额。在盘点前，小王在厂区路上听到几个员工在讨论，得知存货中可能存在不少无法出售的变质产品。对此，小王对存货进行实地抽点，并比较库存量与最近销量。

抽点结果表明，存货数合理，收发有序。由于该产品技术含量较高，小王无法鉴别出存货中是否有变质产品，于是他不得不询问该公司仓储部高级主管。高级主管的回答是该产品绝无质量问题。

小王在盘点工作结束后，开始编制工作底稿。在备注中，小王将听说有变质产品的事填入其中，并建议在下一阶段的存货审计程序中，应特别注意了解是否存在变质产品。小徐在复核工作底稿时，再一次向小王详细了解存货盘点情况，特别是有关变质产品的情况。对此，还特别对当时议论此事的员工进行了询问，但这些员工否认了此事。于是，小徐与仓储部高级主管商讨后，得出结论，认为“存货价值公允均可出售”。底稿复核后，小徐在备注栏填写了“变质产品问题经核实尚无证据，但下次审计时应当加以考虑”。由于广生公司总经理抱怨小徐前几次出具了保留意见的审计报告，使得公司贷款遇到了不少麻烦，审计结束后，注册会计师小徐对当年财务报表出具了无保留意见的审计报告。

两个月后，广生公司资金周转不畅，主要是存货中存在大量变质产品无法出售，致使到期的银行贷款无法偿还。银行拟向会计师事务所索赔，认为注册会计师在审核存货时，具有重大过失。债权人在法庭上出示了小徐的工作底稿，认为注册会计师明知存货高估，但迫于总经理的压力，没有提示财务报表中存在的问题，因此，应该承担银行的贷款损失。

问题：

（1）引述员工关于变质产品的议论是否应列入审计工作底稿？

（2）注册会计师小徐是否尽到责任？

（3）对于银行的指控，这些工作底稿能否支持或不利于注册会计师的抗辩立场？

（4）银行的指控是否具有充分证据？说明理由。

分析提示：

①员工关于变质产品的议论不应当列入审计工作底稿；②注册会计师小徐没有尽到责任；③这些工作底稿不利于注册会计师的抗辩立场；④银行的指控具有充分证据，因为小王和小徐并没有保持必要的职业谨慎，在无法鉴别出存货中是否有变质产品时，没有利用专家的工作，去鉴别存货是否变质，存在过失。

三、审计工作底稿的归档

审计人员应当按照会计师事务所质量控制政策和程序的规定，将审计工作底稿归整为最终审计档案。归档时，可以按照审计循环或财务报表项目，以及审计工作底稿的使用期限等因素进行分类，在注明相应标识、索引号和页次后，分别存档。

1. 审计工作底稿的归档期限

审计人员在审计工作结束后，对审计工作底稿进行分类、整理、筛选和汇集并予以归档保管。审计工作底稿的归档期限为审计报告日后 60 天内。如果审计人员未能完成审计业务，审计工作底稿的归档期限为审计业务中止后的 60 天内。

如果针对客户的同一财务信息执行不同的委托业务，需要出具两个或多个不同的报告，会计师事务所应当将其视为不同的业务，根据会计师事务所内部制定的政策和程序，在规定的归档期限内分别将审计工作底稿归整为最终审计档案。

2. 审计工作底稿在归档期间的变更

在出具审计报告前，审计人员应该完成所有必要的审计程序，取得充分、适当的审计证据并得出适当的审计结论。因此，在审计报告日后将审计工作底稿归整为最终审计档案是一项实务性的工作，不涉及实施新的审计程序或得出新的审计结论。

只有在归档期间对审计工作底稿做出的变更属于事务性的变更时，审计人员才可以做出变更，内容如下：

（1）删除或废弃被取代的审计工作底稿。

（2）对审计工作底稿进行分类、整理和交叉索引。

（3）对审计档案归整工作完成核对表签字认可。

（4）记录在审计报告日前获取的，与审计项目组相关成员进行讨论并取得一致意见的审计证据。

3. 审计工作底稿归档后的变更

（1）需要变动审计工作底稿的情形。注册会计师发现有必要修改现有审计工作底稿或增加新的审计工作底稿的情形主要有：①注册会计师已经实施了必要的审计程序，取得了充分、适当的审计证据，并得出了恰当的审计结论，但审计工作底稿的记录不够充分。②审计报告日后，发现例外情况要求注册会计师实施新的或追加审计程序，或导致注册会计师得出新的结论。例外情况主要是指在审计报告日已经存在，但在审计报告日后才发现与所审计财务信息相关的事实，该事实如果被审计人员在审计报告日前获知，可能影响审计报告。

（2）变动审计工作底稿时的记录要求。在完成最终审计档案的归整工作以后，如果发现有必要修改审计工作底稿或增加新的审计工作底稿，无论修改或增加的性质如何，注册会计师均应当记录下列事项：修改或增加审计工作底稿的理由、修改或增加审计工作底稿的时间和人员以及复核的时间和人员。

4. 审计工作底稿的种类

审计档案按其内容和使用期限可以分为永久性档案和当期档案。

（1）永久性档案。永久性档案是指那些记录内容相对稳定，具有长期使用价值，并对以后审计工作具有重要影响和直接作用的审计工作底稿所组成的审计档案。例如，被审计单位的组织结构、批准证书、营业执照、章程、重要资产的所有权或使用权证明文件复印件等。若永久性档案中的某些内容已发生变化，注册会计师应当及时予以更新。为保持资料的完整性以便满足日后查阅历史资料的需要，永久性档案中被替换下的资料一般也需保留。例如，被审计单位因增加注册资本而变更了企业营业执照等法律文件，被替换的旧营业执照等文件可以汇总在一起，与其他有效的资料分开，作为单独部分归整在永久性档案中。

永久性档案包括审计业务约定书、审计计划、审计报告未定稿、审计总结及审计调整分录等综合性的审计工作记录和重要法律性文件、重要会议记录与纪要、重要经济合同与协议、企业营业执照、公司章程等的副本或复印件。

（2）当期档案（一般档案）。当期档案是指那些记录内容在各年度之间经常发生变化、只供当期审计使用和下期审计参考的审计底稿。由于这类工作底稿的基本内容经常变动，只能用来说明被审计单位在该次审计时间范围内的经济活动情况。如审计工作日记、试算平衡表、纳税申报表、盘点表、应收账款账龄分析表、询证函、内部控制制度测试和评价表等在当期审计中形成的资料。

5. 审计工作底稿的保存期限

会计师事务所应当自审计报告日起，对审计工作底稿至少保存 10 年。如果未能完成审计业务，会计师事务所应当自审计业务终止日起，对审计工作底稿至少保存 10 年。

对于连续审计的情况，当期归整的永久性档案可能包括以前年度获取的资料（有可能是 10 年以前）。这些资料虽然是以前年度获得的，但由于其作为本期档案的一部分，并作为支持审计结论的基础，因此对于这些对当期有效的档案，应视为当期取得并保存 10 年。如果这些资料在某个审计期间被替换，被替换资料必须从被替换的年度起至少保存 10 年。在完成最终审计档案的归整工作后，注册会计师不应在规定的保存期届满前删除或废弃任何性质的审计工作底稿。

本章小结

1. 审计证据是注册会计师为得出审计结论、形成审计意见而使用的所有信息。审计证据具有充分性和适当性两大特征，其中充分性是对审计证据数量的衡量，主要与审计人员确定的样本量有关；适当性包括审计证据的相关性和可靠性。审计证据按其外形特征分为实物证据、书面证据、口头证据和环境证据四大类。

2. 在审计过程中，注册会计师可根据需要单独或综合运用检查、观察、询问、函证、重新计算、重新执行和分析程序等审计程序，以获取充分、适当的审计证据。

3. 审计抽样是对某类交易或账户余额中低于百分之百的项目实施审计程序时，选取一定数量的样本进行测试并根据测试结果推断总体特征的一种方法。审计抽样的分类：按照抽样决策依据的不同可分为统计抽样与非统计抽样；按审计人员所了解的总体特征的不同可分为属性抽样和变量抽样。

4. 审计抽样的基本步骤分为抽样设计、样本选取和样本结果评价三个阶段。抽样设计包括确定审计目标和定义误差、定义抽样总体和抽样单元以及确定样本规模；选取样本的基本方法包括使用随机数表选样、系统选样和随意选样；样本结果评价包括分析样本误差、推断总体误差和形成审计结论。

5. 审计工作底稿是注册会计师对制定的审计计划、实施的审计程序、获取的相关审计证据，以及得出的审计结论做出的记录。审计工作底稿可以以纸质、电子或其他介质形式存在。审计工作底稿的归档期限为审计报告日后60天内。审计档案按其内容和使用期限可以分为永久性档案和当期档案。

复习思考题

1. 评价审计证据的充分性和适当性时应考虑的因素有哪些？
2. 如何实施审计程序获取充分、适当的审计证据？
3. 审计工作底稿主要内容是什么？
4. 审计抽样包含哪些基本步骤？
5. 审计抽样选取样本的基本方法有哪些？它们各自的优缺点和适用范围是什么？

第五章　计划审计工作

学习目标

1. 理解初步业务活动的内容。
2. 掌握总体审计策略和具体审计计划的内容。
3. 掌握重要性的含义及重要性的确定方法。
4. 掌握审计风险的概念及审计风险模型的构成。

☞ 案例导入

审计风险与法律责任

注册会计师王刚隶属于A会计师事务所，其对B公司2022年度财务报表进行审计后发表了无保留意见。数月后，B公司宣告破产，其原因为无法按时偿还巨额债务，其股东与债权人以B公司2022年度的财务报表中存在重大错报，而A会计师事务所发表了无保留意见，从而误导报表使用者为诉讼理由，对审计B公司的A会计师事务所进行集体上诉。针对此诉讼，A会计师事务所提出抗辩：认为在审计过程中，其审计人员发现的被审计单位B公司财务报表中存在的重大错报都已要求B公司调整，且B公司也接受了调整建议；仍存在的未调整的错报是不重大的，且在审计报告中发表审计意见时表述为“B公司2022年度财务报表在所有重大方面公允反映了B公司2022年12月31日的财务状况以及2022年度的经营成果和现金流量”。经过调查取证，法院最终认定B公司2022年度财务报表确实存在计算错误，从而造成2022年度的财务报表上产品销售收入多算了1.2万元。但对于B公司——这个资产和年销售额均近千万元的企业来说，这些仍存在的错报从金额和性质这两方面来说都不算重大，法院最终判定A会计师事务所不应承担责任。

从上述案例可见，法院最终认为报表虽然存在错误但不重大，因而事务所不承担法律责任。那么如何判断错误是否重大呢？这跟审计中的重要性有关。重要性是现代审计中的一个重要概念，关于错报是否重大的判断对注册会计师能否得出恰当的审计结论发表正确的审计意见关系密切，同时也关系到注册会计师在审计中的风险，是否需要承担法律责任。在具体实施审计之前要非常重视重要性和审计风险的评估。而且在制定可行的总体审计策略的基础上，还应当注重总体审计策略的执行。同时，为了降低审计风险，要充分考虑负责审计的注册会计师的专业胜任能力，进行合理的分工。

第一节 初步业务活动

一、初步业务活动的目的和内容

（一）初步业务活动的目的

注册会计师开展初步业务活动有助于确保在计划审计工作时达到下列要求：(1) 注册会计师已具备执行业务所需要的独立性和专业胜任能力；(2) 不存在因管理层诚信问题而影响注册会计师保持该项业务意愿的情况；(3) 与被审计单位不存在对业务约定条款的误解。

（二）初步业务活动的内容

(1) 针对保持客户关系和具体审计业务实施相应的质量控制程序。

(2) 评价遵守职业道德规范的情况。针对保持客户关系和具体审计业务实施相应的质量控制程序和评价遵守职业道德的工作贯穿审计业务的全过程，这两项活动应该安排在其他工作之前，以确保注册会计师具备执行业务所需要的独立性和专业胜任能力。

(3) 就审计业务条款达成一致意见，以便及时签订或者修改审计业务约定书。在审计业务开始前，与被审计单位就审计业务条款达成一致意见，签订或修改审计业务约定书，以避免双方对审计业务的理解产生分歧。

二、初步业务活动的时间

初步业务活动按照审计业务客户情形的不同，可分为：首次接受审计委托的初步业务活动和连续审计情形下的初步业务活动。两种情形下的初步业务活动在开展的时间上有所不同。

（一）首次接受审计委托开展初步业务活动的时间

首次接受审计委托分为两种：一种是接受新客户而建立客户关系的审计业务委托；另一种是承接现有客户（因对其提供了其他服务）的审计业务委托。《中国注册会计师审计准则第 1201 号——计划审计工作》中规定："在首次接受审计委托前，注册会计师应当执行下列程序……" 由此可见，首次接受审计委托开展初步业务活动的时间，无论是哪一种审计业务委托都是相同的。接受新客户的审计业务委托，必须在首次接受审计委托前，即确定建立客户关系之前来开展初步业务活动；对提供了其他服务的现有客户所提出的审计业务委托，即使会计师事务所对现有客户的情况有所了解，也必须在首次接受审计业务委托前实施必要的审计程序，开展初步业务活动，不可以简化省略。因为审计业务与其他业务所提供的保证程度不同。

（二）连续审计情形下开展初步业务活动的时间

连续审计分为两种，一种是签订长期审计业务约定书的连续审计；另一种是续签、重新签订审计业务约定书的连续审计。如前所述，《中国注册会计师审计准则第1201号——计划审计工作》对连续审计业务规定："注册会计师应当在本期审计业务开始时开展下列初步业务活动。"该准则指南中对此做出解释："在连续审计的业务中，这些初步业务活动通常是在上期审计工作结束后不久或将要结束时就已开始了。"可以看出，准则及准则指南并没有区别连续审计的两种不同情况，进而无法明确指出在这两种不同情况下开展初步业务活动的时间。通常而言，在签订长期审计业务约定书的连续审计情况下，注册会计师在前一期审计工作结束前即开始本期的审计计划工作。因而，该准则实施后，开展初步业务活动的时间应当是在前一期审计工作结束前或结束后不久、本期审计计划工作之前，以确定是否保持客户关系和具体审计业务。只有确定了保持客户关系和具体审计业务，才能开始制订本期的审计计划。对于续签、重新签订审计业务约定书的连续审计，则应当在做出续签、重新签订的决定之前开展初步业务活动。

三、审计业务约定书

审计业务约定书是会计师事务所与委托人共同签订的，据以确认审计业务的委托与受托关系，明确委托目的、审计范围及双方责任与义务等事项的书面合约，具有法定约束力。

（一）审计业务约定书的基本内容

审计业务约定书的具体内容和格式可能因被审计单位的不同而不同，但应当包括以下基本内容：（1）财务报表审计的目标和范围，包括指明在执行财务报表审计业务时遵守的中国注册会计师审计准则；（2）注册会计师的责任；（3）管理层对财务报表的责任；（4）指出用于编制财务报表所用的财务报告编制基础；（5）提及注册会计师拟出具的审计报告的预期形式和内容以及对在特定情况下出具的审计报告可能不同于预期形式和内容的说明。

下面列举ABC股份有限公司与××会计师事务所签订的审计业务约定书来说明审计业务约定书的格式与内容，供参考。

[参考格式5-1]

审计业务约定书

甲方：ABC股份有限公司

乙方：××会计师事务所

兹由甲方委托乙方对20××年度财务报表进行审计，经双方协商，达成以下约定。

一、审计的目标和范围

1. 乙方接受甲方委托，对甲方按照《××会计制度》编制的20××年12月31日的资产负债表、20××年度的利润及利润分配表和现金流量表以及财务报表附注（以下统称“财务报表”）进行审计。

2. 乙方通过执行审计工作，对财务报表的下列方面发表审计意见：(1) 财务报表是否在所有重大方面按照《××会计制度》的规定编制；(2) 财务报表是否在所有重大方面公允反映了甲方20××年12月31日的财务状况以及20××年度的经营成果和现金流量。

二、甲方的责任和义务

1. 根据《中华人民共和国会计法》及《企业财务会计报告条例》，甲方及甲方负责人有责任保证会计资料的真实性和完整性。因此，甲方管理层有责任妥善保存和提供会计记录（包括但不限于会计凭证、会计账簿及其他会计资料），这些记录必须真实、完整地反映甲方的财务状况、经营成果和现金流量。

2. 按照《××会计制度》的规定编制和公允列报财务报表是甲方管理层的责任，这种责任包括：(1) 按照《××会计制度》的规定编制财务报表，并使其实现公允反映；(2) 设计、执行和维护必要的内部控制，以使财务报表不存在由于舞弊或错误导致的重大错报。

3. 及时为乙方的审计工作提供任何与审计有关的记录、文件和所需的其他信息（在20××年×月×日之前提供审计所需的全部资料，如果在审计过程中需要补充资料，亦应及时提供)，并保证所提供资料的真实性和完整性。

4. 确保乙方不受限制地接触其认为必要的甲方内部人员和其他相关人员。

5. 甲方管理层对其做出的与审计有关的声明予以书面确认。

6. 为乙方派出的有关工作人员提供必要的工作条件和协助，乙方将于外勤工作开始前提供主要事项清单。

7. 按照本约定书的约定及时足额支付审计费用以及乙方人员在审计期间的交通、食宿和其他相关费用。

8. 乙方的审计不能减轻甲方及甲方管理层的责任。

三、乙方的责任和义务

1. 乙方的责任是在执行审计工作的基础上对甲方财务报表发表审计意见。乙方根据中国注册会计师审计准则（以下简称“审计准则”）的规定执行审计工作。审计准则要求注册会计师遵守中国注册会计师职业道德守则，计划和执行审计工作以对财务报表是否不存在重大错报获取合理保证。

2. 审计工作涉及实施审计程序，以获取有关财务报表金额和披露的审计证据。选择的审计程序取决于乙方的判断，包括对由于舞弊或错误导致的财务报表重大错报风险的评估。在进行风险评估时，乙方考虑与财务报表编制和公允列报相关的内部控制，以设计恰当的审计程序，但目的并非对内部控制的有效性发表意见，审计工作还包括评价管理层选用会计政策的恰当性和做出会计估计的合理性，以及评价财务报表的总体列报。

3. 由于审计和内部控制的固有限制，即使按照审计准则的规定适当地计划和执行审计工作，仍不可避免地存在财务报表的某些重大错报可能未被乙方发现的风险。

4. 在审计过程中，乙方若发现甲方存在乙方认为值得关注的内部控制缺陷，应以书面形式向甲方治理层或管理层通报。但乙方通报的各种事项，并不代表已全面说明所有可能存在的缺陷或已提出所有可行的改进建议。甲方在实施乙方提出的改进建议前应全面评估其影响。未经乙方书面许可，甲方不得向任何第三方提供乙方出具的沟通文件。

5. 按照约定时间完成审计工作，出具审计报告。乙方应于20××年×月×日前出具审计报告。

6. 除下列情况外，乙方应当对执行业务过程中知悉的甲方信息予以保密：(1) 法律法规允许披露，并取得甲方的授权；(2) 根据法律法规的规定，为法律诉讼、仲裁准备文件或提供证据，以及向监管机构报告发现的违法行为；(3) 在法律法规允许的情况下，在法律诉讼、仲裁中维护自己的合法权益；(4) 接受注册会计师协会或监管机构的执业质量检查，答复其询问和调查；(5) 法律法规、执业准则和职业道德规范规定的其他情形。

四、审计收费

1. 本次审计服务的收费是以××省物价局、××省财政厅制定的《××省会计师事务所服务收费标准（试行）》（××价发〔20××〕113号）的基准价计算的。乙方预计本次审计服务的费用总额为人民币××万元。

2. 甲方应于本约定书签署之日起××日内支付50%的审计费用，其余款项于审计报告草稿完成日结清。

3. 如果由于无法预见的原因，致使乙方从事本约定书所涉及的审计服务实际时间较本约定书签订时预计的时间有明显的增加或减少，甲、乙双方应通过协商，相应调整本部分第1段所述的审计费用。

4. 如果由于无法预见的原因，致使乙方人员抵达甲方的工作现场后，本约定书所涉及的审计服务中止，甲方不得要求退还预付的审计费用；如上述情况发生于乙方人员完成现场审计工作，并离开甲方的工作现场之后，甲方应另行向乙方支付人民币××元的补偿费，该补偿费应于甲方收到乙方的收款通知之日起××日内支付。

5. 与本次审计有关的其他费用（包括交通费、食宿费、询证费等）由甲方承担。

五、审计报告和审计报告的使用

1. 乙方按照中国注册会计师审计准则规定的格式和类型出具审计报告。

2. 乙方向甲方致送审计报告一式××份，其中报告正本首页右上角粘贴××省注册会计师协会监制的“审计报告防伪标识”。

3. 甲方在提交或对外公布乙方出具的审计报告及其后附的已审计财务报表时，不得对其进行修改。当甲方认为有必要修改会计数据、报表附注和所做的说明时，应当事先通知乙方，乙方将考虑有关的修改对审计报告的影响，必要时，将重新出具审计报告。

六、本约定书的有效期间

本约定书自签署之日起生效，并在双方履行完毕本约定书约定的所有义务后终止，但其中第三项第6段，第四、五、七、八、九、十项并不因本约定书终止而失效。

七、约定事项的变更

如果出现不可预见的情况，影响审计工作如期完成，或需要提前出具审计报告，甲、乙双方均可要求变更约定事项，但应及时通知对方，并由双方协商解决。

八、终止条款

1. 如果根据乙方的职业道德及其他有关专业职责、适用的法律法规或其他任何法定的要求，乙方认为已不适宜继续为甲方提供本约定书约定的审计服务，乙方可以采取向甲方提出合理通知的方式终止履行本约定书。

2. 在本约定书终止的情况下，乙方有权就其于终止之日前对约定的审计服务项目所做的工作收取合理的费用。

九、违约责任

甲、乙双方按照《中华人民共和国合同法》的规定承担违约责任。

十、适用法律和争议解决

本约定书的所有方面均应适用中华人民共和国法律进行解释并受其约束。本约定书履行地为乙方出具审计报告所在地，因本约定书引起的或与本约定书有关的任何纠纷或争议（包括关于本约定书条款的存在、效力或终止或无效之后果），双方协商确定采取以下第__种方式予以解决：

1. 向有管辖权的人民法院提起诉讼；

2. 提交××仲裁委员会仲裁。

十一、双方对其他有关事项的约定

本约定书一式两份，甲、乙双方各执一份，具有同等法律效力。

ABC股份有限公司（盖章）　　××会计师事务所（盖章）

授权代表：（签名并盖章）　　授权代表：（签名并盖章）

20××年×月×日　　20××年×月×日

（二）审计业务约定条款的修改和变更

1. 审计业务约定条款的修改

对于连续审计，注册会计师应当根据具体情况评估是否需要对审计业务约定条款做出修改，以及是否需要提醒被审计单位注意现有的条款。

注册会计师可以决定不在每期都致送新的审计业务约定书或其他书面协议。然而，下列因素可能导致注册会计师修改审计业务约定条款或提醒被审计单位注意现有的业务约定条款：

（1）有迹象表明被审计单位误解审计目标和范围；

（2）需要修改约定条款或增加特别条款；

（3）被审计单位高级管理人员近期发生变动；
（4）被审计单位所有权发生重大变动；
（5）被审计单位业务的性质或规模发生重大变化；
（6）法律法规的规定发生变化；
（7）编制财务报表采用的财务报告编制基础发生变更；
（8）其他报告要求发生变化。

2. 审计业务约定条款的变更

变更审计业务约定条款的要求：在完成审计业务前，如果被审计单位或委托人要求将审计业务变更为保证程度较低的业务，注册会计师应当确定是否存在合理理由予以变更。

下列原因可能导致被审计单位要求变更业务：（1）环境变化对审计服务的需求产生影响；（2）对原来要求的审计业务的性质存在误解；（3）无论是管理层施加的还是其他情况引起的审计范围受到限制。上述第（1）和第（2）项通常被认为是变更业务的合理理由，但如果有迹象表明该变更要求与错误的、不完整的或者不能令人满意的信息有关，注册会计师不应认为该变更是合理的。如果没有合理的理由，注册会计师不应同意变更业务。如果注册会计师不同意变更审计业务约定条款，而管理层又不允许继续执行原审计业务，注册会计师应当：（1）在适用的法律法规允许的情况下，解除审计业务约定；（2）确定是否有约定义务或其他义务向治理层、所有者或监管机构等报告该事项。

第二节　审计计划

一、总体审计策略

（一）审计范围

注册会计师应当确定审计业务的特征，包括采用的会计准则和相关会计制度、特定行业的报告要求以及被审计单位组成部分的分布等，以界定审计范围。在确定审计范围时，需要考虑下列具体事项：

（1）编制拟审计的财务信息所依据的财务报告编制基础，包括是否需要将财务信息调整至按照其他财务报告编制基础编制；
（2）特定行业的报告要求，如某些行业监管机构要求提交的报告；
（3）预期审计工作涵盖的范围，包括应涵盖的组成部分的数量及所在地点；
（4）母公司和集团组成部分之间存在的控制关系的性质，以确定如何编制合并财务报表；
（5）由组成部分注册会计师审计组成部分的范围；

（6）拟审计的经营分部的性质，包括是否需要具备专门知识；

（7）外币折算，包括外币交易的会计处理、外币财务报表的折算和相关信息的披露；

（8）除为合并目的执行的审计工作之外，还对个别财务报表进行法定审计的需求；

（9）内部审计工作的可获得性及注册会计师拟信赖内部审计工作的程度；

（10）被审计单位使用服务机构的情况，以及注册会计师如何取得有关服务机构内部控制设计和运行有效性的证据；

（11）对利用在以前审计工作中获取的审计证据的预期；

（12）信息技术对审计程序的影响，包括数据的可获得性和对使用计算机辅助审计技术的预期；

（13）协调审计工作与中期财务信息审阅的预期涵盖范围和时间安排，以及中期审阅所获取的信息对审计工作的影响；

（14）与被审计单位人员的时间协调和相关数据的可获得性。

（二）报告目标、时间安排和所需沟通的性质

总体审计策略的制定应当包括明确审计业务的报告目标，以计划审计的时间安排和所需沟通的性质，包括提交审计报告的时间要求、预期与管理层和治理层沟通的重要日期等。为计划报告目标、时间安排和所需沟通需要考虑以下事项：

（1）被审计单位的财务报告时间表；

（2）与管理层和治理层就审计工作性质、范围和时间安排所举行的会议的组织工作；

（3）与管理层和治理层讨论预期签发报告和其他沟通文件的类型及提交的时间；

（4）就组成部分的报告及其他沟通文件的类型及提交时间与负责组成部分审计的注册会计师沟通；

（5）项目组成员之间预期沟通的性质和时间安排，包括项目组会议的性质和时间安排及复核工作的时间安排；

（6）是否需要与第三方沟通；

（7）与管理层讨论预期在整个审计过程中通报工作进展及审计结果的方式。

（三）审计方向

总体审计策略的制定应当包括考虑影响审计业务的重要因素，以确定项目组工作方向，包括确定适当的重要性水平，初步识别可能存在较高的重大错报风险的领域，初步识别重要的组成部分和账户余额，评价是否需要针对内部控制的有效性获取审计证据，识别被审计单位、所处行业、财务报告要求及其他相关方面最近发生的重大变化等。

在确定审计方向时，需要考虑的事项如下：

（1）重要性方面，包括：①在制订审计计划时确定的重要性水平；②为组成部分确定重要性且与组成部分的注册会计师沟通；③在审计过程中重新考虑重要性水平；④识别重要组成部分。

（2）重大错报风险较高的审计领域。

（3）评估财务报表层次的重大错报风险对指导、监督和复核的影响。

（4）项目组成员的选择和工作分工。

（5）项目预算。

（6）向项目组成员强调在收集和评价审计证据过程中保持职业怀疑必要性的方式。

（7）以往审计中对内部控制运行有效性评价的结果，包括所识别的控制缺陷的性质及应对措施。

（8）管理层重视设计和实施健全内部控制的相关证据。

（9）业务交易量规模，以基于审计效率的考虑确定是否信赖内部控制。

（10）管理层对内部控制重要性的重视程度。

（11）影响被审计单位经营的重大发展变化。

（12）重大的行业发展情况。

（13）其他重大变化。

（四）审计资源

注册会计师应当在总体审计策略中清楚说明审计资源的规划和调配，包括确定执行审计业务所必需的审计资源的性质、时间安排和范围。

[参考格式 5－2]

总体审计策略参考格式

被审计单位：________________ 索引号：________________

项目：________________ 财务报表截止日/期间：________________

控制：________________ 复核：________________

日期：________________ 日期：________________

1. 审计范围

报告要求	
适用的财务报告编制基础（包括是否需要将财务信息按照其他报告编制基础进行转换）	
适用的审计准则	
与财务报告相关的行业特别规定	例如：监管机构发布的有关信息披露的法规、特定行业主管部门发布的与财务报告相关的法规等
由组成部分注册会计师审计的组成部分的范围	
……	

2. 审计时间安排

（1）报告事件要求：

审计工作	时间
1. 提交审计报告草稿	
2. 签署正式审计报告	
3. 公布已审计报表和审计报告	
……	

（2）执行审计工作的时间安排：

审计工作	时间
1. 制定总体审计策略	
2. 制定具体审计计划	
3. 实施重要审计程序	
……	

（3）沟通的时间安排：

沟通	时间
与管理层沟通	
与治理层沟通	
项目组会议（包括预备会和总结会）	
与注册会计师的专家沟通	
与组成部分注册会计师的沟通	
与前任注册会计师的沟通	
……	

3. 审计方向（考虑影响审计业务的重要因素）

（1）重要性：

重要性	索引号
财务报表整体重要性	
特定类型的交易、账户余额或披露的一个或多个重要性水平（如适用）	
实际执行的重要性	
明显微小错报的临界值	

（2）可能存在较高重大错报风险的领域：

可能存在较高重大错报风险的领域	索引号

（3）识别重要组成部分：

重要组成部分名称	索引号

（4）识别相关交易类别、账户余额和披露及相关认定：

相关交易类别、账户余额和披露及相关认定	索引号

注：相关交易类别、账户余额和披露及相关认定，是指可能发生重大错报的交易类别、账户余额和披露及认定。

4. 人员安排

（1）项目组主要人员：

姓名	职级	主要职责

注：在分配职责时可以根据被审计单位的不同情况按会计科目划分，或按交易类别划分。

（2）项目质量复核人员：

姓名	职级	主要职责

5. 对专家或其他第三方工作的利用

（1）对专家工作的利用：

主要报表项目	专家名称	主要职责及工作范围	索引号

（2）对内部审计工作的利用：

主要流程/报表项目	拟利用的内部审计工作	索引号

（3）对组成部分注册会计师工作的利用：

组成部分注册会计师名称	利用其工作范围及程度	索引号

（4）对被审计单位适用服务机构的考虑：

主要报表项目	服务机构名称	服务机构提供的相关服务及其注册会计师出具的审计报告意见及日期（如有）	索引号

续表

主要报表项目	服务机构名称	服务机构提供的相关服务及其注册会计师出具的审计报告意见及日期（如有）	索引号

6. 其他事项

略。

二、具体审计计划

具体审计计划是依据总体审计策略制定的，比总体审计策略更详细的，为获取充分、适当的审计证据以将审计风险降至可接受的低水平，项目组成员拟实施的审计程序的性质、时间和范围。确定审计程序的性质、时间安排和范围是具体审计计划的核心。总体审计策略与具体审计计划的关系如图 5－1 所示。

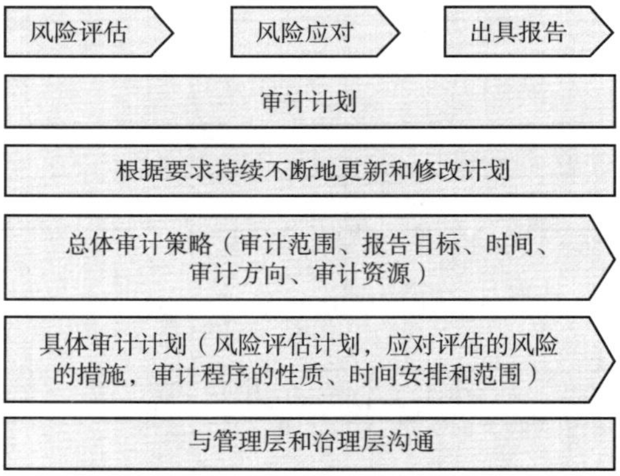

图 5－1 总体审计策略与具体审计计划的关系

具体审计计划包括：风险评估程序、计划实施的进一步审计程序和其他审计程序。

（一）风险评估程序

为了足够识别和评估财务报表重大错报风险，注册会计师实施的风险评估程序的性质、时间安排和范围。

（二）计划实施的进一步审计程序

注册会计师在完成风险评估程序后，依据风险评估程序的结果计划实施进一步审计程序。计划实施的进一步审计程序包括针对评估的认定层次的重大错报风险，注册会计师计划实施的进一步审计程序的性质、时间安排和范围，包括控制测试和实质性程序。进一步审计程序可以分为进一步审计程序的总体方案和拟实施的具体审计程序（进一步审计程序的具体性质、时间安排和范围）两个层次。进一步审计程序的总体方案是指注册会计师针对各类交易、账户余额和披露决定采用的总体方案（包括实质性方案和综合性方案）。具体审计程序则是对进一步审计程序总体方案的延伸和细化，通常包括控制测试和实质性程序的性质、时间安排和范围。

（三）其他审计程序

可以包括上述进一步审计程序中没有涵盖的、根据其他审计准则的要求注册会计师应当执行的既定审计程序。通常是针对特定项目，如舞弊、持续经营、关联方等需要实施的审计程序。

[同步案例5－1]

背景与情境：

注册会计师王华负责对常年审计客户ABC公司2022年度财务报表进行审计，撰写了总体审计策略和具体审计计划，部分内容摘录如下：

（1）初步了解2022年度ABC公司及其环境未发生重大变化，拟依赖以往审计中对管理层、治理层诚信形成的判断。

（2）因对ABC公司内部审计人员的客观性和专业胜任能力存有疑虑，拟不利用内部审计的工作。

（3）如对计划的重要性水平做出修正，拟通过修改计划实施的实质性程序的性质、时间和范围降低重大错报风险。

（4）假定ABC公司在收入确认方面存在舞弊风险，拟将销售交易及其认定的重大错报风险评估为高水平，不再了解和评估相关控制设计的合理性并确定其是否已得到执行，直接实施细节测试。

（5）因ABC公司于2022年9月关闭某地办事处并注销其银行账户，拟不再函证该银行账户。

（6）因审计工作时间安排紧张，拟不函证应收账款，直接实施替代审计程序。

（7）2022年度ABC公司购入股票作为可供出售的金融资产核算。除实施询问程序外，预期无法获取有关管理层持有意图的其他充分、适当的审计证据，拟就询问结果获取管理层书面声明。

资料来源：改编自2009年注册会计师《审计》真题。

问题：根据以上资料，分析判断其有无不当之处，并说明理由。

分析提示：

（1）事项（1）注册会计师拟定的计划存在不当之处。注册会计师不能仅根据ABC公司及其环境没有发生重大变化而直接信赖管理层、治理层的诚信，注册会计师还应该考虑被审计单位相关的战略、目标等的影响以及本年度的具体情况来考虑管理层、治理层的诚信问题。

（2）事项（2）注册会计师拟定的计划无不当之处。

（3）事项（3）注册会计师拟定的计划存在不当之处。重大错报风险是客观存在的，并不能够降低，可以通过控制测试，降低评估的重大错报风险；通过修改计划实施的实质性程序的性质、时间和范围降低检查风险，并不是重大错报风险。

（4）事项（4）注册会计师拟定的计划存在不当之处。对内部控制的了解是必需的，并不是可选择，判断收入确认方面存在舞弊风险，可以不执行控制测试，但是了解内部控制程序是必需的，可以在了解内部控制程序后，根据评估的结果，直接执行实质性测试。

（5）事项（5）注册会计师拟定的计划存在不当之处，注册会计师对银行存款的函证，应包括在财务报表涵盖期间所有存过款的银行，包括余额为零的账户和账户已结清的银行。不能由于账户已经注销，就不进行银行存款函证。

（6）事项（6）注册会计师拟定的计划存在不当之处。除非有充分证据表明应收账款对财务报表而言是不重要的，或函证很可能是无效的，否则，注册会计师应当对应收账款实施函证。注册会计师不能由于时间、成本等的原因，减少必要的审计程序。

（7）事项（7）注册会计师拟定的计划无不当之处。

三、审计过程中对计划的修改

计划审计工作并非审计业务的一个孤立阶段，而是一个持续的、不断修正的过程，贯穿于审计业务的始终。以下事项的修改会直接导致修改审计计划，也会导致对审计工作做适时的调整：对重要性水平的修改，对某类交易账户余额和披露的重大错报风险评估的更新和修改，对进一步审计程序的更新和修改等。

第三节 审计重要性

一、重要性水平的概念及使用目的

（一）重要性的概念

我国《中国注册会计师审计准则第 1221 号——计划和执行审计工作时的重要性》中对重要性的定义是，重要性取决于在具体环境下对错报金额和性质的判断，如果一项错报单独或连同其他错报可能影响财务报表使用者依据财务报表做出的经济决策，则该项错报是重大的。在审计实务工作中，重要性水平是一个数量或金额临界点，而不是为达到信息有用性所要具有的质的特征。审计重要性概念的运用贯穿于整个审计过程。

重要性概念需要从以下几个方面进行理解：

（1）重要性概念是针对财务报表使用者决策的信息需求而言的。如果财务报表中的某项错报足以改变或影响财务报表使用者的相关决策，则该项错报就是重要的，否则就不重要。

（2）重要性包括对数量和性质两个方面的考虑。数量方面是指错报的金额大小，性质方面则是指错报的性质。一般而言，金额大的错报比金额小的错报更重要。在有些情况下，某些金额的错报从数量上看并不重要，但从性质上考虑，则可能是重要的。对于某些财务报表披露的错报，难以从数量上判断是否重要，应从性质上考虑其是否重要。

（3）重要性的确定离不开具体环境。由于不同的被审计单位面临不同的环境，不同的报表使用者有着不同的信息需求，因此注册会计师确定的重要性也不相同。重要性是一个相对而非绝对的概念。

（4）对重要性的评估需要运用职业判断。影响重要性的因素很多，注册会计师应当根据被审计单位面临的环境，并综合考虑其他因素，合理确定重要性水平。不同的注册会计师在确定同一被审计单位财务报表层次和认定层次的重要性水平时，得出的结果可能不同。主要是因为对影响重要性的各因素的判断存在差异。因此，注册会计师需要运用职业判断来合理评估重要性。

（5）不能从“重要”的词义上去理解“重要性”。在实际工作中，审计重要性用金额额度表示，一般被称为重要性水平，重要性水平可视为会计报表中的错报、漏报能否影响会计报表使用者决策的“临界点”，超过该“临界点”，就会影响使用者的判断和决策，这种错报和漏报就应当被看作是“重要”的。重要性水平也可以理解为一个限度，是审计风险的“红线”，是注册会计师或信息使用者对审计结果与实际结果差异的最大容忍程度。这一差异在可容忍误差限度内，审计结果不会影响信息使用者的判断，注册会计师将不承担法律责任。反之，注册会计师将可能承担法律责任。

（二）运用重要性水平的目的

（1）决定风险评估程序的性质、时间安排和范围；

（2）识别和评估重大错报风险；

（3）确定进一步审计程序的性质、时间安排和范围；

（4）在审计意见形成阶段，要使用整体重要性水平和为了特定交易类别、账户余额和披露而确定的较低金额的认定（交易或账户）层次的重要性水平来评价已经识别的错报对财务报表的影响和对审计意见类型的影响。

二、计划阶段重要性水平的确定

（一）财务报表层次重要性水平的确定

由于财务报表的审计目标是注册会计师通过执行审计工作对财务报表发表审计意见，

因此，注册会计师应当考虑财务报表层次整体的重要性。只有这样，才能得出财务报表是否公允反映的结论。因此，在制定总体审计策略时，需要确定财务报表整体的重要性水平。

确定财务报表整体的重要性水平，是注册会计师职业判断的结果，很多注册会计师根据所在会计师事务所的惯例以及自己的经验，考虑重要性水平。

1. 评估方法

注册会计师通常先选择一个恰当的基准，再选用适当的百分比乘以该基准，从而得出财务报表层次的重要性水平。

财务报表层次重要性水平 = 基准 × 百分比

2. 评估基准

一般使用资产负债表、利润表中的汇总财务数据作为评估基准，如资产负债表中的总资产、净资产等；利润表中的如销售收入、费用总额、利润总额、净利润等。在选择基准时，需要考虑：

（1）是否存在特定会计主体的财务报表使用者特别关注的项目（如为了评价财务业绩，使用者可能更关注利润、收入或净资产）。

（2）应考虑被审计单位性质和环境。例如，对于以营利为目的的被审计单位而言，利润可能是一个适当的基准；对于收益不稳定的被审计单位或非营利组织来说，费用总额可能是一个适当的基准。

（3）被审计单位的所有权结构和融资方式（例如，如果被审计单位仅通过债务而非权益进行融资，财务报表使用者可能更关注资产及资产的索赔权，而非被审计单位的收益）。

（4）相对稳定数据。确定基准时，选择能反映被审计单位正常规模的数据，波动较大时，可用平均数。如对于以营利为目的的实体，通常以税前净利润作为基准。如果税前净利润不稳定，可以采用过去 3—5 年经常性业务的平均税前利润，或选用其他基准，如毛利或者营业收入。

表 5 - 1 中列举了一些审计实务中较为常用的基准。

表 5 - 1　常用的基准

被审计单位的情况	可能选择的基准
企业的盈利水平保持稳定	经常性业务的税前利润
企业近年来经营状况大幅度波动，盈利和亏损交替发生，或者由正常盈利变为微利或微亏，或者本年度税前利润因情况变化而出现意外增加或减少	过去 3—5 年经常性业务的平均税前利润或亏损（取绝对值），或其他基准，例如营业收入
企业为新设企业，处于开办期，尚未开始经营，目前正在建造厂房及购买机器设备	总资产

续表

被审计单位的情况	可能选择的基准
企业处于新兴行业，目前侧重于抢占市场份额，扩大企业知名度和影响力	营业收入
开放式基金，致力于优化投资组合、提高基金净值、为基金持有人创造投资价值	净资产
国际企业集团设立的研发中心，主要为集团下属各企业提供研发服务，并以成本加成的方式向相关企业收取费用	成本与营业费用总额
公益性质的基金会	捐赠收入或捐赠支出总额

3. 百分比

在确定百分比时，除了考虑被审计单位是否为上市公司或公众利益实体外，其他因素也会影响注册会计师对百分比的选择，这些因素包括但不限于：

（1）财务报表使用者的范围。

（2）被审计单位是否由集团内部关联方提供融资或是否有大额对外融资（如债券或银行存款）。

（3）财务报表使用者是否对基准数据特别敏感（如具有特殊目的财务报表的使用者）。

（二）账户或交易层次重要性水平的确定

由于财务报表提供的信息由各类交易、账户余额、列报认定层次的信息汇集加工而成，注册会计师只有通过对各类交易、账户余额、列报认定实施审计，才能得出财务报表是否公允反映的结论。

确定特定类别交易、账户余额或披露的重要性水平需要考虑以下因素：

（1）法律法规或适用的财务报告编制基础是否影响财务报表使用者对特定项目（如关联方交易、管理层和治理层的薪酬）计量或披露的预期；

（2）与被审计单位所处的行业相关的关键性披露（如制药企业的研究与开发成本）；

（3）财务报表使用者是否特别关注财务报表中单独披露的业务的特定方面（如新收购的业务）。

［同步案例 5－2］

背景与情境：

A 注册会计师和 B 注册会计师对 XYZ 股份有限公司 2022 年度财务报表进行审计，其未经审计的有关财务报表项目金额如下：资产总计 180000 万元，股东权益合计 88000 万元，营业收入 240000 万元，利润总额 36000 万元，净利润 24120 万元。

问题：如果以资产总额、净资产（股东权益）、营业收入和净利润作为判断基础，采用固定比率法，并假定资产总额、净资产、营业收入和净利润的固定百分比数值分别为

0.5%、1%、0.5%和5%，A注册会计师和B注册会计师计算确定XYZ股份有限公司2022年度财务报表层次的重要性水平为多少？

分析提示：

180000×0.5%=900（万元）

88000×1%=880（万元）

240000×0.5%=1200（万元）

24120×5%=1206（万元）

XYZ股份有限公司2022年度财务报表层次的重要性水平为880万元。

（三）重要性的定性考虑

明确重要性的数量标准便于审计人员具体操作，但不可避免的问题是，对重要性的判断一旦沦为数量化的门槛，就容易被误用或滥用，成为不正当会计处理并且推诿责任的护身符。因此，审计人员必须从性质上考虑重要性。某些情况下，金额不重要的错报从性质上看有可能是重要的。

审计人员在判断错报的性质是否重要时应该考虑的具体情况包括：（1）错报对遵守法律法规要求的影响程度；（2）错报对遵守债务契约或其他合同要求的影响程度；（3）错报掩盖收益或其他趋势变化的程度（尤其在联系宏观经济背景和行业状况进行考虑时）；（4）错报对用于评价被审计单位财务状况、经营成果或现金流量的有关比率的影响程度；（5）错报对财务报表中列报的分部信息的影响程度；（6）错报对增加管理层报酬的影响程度；（7）错报对某些账户余额之间错误分类的影响程度，这些错误分类影响到财务报表中应单独披露的项目；（8）相对于注册会计师所了解的以前向报表使用者传达的信息（如盈利预测）而言，错报的重大程度；（9）错报是否与涉及特定方的项目相关；（10）错报对信息漏报的影响程度。在有些情况下，适用的会计准则和相关会计制度并未对该信息做出具体要求，但是注册会计师运用职业判断，认为该信息对财务报表使用者了解被审计单位的财务状况、经营成果或现金流量很重要等。

需要指出的是，这些因素只是举例，不可能包括所有情况，也并非所有审计都会出现上述全部因素。审计人员不能以存在这些因素为由而必然认为错报是重大的。

三、实际执行的重要性

实际执行的重要性是指注册会计师确定的低于财务报表整体重要性的一个或者多个金额，旨在将未更正和未发现错报的汇总数超过财务报表整体的重要性的可能性降至适当的低水平。如果适用，实际执行的重要性，还是指注册会计师确定的低于特定类别的交易、账户余额和列报的重要性水平的一个或者多个金额，确定实际执行的重要性并非简单机械的计算，需要注册会计师运用职业判断，考虑下列因素的影响：首先，考虑对被审计单位的了解；其次，考虑前期审计工作中识别出的错报的性质和范围；最后，考虑根据前期识别出的错报对本期错报作出的预期。

通常而言，实际执行的重要性为财务报表整体重要性的 50%—75%。存在下列情况时，注册会计师可能考虑选择较低的百分比来确定实际执行的重要性。

（1）非连续审计项目；

（2）经常性审计，以前年度审计调整较多；

（3）项目总体风险较高（如处于高风险行业，管理层能力欠缺，市场压力、业绩压力较大等）；

（4）存在或预期存在值得关注的内部控制缺陷。

存在下列情况时，注册会计师可考虑选择较高的百分比来确定重要性水平，如按照财务报表整体重要性的 75% 来执行。

（1）连续审计项目，以前年度审计调整较少；

（2）项目总体风险为低到中等（例如，处于非高风险行业，管理层有足够能力，面临较低的市场压力、业绩压力等）；

（3）以前期间的审计经验表明内部控制运行有效。

[同步案例 5-3]

背景与情境：

上市公司甲公司是 ABC 会计师事务所的常年审计客户，主要从事信息技术服务和智能产品的研发、生产与销售。A 注册会计师负责审计甲公司 2022 年度财务报表，确定集团财务报表整体的重要性为 800 万元，实际执行的重要性为 600 万元。

A 注册会计师在审计工作底稿中记录了错报评价及重大事项的处理情况，部分内容摘录如下：

（1）A 注册会计师实施审计抽样检查采购交易，因样本结果不支持总体账面金额，要求甲公司管理层对错报进行调查。管理层更正了其在调查中发现的错报。因已更正错报金额与 A 注册会计师的推断错报接近，A 注册会计师认可了管理层调整后的金额。

（2）A 注册会计师根据经审计的财务结果对重要性作出修改，并确定了更低的实际执行的重要性。在使用修改后的重要性评估未更正错报后，A 注册会计师认为未更正错报单独或汇总起来对财务报表整体的影响不重大，未实施进一步审计程序。

（3）A 注册会计师获取并阅读了经甲公司治理层批准用于发布的甲公司年度报告最终版本，未发现其他信息存在不一致，在出具审计报告后未再核对甲公司网站上发布的年度报告的信息。

问题：假定不考虑其他条件，逐项指出 A 注册会计师的做法是否恰当。如不恰当，简要说明理由。

资料来源：改编自 2022 年注册会计师《审计》考试真题。

分析提示：

事项序号	是否恰当（是/否）	理由
（1）	否	还应当实施追加审计程序，以确定错报是否仍然存在
（2）	否	在审计完成阶段确定了更低的实际执行的重要性，注册会计师应当基于修改后的实际执行的重要性，重新考虑进一步审计程序的性质、时间安排和范围的适当性
（3）	是	—

四、评价审计过程中识别的错报

（一）错报的定义

错报是指某一财务报表项目的金额、分类、列报或披露，与按照适用的财务报告编制基础应当列示的金额、分类、列报或披露之间存在的差异；或根据注册会计师的判断，为使财务报表在所有重大方面实现公允反映，需要对金额、分类、列报或披露做出的必要调整。错报可能是由于错误或舞弊导致的，具体包括如下情形。

1. 收集或处理用以编制财务报表的数据时出现错误；
2. 遗漏某项金额或披露；
3. 由于疏忽或明显误解有关事实导致做出不正确的会计估计；
4. 注册会计师认为管理层对会计估计做出不合理的判断或对会计政策做出不恰当的选择和运用。

（二）累计识别出的错报

除非法律法规禁止，注册会计师应当及时就审计过程中累积的所有错报与适当层级的管理层沟通。除此之外，注册会计师还应要求管理层更正这些错报。

有些错报无论单独或汇总起来，无论从规模、性质或其发生的环境来看都是明显微不足道的。注册会计师将其定义为明显微小错报，注册会计师在制定总体审计策略和审计计划时，确定一个明显微小错报的临界值，低于该临界值的错报，可以不累积。因为注册会计师认为，这些错报的汇总数明显不会对财务报表产生重大影响。注册会计师应当在审计工作底稿中记录设定某一金额，低于该金额的错报为明显微小。注册会计师可能将明显微小错报的临界值确定为财务报表整体重要性的3%—5%，也可能低一些或高一些，但通常不超过财务报表层次的重要性的10%。“明显微小”不等同于“不重大”。

错报分为以下几类：

（1）事实错报。事实错报是毋庸置疑的错报，这类错报产生于被审计单位收集和处理数据的错误，对事实的忽略或误解，或故意舞弊行为；是已识别的对事实的具体错报。例如，注册会计师在对存货进行测试时，发现存货的实际价值为15000元，但账面记录的金额为5000元，因此，存货被低估了10000元，这里被低估的10000元就是已识别的对事实的错报。

（2）判断错报。判断错报是由于注册会计师认为管理层对会计估计做出不合理的判断或不恰当地选择和运用会计政策而导致的差异。涉及主观决策的错报，这类错报产生于两种情况：一是管理层和注册会计师对会计估计值的判断差异，例如，包含在财务报表中的管理层做出的会计估计值，超出了注册会计师确定的该会计估计的合理范围，导致出现判断差异。二是管理层和注册会计师对选择和运用会计政策的判断差异，由于注册会计师认为管理层选用会计政策造成错报，管理层却认为选用会计政策适当，导致出现判断差异。

（3）推断错报。推断错报是注册会计师对不能明确、具体地识别的其他错报的最佳估计数。涉及根据在审计样本中识别出的错报来推断总体的错报。推断错报等于测试样本估计出的总体的错报减去已经识别的具体错报。例如，存货年末余额为2000万元，注册会计师测试存货样本发现存货有100万元的高估，高估部分占样本账面金额的20%，因此，注册会计师推断总体错报金额为400万元（即2000×20%），那么上述的100万元错报就为已识别的事实错报，其余的300万元就为推断错报。

（三）对审计过程识别出的错报的考虑

错报可能不会孤立发生，一项错报的发生还可能表明存在其他错报；抽样风险和非抽样风险可能导致某些错报未被发现；注册会计师可能要求管理层检查某类交易、账户余额或披露，以使管理层了解注册会计师识别出的错报发生的原因，并要求管理层采取措施以确定这些交易、账户余额或披露实际发生错报的金额，以及对财务报表做出适当的调整。

第四节　审计风险

一、审计风险的含义

审计风险是指当财务报表存在重大错报时，注册会计师发表不恰当审计意见的可能性。

注册会计师发表不恰当审计意见有两种情况：一种是被审计单位的财务报表不存在重大错报，注册会计师认为其存在重大错报，财务报表未公允反映；另一种是被审计单位的财务报表存在重大错报，注册会计师认为其不存在重大错报，财务报表已公允反映。在审计实务中，如果出现第一种情况，被审计单位会提出异议，注册会计师为避免错误，通常会扩大审计程序增加审计数量，纠正不当意见，所以审计风险并不包括第一种情况。我们定义的审计风险指的是第二种情况，这种风险在审计实务中出现的可能性较大且不易发现。

合理保证与审计风险之和等于100%，注册会计师审计过程就是将审计风险降至可接受的低水平的过程，使注册会计师能够合理保证所审计财务报表不存在重大错报。审计风险在于重大错报风险和检查风险。

二、重大错报风险

（一）财务报表层次重大错报风险

财务报表层次重大错报风险是与财务报表整体存在广泛联系，可能影响多项认定的风险。

财务报表层次重大错报风险难以界定于某类交易、账户余额和披露的具体认定，增加了不同认定发生重大错报的可能性，与由舞弊引起的风险特别相关。财务报表层次重大错报风险的形成通常与控制环境有关，也可能与其他因素如经济萧条、企业处于夕阳产业等有关。

针对评估的财务报表层次的重大错报风险，注册会计师应采取总体应对措施。

（二）各类交易、账户余额、披露认定层次的重大错报风险

注册会计师同时应考虑各类交易、账户余额和披露认定层次的重大错报风险，针对认定层次的重大错报风险，注册会计师采取进一步审计程序，根据评估的认定层次的重大错报风险确定进一步审计程序的性质、时间和范围。注册会计师在各类交易、账户余额和披露认定层次获取审计证据，以便在完成审计工作时，以可接受的审计风险水平对财务报表整体发表审计意见。

认定层次的重大错报风险又可以进一步细分为固有风险和控制风险。它们之间的关系用数学模型表示如下：

重大错报风险 = 固有风险 × 控制风险

1. 固有风险

固有风险是指在考虑相关的内部控制之前，某类交易、账户余额或披露的某一认定易于发生错报（该错报单独或连同其他错报可能是重大的）的可能性。

不同的交易、账户余额或披露认定本身所具有的风险即固有风险，不同认定其固有风险是不同的，如复杂的计算比简单的计算更容易出错，其固有风险更高，受重大计量不确定性影响的会计估计比非常客观的会计计量的固有风险更高。

2. 控制风险

控制风险是指某类交易、账户余额或披露的某一认定发生错报，该错报单独或连同其他错报是重大的，但没有被内部控制及时防止或发现并纠正的可能性。

控制风险是被审计单位内部控制失效带来的风险，其与被审计单位的内部控制有关，如果被审计单位的内部控制设计不合理或内部控制未有效执行，被审计单位财务报表就会存在错误或舞弊，由此产生控制风险。被审计单位有效的内部控制会降低控制风险，而无

效的内部控制将增加控制风险。由于内部控制的固有局限性，某种程度的控制风险始终存在，即控制风险永远大于零。

重大错报风险与被审计单位有关，被审计单位可以通过降低控制风险来降低重大错报风险。

重大错报风险在财务报表审计前就已经客观存在，注册会计师不能降低它、改变它，但能对其进行正确的评估。注册会计师对重大错报风险的评估既可以对固有风险和控制风险进行单独评估，有时固有风险和控制风险不可分割地交织在一起，无法单独评估时，也可以将两者合并在一起评估，称为“重大错报风险”。注册会计师对重大错报风险的评估方法取决于会计师事务所偏好的技术和方法及实务上的综合考虑。

[同步案例5－4]

背景与情境：

注册会计师王胜、李明接受利洋股份有限公司委托对其下属的 W 公司实施财务收支审计。为证实 W 公司往来款项的真实性，采取了如下程序和方法：(1) 审阅应收账款和应付账款明细账，并采取核对的方法证实各明细账户是否账账、账证相符。(2) 了解赊销、赊购业务内控制度的健全性、有效性。经调查发现 W 公司的相关内控制度存在诸多漏洞。(3) 王胜、李明为提高审计工作效率，决定仅就市内的客户（应收账款 19 家，应付账款 23 家）采用面询的方式证实其真实性，而对于外地客户（应收账款 108 家，应付账款 187 家）只要账账、账证相符即可认定其真实性。

问题：分析本案例中往来款项的固有风险和控制风险。

分析提示：

往来款项的固有风险是指购销业务中不存在相关内部控制时某账户或交易产生重大错报或漏报的可能性；控制风险是指购销业务中某账户或交易产生重大错报或漏报，而未能被内部控制防止、发现或纠正的可能性；该公司赊销、赊购业务内控制度存在诸多漏洞，说明其内部控制不健全即固有风险高、内部控制可能无效即控制风险高。

三、检查风险

检查风险是指如果存在某一错报，该错报单独或连同其他错报可能是重大的，注册会计师为将审计风险降至可接受的低水平而实施程序后没有发现这种错报的风险。

检查风险的特征是：检查风险是注册会计师可以控制的风险，注册会计师通过提高审计程序设计的合理性和执行的有效性来降低检查风险；检查风险永远大于零，由于现代审计是抽样审计，注册会计师通常并不对所有的交易、账户余额和披露进行检查，注册会计师还有可能选择了不恰当的审计程序、审计过程执行不当或错误解读了审计结论等，所以检查风险不可能降为零。

重大错报风险的特征是：重大错报风险与被审计单位的风险有关，独立于财务报表审计而客观存在；重大错报风险的产生与注册会计师无关，注册会计师不能通过自己的工作控制和降低重大错报风险，只能对重大错报风险进行正确的评估，评估的目的是应对重大错报风险。

在设计审计程序以确定财务报表整体是否存在重大错报时，注册会计师应该从财务报表层次以及各类交易、账户余额和披露认定层次两个层次考虑重大错报风险。

[同步案例5-5]

背景与情境：

甲公司是ABC会计师事务所的常年审计客户，主要从事家电产品的生产、批发和零售。A注册会计师负责审计甲公司2022年度财务报表，确定财务报表整体的重要性为800万元，明显微小错报的临界值为40万元。

A注册会计师在审计工作底稿中记录了所了解的甲公司情况及其环境，部分内容摘录如下：

（1）2022年6月，甲公司推出了应用AI技术的新款洗衣机，新产品迅速占领市场并持续热销。甲公司自2022年年末起以成本价清理旧款洗衣机库存。

（2）为使空调产品在激烈竞争中保持市场占有率，甲公司2022年3月起推出30天保价和赠送5次空调免费清洗服务的促销措施。

（3）2021年12月31日，甲公司取得常年合作电商平台乙公司20%股权，对其具有重大影响。乙公司2022年接受委托对甲公司自有电子商务平台进行升级改造。乙公司2022年度净利润为3亿元。

（4）2022年，甲公司获得节能产品价格补贴5000万元。

问题：假定不考虑其他条件，逐项指出所列事项是否可能表明存在重大错报风险。如果认为可能存在重大错报风险，简要说明理由。

资料来源：改编自2020年注册会计师《审计》真题。

分析提示：

事项序号	是否可能表明存在重大错报风险（是/否）	理由
（1）	是	旧款产品价格调整至成本价，考虑销售费用和相关税费后可变现净值将低于存货账面价值，而存货跌价准备计提比例如果与上年一致，可能存在少计提存货跌价准备的风险
（2）	是	赠送的清洗服务属于公司承诺的履约义务，应当递延到未来履约时确认收入，可能存在多计营业收入和预计负债的风险
（3）	是	甲公司在对乙公司投资采用权益法核算时，直接用乙公司净利润计算，未抵销与联营企业乙公司之间发生的未实现内部交易损益，可能存在多计投资收益的风险
（4）	是	节能产品价格补贴很可能构成产品价格的组成部分，可能存在少计营业收入的风险。

四、审计风险模型

审计风险模型是：审计风险 = 重大错报风险 × 检查风险。

审计风险模型中各要素之间的关系是：在审计风险水平一定的情况下，评估的重大错报风险越高，检查风险越低；评估的重大错报风险越低，检查风险越高。即在审计风险水平一定的情况下，检查风险与评估的重大错报风险呈反向关系。

注册会计师要降低审计风险，可以通过降低（认定层次）重大错报风险评估值和降低检查风险来完成。

五、重要性与审计风险的关系

审计风险有风险的基本含义，即遭受损失的可能性。审计风险是指财务报表存在重大错报而注册会计师发表不恰当的审计意见的可能性。由于审计人员不可能将所审计报表中所有的错报或漏报都审查出来，所以审计风险始终存在，但审计人员在审计测试过程中，应尽可能将审计风险降至可接受的水平，同时提高审计工作的效率，这就需要充分考虑重要性与审计风险二者之间的关系。重要性与审计风险之间存在反向关系。重要性水平越高，审计风险越低；重要性水平越低，审计风险越高。这里所说的重要性水平高低指的是金额的大小。由于重要性和审计风险存在上述反向关系，而且这种关系对注册会计师将要执行的审计程序的性质、时间安排和范围有直接的影响，因此，注册会计师应当综合考虑各种因素，合理确定重要性水平。

值得注意的是，注册会计师不能不合理地人为调高重要性水平，降低审计风险。因为重要性是依据重要性概念中所述的判断标准确定的，而不是由主观期望的审计风险水平决定的。

[同步思考 5－1]

重要性与审计证据的关系

理解要点：重要性与审计证据之间存在反向关系。重要性水平越低，审计风险越高，越要求注册会计师收集更多有效的审计证据，以将审计风险降至可接受的低水平。因此，重要性和审计证据之间是反向变动关系。

本章小结

1. 初步业务活动内容包括针对保持客户关系和具体审计业务实施相应的质量控制程序，评价遵守职业道德规范的情况以及就审计业务条款达成一致意见，以及时签订或者修改审计业务约定书。

2. 审计业务约定书的具体内容和格式可能因被审计单位的不同而不同，但应当包括以下基本内容：财务报表审计的目标和范围，包括指明在执行财务报表审计业务时遵守的中国注册会计师审计准则；注册会计师的责任；管理层对财务报表的责任；指出用于编制财务报表所用的财务报告编制基础；提及注册会计师拟出具的审计报告的预期形式和内容以及对在特定情况下出具的审计报告可能不同于预期形式和内容的说明。

3. 注册会计师在制定总体审计策略时应当确定审计业务特征以界定审计范围，明确审计业务的报告目标，以计划审计的时间安排和所需沟通的性质，确定项目组工作方向。并依据总体审计策略制定具体审计计划，包括风险评估程序、计划实施的进一步审计程序和其他审计程序。

4. 重要性的定义是，如果一项错报单独或连同其他错报可能影响财务报表使用者依据财务报表做出的经济决策，则该项错报是重大的。通常而言，实际执行的重要性低于财务报表整体重要性。审计的重要性可以从定性和定量两方面考虑，明确重要性的数量标准便于审计人员具体操作，但是不能被滥用和误用，审计人员必须从性质上考虑重要性。某些情况下，金额不重要的错报从性质上看有可能是重要的。

5. 审计风险包含财务报表重大错报风险和检查风险，重大错报风险又可以进一步细分为固有风险和控制风险。在审计风险水平一定的情况下，检查风险与评估的重大错报风险呈反向关系。

6. 重要性与审计风险之间存在反向关系。重要性水平越高，审计风险越低；重要性水平越低，审计风险越高。这里所说的重要性水平高低指的是金额的大小。

复习思考题

1. 初步业务活动的目的和内容分别是什么？
2. 审计业务约定书的内容有哪些？
3. 总体审计策略和具体审计计划的内容是什么？
4. 如何理解重要性的含义及重要性的确定方法？
5. 简述审计风险模型的构成要素及相互关系。

第六章　风险评估与应对

学习目标

1. 掌握风险评估程序的总体要求和具体类型。

2. 熟悉被审计单位及其环境的具体内容。

3. 熟悉内部控制的内涵与要素构成以及识别风险类型。

4. 理解针对财务报表层次重大错报风险的总体应对措施以及针对评估的认定层次重大错报风险设计和实施进一步审计程序。

5. 掌握控制测试和实质性程序的应用。

☞ 案例导入

正中珠江会计师事务所的风险评估和应对措施正确吗?

2019 年发生的康美药业 300 亿元货币资金“离奇失踪”案，无疑证实了正中珠江会计师事务所审计的失败。那么，事务所在审计过程中如何做好风险评估，继而又如何应对风险呢？康美药业通过不记账、虚假记账，伪造、变造大额定期存单或银行对账单，在 2016—2018 年上半年，虚增的货币资金分别为 225.48 亿元、299.44 亿元和 361.88 亿元，占对外披露资产总额和净资产的比例分别为 41.13%和 76.74%、43.57%和 93.18%、45.96%和 108.24%。2018 年年底的存货余额高达 342.10 亿元，占其资产总额的 45.84%。康美药业 2018 年年底的银行借款、应付债券、应付账款和预收账款等刚性债务合计 431.07 亿元，该公司能否按期足额偿还这些债务，在很大程度上取决于 342.10 亿元的存货是否属实。占资产比例如此高的货币资金和存货是否被会计师事务所列入了高风险，作为重点审计领域去安排进一步的审计程序？既然康美药业的银行存款占资产总额和净资产的比例如此之大，银行存款必定成为正中珠江会计师事务所审计的重中之重，除了履行审计准则要求的函证程序，正中珠江会计师事务所的注册会计师还应该实施追加程序，到银行抽查流水记录等。事务所究竟怎么做的?

根据正中珠江会计师事务所审计失败的事实推测：事务所对康美药业审计中的风险评估和风险应对措施有问题。那么，事务所应该怎样进行风险评估，又如何应对才能免于审计失败呢?

会计师事务所在实施财务报表审计时，要从财务报表层次采取自上而下的方法，从内部控制整体风险的了解开始，将关注重点放在企业层面的控制上，将工作下移至重大账户、列报和认定上，执行以下程序：①从财务报表层次初步了解内部控制整体风险；②识别企业层面的控制，了解重要账户、列报及其认定，了解错报的可能来源；③通过分析程序，确定报表层次风险事项和领域，进而识别重要账户；④关注业务流程和业务单元的复杂程度，关注高风险领域以降低审计风险控制。

资料来源：改编自中国青年网“财务造假！曾经的千亿医药白马股实控人被抓了”一文，https：//baijiahao. baidu. com/s？ id = 1671794023011581809&wfr = spider&for = pc。

第一节 风险评估程序概述

一、对风险评估的总体要求

注册会计师在展开审计工作时，应当了解被审计单位及其环境，以充分识别和评估财务报表重大错报风险，设计和实施进一步审计程序。了解被审计单位及其环境是必要程序，特别是为注册会计师在下列关键环节做出职业判断提供重要基础：①确定重要性水平，并随着审计工作的进程评估对重要性水平的判断是否仍然适当；②考虑会计政策的选择和运用是否恰当，以及财务报表的列报是否适当；③识别需要特别考虑的领域，包括关联交易、管理层运用持续经营假设的合理性；④确定在实施分析程序时所使用的预期值；⑤设计和实施进一步审计程序，以将审计风险降至可接受的低水平；⑥评价所获取审计证据的充分性和适当性。

了解被审计单位及其环境是一个连续和动态地收集、更新与分析信息的过程，贯穿整个审计过程的始终。注册会计师应当运用职业判断确定需要了解被审计单位及其环境的程度。评价对被审计单位及其环境了解的程度是否恰当，关键看注册会计师对被审计单位及其环境的了解是否足以识别和评估财务报表的重大错报风险。如果了解被审计单位及其环境的获得信息足以识别和评估财务报表的重大错报风险，设计和实施进一步审计程序，那么，这一了解程度就是恰当的，否则，需要进一步扩大了解范围。当然，注册会计师对被审计单位及其环境了解的程度往往低于管理层为经营管理企业而对被审计单位及其环境需要了解的程度。

二、风险评估程序和信息来源

1. 风险评估程序

风险评估程序是指注册会计师为识别和评估财务报表层次以及认定层次的重大错报风险而设计和实施的审计程序。注册会计师应当依据实施这些程序所获取的信息，识别和评估重大错报风险，并且这些信息将成为审计证据的一部分。这些风险评估程序包括：询问被审计单位管理层和内部其他相关人员；实施分析程序；观察和检查。

（1）询问被审计单位管理层和内部其他相关人员。询问被审计单位管理层和内部其他相关人员是注册会计师了解被审计单位及其环境的一个重要信息来源。注册会计师可以考虑向管理层和财务负责人询问的事项包括：①管理层所关注的主要问题。如新的竞争对手、主要客户和供应商的流失、新的税收法规的实施以及经营目标或战略的变化等。②被审计单位最近的财务状况、经营成果和现金流量。③可能影响财务报告的交易和事项，或者目前发生的重大会计处理问题，如重大的并购、投资等事宜。④被审计单位发生的其他重大变化，如所有权结构、组织结构以及内部控制等变化。

尽管注册会计师询问管理层和财务负责人可以获取大部分信息，但询问被审计单位内部其他人可能为注册会计师提供不同的信息，有助于注册会计师识别重大错报风险。所以，注册会计师除了询问管理层和对财务报告负有责任的人外，还应考虑询问被审计单位内部其他人员，如内部审计人员、采购人员、生产人员、销售人员等，并考虑询问不同级别的员工，以获取对识别重大错报风险有用的信息。

注册会计师在确定对被审计单位哪些人员进行询问以及询问哪些问题时，应当考虑需要何种信息，以利于其识别和评估重大错报风险。譬如：询问管理层，有助于注册会计师理解财务报表编制的环境；询问内部审计人员，有助于注册会计师了解其针对被审计单位内部控制设计和运行有效性而实施的工作，以及管理层对内部审计发现问题是否采取适当的措施；询问参与生成、处理或记录复杂或异常交易的员工，有助于注册会计师评估被审计单位选择和运用会计政策的适当性；询问内部法律顾问，有助于注册会计师了解有关法律法规遵循情况、合同的安排情况以及诉讼情况等；询问营销人员，有助于注册会计师了解被审计单位的营销策略及其变化、销售趋势以及客户情况等；询问采购人员和生产人员，有助于注册会计师了解被审计单位的采购政策及情况、生产状况等；询问仓库人员，有助于注册会计师了解被审计单位存货的进出、保管和盘点等情况。

（2）实施分析程序。分析程序是指注册会计师通过研究不同财务数据之间以及财务数据与非财务数据间的内在关系，对财务信息做出判断和评价。分析程序还包括调查识别出的与其他关信息不一致或与预期数据严重偏离的波动和关系。分析程序既可作为风险评估程序和实质性程序，也可用作对财务报表的总体复核。

实施分析程序有助于注册会计师识别被审计单位的异常交易或事项以及对财务报表和审计产生影响的金额、比率和趋势。在实施分析程序时，注册会计师应当预期可能存在的合理关系，并与被审计单位记录的金额以及依据记录金额计算的比率或趋势进行比较，以便能够发现异常或未预期到的关系，并在识别重大错报风险时考虑这些比较结果。如果注册会计师在实施分析程序时使用了高度汇总的数据，这时分析程序结果有可能只初步显示财务报表存在重大错报风险，注册会计师应当将分析结果连同识别重大错报风险时获取的其他信息一并考虑。譬如：被审计单位是进行多种产品系列生产的单位，而不同的产品系列的毛利率又存在较大的差异，这时对被审计单位总体毛利率分析的结果仅可能初步显示销售成本存在重大错报风险，所以，注册会计师需要采用更为详细的分析程序，如对每一产品系列进行毛利率分析，或将总体毛利率分析结果连同其他信息一并考虑。

[同步案例6-1]

背景与情境：

项目组承接了B公司的年度报表审计。B公司为私营企业，主营水泥制造，由于近年房地产项目的兴起，该行业盈利状况较好。B公司内部控制不完善，生产经营的重要环节由私营企业主指定的专人负责，公司的利润率低于同行业水平。所得税实行按季预缴，年终汇算清缴。每季末材料暂估入库余额大，但季末原材料余额远低于正常库存量。

问题：在风险评估中，如何运用分析程序确定重点风险领域？

分析提示：

项目组针对该公司的实际情况，对公司实施了实地检查和分析。私营企业利润率低于同行业，原因可能有二：少计收入和多计成本。在实施详查中了解到以下信息：①所得税实行按季预缴，年终汇算清缴；②每季末有大额的材料暂估入账记录，且暂估的材料均在当期耗用，导致每季度盈利水平远低于行业平均值，季末原材料余额远低于正常库存量。根据以上情况，项目组确定存货认定审计是此次项目的重点风险领域。下一步的审计程序应当是：逆查到负债项目，检查暂估入库的账户有无冲回；向材料供应商发函询证，以证实B公司有无虚列材料采购，加大当期成本，以达到少计当期利润、少缴所得税的目的。

（3）观察和检查。观察和检查程序不仅可以提供有关被审计单位及其环境信息，还可以引证管理层和其他相关人员的询问结果。注册会计师在审计过程中可以采用的观察和检查程序有：

①观察被审计单位的生产经营活动。如观察和检查被审计单位人员正在从事的生产活动，可以增加注册会计师对被审计单位如何进行生产经营活动的了解，观察被审计单位的内部控制活动，可以了解被审计单位如何开展内部控制。

②检查被审计单位的文件、记录和内部控制手册等。通过这些程序可以了解到被审计单位内部控制是否健全、完整。

③阅读由管理层和治理层编制的报告。如阅读被审计单位的年度财务报表、董事会议等记录或纪要、管理层讨论的战略计划等内部报告或其他特殊目的报告等，可以了解到被审计单位自上一审计期结束至本次审计期间发生的一些重大事项。

④实地观察被审计单位生产经营场所和设备。实施该程序有助于注册会计师了解被审计单位生产经营的性质和经营活动的内容，还有助于注册会计师对被审计单位的产能做出合理的判断；对被审计单位办公和经营场所的观察和调查，还有利于注册会计师与被审计

单位管理层以及不同级次人员进行接触，可以增加注册会计师对被审计单位经营活动和重大影响因素的了解。

⑤采用穿行测试程序。穿行测试程序即追踪交易在财务报告信息系统中的处理过程。注册会计师为了解被审计单位业务流程及其相关控制时经常采用该审计程序。穿行测试程序是通过追踪某笔或几笔交易在业务流程中如何生成、记录、处理和报告，以及相关控制如何执行，据此，注册会计师可以确定被审计单位的交易流程和相关控制是否与之前通过其他程序所获得的信息一致，并确定相关控制是否得到执行，从而判断重大错报风险。

2. 其他审计程序和信息来源

（1）其他审计程序。除了采用上述程序从被审计单位内部获取信息外，如果根据职业判断认为从被审计单位外部获取的信息有助于识别重大错报风险，注册会计师还应当考虑实施其他审计程序来获取这些信息。这些程序包括：询问被审计单位聘请的外部法律顾问、专业评估师、投资顾问和财务顾问等；阅读包括证券分析师、银行、评级机构出具的有关被审计单位及其所处行业的经济市场环境等状况报告等外部信息。这些外部信息还包括贸易与经济方面的杂志、法规或金融出版物以及政府或民间组织发布的行业报告和统计数据等。阅读外部信息也有助于注册会计师了解被审计单位及其环境。

（2）其他信息来源。注册会计师除采用上述审计程序搜集信息以识别重大错报风险外，还可以考虑其他信息来源，以对重大错报风险做出判断。其他信息来源包括注册会计师在承接客户或续约过程中获取的信息及向被审计单位提供其他服务所获得的经验等。一般地，注册会计师在业务承接时应当对被审计单位及其环境有一个初步了解，以确定是否承接该业务。即便是连续审计业务，注册会计师也应当在每年续约过程中对上年审计做总体评价，并更新对被审计单位的了解和风险评估结果，以确定是否续约。对于连续审计业务，如果拟利用在以前期间获取的信息，注册会计师还应当考虑确定被审计单位及其环境是否已发生变化，以及该变化是否可能影响以前期间获取的信息在本期审计中的相关性。譬如，通过前期审计获取的有关内部控制或错报的审计证据，以及错报是否得到及时更正等，以帮助注册会计师评估本期财务报表重大错报风险。但值得注意的是，被审计单位及其环境的变化可能导致此类信息在本期审计中已不具有相关性。如由于被审计单位环境变化导致前期的有关内部控制在本期发生变化等，这时注册会计师应当实施询问或其他适当的审计程序（如穿行测试），来确定该变化是否可能影响此类信息在本期审计中的相关性。另外，注册会计师还应当考虑向被审计单位提供其他服务（如执行中期财务报表审阅业务等）所获得的经验是否有助于识别重大错报风险。

需要强调的是，尽管注册会计师可以从不同方面了解被审计单位及其环境，但注册会计师无须在每个方面都实施以上所有的风险评估程序。如注册会计师在了解被审计单位内部控制时就不需要执行分析程序。但对被审计单位及其环境获取了解整个过程中，注册会计师往往需要执行上述所有审计程序。

三、项目组内部讨论

根据有关规定，注册会计师应当在计划和实施审计工作时保持应有的职业怀疑态度，充分考虑可能存在导致财务报表发生重大错报的情形。这就要求审计项目组随时对审计中搜集的信息进行讨论。项目组在讨论时应当强调在整个审计过程中保持职业怀疑态度，警惕可能发生重大错报的迹象，并对这些迹象进行严格追踪。通过讨论，项目组成员可以交流和分享在整个审计过程中获得的信息，包括可能对重大错报风险评估产生影响的信息或针对这些信息实施审计程序的信息。

1. 讨论的目标

项目组内部讨论可以为项目组成员提供交流信息和分享见解的机会。通过讨论，可以使项目组成员更好地了解在各自负责的领域中，是否存在由于舞弊或错误导致财务报表重大错报的可能性，并且也可以了解各自实施审计程序的结果如何影响审计的其他方面，包括对确定进一步审计程序的性质、时间安排和范围的影响。

2. 讨论的内容

项目组应当讨论被审计单位面临的经营风险、财务报表容易发生错报的领域以及发生错报的方式等内容，特别是由于舞弊导致重大错报的可能。当然，项目组还可以根据实际情况讨论其他重要事项。

3. 参与讨论的人员

注册会计师应当运用职业判断确定项目组内部参与讨论的成员。项目组关键成员应当参与讨论，如果项目组需要拥有信息技术或其他特殊技能的专家，这些专家也应参与讨论。参与讨论人员的范围受项目组成员的职责经验和信息需要的影响。需要说明的是，并不是每次讨论均需要所有项目组成员参加，可以根据审计工作状况，结合职业判断来确定参与讨论的人员。

4. 讨论的时间和方式

项目组应当根据审计工作具体状况，在整个审计过程中持续交换有关财务报表发生重大错报可能性的信息。

第二节　了解被审计单位及其环境

一、了解被审计单位及其环境的重要性

了解被审计单位及其环境是风险评估的必要程序，可以为审计人员进行下列关键环节、做出职业判断提供重要基础：①确定重要性水平，随着审计工作的进程评估对重要性

水平的判断是否仍然适当；②考虑会计政策的选择和运用是否恰当，以及财务报表的列报和披露是否适当；③识别需要特别考虑的领域，包括关联方交易、管理层运用持续经营假设的合理性，或交易是否有合理的商业目的等；④确定在实施分析程序时所适用的预期值；⑤设计和实施进一步审计程序，以将审计风险降低至可接受的低水平；⑥评价所获取审计证据的充分性和适当性。了解被审计单位及其环境是一个连续和动态收集、更新与分析信息的过程，贯穿审计过程的始终。

二、了解被审计单位及其环境的内容

1. 行业状况、法律环境与监管环境及其他外部因素

（1）行业状况。了解被审计单位所处行业状况，有助于注册会计师识别与被审计单位所处行业有关的重大错报风险。注册会计师应当了解被审计单位的行业状况，主要包括：所处行业的市场供求与竞争；生产经营的季节性和周期性；产品生产技术的变化；能源供应与成本；行业的关键指标和统计数据等。

（2）法律环境与监管环境。注册会计师之所以要了解法律和监管环境，主要原因在于：一是某些法律法规或监管要求可能对被审计单位经营管理活动有重大影响，如不遵守将导致停业等严重后果；二是某些法律法规或监管要求（如环保法规等）规定了被审计单位某些方面的责任和义务；三是某些法律法规或监管要求决定了被审计单位需要遵循的行业惯例和核算要求。

注册会计师应当了解被审计单位所处的法律及监管环境，主要包括：适用的会计准则、会计制度和行业特定惯例；对经营活动产生重大影响的法律法规及监管活动；对开展业务产生重大影响的政府政策，包括货币、财政、税收和贸易等政策；与被审计单位所处行业和所从事经营活动相关的环保要求。

（3）其他外部因素。注册会计师应当了解影响被审计单位经营的其他外部因素，具体包括：当前的宏观经济状况以及未来的发展趋势如何，目前国内或本地区的经济状况（如增长率、通货膨胀、失业率、利率等）怎样影响被审计单位的经营活动，被审计单位的经营活动是否受到汇率波动或全球市场力量的影响。

2. 被审计单位的性质

注册会计师应当主要从下列方面了解被审计单位的性质：所有权结构、治理结构、组织结构、经营活动、投资活动和筹资活动。了解被审计单位的性质有助于注册会计师理解预期在财务报表中反映的各类交易、账户余额和列报。

（1）所有权结构。在审计过程中，对被审计单位所有权结构的了解有助于注册会计师识别关联方，并了解被审计单位的决策过程。审计时，注册会计师应当了解所有权结构以及所有者与其他人员或单位之间的关系，考虑关联方关系是否已经得到识别，以及关联方交易是否得到恰当核算。此外，注册会计师可能需要对被审计单位控股母公司（或股东）做进一步的了解，包括其所有权性质、管理风格及其对被审计单位经营活动及财务报表可能产生的影响；控股母公司与被审计单位在资产、业务、人员、机构、财务等方面是否分开，是否存在占用资金、资产等情况；控股母公司是否施加压力，要求被审计单位达到其设定的财务业绩目标。

（2）治理结构。被审计单位的治理结构是否良好，直接影响到被审计单位的经营和财务运作实施是否得到有效的监督，能否降低财务报表发生重大错报的风险。注册会计师应当了解被审计单位的治理结构，如被审计单位董事会的构成情况、董事会内部是否有独立董事、治理结构中是否设有审计委员会或监事会及其运作状况等。通过了解来考虑治理层是否能够在独立于管理层的情况下对被审计单位事务（包括财务报告）做出客观判断。

（3）组织结构。在审计过程中，注册会计师应当了解被审计单位的组织结构，考虑复杂组织结构可能导致的重大错报风险，包括财务报表合并、商誉摊销和减值、长期股权投资核算以及特殊目的实体核算等问题。

（4）经营活动。了解被审计单位的经营活动有助于注册会计师理解预期在财务报表中反映的各类交易、账户余额和列报。注册会计师应当了解被审计单位的经营活动，主要包括：主营业务的性质；与生产产品或提供劳务相关的市场信息；业务的开展情况、联盟、合营与外包情况；从事电子商务的情况；地区与行业分布；生产设施、仓库的地理位置及办公地点；关键客户；重要供应商；劳动用工情况；研究与开发活动及其支出；关联方交易。

（5）投资活动。了解被审计单位投资活动有助于注册会计师关注被审计单位在经营策略和方向上的重大变化。注册会计师应当了解被审计单位的投资活动。其主要内容包括：一是近期拟实施或已实施的并购活动与资产处置情况，包括业务重组或某些业务的终止；二是证券投资、委托贷款的发生与处置；三是资本性投资活动，包括固定资产和无形资产投资、近期或计划发生的变动，以及重大的资本承诺等；四是不纳入合并范围的投资，如联营、合营或其他投资，以及近期计划投资的项目等。

（6）筹资活动。了解被审计单位筹资活动有助于注册会计师评估被审计单位在融资方面的压力，并可以进一步考虑被审计单位在可预见未来的持续经营能力。其主要内容包括：债务结构和相关条款；固定资产的租赁；关联方融资；实际受益股东；衍生金融工具的运用。

3. 被审计单位会计政策的选择和运用

在了解被审计单位对会计政策的选择和运用是否适当时，注册会计师应当关注的重要事项有：重要项目的会计政策和行业惯例；重大和异常交易的会计处理方法；在新领域和缺乏权威性标准或共识的领域，采用重要会计政策产生的影响；会计政策的变更；被审计单位何时采用以及如何采用新发布的会计准则和相关会计制度。

（1）重要项目的会计政策和行业惯例。财务报表中重要项目的会计政策包括收入确认方法、存货计价方法、投资核算方法、固定资产折旧方法、借款费用处理方法、合并财务报表编制方法等。除此以外，注册会计师还应熟悉这些行业惯例。当被审计单位采用与行业惯例不同的会计处理方法时，注册会计师应了解原因，考虑采用与行业惯例不同的会计处理方法是否适当。

（2）重大和异常交易的会计处理方法。在实务中，企业有经营的需要，有时会发生重大和异常交易，注册会计师应当关注这些交易的会计处理方法。例如，本期发生的企业合并的会计处理方法；某些被审计单位可能存在与其所处行业相关的重大交易，如银行向客户发放贷款、证券公司对外投资、医药企业的研究与开发活动等，注册会计师应当考虑对重大的和不经常发生的交易的会计处理方法是否适当。

（3）在新兴领域和缺乏权威性标准或共识的领域，采用重要会计政策产生的影响。在新兴领域和缺乏权威性标准或共识的领域，注册会计师应当关注被审计单位选用了哪些会计政策，为什么选用这些会计政策以及选用这些会计政策产生的影响。

（4）会计政策的变更。注册会计师如果发现被审计单位变更了重要的会计政策，其应当考虑变更的原因及其适当性：会计政策变更是否是法律、行政法规或者适用的会计准则和相关会计制度要求的变更，以及会计政策变更是否能够提供更可靠、更相关的会计信息。除此之外，注册会计师还应当关注会计政策的变更是否得到充分披露。

4. 被审计单位的目标、战略以及相关经营风险

在审计过程中，注册会计师应了解被审计单位的目标和战略，以及可能导致财务报表重大错报的相关经营风险。目标是企业经营活动的指针，企业管理层或治理层一般会根据企业经营面临的外部环境和内部各种因素制定合理可行的经营目标。战略是管理层为实现经营目标采用的方法。经营风险指可能对被审计单位实现目标和实施的目标和战略而导致的风险，战略的能力产生不利影响的重要状况、事项、情况而导致的风险，或由于制定不恰当的目标和战略而导致的风险。

（1）了解目标、战略与经营风险的内容。注册会计师应了解被审计单位是否存在与下列方面有关的目标和战略，考虑相应的经营风险：①行业发展及其可能导致的被审计单位不具备足以应对行业变化的人力资源和业务专长等风险；②开发新产品或提供新服务及其可能导致的被审计单位产品责任增加等风险；③业务扩张及其可能导致的被审计单位对市场需求的估计不准确等风险；④新颁布的会计法规及其可能导致的被审计单位执行法规不当或不完整或会计处理成本增加等风险；⑤监管要求及其可能导致的被审计单位法律责任增加等风险；⑥本期及未来的融资条件及其可能导致的被审计单位由于无法满足融资条件而失去融资机会等风险；⑦信息技术的运用及其可能导致的被审计单位信息系统与业务流程难以融合等风险。

（2）经营风险对重大错报风险的影响。注册会计师应当理解经营风险与财务报表重大错报风险是既有联系又相互区别的两个概念。注册会计师了解被审计单位的经营风险有助于其识别财务报表重大错报风险。但并非所有的经营风险都与财务报表相关，注册会计师没有责任识别或评估对财务报表没有影响的经营风险。

通常，多数经营风险最终都会产生财务后果，进而影响财务报表。但并非所有经营风险都会导致重大错报风险，注册会计师应当根据被审计单位的具体情况考虑经营风险是否可能导致财务报表发生重大错报。经营风险可能对各类交易、账户余额以及列报认定层次或财务报表层次产生直接影响。

（3）被审计单位的风险评估过程。一般地，被审计单位管理层通常会制定识别和应对经营风险的策略，注册会计师应当了解被审计单位的这些风险评估过程。这些风险评估过程是被审计单位内部控制的组成部分。

（4）对小型被审计单位的考虑。小型被审计单位通常没有正式的计划和程序来确定其目标、战略并管理经营风险。注册会计师应当询问管理层或观察小型被审计单位如何应对这些事项，以获取信息并评估重大错报风险。

5. 被审计单位的财务业绩衡量与评价

（1）了解财务业绩衡量与评价。被审计单位内部或外部对财务业绩的衡量和评价可能对管理层产生压力，促使其采取行动改善财务业绩或歪曲财务报表。注册会计师应当了解被审计单位财务业绩的衡量和评价情况，考虑这种压力是否可能导致管理层采取行动，以至于增加财务报表发生重大错报的风险。在了解被审计单位财务业绩衡量和评价情况时，注册会计师应当关注下列信息：一是关键业绩指标；二是业绩趋势；三是预测、预算和差异分析；四是管理层和员工业绩考核与激励性报酬政策；五是分部信息与不同层次部门的业绩报告；六是与竞争对手的业绩比较；七是外部机构提出的报告。

（2）考虑内部财务业绩衡量的结果及其靠性。内部财务业绩衡量可能显示未预期到的结果或趋势。在这种情况下，管理层通常会进行调查并采取纠正措施。在审计过程中，注册会计师如果拟利用被审计单位内部信息系统生成的财务业绩衡量指标，注册会计师应当考虑相关信息是否可靠，以及利用这些信息是否足以实现审计目标。许多财务业绩衡量中使用的信息可能由被审计单位的信息系统生成。如果被审计单位管理层在没有合理基础的情况下，认为内部生成的衡量财务业绩的信息是准确的，而实际上信息有误，那么根据有误的信息得出的结论也可能是错误的。如果注册会计师计划在审计中（如在实施分析程序时）利用被审计单位的财务业绩指标，应当考虑相关信息是否可靠，以及在实施审计程序时利用这些信息是否足以发现重大错报。

需要强调的是，注册会计师了解被审计单位财务业绩的衡量与评价，是为了考虑管理层是否面临实现某些关键财务业绩指标的压力。这些压力既可能源于需要达到市场分析师或股东的预期，也可能产生于达到获取股票期权或管理层和员工奖金的目标。受压力影响的人员可能是高级管理人员（包括董事会），也可能是可以操纵财务报表的其他经理人员，如公司或分支机构管理人员可能为达到奖金目标而操纵财务报表。在评价管理层是否存在歪曲财务报表的动机和压力时，注册会计师还应当考虑财务报表可能存在的其他情形。

第三节 了解被审计单位的内部控制

一、内部控制的内涵和要素

内部控制是被审计单位为了合理保证财务报告的可靠性、经营的效率和效果以及对法律法规的遵守，由治理层、管理层和其他人员设计并执行的政策和程序。内部控制的目标是合理保证财务报告的可靠性、经营的效率和效果及所有经营活动中遵守法律法规的要求。设计和实施内部控制的责任主体是治理层、管理层和其他人员，组织中的每一个人都对内部控制负有责任。实现内部控制目标的手段是设计和执行控制政策及程序。

内部控制通常包括下列要素：①控制环境；②风险评估过程；③信息系统与沟通；④控制活动；⑤监督。

二、了解被审计单位的内部控制的内容

内部控制的目标旨在合理保证企业财务报告的可靠性、经营的效率和效果以及对法律法规的遵守。注册会计师审计的目标是对财务报表是否存在重大错报发表审计意见，尽管要求注册会计师在财务报表审计中考虑与财务报表编制相关的内部控制，但其目的并不是对被审计单位内部控制的有效性发表意见。因此，注册会计师需要了解和评价的内部控制只是与财务报表审计相关的内部控制，并非被审计单位所有的内部控制。与审计相关的控制，包括被审计单位为实现财务报告可靠性目标设计和实施的控制。

1. 对被审计单位内部控制了解的步骤

了解内部控制是注册会计师在审计时必须实施的审计程序，了解内部控制包括四个重要的步骤。首先，识别需要降低哪些风险以预防财务报表中发生重大错报。如果某内部控制目标没有实现，风险因素通常被描述为“可能的错误”。其次，记录相关的内部控制。再次，评估控制的执行。这一步主要实施穿行测试，以确信识别的内部控制实际上确实存在。若存在，注册会计师就可完成对控制设计和执行的评价。最后，评估内部控制的设计。汇总获得的所有信息，并根据风险因素描绘识别出的（或执行的）控制。完成上述四步后，注册会计师应当确定内部控制是否存在重大弱点。

2. 具体内容

（1）控制环境。企业的控制环境塑造着本企业的文化，对员工的控制意识产生重大的影响。这一要素是内部控制的基础。有效的控制关键是管理层对控制的态度。最高管理层如果认为控制是重要的，企业内的其他人员就会感知这一点，方可自觉遵守各项控制制度。相反，如果管理层轻视企业内部控制，其结果会使员工对控制产生一种徒有其表的错误认识。

注册会计师在评价控制环境的设计时，应当考虑构成控制环境的要素，即员工诚信度、职业道德和才能、企业的组织结构、治理层的参与程度、管理理念和经营风格、职权与责任的分配及董事会的经营重点和目标。

[同步案例6－2]

背景与情境：

常诚和王朝是好朋友，都是注册会计师，分别供职于不同的会计师事务所。有一天在

共进午餐时，他们谈起了内部控制在决定应收集的审计证据的数量方面的重要性。常诚认为，在任何公司，不管其规模如何，都应该以类似的方式对内部控制进行细致的调查和评价。他所在的会计师事务所要求在执行每一项审计业务时，都要使用事务所设计的标准内部控制调查问卷表，对于每类经济业务，都应该编制内部控制流程图。另外，事务所还要求注册会计师仔细评价内部控制制度，根据内部控制的强弱，调整拟收集的审计证据的数量。王朝则指出，他所审计的大量小规模企业，不可能有充分的、严密的内部控制。因此，他在从事审计时，通常假设内部控制不充分从而忽略内部控制，直接进行大量的实质性测试。他说："当我一开始就知道内部控制制度中存在各种各样的弱点时，我为什么要浪费大量的时间和精力去调查内部控制、评价控制风险？我宁愿把填写内部控制调查评价表格上的时间，用在测试财务报表的表述是否正确上。"

问题：①概括大型企业和小型企业内部控制制度的主要区别。

②评价注册会计师王朝和常诚的观点。

③规模不同的企业，在调查内部控制、评价控制风险方面有何共性和区别？

分析提示：

①相比大型企业，小型企业业务相对简单，人员较少，不相容职务分离不充分，业主或管理层积极地参与各种经济业务，因此，内部控制制度相对不健全、不严密。

②常诚和王朝的观点都有些偏颇。

常诚认为不管企业规模大小，都应该细致地对内部控制制度进行调查和评价。这一点对于大部分小企业来说不适用。审计是需要成本的，当知道小企业内部控制制度不完善、不可能显著地降低控制风险时，还花大量的时间去了解内部控制制度，不符合成本效益原则。

王朝认为小企业的内部控制不充分、不严密，不应该花时间去了解内部控制制度，而应该直接进行实质性测试。王朝忽略了这一情况：虽然小企业内部控制一般都不够充分严密，但毕竟企业与企业之间情况不同，内部控制的不健全有程度上的差别，不是所有小企业的内部控制都不可信赖。而且，评价控制风险、设计恰当的实质性测试程序，不是调查企业的内部控制制度的唯一目的。对小企业的内部控制制度进行初步的调查和分析，有助于注册会计师评估财务报表的可信性，预测企业财务报表中的潜在错误，抓住审计重点。另外，注册会计师除了对企业的财务报表发表审计意见外，还需要就内部控制可以改进的方面向企业提出建议，这也要求对内部控制有所了解。

③共性：不管审计大企业、小企业，都要对内部控制进行调查。区别：企业的规模不同，对内部控制调查的程度可能不同。大企业内部控制较健全，评估的控制风险较低，因而对内部控制调查的程度较深。小企业内部控制相对不健全，评估的控制风险确定得较高甚至最高，因而对内部控制调查的程度较浅。

资料来源：根据豆丁网相关案例改编，HTTPS：//WWW. DOCIN. COM/P－1481728587. HTML。

（2）风险评估过程。任何经济组织在经营活动中都会面临各种风险，风险评估是处理这些风险的基础，与财务报告相关的风险评估是管理层如何识别和分析与编制财务报表相关的风险。例如，通信设备生产企业，由于科学技术飞速发展，企业经常面临存货价格下跌的风险，如何应对存货积压价格下跌，防止存货价值高估的风险就显得尤为重要。

注册会计师应对此进行调查研究，了解管理层如何对待影响财务报告目标的因素，如何估计这些因素的重要性和可能性，并进行处理。通过观察和了解，注册会计师需要对管理层控制与防范风险的能力做出评价。

（3）信息系统与沟通。企业的会计信息和沟通制度直接与审计相关，会计信息系统产生的财务报告正是审计的直接对象。注册会计师应当了解被审计单位的主要交易和事项种类，了解企业对这些交易和事项处理的流程和方法，在审计时可以将这些交易和事项根据业务流程的性质划分为几个主要的业务循环进行识别。例如，注册会计师可以将生产型企业的业务划分为以下几种业务循环：销售和收入循环、采购与付款循环、存货与仓储循环、筹资和投资循环、货币资金、薪资循环等。针对不同行业各自的业务特性，这些业务的循环类别也会不一样，注册会计师应当根据每一个客户所在的行业和具体情况正确划分业务循环，了解其相关的会计制度和沟通制度。

（4）控制活动。控制活动是帮助管理人员确保指令能够被有效执行的程序和政策。常见的控制活动包括资产控制、复核、职责分工、业务和活动授权等。

每一类控制活动通常包括两个要素：政策和程序。政策规定应当如何做，程序则是执行政策，使政策产生预期的效果。对内部控制的其他要素进行调查、了解的同时，注册会计师通常都会获得一些关于控制活动的认知。因此，是否专门分配时间对控制活动进行了解取决于客户的具体情况及注册会计师对此的专业判断。

（5）监督。在审计中，注册会计师应当了解被审计单位对与财务报告相关的内部控制的监督活动和如何采取纠正措施。监督是管理层对内部控制的质量和效果进行评价，以确定各项控制是否按照预期的设计运行，是否应该进行修正以适应新的变化。监督可以确保内部控制能够持续、有效地运作。

审计时，注册会计师应当了解被审计单位对控制的持续监督活动和专门的评价活动。通常，被审计单位通过持续的监督活动、专门的评价活动或两者相结合，实现对控制的监督。持续的监督活动通常贯穿于被审计单位的日常经营活动与常规管理工作中。被审计单位可能使用内部审计人员或具有类似职能的人员对内部控制的设计和执行进行专门的评价，以找出内部控制的优点和不足，并提出改进建议。关于内部审计人员在内部控制方面的职责，被审计单位也可能利用与外部有关各方沟通或交流所获取的信息监督相关的控制活动。在某些情况下，外部信息可能显示内部控制存在的问题和需要改进之处。

注册会计师在对被审计单位整体层面的监督进行了解和评估时，考虑的主要因素包括：一是被审计单位是否定期评价内部控制；二是被审计单位人员在履行正常职责时，能够在多大程度上获得内部控制是否有效运行的证据；三是与外部的沟通能够在多大程度上证实内部产生的信息或者指出存在的问题；四是管理层是否采纳内部审计人员和注册会计师有关内部控制的建议；五是管理层是否及时纠正控制运行中的偏差；六是管理层根据监管机构的报告及建议是否及时采取纠正措施；七是是否存在协助管理层监督内部控制的职能部门（如内部审计部门）。

［同步思考6－1］

注册会计师在对被审计单位的会计报表进行审计时，应当研究评价其相关内部控制。具体而言，注册会计师在审计过程中可以依据各类审计程序的执行结果来评价有关内部控制的风险水平。对控制风险的评价，贯穿审计的整个过程。请简要说明：

（1）在整个审计过程中，注册会计师对控制风险的评价，一般分为哪几个层次？

（2）注册会计师在各层次的评价中分别依据何种审计程序？

（3）进行各层次评价的主要目的何在？

（4）进行各层次评价时，如果评价的控制风险过低，对注册会计师所执行的审计程序的性质、时间安排、范围有何影响？

理解要点：

（1）在整个审计过程中，注册会计师对控制风险的评价分初步评价、进一步评价和最终评价三个层次。

（2）对控制风险的初步评价是基于对内部控制的了解进行的，通过观察、询问、检查和穿行测试收集到口头证据、书面证据及环境证据；随后进行的进一步评价是依据控制测试程序的实施结果进行的，通过检查、询问及重新执行内控程序，收集到的证据为书面证据和口头证据；而对控制风险的最终评价则是依据实质性测试程序所得结论进行的。

（3）注册会计师对控制风险进行初步评价的目的在于初步评价内控风险的高低，确定是否进行控制测试，以及进行控制测试的范围大小。如果内控风险高，则不必进行控制测试，直接进行实质性测试，如果内控为低风险，则要收集大量证据来证实；进一步评价控制风险的目的在于确定内部控制的可信赖程度和注册会计师的可接受检查风险水平，从而确定实质性测试的时间和范围；最终评价的目的在于印证确定检查风险时所依据的控制风险水平是否适当。

（4）如果初步评价的控制风险过低，可能使注册会计师执行了不应执行的或过多的控制测试；进一步评估的控制风险过低，将导致在执行过多的控制测试的同时执行了过少的实质性测试；如果最终评估的控制风险过低，将误导注册会计师没有补充那些应当及时补充的实质性测试。

第四节　评估重大错报风险

一、识别和评估财务报表层次和认定层次的重大错报风险

在审计中，注册会计师应当识别和评估财务报表层次以及各类交易、账户余额、列报

认定层次的重大错报风险。

1. 识别和评估重大错报风险的审计程序

在识别和评估重大错报风险时，注册会计师应当实施下列审计程序：

（1）在了解被审计单位及其环境的整个过程中识别风险，并考虑各类交易、账户余额、列报。注册会计师应当运用各项风险评估程序，在了解被审计单位及其环境的整个过程中识别风险，并将识别的风险与各类交易、账户余额和列报相联系。

（2）将识别的风险与认定层次可能发生错报的领域相联系。如被审计单位销售困难使产品的市场价格下降，可能导致年末存货成本高于其可变现净值而需要计提存货跌价准备，这显示存货的计价认定可能发生错报。

（3）考虑识别的风险是否重大。风险是否重大是指风险造成后果的严重程度。如在外部环境因素影响下，被审计单位原材料价格上涨，注册会计师除了需要关注该价格上涨给财务报表带来风险外，还要考虑这一价格上涨的幅度以及对产品成本带来的影响。假如材料价格上涨导致被审计单位产品失去竞争力，影响到被审计单位的毛利率，如毛利率由此变成负数，从而识别对财务报表的影响是否重大，这时需要看该产品在销售中的比重，以判断是否构成重大影响。如果比重小，则不构成重大影响；如果比重大，则可能构成了重大影响，注册会计师需要对此予以关注。

（4）考虑识别的风险导致财务报表发生重大错报的可能性。在审计过程中，注册会计师还应考虑上述识别的风险是否导致财务报表发生重大错报。如应收账款账面余额是否重大、坏账准备计提是否适当等。需要注意的是，在某些情况下，尽管识别的风险重大，但仍不至于导致财务报表发生重大错报。譬如，被审计单位对应收账款的坏账准备计提实施了比较有效的内部控制，管理层已根据应收账款的账龄计提了适当的坏账准备。在这种情况下，财务报表发生重大错报的可能性将相应降低。

在审计中，注册会计师应当利用实施风险评估程序获取的信息，包括在评价控制设计和确定其是否得到执行时获取的审计证据，作为支持风险评估结果的审计证据。注册会计师应当根据风险评估结果，确定实施进一步审计程序的性质、时间安排和范围。

2. 可能表明被审计单位存在重大错报风险的事项和情况

在审计时，注册会计师应当关注以下可能表明被审计单位存在重大错报风险的事项和情况：在严厉、复杂的监管环境中开展业务；行业环境发生变化；发生重大收购、重组或其他非经常性事项；复杂的联营或合资；重大的关联方交易：关键人员变动；内部控制薄弱；信息技术战略与经营战略不协调；发生重大的非常规交易等。注册会计师应当充分关注被审计单位在上述情况下可能存在的重大错报，并考虑由于上述事项和情况导致的风险是否重大，以及该风险导致财务报表发生重大错报的可能性。

3. 识别两层次的重大错报风险

在对重大错报风险进行识别和评估后，注册会计师要确定识别的重大错报风险是与特定的某类交易、账户余额、列报的认定相关，还是与财务报表整体广泛相关，进而影响多项认定。

4. 控制环境对评估财务报表层次重大错报风险的影响

财务报表层次的重大错报风险很可能源于薄弱的控制环境。薄弱的控制环境带来的风险可能对财务报表产生广泛影响，难以限于某类交易、账户余额、列报，注册会计师应当采取总体应对措施。譬如，被审计单位治理层、管理层对内部控制的重要性缺乏认识，没有建立必要的制度和程序；或管理层经营理念偏于激进，又缺乏实现激进目标的人力资源等，这些缺陷源于薄弱的控制环境，可能对财务报表产生广泛影响，需要注册会计师采取总体应对措施。

5. 控制对评估认定层次重大错报风险的影响

在评估重大错报风险时，注册会计师应将了解的控制与特定认定相联系。这是由于控制有助于防止或发现并纠正认定层次的重大错报。在评估重大错报发生的可能性时，除了考虑可能的风险外，还要考虑控制对风险的抵销和遏制作用。有效的控制会减少错报发生的可能性，而控制不当或缺乏控制，错报就会由可能变成现实。

控制可能是与某一认定直接相关的，也可能是与某一认定间接相关的。关系越间接，控制对防止或发现并纠正认定错报的效果越小。例如，销售经理对分地区的销售网点的销售情况进行复核，与销售收入完整性的认定只是间接相关。相应地，该项控制在降低销售收入完整性认定中的错报风险方面的效果，要比与该认定直接相关的控制（如将发货单与开具的销售发票相核对）的效果差。

注册会计师可能识别出有助于防止或发现并纠正特定认定发生重大错报的控制。在确定这些控制是否能够实现上述目标时，注册会计师应将控制活动和其他要素综合考虑。如将销售和收款的控制置于其所在的流程和系统中考虑，以确定其能否实现控制目标。因为单个的控制活动（如将发货单与销售发票相核对）本身并不足以控制重大错报风险，只有多种控制活动和内部控制的其他要素综合作用才足以控制重大错报风险。

注册会计师应当考虑对识别的各类交易、账户余额和列报认定层次的重大错报风险予以汇总和评估，以确定进一步审计程序的性质、时间安排和范围。

6. 考虑财务报表的可审计性

注册会计师在了解被审计单位内部控制后，可能对被审计单位财务报表的可审计性产生怀疑。如对被审计单位会计记录的可靠性和状况的担心可能会使注册会计师认为可能很难获取充分、适当的审计证据，以支持对财务报表发表意见。再如，管理层严重缺乏诚信，注册会计师认为管理层在财务报表中做出虚假陈述的风险高到无法进行审计的程度。因此，如果注册会计师通过对内部控制的了解发现下列情况，并对财务报表局部或整体的可审计性产生疑问，应当考虑出具保留意见或无法表示意见的审计报告：①被审计单位会计记录的状况和可靠性存在重大问题，不能获取充分、适当的审计证据以发表无保留意见；②对管理层的诚信存在严重疑虑。必要时，注册会计师应当考虑解除业务约定。

二、需要特别考虑的重大错报风险

作为风险评估的一部分，注册会计师应当运用职业判断，确定识别的风险哪些是需要特别考虑的重大错报风险（以下简称“特别风险”）。

1. 确定特别风险时应考虑的事项

在确定哪些风险是特别风险时，注册会计师应当在考虑识别出的控制对相关风险的抵销效果前，根据风险的性质、潜在错报的重要程度和发生的可能性，判断风险是否属于特别风险。在确定风险的性质时，注册会计师应当考虑的事项有：①风险是否属于舞弊风险；②风险是否与近期经济环境、会计处理方法和其他方面的重大变化有关；③交易的复杂程度；④风险是否涉及重大的关联方交易；⑤财务信息计量的主观程度，特别是对不确定事项的计量存在较大区间；⑥风险是否涉及异常或超出正常经营过程的重大交易。

2. 非常交易和判断事项导致的特别风险

通常，日常的、不复杂的、经正规处理的交易不太可能产生特别风险。特别风险通常与重大的非常规交易和判断事项有关。

非常规交易是由于金额或性质异常而不经常发生的交易，如企业并购、债务重组、重大或有事项等。由于非常规交易具有这些特征：①管理层更多地介入会计处理；②数据收集和处理涉及更多的人工成分；③复杂的计算或会计处理方法；④非常规交易的性质可能使被审计单位难以对由此产生的特别风险实施有效控制。所以，与重大非常规交易相关的特别风险可能导致更高的重大错报风险。

3. 考虑与特别风险相关的控制

在审计过程中，了解与特别风险相关的控制，有助于注册会计师制订有效的审计方案予以应对。对特别风险，注册会计师应当评价相关控制的设计情况，并确定其是否已经得到执行。由于与重大非常规交易或判断事项相关的风险很少受到日常控制的约束，注册会计师应当了解被审计单位是否针对该特别风险设计和实施控制。例如，做出会计估计所依据的假设是否由管理层或专家进行复核，是否建立做出会计估计的正规程序，重大会计估计结果是否由治理层批准等。再如，管理层在收到重大诉讼事项的通知时采取的措施，包括这类事项是否提交适当的专家（如内部或外部的法律顾问）处理、是否对该事项的潜在影响做出评估，是否确定该事项在财务报表中的披露问题以及如何确定等。如果管理层未能实施控制以恰当应对特别风险，注册会计师应当认为内部控制存在重大缺陷，并考虑其对风险评估的影响。在此情况下，注册会计师应当就此类事项与治理层沟通。

三、仅通过实质性程序无法应对的重大错报风险

作为风险评估的一部分，如果认为仅通过实质性程序获取的审计证据无法将认定层次

的重大错报风险降至可接受的低水平，注册会计师应当评价被审计单位针对这些风险设计的控制，并确定其执行情况。例如，某企业通过高度自动化的系统确定采购品种和数量，生成采购订单，并通过系统中设定的收货确认和付款条件进行付款。除了系统中的相关信息以外，该企业没有其他有关订单和收货的记录。在这种情况下，如果认为仅通过实施实质性程序不能获取充分、适当的审计证据，注册会计师应当考虑依赖的相关控制的有效性。

第五节 针对重大错报风险的应对措施

一、财务报表层次重大错报风险与总体应对措施

在财务报表重大错报风险的评估过程中，注册会计师应当确定，识别的重大错报风险如果是与财务报表整体广泛相关，进而影响多项认定，则属于财务报表层次的重大错报风险。注册会计师应当针对评估的财务报表层次重大错报风险确定下列总体应对措施：

（1）向项目组强调在收集和评价审计证据过程中保持职业怀疑态度的必要性。

（2）分派更有经验或具有特殊技能的审计人员，或利用专家的工作。

（3）提供更多的督导。在审计过程中，对于财务报表层次重大错报风险较高的审计项目，项目组的高级别成员，如项目负责人、项目经理等经验较丰富的人员，要对其他成员提供更详细、更经常、更及时的指导和监督并加强项目质量复核。

（4）在选择进一步审计程序时，应当注意使某些程序不被管理层预见或事先了解。

（5）对拟实施审计程序的性质、时间安排和范围做出总体修改。

[同步案例6－3]

背景与情境：

某注册会计师在对E公司2022年度会计报表进行审计时，了解到其控制环境存在缺陷，因此该注册会计师打算针对评估的财务报表层次重大错报风险确定总体应对措施。

问题：（1）这种控制环境与财务报表层次重大错报风险有什么关系？

（2）这种控制下，对审计证据的收集有何影响？

分析提示：

（1）财务报表层次的重大错报风险很可能源于薄弱的控制环境。薄弱的控制环境带来的风险可能对财务报表产生广泛影响，难以限于某类交易、账户余额、列报，注册会计师应当采取总体应对措施。注册会计师对控制环境的了解影响其对财务报表层次重大错报风险的评估。有效的控制环境可以使注册会计师增强对内部控制和被审计单位产生的证据的信赖程度。

（2）由于控制环境存在缺陷，注册会计师在对拟实施审计程序的性质、时间安排和范围做出总体修改时应当考虑：

①在期末并非期中实施更多的审计程序。因为控制环境的缺陷通常会削弱期中获得的审计证据的可信赖程度。

②主要依赖实质性程序获取审计证据。良好的控制环境是其他控制要素发挥作用的基础。控制环境存在缺陷通常会削弱其他控制要素的作用，导致注册会计师可能无法信赖内部控制，而主要依赖实施实质性程序获取审计证据。

③修改审计程序的性质，获取更具说服力的审计证据。修改审计程序的性质主要是指调整拟实施审计程序的类别及组合，比如原先可能主要限于检查某项资产的账面记录或相关文件，而调整审计程序的性质后可能意味着更加重视实地检查该项资产。

④扩大审计程序的范围。例如扩大样本规模，或采用更详细的数据实施分析程序。

二、认定层次重大错报风险的进一步审计程序

注册会计师应当针对评估的认定层次重大错报风险设计和实施进一步审计程序，包括审计程序的性质、时间安排和范围。

（一）进一步审计程序的要求

进一步审计程序是注册会计师针对评估的各类交易、账户余额、列报（包括披露）认定层次重大错报风险实施的审计程序，包括控制测试和实质性程序。注册会计师设计和实施进一步审计程序的性质、时间安排和范围，应当与评估的认定层次重大错报风险具有明确的对应关系。这些条款的实质是要求注册会计师实施的审计程序具有目的性和针对性，有的放矢地配置审计资源，提高审计效率，改善审计效果。

尽管在应对评估的认定层次重大错报风险时，拟实施的进一步审计程序的性质、时间安排和范围都应当具有针对性，但其中进一步审计程序的性质是最重要的。例如，注册会计师评估的重大错报风险越高，实施进一步审计程序的范围通常越大；但是只有首先确保进一步审计程序的性质与特定风险相关时，扩大审计程序的范围才是有效的。

根据独立审计准则的相关规定，在设计进一步审计程序时，注册会计师应当考虑以下因素：

（1）风险的重要性。风险的重要性是风险造成的后果的严重程度。风险的后果越严重，越需要注册会计师的关注和重视，越需要精心设计有针对性的进一步审计程序。

（2）重大错报发生的可能性。重大错报发生的可能性越大，越需要注册会计师精心设计进一步审计程序。

（3）涉及的各类交易、账户余额和列报的特征。不同的交易、账户余额和列报产生的认定层次的重大错报风险也会存在差异，适用的审计程序也有差别，需要注册会计师区别对待，并设计有针对性的进一步审计程序予以应对。

（4）被审计单位采用的特定控制的性质。不同性质的控制（人工控制或自动化控制）对注册会计师设计进一步的审计程序具有重要影响。

（5）注册会计师是否拟获取审计证据，以确定内部控制在防止或发现并纠正重大错报方面的有效性。如果注册会计师拟在风险评估时预期内部控制运行有效，随后拟实施的进一步审计程序必须包括控制测试，且实质性程序自然会受到之前控制测试结果的影响。

综合这几方面因素，注册会计师对认定层次重大错报风险的评估为确定进一步审计程序的总体方案奠定了基础。因此，注册会计师应当根据对认定层次重大错报风险的评估结果，恰当选用实质性方案或综合性方案。通常情况下，注册会计师出于成本效益的考虑可以采用综合性方案（将测试控制运行的有效性与实质性程序结合使用）设计进一步审计程序。但在某些情况下（如仅通过实质性程序无法应对的重大错报风险），注册会计师必须通过实施控制测试，才可能有效应对评估出的某一认定的重大错报风险；而在另一些情况下（如注册会计师的风险评估程序未能识别出与认定相关的任何控制，或注册会计师认为控制测试很可能不符合成本效益原则），注册会计师可能认为仅实施实质性程序就是适当的。

需要特别说明的是，注册会计师对重大错报风险的评估毕竟是一种主观判断，可能无法充分识别所有的重大错报风险，同时内部控制存在固有局限性（特别是存在管理层凌驾于内部控制之上的可能性），因此，无论选择何种方案，注册会计师都应当对所有重大的各类交易、账户余额、列报设计和实施实质性程序。

[同步案例6－4]

针对评估的认定层次的重大错报风险实施进一步审计程序

背景与情境：

华艺公司是一家生产和销售高端清洁用品的外商独资企业，其产品主要用于星级宾馆和大型饭店。除了在北京、广州直接向终端客户销售外，在全国其他地区均向省级或市级经销商销售。

公司提供的财务报表显示：2022 年度销售收入为 112655260 元，比上一年增长 21%（董事会制定的当年预算目标是增长 20%）。2022 年 12 月 31 日应收账款余额为 39560810 元，组成情况如下：共 226 家客户，其中 9 家客户（均为省级经销商）的余额在 100 万元以上，占应收账款总额的 38%，其余客户的余额均小于 30 万元。此外，余额为 10 万元以上且账龄超过一年的应收账款有 15 家。

2022 年 12 月 31 日坏账准备余额为 1879830 元。公司采用账龄分析法和个别认定法相结合的方式计提坏账准备，其中账龄分析法为：账龄六个月以上一年以下（10%），一年以上两年以下（50%）；两年以上（100%）。该公司 2022 年度的税前利润为 8475623 元，总体重要性水平为 423781 元（税前利润的 5%）。企业部分财务数据如表 6－1 所示。

表 6 – 1 公司部分财务数据

项目	2022 年	2021 年
应收账款/元	39560810	27765338
坏账准备/元	（1879830）	（1707400）
销售收入/元	112655260	93103520
应收账款周转天数/天	108	92

问题：注册会计师对被审计单位的销售业务流程进行风险评估并考虑是否实施进一步审计程序，若实施应如何设计方案。

分析提示：

由于销售业务的重要性及其固有风险，注册会计师认为销售收入和应收账款层次的“发生或存在”和“准确性”认定存在重大错报风险。被审计单位在 2022 年以放宽授信额度来增加销售收入，导致货款回收速度放缓，应收账款余额大幅上升，但坏账准备余额与上年基本持平。注册会计师认为应收账款的计价认定存在特别风险，即年末坏账准备的计提很可能不够，应当进行进一步审计。

基于以前年度对该公司的了解，以及本年度对该公司环境、经营状况、内部控制等的了解和评估，注册会计师决定对应收账款采用综合性审计方案。该公司在各主要业务流程及财务报告编制中采用了计算机信息系统，注册会计师在本年度审计中测试了信息系统一般控制并认为信息系统一般控制是有效的。注册会计师对销售收入、应收账款余额和坏账准备余额实施以下的进一步审计程序：①控制测试；②评估针对特别风险的控制；③实质性程序。

资料来源：根据豆丁网相关案例改编，HTTPS：//WWW. DOCIN. COM/P – 1481728587. HTML。

（二）进一步审计程序的性质

进一步审计程序的性质是指进一步审计程序的目的和类型。其中，进一步审计程序的目的包括通过实施控制测试以确定内部控制运行的有效性，通过实施实质性程序以发现认定层次的重大错报；进一步审计程序的类型包括检查、观察、询问、函证、重新计算、重新执行和分析程序。不同的审计程序应对特定错报风险的效力不同，所以，在应对评估的风险时，合理确定审计程序的性质是非常重要的。

在确定进一步审计程序的性质时，注册会计师首先需要考虑的是认定层次重大错报风险的评估结果。因此，注册会计师应当根据认定层次重大错报风险的评估结果选择审计程序。评估的认定层次重大错报风险越高，对通过实质性程序获取的审计证据的相关性和可靠性的要求越高，从而可能影响进一步审计程序的类型及其综合运用。例如，当注册会计师判断某类交易协议的完整性存在更高的重大错报风险时，除了检查文件以外，注册会计师还可能决定向第三方询问或函证协议条款的完整性。

除了从总体上把握认定层次重大错报风险的评估结果对选择进一步审计程序的影响

外，在确定拟实施的审计程序时，注册会计师应当考虑评估的认定层次重大错报风险产生的原因，包括考虑各类交易、账户余额、列报的具体特征以及内部控制。需要说明的是，如果在实施进一步审计程序时拟利用被审计单位信息系统生成的信息，注册会计师应当就信息的准确性和完整性获取审计证据。例如，注册会计师在执行实质性分析程序时，使用了被审计单位生成的非财务信息或预算数据。再如，注册会计师在对被审计单位的存货期末余额实施实质性程序时，拟利用被审计单位信息系统生成的各个存货存放地点及其余额清单。注册会计师应当获取关于这些信息的准确性和完整性的审计证据。

（三）进一步审计程序的时间安排

进一步审计程序的时间安排有如下含义：①注册会计师何时实施进一步审计程序；②审计证据适用的期间或时点；③在某些情况下指的是审计程序的实施时间；④在另一些情况下是指需要获取的审计证据适用的期间或时点。

进一步审计程序的时间的选择问题，有两个层面，即何时实施进一步审计程序和选择获取什么期间或时点的审计证据的问题。这两个层面的最终落脚点都是如何确保获取审计证据的效率和效果。归纳如表 6 – 2 所示。

表 6 – 2　　进一步审计程序时间选择情况

重大错报风险	性质	时间	范围
高	实质性程序	（1）期末或接近期末； （2）采用不通知的方式； （3）管理层不能预见时间	较大样本、较多证据
中	实质性方案和综合性方案	期中	适中样本、适量证据 （1）获取这些控制在剩余期间变化情况的审计证据； （2）确定针对剩余期间还需获取的补充审计证据
低	综合性方案	期中或期末	较小样本较少证据针对剩余期间获取证据

虽然在期末实施审计程序在很多情况下非常必要，但仍然不排除注册会计师在期中实施审计程序可能发挥的积极作用。在期中实施进一步审计程序可能有助于注册会计师在审计工作初期识别重大事项，并在管理层的协助下及时解决这些事项；或针对这些事项制定有效的实质性方案或综合性方案。

[同步思考 6 – 2]

在期中实施进一步审计程序是否也存在弊端呢？

理解要点：

在期中实施进一步审计程序也存在很大的局限。首先，注册会计师往往难以仅凭在期中实施的进一步审计程序获取有关期中以前的充分、适当的审计证据（比如某些期中以前发生的交易或事项在期中审计结束时尚未完结）；其次，即使注册会计师在期中实施的进一步审计程序能够获取有关期中以前的充分、适当的审计证据，但从期中到期末这段剩余期间还往往会发生重大的交易或事项（包括期中以前发生的交易、事项的延续，以及期中以后发生的新的交易、事项），从而对所审计期间的财务报表认定产生重大影响；最后，被审计单位管理层也完全有可能在注册会计师于期中实施了进一步审计程序之后对期中以前的相关会计记录做出调整甚至篡改，注册会计师在期中实施了进一步审计程序所获取的审计证据已经发生了变化。所以，如果在期中实施了进一步审计程序，注册会计师还应当针对剩余期间获取审计证据。

注册会计师在确定何时实施审计程序时应当考虑以下因素：

（1）控制环境。良好的控制环境可以抵销在期中实施进一步审计程序的局限性，使注册会计师在确定实施进一步审计程序的时间时有更大的灵活度。

（2）何时能得到相关信息。例如，某些控制活动可能仅在期中（或期中以前）发生，而之后可能难以再被观察到；某些电子化的交易和账户文档如未能及时取得，可能被覆盖。在这些情况下，注册会计师如果希望获取相关信息，则需要考虑能够获取相关信息的时间。

（3）错报风险的性质。例如，被审计单位可能为了保证盈利目标的实现，而在会计期末以后伪造销售合同以虚增收入，此时注册会计师需要考虑在期末（资产负债表日）这个特定时点获取被审计单位截至期末所能提供的所有销售合同及相关资料，以防范被审计单位在资产负债表日后伪造销售合同虚增收入的做法。

（4）审计证据适用的期间或时点。注册会计师应当根据需要获取的特定审计证据确定何时实施进一步审计程序。例如，为了获取资产负债表日的存货余额证据，显然不宜在与资产负债表日间隔过长的期中时点或期末以后时点实施存货监盘等相关审计程序。

需要说明的是，虽然注册会计师在很多情况下可以根据具体情况选择实施进一步审计程序的时间，但也存在一些限制选择的情况。如某些审计程序只能在期末或期末以后实施，包括将财务报表与会计记录相核对，检查财务报表编制过程中所做的会计调整等。如果被审计单位在期末或接近期末发生了重大交易，或重大交易在期末尚未完成，注册会计师应当考虑交易的发生或截止等认定可能存在的重大错报风险，并在期末或期末以后检查此类交易。

（四）进一步审计程序的范围

进一步审计程序的范围是指实施进一步审计程序的数量，包括抽取的样本量，对某项控制活动的观察次数等。

在确定审计程序的范围时，注册会计师应当考虑几个因素：

（1）确定的重要性水平。确定的重要性水平越低，注册会计师实施进一步审计程序的范围越广。

（2）评估的重大错报风险。评估的重大错报风险越高，对拟获取审计证据的相关性、可靠性的要求越高，因此注册会计师实施的进一步审计程序的范围也越广。

（3）计划获取的保证程度。计划获取的保证程度，是指注册会计师计划通过所实施的审计程序对测试结果可靠性所获取的信心。计划获取的保证程度越高，对测试结果可靠性要求越高。计划获取的保证程度越高，注册会计师实施的进一步审计程序的范围越广。

鉴于进一步审计程序的范围往往是通过一定的抽样方法加以确定的，因此，注册会计师需要慎重考虑抽样过程对审计程序范围的影响是否能够有效实现审计目的。注册会计师使用恰当的抽样方法通常可以得出有效结论。但如果存在下列情形，注册会计师依据样本得出的结论可能与对总体实施同样的审计程序得出的结论不同，出现不可接受的风险：①从总体中选择的样本量过小；②选择的抽样方法对实现特定目标不适当；③未对发现的例外事项进行恰当的追查。

此外，注册会计师在综合运用不同审计程序时，除了面临各类审计程序的性质选择问题，还面临如何权衡各类程序的范围问题。因此，注册会计师在综合运用不同审计程序时，不仅应当考虑各类审计程序的性质，还应当考虑测试的范围是否适当。

第六节　控制测试

一、控制测试的内涵和要求

控制测试是测试控制运行的有效性，这一概念需要与“了解内部控制”进行区分。“了解内部控制”包含两层含义：一是评价控制的设计；二是确定控制是否得到执行。因此，在概念上容易引起混淆的是“测试控制运行的有效性”与“确定控制是否得到执行”。两者之间的区别，如表 6 - 3 所示。

表 6 - 3　“了解内部控制”与“控制测试”的区别

区别	了解内部控制	控制测试
目的不同	①评价控制的设计（哪里来?） ②确定控制是否得到执行（用不用?）	测试控制运行的有效性（好不好?）
重点不同	控制得到执行	控制运行的有效性
过程不同	风险评估程序时	进一步审计时

续表

区别	了解内部控制	控制测试
证据质量（适当性）不同	①某项控制是否存在（有没有?） ②被审计单位正在使用（用不用?）	从以下四个方面看，控制能够在各个不同时点按既定设计得以一贯执行（一贯性）： ①控制在所审计期间的不同时点是如何运行的；②控制是否得到一贯执行；③控制由谁执行；④控制以何种方式运行（如人工控制或自动化控制）
证据数量（充分性）不同	①只需抽取少量的交易进行检查； ②观察某几个试点	①需要抽取足够数量的交易进行检查；②对多个不同时点进行观察
性质不同	①询问被审计单位的人员； ②观察特定控制的运用； ③检查文件和报告； ④穿行测试	①询问以获取与内部控制运行情况相关的信息；②观察以获取控制的运行情况；③检查以获取控制的运行情况；④穿行测试；⑤重新执行
要求不同	必要程序	必要时或决定测试时，作为进一步审计程序的类型之一

注册会计师通过实施风险评估程序，可能发现某项控制的设计是存在的，也是合理的，同时已得到执行。在这种情况下，出于成本效益的考虑，注册会计师可能预期，如果相关控制在不同时点都得到了一贯执行，与该项控制有关的财务报表认定发生重大错报的可能性就不会很大，也就不需要实施很多的实质性程序。为此，注册会计师可能会认为值得对相关控制在不同时点是否得到一贯执行进行测试，即实施控制测试。这种测试主要是出于成本效益的考虑，前提是注册会计师通过了解内部控制以后认为某项控制存在着被信赖和利用的可能。因此，只有认为控制设计合理，能够防止或发生和纠正认定层次的重大错报，注册会计师才有必要对控制测试的有效性实施测试。

在被审计单位对日常交易或与财务报表相关的其他数据（包括信息的生成、记录、处理、报告）采用高度自动化处理的情况下，审计证据可能仅以电子形式存在。此时审计证据是否充分和适当通常取决于自动化信息系统相关控制的有效性。如果信息的生产、记录、处理和报告均通过电子格式进行而没有适当有效的控制，则生成不正确信息或信息被不恰当修改的可能性就会大大增加。在认为仅通过实施实质性程序不能获取充分、适当的审计证据的情况下，注册会计师必须实施控制测试，且这种测试已经不再是单纯出于成本效益的考虑，而是必须获取的一类审计证据。

二、控制测试的性质

1. 控制测试的性质的含义

控制测试的性质是控制测试使用的审计程序的类型及其组合。在设计和实施控制测试时，对控制有效性的信赖程度越高，注册会计师应当获取越有说服力的审计证据。控制测试采用的审计程序通常包括询问、观察、检查、重新执行和穿行测试。

在设计和实施控制测试时，注册会计师应当将询问与其他审计程序结合使用，以获取有关控制运行有效性的审计证据；确定拟测试的控制是否依赖其他控制（间接控制）。如果依赖其他控制，注册会计师应该确定是否有必要获取支持这些间接控制有效运行的审计证据。

注册会计师获取的有关控制运行有效性的审计证据应当包括：控制在所审计期间的相关时点是如何运行的，控制是否得到一贯执行以及控制由谁或以何种方式执行。

2. 确定控制测试的性质时的要求

注册会计师应当根据特定控制的性质选择所需实施审计程序的类型。在实际中，某些控制可能存在反映控制运行有效性的文件记录，在这种情况下，注册会计师可以检查这些文件记录以获取控制运行有效的审计证据；某些控制可能不存在文件记录（如一项自动化的控制活动），或文件记录与能否证实控制运行有效性不相关，注册会计师应当考虑实施检查以外的其他审计程序（如询问和观察）或借助计算机辅助审计技术，以获取有关控制运行有效性的审计证据。

在设计控制测试时，注册会计师不仅应当考虑与认定直接相关的控制，还应当考虑这些控制所依赖的与认定间接相关的控制，以获取支持控制运行有效性的审计证据。在实际审计时，被审计单位可能针对超出信用额度的例外赊销交易设置报告和审核制度（与认定直接相关的控制）；在测试该项制度的运行有效性时，注册会计师不仅应当考虑审核的有效性，还应当考虑与例外赊销报告中信息准确性有关的控制（与认定间接相关的控制）是否有效运行。

三、控制测试的时间

控制测试的时间包含两层含义：一是何时实施控制测试；二是测试所针对的控制适用的时点或期间。基本原理是：如果测试特定时点的控制，注册会计师仅得到该时点控制运行有效性的审计证据；如果测试某一期间的控制，注册会计师可获取控制在该期间有效运行的审计证据。因此，注册会计师应当根据控制测试的目的确定控制测试的时间，并确定拟信赖的相关控制的时点或期间。

关于根据控制测试的目的确定控制测试的时间：如果仅需要测试控制在特定时点的运行有效性（如对被审计单位期末存货盘点进行控制测试），注册会计师只需要获取该时点的审计证据；如果需要获取控制在某一期间有效运行的审计证据，仅获取与时点相关的审计证据是不充分的，注册会计师应当辅以其他控制测试，包括测试被审计单位对控制的监督。换言之，关于控制在多个不同时点的运行有效性的审计证据的简单累加并不能构成控制在某期间的运行有效性的充分、适当的审计证据；而所谓的“其他控制测试”应当具备的功能是能提供相关控制在所有相关时点都运行有效的审计证据；被审计单位对控制的监督起到的就是一种检验相关控制在所有相关时点是否都有效运行的作用，因此注册会计师测试这类活动能够强化控制在某期间运行有效性的审计证据效力。

1. 期中审计证据的考虑

根据情况，注册会计师可能在期中实施进一步审计程序。对于控制测试，注册会计师在期中实施此类程序具有更积极的作用。但需要说明的是，即使注册会计师已获取有关控制在期中运行有效性的审计证据，其仍然需要考虑如何能够将控制在期中运行有效性的审计证据合理延伸至期末，基本考虑是针对期中至期末这段剩余期间获取充分、适当的审计证据。因此，如果已获取有关控制在期中运行有效性的审计证据，并拟利用该证据，注册会计师应当实施下列审计程序：①获取这些控制在剩余期间变化情况的审计证据；②确定针对剩余期间还需获取的补充审计证据。

上述两项审计程序中，第一项是针对期中已获取过审计证据的控制，考察这些控制在剩余期间的变化情况（包括是否发生了变化以及如何变化）；如果这些控制在剩余期间没有发生变化，注册会计师可能决定信赖期中获取的审计证据；如果这些控制在剩余期间发生了变化（如信息系统、业务流程或人事管理等方面发生变动），注册会计师需要了解并测试控制的变化对期中审计证据的影响。第二项是针对期中证据以外的、剩余期间的补充证据。

［同步思考6－3］

在执行针对剩余期间补充审计证据时，注册会计师需要考虑哪些因素?

理解要点：

（1）评估的认定层次重大错报风险的重大程度。评估的重大错报风险对财务报表的影响越大，注册会计师需要获取的剩余期间的补充证据越多。

（2）在期中测试的特定控制。例如，对自动化运行的控制，注册会计师更可能测试信息系统一般控制的运行有效性，以获取控制在剩余期间运行有效性的审计证据。

（3）在期中对有关控制运行有效性获取的审计证据的程度。如果注册会计师在期中对有关控制运行有效性获取的审计证据比较充分，可以考虑适当减少需要获取的剩余期间的补充证据。

（4）剩余期间的长度。剩余期间越长，注册会计师需要获取的剩余期间的补充证据越多。

（5）在信赖控制的基础上拟减少进一步实质性程序的范围。注册会计师对相关控制的信赖程度越高，通常在信赖控制的基础上拟减少进一步实质性程序的范围就越大。在这种情况下，注册会计师需要获取的剩余期间的补充证据越多。

（6）控制环境。在注册会计师总体上拟信赖控制的前提下，控制环境越薄弱（或把握程度越低），注册会计师需要获取的剩余期间的补充证据越多。

2. 以前审计获取的审计证据的考虑

注册会计师考虑以前审计获取的有关控制运行有效性的审计证据的意义在于：首先，

内部控制中的诸多要素对于被审计单位往往是相对稳定的（相对于具体的交易、账户余额和列报），因此注册会计师在本期审计时可以适当考虑利用以前审计获取的有关控制运行有效性的审计证据；其次，内部控制在不同期间可能发生重大变化，注册会计师在利用以前审计获取的有关控制运行有效性的审计证据时需要格外慎重，要充分考虑各种因素。

在确定利用以前审计获取的有关控制运行有效性的审计证据是否适当以及再次测试控制的时间间隔时，注册会计师需要考虑的因素或情况包括：

（1）内部控制其他要素的有效性，包括控制环境、对控制的监督以及被审计单位的风险评估过程。例如，当被审计单位控制环境薄弱或对控制的监督薄弱时，注册会计师应当缩短再次测试控制的时间间隔或完全不信赖以前审计获取的审计证据。

（2）控制特征（人工控制还是自动化控制）产生的风险。当相关控制中人工控制的成分较大时，考虑到人工控制的稳定性较差，注册会计师可能决定在本期审计中继续测试该控制的运行有效性。

（3）信息技术一般控制的有效性。当信息技术一般控制薄弱时，注册会计师可能更少地依赖以前审计获取的审计证据。

（4）控制设计及其运行的有效性，包括在以前审计中测试控制运行有效性时发现的控制运行偏差的性质和程度。例如，当所审计期间发生了对控制运行产生重大影响的人事变动时，注册会计师可能决定在本期审计中不依赖以前审计获取的审计证据。

（5）由于环境发生变化而特定控制缺乏相应变化导致的风险。当环境的变化表明需要对控制做出相应的变动但控制却没有做出相应变动时，注册会计师应当充分意识到控制不再有效，从而导致本期财务报表发生重大错报的可能性，此时不应再依赖以前审计获取的有关控制运行有效性的审计证据。

（6）重大错报的风险和对控制的拟信赖程度。如果重大错报风险较大或对控制的拟信赖程度较高，注册会计师应当缩短再次测试控制的时间间隔或完全不信赖以前审计获取的审计证据。

如果拟信赖以前审计获取的某些控制运行有效性的审计证据，注册会计师应当在每次审计时从中选取足够数量的控制，测试其运行有效性；不应将所有拟信赖控制的测试集中于某一次审计，而在之后的两次审计中不进行任何测试。这一规定的考虑主要是为了尽量降低审计风险，毕竟注册会计师可能难以充分识别以前审计中测试过的控制在本期是否发生变化。此外，在每一次审计中选取足够数量的部分控制进行测试，除了能够提供这些以前审计中测试过的控制在当期运行有效性的审计证据外，还可以提供控制环境持续有效性的旁证，从而有助于注册会计师判断其信赖以前审计获取的审计证据是否恰当。

如果注册会计师拟信赖针对特别风险的控制，那么所有关于该控制运行有效性的审计证据必须来自当年的控制测试。相应地，注册会计师应当在每次审计中都测试这类控制。图 6－1 概括了注册会计师是否需要在本期测试某项控制的决策过程。

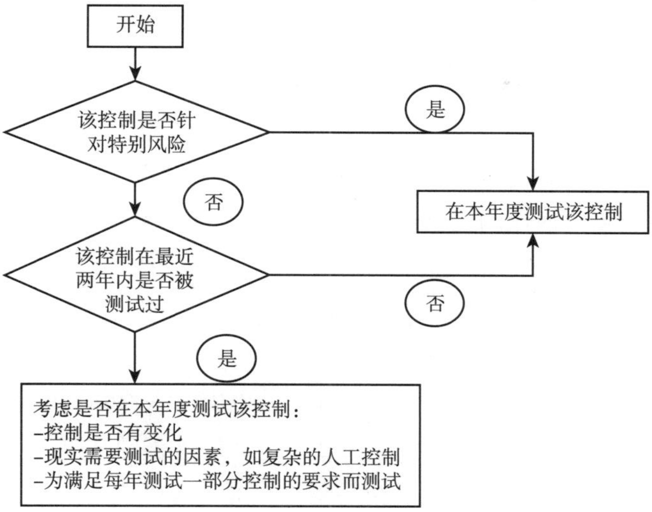

图 6－1　本审计期间测试某项控制的决策

四、控制测试的范围

控制测试的范围是某项控制活动的测试次数。注册会计师应当设计控制测试，以获取控制在整个拟信赖的期间有效运行的充分、适当的审计证据。

1. 确定控制测试范围的一般考虑因素

注册会计师在确定某项控制的测试范围时通常考虑的一系列因素有：

（1）在整个拟信赖的期间，被审计单位执行控制的频率。控制执行的频率越高，控制测试的范围越大。

（2）在所审计期间，注册会计师拟信赖控制运行有效性的时间长度。拟信赖控制运行有效性的时间长度不同，在该时间长度内发生的控制活动次数也不同。注册会计师需要根据拟信赖控制的时间长度确定控制测试的范围。拟信赖期间越长，控制测试的范围越大。

（3）为证实控制能够防止或发现并纠正认定层次重大错报，所需获取审计证据的相关性和可靠性。对审计证据的相关性和可靠性要求越高，控制测试的范围越大。

（4）通过测试与认定相关的其他控制获取的审计证据的范围。针对同一认定，可能存在不同的控制。当针对其他控制获取审计证据的充分性和适当性较高时，测试该控制的范围可适当缩小。

（5）在风险评估时拟信赖控制运行有效性的程度。注册会计师在风险评估时对控制运行有效性的拟信赖程度越高，需要实施控制测试的范围越大。

（6）控制的预期偏差。预期偏差可以用控制未得到执行的预期次数占控制应当得到执行次数的比率加以衡量（也可称作预期偏差率）。考虑该因素，是因为在考虑测试结果是否可以得出控制运行有效性的结论时，不可能只要出现任何控制执行偏差就认定控制运行无效，所以需要确定一个合理水平的预期偏差率。控制的预期偏差率越高，需要实施控制测试的范围越大。如果控制的预期偏差率过高，注册会计师应当考虑控制可能不足以将认定层次的重大错报风险降至可接受的低水平，从而针对某一认定实施的控制测试可能是无效的。

2. 对自动化控制的测试范围的特别考虑

除非系统（包括系统使用的表格、文档或其他永久性数据）发生变动，注册会计师通常不需要增加自动化控制的测试范围。

信息技术处理具有内在一贯性，除非系统发生变动，一项自动化应用控制应当一贯运行。对于一项自动化应用控制，一旦确定被审计单位正在执行该控制，注册会计师通常无须扩大控制测试的范围，但需要考虑执行下列测试以确定该控制持续有效运行：①测试与该应用控制有关的一般控制的运行有效性；②确定系统是否发生更改，如果发生更改，是否存在适当的系统更改控制；③确定对交易的处理是否使用授权批准的软件版本。例如，注册会计师可以检查信息系统安全控制记录，以确定是否存在未经授权的接触系统硬件和软件，以及系统是否发生变动。

第七节　实质性程序

一、实质性程序的内涵和要求

实质性程序是注册会计师针对评估的重大错报风险实施的直接用以发现认定层次重大错报的审计程序。因此，注册会计师应当针对评估的重大错报风险设计和实施实质性程序，以发现认定层次的重大错报。实质性程序包括对各类交易、账户余额、列报的细节测试以及实质性分析程序。

由于注册会计师对重大错报风险的评估是一种判断，可能无法充分识别所有的重大错报风险，并且由于内部控制存在固有局限性，因此无论评估的重大错报风险结果如何，注册会计师都应当针对所有重大的各类交易、账户余额、列报实施实质性程序。

注册会计师实施的实质性程序应当包括下列与财务报表编制完成阶段相关的审计程序：①将财务报表与其所依据的会计记录相核对；②检查财务报表编制过程中做出的重大会计分录和其他会计调整。注册会计师对会计分录和其他会计调整检查的性质和范围，取决于被审计单位财务报告过程的性质和复杂程度以及由此产生的重大错报风险。

如果认为评估的认定层次重大错报风险是特别风险，注册会计师应当专门针对该风险实施实质性程序。如果针对特别风险仅实施实质性程序，注册会计师应当使用细节测试，或将细节测试和实质性分析程序结合使用，以获取充分、适当的审计证据。此规定的考虑是，为应对特别风险需要获取具有高度相关性和可靠性的审计证据，仅实施实质性分析程序不足以获取有关特别风险的充分、适当的审计证据。

二、实质性程序的性质

实质性程序的性质是实质性程序的类型及其组合。一般地，实质性程序的两种基本类型包括细节测试和实质性分析程序：细节测试是对各类交易、账户余额、列报的具体细节进行测试，目的在于直接识别财务报表认定是否存在错报；实质性分析程序从技术特征上仍然是分析程序，主要是通过研究数据间关系评价信息，只是将该技术方法用作实质性程序，即用以识别各类交易、账户余额、列报及相关认定是否存在错报。

由于细节测试与实质性分析程序的目的和技术手段存在一定差异，因此各自有不同的适用领域。注册会计师应当根据各类交易、账户余额、列报的性质选择实质性程序类型。细节测试适用于对各类交易、账户余额、列报认定的测试，尤其是对存在或发生、计价认定的测试；对在一段时期内存在可预期关系的大量交易，注册会计师可以考虑实施实质性分析程序。

对于细节测试，注册会计师应当针对评估的风险设计细节测试，获取充分、适当的审计证据，以达到认定层次所计划的保证水平（注册会计师认定层次所计划的保证水平见图 6－2）。即注册会计师需要根据不同的认定层次的重大错风险设计有针对性的细节测试。例如，在针对存在或发生认定设计细节测试时，注册会计师应当选择包含在财务报表金额中的项目，并获取相关审计证据。

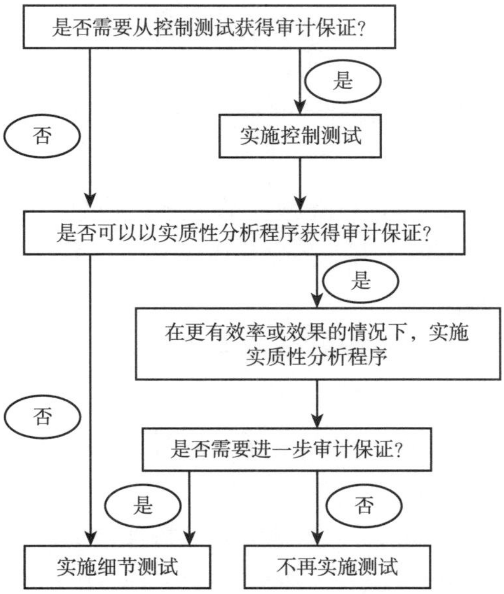

图 6－2　认定层次所计划的保证水平

三、实质性程序的时间

[同步思考 6-4]

结合控制测试的时间选择，思考实质性程序的时间选择与控制测试的时间选择两者之间存在什么关系？

理解要点：

实质性程序的时间选择与控制测试的时间选择既有共同点又存在差异。如表 6-4 所示。

表 6-4　实质性程序的时间选择与控制测试的时间选择的关系

时间	控制测试	实质性程序
期中	获取其中关于控制运行有效性审计证据的做法更具有一种"常态"	目的在于更直接地发现重大错报，在期中实施实质性程序时更需要考虑其成本效益
以前	拟信赖以前审计获取的有关控制测试运行有效性的审计证据，已经受到了很大的限制	对于以前审计中通过实质性程序获取的审计证据，则采取了更加慎重的态度和更严格的限制
共同点	两类程序都面临期中审计证据和对以前审计获取的审计证据的考虑	

1. 是否在期中实施实质性程序

在期中实施实质性程序，一方面消耗了审计资源，另一方面期中实施实质性程序获取的审计证据又不能直接作为期末财务报表认定的审计证据，注册会计师仍然需要消耗进一步的审计资源使期中审计证据能够合理延伸至期末。于是这两部分审计资源的总和是否能够显著小于完全在期末实施实质性程序所需消耗的审计资源，是注册会计师需要权衡的。因此，注册会计师在考虑是否在期中实施实质性程序时应当考虑的因素如下：

（1）控制环境和其他相关的控制。控制环境和其他相关的控制越薄弱，注册会计师越不宜依赖期中实施的实质性程序。

（2）实施审计程序所需信息在期中之后的可获得性。如果实施实质性程序所需信息在期中之后可能难以获取（如系统变动导致某类交易记录难以获取），注册会计师应考虑在期中实施实质性程序；但如果实施实质性程序所需信息在期中之后的可获得性并不存在明显困难，该因素不应成为注册会计师在期中实施实质性程序的重要影响因素。

（3）实质性程序的目标。如果针对某项认定实施实质性程序的目标就包括获取该认定的期中审计证据（从而与期末比较），注册会计师应在期中实施实质性程序。

（4）评估的重大错报风险。注册会计师评估的某项认定的重大错报风险越高，针对该认定所需获取的审计证据的相关性和可靠性要求也就越高，注册会计师越应当考虑将实质性程序集中于期末（或接近期末）实施。

（5）各类交易或账户余额以及相关认定的性质。例如，某些交易或账户余额以及相关认定的特殊性质（如收入截止认定、未决诉讼）决定了注册会计师必须在期末（或接近期末）实施实质性程序。

（6）针对剩余期间能否通过实施实质性程序或将实质性程序与控制测试相结合降低期末存在错报而未被发现的风险。如果针对剩余期间注册会计师可以通过实施实质性程序或将实质性程序与控制测试相结合，较有把握地降低期末存在错报而未被发现的风险（如注册会计师在10月实施预审时考虑是否使用一定的审计资源实施实质性程序从而形成的剩余期间不是很长），注册会计师可以考虑在期中实施实质性程序；但如果针对剩余期间注册会计师认为还需要消耗大量审计资源才有可能降低期末存在错报而未被发现的风险，甚至没有把握通过适当的进一步审计程序降低期末存在错报而未被发现的风险（如被审计单位于8月发生管理层变更，注册会计师接受后任管理层邀请实施预审时，考虑是否使用一定的审计资源实施实质性程序），注册会计师就不宜在期中实施实质性程序。

2. 期中审计证据的考虑

如果在期中实施了实质性程序，注册会计师应当针对剩余期间实施进一步的实质性程序，或将实质性程序和控制测试结合使用，以将期中测试得出的结论合理延伸至期末。该规定指出了在如何将期中实施的实质性程序得出的结论合理延伸至期末时，注册会计师有两种选择：一是针对剩余期间实施进一步的实质性程序；二是将实质性程序和控制测试结合使用。

如果拟将期中测试得出的结论延伸至期末，注册会计师应当考虑针对剩余期间仅实施实质性程序是否足够。如果认为实施实质性程序本身不充分，注册会计师还应测试剩余期间相关控制运行的有效性或针对期末实施实质性程序。

对于舞弊导致的重大错报风险（作为一类重要的特别风险），被审计单位存在故意错报或操纵的可能性，注册会计师就更应慎重考虑能否将期中测试得出的结论延伸至期末。因此，如果已识别出由于舞弊导致的重大错报风险，为将期中得出的结论延伸至期末而实施的审计程序通常是无效的，注册会计师应当考虑在期末或者接近期末实施实质性程序（进一步说，注册会计师应当考虑对于各种类别的特别风险，能否将期中实质性程序得出的结论延伸至期末）。

3. 以前审计获取的审计证据的考虑

在以前审计中实施实质性程序获取的审计证据，通常对本期只有很弱的证据效力或没有证据效力，不足以应对本期的重大错报风险。只有当以前获取的审计证据及其相关事项未发生重大变动时（例如以前审计通过实质性程序测试过的某项诉讼在本期没有任何实质性进展），以前获取的审计证据才可能用作本期的有效审计证据。但即便如此，如果拟利用以前审计中实施实质性程序获取的审计证据，注册会计师应当在本期实施审计程序，以确定这些审计证据是否具有持续相关性。

四、实质性程序的范围

评估的认定层次重大错报风险和实施控制测试的结果是注册会计师在确定实质性程序的范围时的重要考虑因素。因此，在确定实质性程序的范围时，注册会计师应当考虑评估的认定层次重大错报风险和实施控制测试的结果。注册会计师评估的认定层次的重大错报风险越高，需要实施实质性程序的范围越广。如果对控制测试结果不满意，注册会计师应当考虑扩大实质性程序的范围。

在设计细节测试时，注册会计师除了从样本量的角度考虑测试范围外，还要考虑选样方法的有效性等因素。例如，从总体中选取大额或异常项目，而不是进行代表性抽样或分层抽样。

实质性分析程序的范围有两层含义：第一层含义是对什么层次上的数据进行分析，注册会计师可以选择在高度汇总的财务数据层次进行分析，也可以根据重大错报风险的性质和水平调整分析层次。例如，按照不同产品线、不同季节或月份、不同经营地点或存货存放地点等实施实质性分析程序。第二层含义是需要对什么幅度或性质的偏差展开进一步的调查。实施分析程序可能发现偏差，但并非所有的偏差都值得展开进一步调查，如果可容忍或可接受的偏差（预期偏差）越大，作为实质性分析程序一部分的进一步调查的范围就越小。于是确定适当的预期偏差幅度（在某些情况下还需要考虑偏差的性质）同样属于实质性分析程序的范畴。因此，在设计实质性分析程序时，注册会计师应当确定已记录金额与预期值之间可接受的差异额。在确定该差异额时，注册会计师应当主要考虑各类交易、账户余额、披露及相关认定的重要性和计划的保证水平。

本章小结

1. 注册会计师在展开审计工作时，应当了解被审计单位及其环境，以识别和评估财务报表重大错报风险，设计和实施进一步审计程序。风险评估程序，是指注册会计师为识别和评估财务报表层次以及认定层次的重大错报风险而设计和实施的审计程序，包括：询问被审计单位管理层和其他内部相关人员；实施分析程序；观察和检查。

2. 了解被审计单位及其环境是风险评估的必要程序，一个连续和动态收集、更新与分析信息的过程，内容包括：①行业状况、法律环境与监管环境及其他外部因素；②被审计单位的性质；③被审计单位会计政策的选择和运用；④被审计单位的目标、战略以及相关经营风险；⑤被审计单位的财务业绩衡量与评价。

3. 内部控制是被审计单位为了合理保证财务报告的可靠性、经营的效率和效果以及对法律法规的遵守，由治理层、管理层和其他人员设计并执行的政策和程序。通常包括下列五要素：控制环境；风险评估过程；信息系统与沟通；控制活动；监督。

4. 在审计中，注册会计师应当识别和评估财务报表层次以及各类交易、账户余额、列报认定层次的重大错报风险。注册会计师还应当运用职业判断，确定识别的风险哪些是需要特别考虑的重大错报风险。

5. 注册会计师应当针对评估的财务报表层次重大错报风险确定总体应对措施。注册会计师应当针对评估的认定层次重大错报风险设计和实施进一步审计程序，包括审计程序的性质、时间安排和范围。

6. 控制测试是测试控制运行的有效性，这一概念需要与“了解内部控制”的含义进行区分。实质性程序是注册会计师针对评估的重大错报风险实施的直接用以发现认定层次重大错报的审计程序。

复习思考题

1. 什么是风险评估程序？它包含哪些？
2. 注册会计师应该从哪几个方面了解被审计单位及其环境？
3. 什么是内部控制？内部控制包含哪些要素？注册会计师在审计中应如何利用内部控制？
4. 在期中实施进一步审计程序存在哪些弊端？
5. 需要注册会计师特别考虑的重大错报风险有哪些？
6. 控制测试和实质性程序的性质、时间和范围分别是什么？

第七章 销售与收款循环审计

学习目标

1. 熟悉销售与收款循环的业务活动及所涉及的凭证和记录。
2. 理解并掌握销售与收款循环的内部控制及其测试内容。
3. 熟悉销售与收款循环重大错报风险的识别与评估内容。
4. 掌握营业收入和应收账款的实质性测试程序。

☞ 案例导入

2010 年，九好集团成立于杭州，是一家提供综合性商务服务的网络中介平台企业，首创了“互联网 + 后勤”的商业模式，其服务囊括了餐饮、物流等多方面。集团一直不断发展，直到 2016 年，证监会接到群众举报，并于同年 5 月 28 日，九好集团收到了《立案调查通知书》。2017 年 9 月 20 日，证监会对利安达会计师事务所（以下简称“利安达”）及负责该项目的注册会计师作出行政处罚。至此，利安达对九好集团借壳鞍重股份的审计失败案件终告一段落。

2012—2015 年，九好集团通过多种手段实施舞弊，三年共虚增 264897668.70 元服务费收入。其中，2015 年虚增 574786.32 元贸易收入，虚构 3 亿元银行存款，未披露 3 亿元借款及银行存款质押。事后发现，在函证实施时，注册会计师未对其全过程保持控制。九好集团的相关人员始终参与审计师的发函工作，询证函也未按拟定的选样标准进行发送。利安达拟定的发函清单共涉及九好集团的供应商 228 家，但经过调查发现实际发函仅为 54 家，同时也未妥善应对回函存在的问题和疑点。注册会计师在对 3 亿元定期存款实施函证程序时并没有收到回函，但利安达未再次发函或实施替代程序，审计结论仍为未见异常情况。利安达收到银行回函时已远远晚于审计报告出具日。证监会经过调查发现，注册会计师并没有关注和重视上述疑点，也没有以原有审计计划为基础补充其他必要的审计程序来应对以上问题。因此，注册会计师未能保持其应有的职业怀疑，从而导致其未能发现九好集团的舞弊事实，进而造成审计失败的发生。

（1）九好集团利用定期存单虚构银行存款，审计人员在审计时应关注什么？可采取哪些具体的审计程序？

（2）函证作为销售与收款循环重要的审计方法，注册会计师如何考虑应收账款函证的范围或规模？如果未收到回函，注册会计师如何实施替代程序？

资料来源：改编自“康雅琳．九好集团财务舞弊案例分析及审计启示［J］．现代商业，2020（18）：95－96”。

第一节　销售与收款循环概述

销售与收款循环是企业经营活动的主要业务循环之一，涉及销售商品和提供劳务的各项业务活动过程，由顾客提出订货单开始，经一系列业务活动，直至企业收到货款为止。对于大多数企业而言，销售与收款循环通常是重大业务循环。

根据财务报表项目与业务循环的相关程度，销售与收款循环涉及的资产负债表项目主要包括应收票据、应收账款、长期应收款、预收账款、应交税费等；所涉及的利润表项目主要包括营业收入、税金及附加、销售费用等。

销售与收款循环主要包括两部分内容：一是本循环涉及的主要业务活动；二是本循环所涉及的主要凭证和会计记录。

一、销售与收款循环涉及的主要业务活动

销售与收款循环涉及可供销售商品和劳务所有权转让的各项业务和过程，从客户提出订货要求开始，将商品或劳务转化为应收款项，并最终以收回货币资金结束。其主要业务流程如图7－1所示。

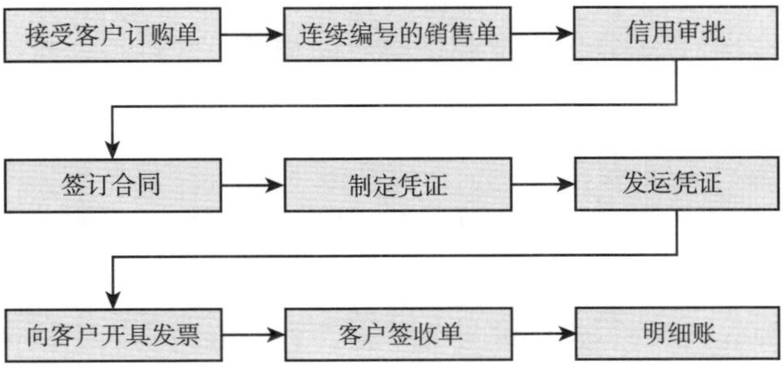

图7－1　销售与收款循环涉及的主要业务流程

（一）接受顾客订单

通常情况下，仅接受符合企业管理层授权标准的订购单。例如，管理层一般设有已批准销售的客户名单。销售部门在决定是否接受某客户的订购单时，需要检查该客户是否在名单内。对于未列入名单的客户，通常需要由销售部门的主管来决定是否同意销售。

较多企业在批准客户订购单后必要时应首先签订销售合同，然后编制一式多联的销售

单。销售单是证明有关销售业务“存在或发生”认定的原始凭据之一，也是企业销售业务交易轨迹的起点。

（二）批准赊销信用

企业销售业务分为现销和赊销两种基本方式，现代商业活动中信用的广泛使用，使得赊销已成为目前各企业普遍采用的销售方式。

对于赊销业务，由信用管理部门根据经管理层批准的赊销政策，在每个客户的已授权的信用额度内进行批准。信用管理部门的员工在收到销售单后，应将销售单与该顾客已被授权的赊销信用额度以及至今尚欠的账款余额比较。对新顾客必须按照赊销政策调查其信用状况，包括获取信用评审机构对顾客信用等级的评定报告以及经过合法授权人员批准客户的赊销额。

执行人工赊销信用检查时，还应合理划分工作职责，以切实避免销售人员为扩大销售规模而使坏账损失超过正常水平，产生信用风险。无论批准赊销与否，被授权的信用管理部门人员都必须在销售单上签署意见，然后再将已签署意见的销售单送回销售单管理部门。设计信用授权批准控制的目的是降低企业信用风险，因此该控制与应收账款净额的“估价或分摊”认定有关。

（三）按销售单编制出库单并供货

仓库管理人员只有在收到经过批准的销售单后才能编制出库单并安排发货。这项控制旨在防止仓库管理人员在未经授权之前擅自发货。已批准的销售单是仓库根据授权发货的依据。

在使用信息技术的企业中，信息技术应用程序可能在销售单经批准后才生成连续编号的出库单，并按照设定的要求对出库单和销售单的相关内容进行核对。

（四）按出库单装运货物

产品配送人员在发货时清点货物，确认与出库单一致后在出库单上签字确认并进行货物运输。

出库单通常是一式多联的、连续编号的单据，可由电脑或人工编制，按序归档的发运凭证通常由运输部门保管。出库单提供了商品确实已装运的证据，是向客户开出账单必不可少的凭据。因此，它是证实销售业务“存在或发生”认定的另一种形式的凭据。而定期检查以确定在编制的每张发运凭证后均附有相应的销售发票，有助于保证销售业务“完整性”认定的正确性。

（五）向客户开具发票

向客户开具发票这一环节涉及的主要问题有：（1）是否对所有发运的货物均已开具了发票（完整性）；（2）是否仅对实际发运的货物开具发票，有无重复开具发票或虚开发票

（发生）；（3）是否按已授权批准的商品价目表所列价格开具发票（准确性）。

财务部门向顾客开具的账单主要是事先连续编号的销售发票，销售发票一式多联，财务部门应保管相应的副联以备检查。

为保证及时、正确地开出账单，降低遗漏、重复、错误计价或其他差错的风险，财务部门应设立相关的控制程序，包括：财务部门应有专人负责检查是否对仓储部门和运输部门转来的发运凭证记录的所有发运商品都开具了账单；财会人员在编制每张销售发票之前，应独立检查是否存在发送凭证和相应的已审批的销售单，两者的商品类别、数量等内容是否一致，销售单上的价格与已授权批准的商品价目表是否一致；财会人员应依据已授权批准的商品价目表编制销售发票，并派专人独立检查销售发票计价和计算的正确性。

上述控制程序的目的是确保用于记录销售业务的销售发票的正确性，与销售业务的“存在或发生”认定、“完整性”认定以及“估价或分摊”认定有关。

（六）记录销售

销售业务的过程主要包括区分赊销、现销，按销售发票编制转账记账凭证或现金、银行存款收款凭证，再据以登记销售明细账和应收账款明细账或现金、银行存款日记账。审计人员重点关注的是销售发票是否记录正确，并归属到适当的会计期间。

为保证恰当地记录销售业务，财务部门通常采取的控制程序包括：财会人员只依据附有有效发运凭证和销售单的销售发票记录销售，且这些发运凭证和销售单应能证明销售业务发生的真实性及其发生的日期；财务部门应有专人控制所有事先连续编号的销售发票；财务部门应有专人负责独立检查已处理销售发票上的销售金额同会计记录金额的一致性；记录销售业务的职责应与前面说明的处理销售业务的其他功能相分离；对记录过程中所涉及的有关记录的接触应予以限制，以减少未经授权批准的记录的发生；财务部门应定期独立检查应收账款的明细账与总账的一致性。上述控制程序与销售业务的“存在或发生”认定、“完整性”认定以及“估价或分摊”认定有关。

（七）定期对账和催收账款

财务部门应定期编制并向顾客寄送应收账款对账单，与顾客核对账面记录，保证所有的应收账款都能正确地记录，如存在差异，则应及时查明原因并调整。财务部门还应编制应收账款账龄分析表，对已超过正常信用期限、长期拖欠货款的顾客还要以各种方式催收货款并通知信用管理部门修订该顾客的信用评分。

（八）办理和记录现金、银行存款收入

这项活动涉及的是货款收回，导致现金、银行存款增加以及应收账款等项目的减少。在办理和记录现金、银行存款收入时，企业最关心的是货币资金的安全。货币资金的失窃或被侵占可能发生在货币资金收入入账之前或入账之后。为实现控制目的，一是要注意不相容职务的分离，二是严格保管汇款通知单并及时复核检查。处理货币资金收入时要保证

全部货币资金如数、及时地记入现金、银行存款日记账或应收账款明细账，并如数、及时地将现金存入银行。企业通过出纳与现金记账的职责分离、现金盘点、编制银行余额调节表、定期向客户发送对账单等控制来实现。

（九）审批销售的退回和折让

顾客如果对不符合其订货要求的商品不满意，提出退货要求，销售企业一般都会同意接受退货，或给予一定的销货折让；如果顾客提前支付货款，则可能会给予一定的销货折扣。发生此类事项时，应由负责收款和记录应收账款以外的人员（通常由销售部门主管）根据退货验收单和入库单批准退货，对销货折让同样需由具备审批权的管理人员审批后执行，并据此编制贷项通知单，财务部门根据销售退回与折让业务凭证及时、正确地记录。

（十）计提坏账准备

企业一般定期对应收票据/应收账款的预期信用损失进行估计，根据估计结果确认信用减值损失并计提坏账准备，管理层对相关估计进行复核和批准。

（十一）核销坏账

如有证据表明，某项货款已无法收回，企业即通过适当的审批程序注销该笔应收账款。

二、销售与收款循环涉及的凭证和会计记录

在内部控制较为健全的企业，处理销售与收款业务通常需要使用多种单据与会计记录。以下列示了常见的销售与收款循环所涉及的主要单据与会计记录：

（一）客户订购单

客户订购单即客户提出的书面购货要求。企业可以通过销售人员或其他途径，如采用电话、信函、邮件和向现有的及潜在的客户发送订购单等方式接受订货，取得客户订购单。

（二）销售单

销售单是列示客户所订商品的名称、规格、数量以及其他与客户订购单有关信息的凭证，作为企业内部处理客户订购单的凭据。

（三）销售合同

销售合同是供需双方所签订的具有法律效力的文件。合同需明确双方的责任，包括所订商品的品种、规格、数量、质量、价格、付款方式以及供货时间等，合同要经双方签字盖章后生效。

（四）出库单

出库单是仓储部门发出商品时编制的，用以记录发出商品的名称、规格、数量和其他有关数据的凭证，作为财务部门记录销售业务的依据。

（五）发运凭证

发运凭证是运输部门在发运商品时编制的，用以反映运输商品的名称、规格、数量和其他有关数据的凭证，发运凭证的一联寄送给顾客，其余联次由销售企业各部门保留。发运凭证可用作向顾客开票收款的依据。提货单也属于发运凭证的一种形式，是运输部门和销售企业之间有关商品收发业务的书面凭证。

（六）销售发票

销售发票通常包含已经销售商品的名称、规格、数量、价格、销售金额等内容。销售发票的一联寄送给顾客，向顾客说明货款数额和付额期限，其余联次由销售企业自行保留，作为企业在会计账簿中登记销售业务的基本凭证。

（七）商品价目表

商品价目表是列示已经授权批准的、可供销售的各种商品的价格清单。

（八）贷项通知单

贷项通知单是一种用于表示因销售退回或经批准的折让而导致应收货款减少的单据，其格式通常与销售发票的格式类似，但是用来说明应收账款的减少而不是增加。

（九）销售日记账或明细账

销售日记账是用来记录销售业务的日记账，通常记载不同类别的销货总额、应收账款分录、其他各项明细记录等，常常只汇总记入每天的合计数，再将有关明细记录汇总记入总账。主营业务收入明细账是用来记录销售业务详细情况，按销售商品品种、规格等反映不同类别的销售总额。

（十）销售退回及折让日记账或明细账

销售退回及折让日记账或明细账是用来核算企业销售商品时，按销售合同规定及早收回货款而给予顾客的销货折扣和因商品品种、质量等原因而给予顾客的销售折让情况的日记账或明细账，与销售日记账基本相同。

（十一）汇款通知书

汇款通知书是与销售发票一起寄给顾客，由顾客在汇款时再随同付款支票一并交回销售企业的凭证。通知书上需注明顾客名称、销售发票号码、金额、销售企业开户银行账号等内容。如果顾客没有将汇款通知书随同货款一并交回，一般应由收受货款的人员在收取货款时再代编一份汇款通知书。采用汇款通知书能使收取的货款立即存入银行，从而改善资产的管理控制情况。

（十二）现金日记账和银行存款日记账

现金日记账和银行存款日记账是用来记录应收账款的收回或现销收入以及其他各种现金、银行存款收入和支出的日记账。

（十三）坏账核销审批表

坏账核销审批表是一种用于批准将无法收回的应收款项作为坏账予以核销的单据，仅在企业内部使用。

（十四）应收账款明细账

应收账款明细账是用来记录每个顾客各项赊销、货款收回、销售退回及折让的明细账，所有应收账款明细账的余额合计数与应收账款的总账余额相等。

（十五）客户对账单

客户对账单是一种定期寄送给客户的用于购销双方核对账目的文件。客户对账单上通常注明应收账款的期初余额、本期销售交易的金额、本期已收到的货款、贷项通知单的金额以及期末余额等内容。对账单可能是月度、季度或年度的，取决于企业的经营管理需要。

（十六）转账凭证

转账凭证是指记录各项转账业务的记账凭证，根据有关转账业务（即不涉及现金、银行存款收付的各项业务）的原始凭证编制。

（十七）收款凭证

收款凭证是指用来记录现金和银行存款收入业务的记账凭证。

销售及收款循环的主要业务活动、相关账户、常见凭证及相关部门如表 7－1 所示。

表 7－1　　销售及收款循环的主要业务活动、相关账户、常见凭证及相关部门

业务类型	业务活动	相关账户	常见凭证和会计记录	相关部门
销售活动	接受顾客订单	主营业务收入	顾客订货单	销售部门
	批准赊销信用	应收账款	销售单	信用管理部门
	签订销售合同		销售合同	销售部门
	按销售单供货		出库单	仓储部门

续表

业务类型	业务活动	相关账户	常见凭证和会计记录	相关部门
销售活动	向顾客开具账单		销售发票和商品价目表	财务部门
	记录销售		应收账款总账和明细账	财务部门
办理和记录现金，银行存款收入	收取货款	银行存款和应收账款	汇款通知书、转账凭证、收款凭证、顾客月末对账单、现金日记账和银行存款日记账	财务部门
办理和记录销售退回，销售折扣与折让	办理和记录销售退回、销售折扣与折让	主营业务收入、应收账款	贷项通知单、销售退回、折扣与折让明细表	财务部门、销售部门
注销坏账	注销坏账	应收账款	坏账审批表	管理部门
提取坏账	准备计提坏账准备	坏账准备、信用减值损失	应收账款总账和明细账	财务部门

[同步案例7－1]

背景与情境：

注册会计师对被审计单位M公司2022年的相关收入进行审计时，发现M公司存在以下与收入确认相关的交易处理情况：

（1）被审计单位在2022年12月按合同约定给A公司发出产品时，对方告知由于发生巨额亏损，资金周转困难，无法承诺付款。为了保持良好的客户关系，M公司仍于2022年年末交付产品，但在2022年未确认相应的主营业务收入。

（2）被审计单位确认对B公司的销售收入计2000万元（不含税，增值税税率为13%）。相关会计记录显示，销售给B公司的产品系按其要求定制，成本为1800万元，支付了1000万元款项，该产品尚存放于被审计单位，且被审计单位尚未开具增值税发票和通知B公司提货。

（3）2022年12月，被审计单位销售一批商品给C公司。C公司已根据被审计单位开出的发票账单支付了货款，取得了提货单，但被审计单位尚未将商品移交C公司。被审计单位未确认该笔收入。

（4）2022年12月30日，被审计单位销售一批高档家具给D宾馆。该批家具总售价1000万元，12月30日装运家具时，已收到800万元货款，合同约定，被审计单位应将该家具送抵D宾馆并按照图纸摆放到各客房。被审计单位在2023年1月3日安装摆放完毕，且收到剩余货款。2022年，被审计单位确认了销售收入1000万元。

问题：M公司的交易处理是否正确？为什么？

分析提示：

（1）处理正确。由于并不满足预期的经济利益能够流入企业这个关键的条件，所以不应确认收入。

(2) 处理不正确。由于B公司并未验收，产品是否合格无法认定，所以不应确认收入。

(3) 处理不正确。采用交款提货的销售方式，即购买方已根据销售方开出的发票账单支付货款，并取得销售方开出的提货单。在这种情况下，购买方支付货款并取得提货单，说明商品所有权上的主要风险和报酬已转移给购买方，虽然商品未实际交付，M公司仍可以认为商品所有权上的主要风险和报酬已经转移，所以应确认收入。

(4) 处理正确。虽然M公司尚未完成安装摆放工作，但就该销售而言，安装工作并不是影响销售实现的重要因素，收入已实现。

第二节 销售与收款循环的内部控制及其测试

一、销售与收款循环的内部控制

企业通过建立健全销售与收款业务循环的内部控制制度，能有效地起到相互牵制、防止发生错误和出现弊端或大大减少错误、舞弊发生概率的作用。因此，健全的内部控制是销售与收款循环必不可少的组成部分，主要包括以下四个方面的内容。

(一) 建立适当的职责分工

适当的职责分工有助于防止各种有意的或无意的错误，是内部控制中一项重要的控制措施。为了保证销售与收款循环控制系统的有效性，应按业务环节建立明确的职责分工，包括处理客户订单、调查信用、批准信用、发送商品、结算开单、办理销售退回与折让、收取货款、会计记录和核对账目等工作，要分别由不同的职能部门与人员负责，相互制约，防范舞弊行为的发生。主要职责分工如下：

第一，批准赊销信用与销售相互独立，防止销售部门为增加业绩而放宽信用标准，导致企业信用风险增大。

第二，批准赊销信用与发货开票相互独立，防止向不符合信用标准的客户进行赊销，增加坏账风险。

第三，发送货物与开票相互独立，防止发货未经批准，销售业务没有被记录或商品被盗窃。

第四，发送货物与记账相互独立，防止商品被盗窃并通过篡改记录加以掩饰。

第五，收取货款与销售收入、应收账款记录相互独立，防止客户所付款项被贪污并篡改加以掩饰。

第六，批准销售退回与折让业务和记账业务相互独立，防止收到的货款被贪污。

第七，批准坏账与收款业务、记账业务相互独立，防止不符合规定的坏账被批准，收到的款项被贪污。

第八，编制和寄送客户对账单与收款业务、记账业务相互独立，以检查销售收款业务中的错弊。

第九，执行内部检查与业务办理、记录相互独立，保证内部检查的独立性和有效性等。

（二）信息传递程序控制

企业管理当局对于相关的信息传递程序实施严格有效的控制，具体包括：授权程序、文件和记录的使用、独立检查。

1. 严格的授权审批程序

销售与收款循环各环节要经过适当的授权批准。它主要包括以下四个关键控制点上的审批程序：

第一，向客户提供信用前要进行调查并经授权批准，以控制信用风险。

第二，发送货物只有在授权批准后才能进行，以防止向虚构的客户发货。

第三，销售价格、销售条件、运费、退货和折让必须经过授权批准，以防止销售价格、退货和折让背离企业经营管理政策。

第四，由保管票据以外的主管人员批准应收票据承兑、违约票据冲销。

2. 文件和记录（注意文件、记录的名称以及凭证的预先编号）的充分使用

每个企业应根据自身特点设置充分的记录手续，以实现其各项控制目标。关键性的销货单、销售发票、发运凭证等都应事前按顺序编号使用，以防止遗漏开票或记录销售业务，防止重复开票或记账。如销售部门收到订货单之后，立即编制一式几联的销货单，分别用于批准赊销、批准发货、记录发货数量、向客户开具发票账单，以实现定期清点销售发票防止漏开账单的情况。其他诸如定期编制并向客户寄送对账单；对每个客户建立应收账款明细账；以应收票据结算时，须设置登记簿详细记录票据种类、编号、出票人、票面金额、利率、到期日等情况。

3. 独立检查

企业应规定由内部审计人员或其他独立人员检查销售业务的处理和记录，检查内容包括：

第一，检查销货单、销售发票、发运凭证，确保其一致性和正确性。

第二，核对汇款通知单、收款单和存款单等，保证对每笔收到的货款都进行登记。

第三，检查已批准的销售业务是否编制了销货单。

第四，定期检查销售日记账和总账、应收账款明细账和总账、现金及银行存款日记账和总账的一致性。

第五，对全部凭证的编号应定期检查，并调查凭证缺号的原因。

（三）实物控制

销售与收款循环的实物控制措施主要包括以下三点：

第一，限制非授权人员接近存货，货物的发出必须有经批准的销货单；对于退货也要加强实物控制，由收货部门进行验收并填写验收报告和入库单。

第二，限制非授权人员接近各种记录和文件，防止伪造和篡改记录。

第三，赊销方式下，企业与客户之间的货款结算还包括应收票据，要加强对应收票据的实物控制，保管票据及现金与一般会计记录职责要分离。

（四）定期寄出对账单

由出纳、销售及应收账款记录以外的人员按月向客户寄发对账单，既能督促客户履行合约，也能促使顾客在发现应付账款余额不正确时及时做出说明。为更好地实现控制目标，最好指定一位不掌管货币资金、不记载主营业务收入和应收账款账目的主管人员处理账户余额中出现的所有核对不符的账项。

二、销售与收款循环的风险识别与评估

（一）收入确认存在的舞弊风险

有的企业为达到粉饰报表的目的而采用虚增或隐瞒收入的方式实施舞弊。审计人员可以从实施舞弊的动机或压力出发，比如某公司想要上市，基于上市这一动机，管理层很有可能通过虚增收入来粉饰财务报表。

（二）收入的复杂性可能导致的舞弊

收入确认涉及的方法越复杂，其重大错报风险水平越高。比如可变对价安排、特殊的退货约定、特殊的服务期限安排等特殊的交易安排。管理层可能缺乏相应的交易风险判断经验，而导致收入确认发生错误。

（三）发生的收入交易未能得到准确记录

发生的收入交易未能得到准确记录与收入的准确性、应收账款的计价和分摊认定相关。审计人员应当查明收入未能得到准确记录的原因，并考虑是否存在潜在的重大错报风险。

（四）收入未被记录在正确的会计期间

期末收入交易和收款交易可能未计入正确的期间，包括销售退回交易的截止错误，与截止认定相关。审计人员应当关注被审计单位年尾年初的交易是否被记录于正确的会计期间，是否会对本年的营业收入产生重大影响。

（五）收入未被记录在正确的账户

收款未及时入账或计入不正确账户，导致应收账款、应收票据和银行存款的错报。多

数情况下属于分类错报，审计人员应当考虑报表项目的性质，有的时候即使其金额重大也不构成重大错报。比如，被审计单位有一项500万元的应收票据被记录到应收账款，但由于两个账户同属于资产类账户，即使记入了错误的账户，也不会对年度利润或损益产生影响，这种情况下不构成重大错报。

通常表明被审计单位在收入确认方面可能存在舞弊风险的迹象举例如表7－2所示。

表7－2　收入确认方面可能存在舞弊风险的迹象举例

序号	内容
1	注册会计师发现，被审计单位的客户是否付款取决于下列情况：（1）能否从第三方取得融资；（2）能否转售给第三方（如经销商）；（3）销售方能否满足一定的重要条件
2	未取得客户的同意，而在预定的发货期之前发送商品
3	未取得客户的同意，而将商品运送到其他地点
4	被审计单位的销售记录表明，已将商品发往仓库或货运代理人，却未指明任何客户
5	在实际发货之前开具销售发票，或实际未发货而开具销售发票
6	对于期末之后的发货，提前在本期确认相关收入
7	实际销售情况与订单不符，或者根据已取消的订单发货或重复发货
8	存放在货运代理人处的商品，期后有大量退回
9	销售合同或发运单上的日期被更改，或者销售合同上加盖的公章并不属于合同所指定的客户
10	接近期末时发生了大量或大额的交易
11	交易之后长期不进行结算

[同步案例7－2]

背景与情境：

（1）A公司属于水产养殖行业，主要产品销售到各水产品批发市场，销售结算方式68%采用现金销售方式；同时A公司董事会要求每年销售业绩增长25%以上。（2）B公司拥有3家子公司，分别生产不同的饮料产品。B公司所处行业整体竞争激烈，市场处于饱和状态，同行业公司的主营业务收入年增长率低于5%，但B公司董事会仍要求管理层将2022年度主营业务收入增长率确定为8%。管理层编制的B公司2022年度财务报表显示，已按计划实现收入。另外，B公司管理层除领取固定工资外，其奖金金额与当年完成主营业务收入的情况挂钩。

问题：针对以上公司的情况，指出是否存在舞弊风险因素，并简要说明理由和注册会计师的应对。

分析提示：

事项（1）存在舞弊“动机或压力”风险因素。

原因是A公司董事会要求每年销售业绩增长25%以上，依据收入的逐年增长来衡量业绩，同时68%销售业务是采用现金结算方式，财务报表存在舞弊风险的可能性高，根据收入确认舞弊假设，注册会计师可以直接假定收入确认存在舞弊风险。

事项（2）存在舞弊“动机或压力”风险因素。

原因是B公司所在行业整体竞争激烈，市场处于饱和状态，董事会对管理层制定了过高的盈利能力指标，另外，管理层个人报酬中有相当一部分（如奖金）取决于公司能否实现激进的目标（经营成果）。根据收入确认舞弊假设，注册会计师可以直接假定收入确认存在舞弊风险。注册会计师在识别和评估由于舞弊导致的重大错报风险时，应当基于收入确认存在舞弊风险的假定，评价哪些类型的收入、收入交易或认定导致舞弊风险。如果未将收入确认作为由于舞弊导致的重大错报风险领域，则应当在审计工作底稿中记录得出该结论的理由。

三、销售与收款循环内部控制测试概述

销售及收款循环下的内部控制目标、关键控制程序和常用的实质性测试如表7－3所示。

表7－3　销售及收款循环下的内部控制目标、关键控制程序和常用的实质性测试

内部控制目标	关键内部控制	常用的内部控制测试	常用的实质性测试
登记入账的销售业务确系已经发货给真实的客户（存在或发生）	1. 所有的顾客订货单都要经过恰当的赊销授权，然后凭此编制销售单和发货； 2. 专人负责开具销售发票，并已恰当地登记入账； 3. 发运凭证上必须要有承运者的签名，销售业务是以经过审核的发运凭证及经过批准的顾客订货单为依据登记入账的。每月向顾客寄送对账单，对顾客提出的意见作专案追查	1. 检查销售发票副联是否附有发运凭证（或提货单）及顾客订货单，检查顾客的赊购是否经授权批准； 2. 检查销售发票连续编号的完整性； 3. 观察是否寄发对账单，并检查顾客回函档案	1. 复核主营业务收入总账、明细账以及应收账款明细账中的大额或异常项目； 2. 追查主营业务收入明细账中的分录至销售单、销售发票副联及发运凭证； 3. 将发运凭证与存货永续记录中的发运分录进行核对； 4. 将主营业务收入明细账中的分录与销售单中的赊销审批和发运审批进行核对
所有销售业务均已登记入账（完整性）	1. 发运凭证（或提货单）均经事先编号，并已登记入账； 2. 销售发票均经事先编号并登记入账，作废的发票应加盖“作废”戳记，并保留在发票本上	1. 检查发运凭证连续编号的完整性； 2. 检查销售发票连续编号的完整性	将发运凭证与相关的销售发票和主营业务收入明细账及应收账款明细账中的分录进行核对
登记入账的销售数量确系已发货的数量，已正确开具收款账单并登记入账（估价或分摊）	1. 销售价格、付款条件、运费和销售折扣的确定已经适当的授权批准； 2. 由独立人员对销售发票的编制作内部核查	1. 检查销售发票是否经适当的授权批准； 2. 检查有关凭证上的内容核查标记	1. 复算销售发票上的数据追查主营业务收入明细账中的分录至销售发票； 2. 追查销售发票上的详细资料至发运凭证、经批准的商品价目表和顾客订货单

续表

内部控制目标	关键内部控制	常用的内部控制测试	常用的实质性测试
销售业务的分类恰当（分类）	1. 采用适当的会计科目表； 2. 内部复核和核查	1. 检查会计科目表是否适当； 2. 检查有关凭证上内部复查和查核的标记	1. 检查证明销售业务分类； 2. 正确的原始证据
销售业务的记录及时（及时性）	1. 采用尽量能在销售发生时开具收款账单和登记入账的控制方法； 2. 内部核查	1. 检查尚未开具收款账单的发货和尚未登记入账的销售业务； 2. 检查有关凭证上内部核查的标记	将销售业务登记入账的日期与发运凭证的日期比较核对
销售业务已经正确地记入明细账，并经正确汇总（过账和汇总）	1. 每月定期给顾客寄送对账单； 2. 由独立人员对应收账款明细账作内部核查； 3. 将应收账款明细账余额合计数与其总账余额进行比较	1. 观察对账单是否已经寄出； 2. 检查内部核查标记； 3. 检查将应收账款明细账余额合计数与其总账余额进行比较的标记	将主营业务收入明细账加总，追查其至总账

四、销售与收款循环的内部控制测试

审计人员在开始销售与收款循环的审计活动时，首先应通过了解内部控制，为进行内部控制测试收集一定证据，从而对内部控制健全性、有效性做出评价。

（一）了解并描述该循环的内部控制

审计人员在测试前，首先要通过收集和审阅与该循环相关的资料、文件，结合审计人员实地观察的结果，采用文字描述法、调查表法、流程图法等方法对企业的内部控制加以描述，并纳入审计工作底稿。

（二）检查不相容职责的划分

针对企业不相容职责划分情况的检查，审计人员通常需要采取以下审计活动：走访、观察信用部门与应收款项处理部门是否独立，或分别由不同的人员负责；抽取销售退回或折让发票，审查其是否由业务记录以外的人员批准；验证坏账冲销是否经过收款业务、记账业务以外的人员批准；了解应收款项账簿记录人员与出纳员的职责分工。

（三）检查授权审批程序

对于企业的授权审批控制，审计人员重点关注以下关键点的审批控制：在销售业务发生之前，赊销是否已经正确审批；非经正当审批，不得发出货物；销售价格、销售条件、运费、折扣等必须经过审批；审批人员应当根据销售与收款授权批准制度的规定，在授权范围内进行审批，不得超越审批权限；对于超过企业既定销售政策和信用政策规定范围的特殊销售业务，企业应当进行集体决策。前两项控制的目的在于防止企业财产因向虚构的或者无力支付货款的顾客发货而蒙受损失；价格审批控制的目的在于保证销货业务按照企业定价政策规定的价格开票收款；对授权审批范围设定权限的目的则在于防止因审批人决策失误而造成严重损失。

（四）检查凭证和记录的控制

由于每个企业的销售业务活动的产生、处理和记录等制度都各有其独特性，因此，较难评价其各项控制是否足以发挥最大的作用，但是至少在企业具备充分的记录手续时有可能实现其他各项控制目标。

对凭证预先进行编号，可以有效防止销售业务发生后忘记向顾客开具账单或登记入账，也可防止重复开具账单或重复记账。在企业对凭证预先编号的情况下，仍需指定专人负责检查和清点凭证。如由收款员对每笔销售开具账单后，将发运凭证按顺序归档，而由另一位员工定期检查全部凭证的编号，并调查凭证缺号的原因，就是实施这项控制的一种方法。

（五）观察对账单是否按期寄出

审计人员通过观察对账单的寄出情况，检查顾客的回复意见处理情况，可以掌握该控制的设计和执行情况。

（六）检查内部核查程序

审计人员可以采用检查内部审计人员的报告，或其他独立人员在他们核查的凭证上的签字等方法检查企业内部核查程序的有效性。

（七）测试内部控制制度的执行情况

审计人员通过向企业有关人员调查、询问，实地观察，抽查有关文件资料，测试检查有关发票制度、发货制度、结算制度的实际执行情况，如抽查销售发票副联是否附有发运凭证、订货单，销售发票是否经授权审批，评价内部控制的健全性和有效性，并发现是否存在违反内部控制规定的行为。

（八）抽查账龄分析表

在测试时，应抽查账龄分析表，检查其是否按期编制，对于超过还款期限且金额较大的客户，应追查有无信用调查报告与批准文件，是否由独立部门或人员进行。

（九）审查销售折扣与收款的合理性

审计人员通过查阅制度与询问方式，了解企业销售折扣事项，同时抽验部分应收款项账簿记录和销售发票与相应的银行存款日记账或现金日记账核对，揭露不符合折扣政策的项目。

（十）审核坏账损失的账簿记录及相应的手续

审计人员对于数额较大的坏账损失要加以验证，查明有无经过正式的批准，是否由企业授权的主管批准，批准的原因是什么，坏账损失的计算依据是什么，揭露相关人员利用记录坏账损失、坏账准备账户的方式贪污现金的行为。必要时，对已注销的应收款项可采取函证方式加以证实。

（十一）评价销售与收款循环内部控制

通过对销售与收款循环内部控制的了解测试，包括企业经营环境与业务性质，销售业务管理，应收款项及现金、银行存款管理，相关会计科目的复杂性（如分期收款销售、租赁合同、长期工程合同），以前审计中发现的重大错弊等，评价固有风险，包括管理层道德风险、企业面临的财务风险、实现财务目标后对管理层可能产生的激励等。审计人员确定对内部控制信赖程序，指出存在的薄弱环节与失控点，评价控制风险，明确实质性测试的范围和重点，必要时调整或修订审计计划。

[同步案例7－3]

背景与情境：

M会计师事务所承接了X公司2022年度财务报表审计业务，2022年10月委派注册会计师李明等进行年报预审，李明在对X公司与1—9月报表相关的内部控制进行控制测试时，了解到X公司在销售与收款循环中的控制活动有：

（1）销售部门收取顾客寄来的订单后，由销售经理A对品种、规格、数量、价格、付款条件、结算方式等详细审核后签章，由销售部门为每张顾客订单打印一式两联的销售单，一份送到信用部门批准，另一份与顾客订单一起存档，销售单未连续编号。

（2）信用审核部门检查经授权的相关客户剩余赊销信用额度，并在销售部门编制的销售单上签字。在剩余销售信用额度内的销售，由信用审核部门职员B审批；超过剩余赊销信用额度的销售，在职员B审批后，还需获得经授权的信用审核部门经理C的批准。

（3）储运部门收到经批准的销售单，编制一式多联预先编号的装运单。仓库部门根据装运单发货，偶尔会出现顾客订单上的商品数量和类型与销售单或装运单上的记录不一致。

（4）会计部门收到销售单后，根据单中所列资料，开具统一的销售发票，将顾客联寄送顾客，将销售发票交应收账款专管员F，作为记账和收款的凭证。

（5）应收账款专管员F收到发票后，将发票与销货单核对，如无错误，据以登记应收账款明细账和总账，并将发票和销货单按顾客顺序归档保存。

（6）为了提高办事效率，X公司的露西分公司允许销货人员直接收款，销售人员收款后，部分销售人员直接将款项存入个人账户，延迟交款到公司财务部门。

（7）X公司对销售人员采用按销售额实施奖励的激励政策，出现了很多年末销售下年初退货的现象，销售退回货物由销售人员验收，每季度统一把相关凭证提交会计部门进行会计处理。

（8）X公司3年以上的应收账款金额大，且经询问，有许多都是很早以前遗留的应收账款，当事人已经不在，债务方也很难找到，由于无人负责，只好挂账。

（9）会计部门每月末编制存货的结存成本及可变现净值汇总表，将结存成本低于可变现净值的部分确认为存货跌价准备。

预审后，注册会计师与X公司的管理层交换意见，建议X公司加强销售与收款循环的内部控制的监督，完善其运行机制。

问题：

1. 根据了解到的情况，请指出X公司销售与收款循环内部控制各项活动是否存在缺陷，如果存在提出改进建议。

分析提示：

（1）活动（1）有缺陷，销售单未连续编号，且一式两联不能向相关环节传递凭证核对，容易出现遗漏和虚假。

建议：销售单应当连续编号，且最少一式五联。

（2）活动（3）有缺陷，仓库部门发货前没有把装运单与顾客订单、销售单相核对，容易出现错误发货。

建议：仓库部门发货前应当把装运单与顾客订单、销售单相核对。

（3）活动（5）有缺陷，应收账款专管员F同时登记与销售业务相关的总账和明细账，不相容职务未进行分离。

建议：由不同的会计人员登记与销售业务相关的总账和明细账。

（4）活动（6）有缺陷，销售业务执行与货款收取由一人完成，不相容的职责未分离；收款存入个人账户，不及时交给会计人员。

建议：加强对销售和收款业务的控制，禁止销售人员直接收取货款，加强原始凭证收集、传递和记账的控制，促使会计记录及时。

（5）活动（7）有缺陷，对销售人员采用按销售额实施奖励的激励政策，缺乏科学的激励政策；退货由销售人员验收，不相容职责未分离；退货按季统一处理，会计处理不及时。

建议：综合销售额和收款情况实施科学的对销售人员的激励政策；退货入库应当由仓储部门相关人员验收入库；退货收集的相关原始凭证应及时传递到会计部门进行会计处理。

（6）活动（8）有缺陷，3年以上的应收账款金额大，且挂账找不到债务人的应收账款多，坏账及其损失处理不及时。

2. 根据对X公司销售与收款内部控制的了解和测试，请分别指出上述内部控制缺陷与哪些财务报表项目或科目的何种认定相关（见表7-4）。

分析提示：

表7－4 内部控制缺陷及其涉及会计科目认定

内部控制缺陷	相关科目的认定
销售单未连续编号，且一式两联不能向相关环节传递凭证核对	营业收入的存在、准确性
仓库部门发货前没有把装运单与顾客订单、销售单相核对	营业收入准确性、应收账款的存在、准确性
应收账款专管员F同时登记与销售业务相关的总账和明细账	应收账款的存在、准确性
销售业务执行与货款收取由一人完成	营业收入的存在、准确性，应收账款的存在、计价与分摊
收款存入个人账户，不及时交给会计人员	营业收入的准确性、完整性，应收账款的计价与分摊、完整性
对销售人员采用按销售额实施奖励的激励政策	营业收入的存在、准确性，应收账款的存在、计价与分摊，销售费用的存在、准确性
退货由销售人员验收，退货不能及时进行会计处理	营业收入、营业成本的存在、准确性，应收账款的存在、计价与分摊，存货的存在、计价与分摊
3年以上的应收账款金额大，且挂账找不到债务人的应收账款多，坏账损失不及时处理	应收账款的存在、计价与分摊

3. 讨论注册会计师从销售与收款控制测试获取的证据得出对X公司内部控制的依赖程度如何影响实质性程序。

分析提示：

（1）如果通过控制测试获得销售与收款内部控制有效时，内控对财务报表认定需要的保证程度较低，实质性程序主要为分析程序和对高风险项目的细节测试。

（2）如果通过控制测试只能获得销售与收款循环有限的信赖时，实质性程序包括分析程序和细节测试。

（3）如果通过控制测试获得销售与收款内部控制无效时，注册会计师不信赖销售与收款相关活动及其会计处理，实质性程序以细节测试为主。

第三节 销售与收款循环的实质性测试

在完成控制测试之后，审计师基于控制测试的结果（即控制运行是否有效），考虑从控制测试中已获得的审计证据及其保证程度，确定是否需要对具体审计计划中设计的实质性程序的性质、时间安排和范围作出适当调整。在下文中，我们从风险对应的具体审计目标和相关认定的角度出发，对实务中较为常见的针对营业收入、应收账款和坏账准备的实质性程序进行阐述。这些程序可以从一个或多个认定方面应对识别的重大错报风险。

一、营业收入的审计

营业收入项目反映企业在销售商品、提供劳务等主营业务活动中所产生的收入，以及企业确认的除主营业务活动以外的其他经营活动实现的收入，包括出租固定资产、出租无形资产、出租包装物和商品、销售材料等实现的收入。

（一）营业收入的审计目标

其审计目标一般包括：确定利润表中记录的营业收入是否已发生，且与被审计单位有关（“发生”认定）；确定所有应当记录的营业收入是否均已记录（“完整性”认定）；确定与营业收入有关的金额及其他数据是否已恰当记录，包括对销售退回、可变对价的处理是否适当（“准确性”认定）；确定营业收入是否已记录于正确的会计期间（“截止”认定）；确定营业收入记录于恰当的账户（“分类”认定）；确定营业收入已被恰当地汇总或分解且表述清楚，按照企业会计准则的规定在财务报表中作出的相关披露是相关的、可理解的（“列报”认定）。营业收入包括主营业务收入和其他业务收入，本节仅对主营业务收入的实质性程序作出详细阐述。

（二）主营业务收入的实质性程序

1. 获取营业收入明细表，并执行以下工作

第一，复核加计是否正确，并与总账数和明细账合计数核对是否相符；

第二，检查以非记账本位币结算的主营业务收入使用的折算汇率及折算是否正确。

2. 基于对被审计单位及其环境等情况的了解，运用分析性复核方法审查营业收入完整性

分析性复核方法主要是将相关账户或项目进行对比、分析和研究，审计人员在对企业实施分析性复核程序时要考虑诸多因素，包括企业管理层对外报告及这些报告对其绩效评价的影响；企业经营业绩与行业内整体经营形势的不一致；经营业务会计处理是否过于复杂；接近季度末或年末时，企业销售是否发生大幅度增减变动等。具体分析内容包括：

第一，将本期各月各类营业收入的实际数与计划数进行比较、分析，了解完成计划情况；将本期的营业收入与上期的营业收入进行比较，分析产品销售的结构和价格变动是否异常；将企业的营业收入趋势与经济状况、行业趋势相比较，是否存在异常，并分析异常变动的原因。

第二，比较本期各月、各类营业收入的波动情况，分析其变动趋势是否正常，是否符合企业季节性、周期性的经营规律，查明异常现象和重大波动的原因，重点分析年末最后一个月销售额占总销售额的比例，是否存在季度末或年末销售激增的现象，查明有无异常现象；如果审计人员注意到营业收入异常增加，就需要对相关业务进行调查。

第三，计算销售折扣、销售退回及折让占赊销收入的比例，与上期数及行业平均值比较，是否超过经验及行业平均趋势所给予顾客的折扣等，查明有无异常，并分析异常变动的原因。

第四，计算本期重要产品和重要客户的销售额和毛利率，与企业上期毛利率及行业平均毛利率比较，检查是否存在异常，各期之间是否存在重大波动，查明原因。

第五，根据增值税发票申报表或普通发票估算全年收入，与实际收入金额比较，并检查是否存在虚开发票或已销售但未开发票的情况。

第六，依据营业收入和自变量（如营业成本、销售费用或行业总营业收入增长等）之间的关系，审计人员可以使用回归分析，来估计生产线的月营业额。

第七，审计人员还可以通过监盘原材料、在产品、产成品等存货，对收入记录的完整性进行分析，通过比较分析和存货监盘，审计人员可获得企业营业收入在整体上是否合理的证据。

审计人员通过分析，如发现企业存在上述各种情形，必要时则应实施实质性测试程序来获取审计证据。

3. 审查营业收入确认的正确性

审计实务中常发现企业正好在会计年度截止期前后出现大额销售或销售账户异常调整，或会计年度最后一个月的销售条件比以前月份对顾客更有利等各种可能存在舞弊的现象。因此，审计人员需审查营业收入的确认条件、方法，注意是否符合企业会计准则，前后期是否一致，特别关注周期性、偶然性的收入是否符合既定的收入确认原则、方法。

根据《企业会计准则第 14 号——收入》的规定，当企业与客户之间的合同同时满足下列条件时，企业应当在客户取得相关商品控制权时确认收入：（1）合同各方已批准该合同并承诺将履行各自义务；（2）该合同明确了合同各方与所转让商品或提供劳务相关的权利和义务；（3）该合同有明确的与所转让商品相关的支付条款；（4）该合同具有商业实质，即履行该合同将改变企业未来现金流量的风险、时间分布或金额；（5）企业因向客户转让商品而有权取得的对价很可能收回。

根据上述规定，审计人员需索取企业产品出库存根、销售发票副本和各种收入明细账，相互核对，审查企业是否存在混淆营业收入和其他收益、营业外收入界限的情况。审阅一定数量的产品发运单、销售发票副本、各种结算单据、有关明细账以及主要产品的生产进度表，核实企业是否遵循了权责发生制原则。根据生产经营与结算方式的不同特点，测试企业是否依据相关条件确认产品的销售收入，具体包括以下几点：

第一，采用交款提货销售方式，应于货款已收到或取得收取货款的权利，同时已将发票账单和提货单交给购货单位时确认收入的实现。审计人员应重点检查企业是否已将商品所有权上的主要风险和报酬转移给购货方，企业既没有保留通常与所有权相联系的继续管理权，也没有对已售出的商品实施有效控制，已收到货款或取得收取货款的权利，发票账单和提货单是否已交付购货单位，应关注企业有无人为扣押结算凭证，将当期收入转入下期入账，或者虚记收入、开假发票、虚列购货单位，将未实现的收入虚转为收入记账，在下期予以冲销的现象。

第二，采用预收账款销售方式，应于商品已经发出时，确认收入的实现。审计人员应重点检查企业是否已收到货款，商品是否已经发出，应关注企业是否存在对已收货款并已将商品发出的业务不入账、转为下期收入，或开具虚假出库凭证、虚增收入等现象。

第三，采用托收承付结算方式，应于商品已经发出，劳务已经提供，并已将发票账单提交银行、办妥收款手续时确认收入的实现。审计人员应重点检查企业是否发货，托收手续是否办妥，货物发运凭证是否真实，托收承付结算回单是否正确。

第四，委托其他单位代销商品的，如果代销单位采用视同买断方式，应于代销商品已经销售并收到代销单位代销清单时，按企业与代销单位确定的协议价确认收入的实现。审计人员应重点检查有无商品未销售、编制虚假代销清单、虚增本期收入的现象；如果代销单位采用收取手续费方式，应在代销单位将商品销售、企业已收到代销单位代销清单时确认收入的实现。

第五，采用分期收款结算方式，应按合同约定的收款日期分期确认收入。审计人员应重点检查本期是否收到价款，合同约定的本期应收款日期是否真实，是否存在提前确认收入或收入不入账、少入账、缓入账的现象。

第六，长期工程合同收入，一般应当采用完工百分比法，合理确认收入。审计人员应重点检查收入的计算、确认方法是否合乎规定，并核对应计收入与实际收入是否一致，检查有无随意确认收入、虚增或虚减本期收入的情况。

第七，委托外贸企业代理出口、实行代理制方式的，应在收到外贸企业代办的发运凭证和银行交款凭证时确认收入。审计人员应重点检查代办发运凭证和银行交款单是否真实，检查有无内外勾结，出具虚假发运凭证或虚假银行交款凭证的情况。

第八，对外转让土地使用权和销售商品房的，通常应在土地使用权和商品房已经移交并将发票结算账单提交对方时确认收入。审计人员应重点检查已办理的移交手续是否符合规定要求，发票账单是否已交对方。检查企业有无编造虚假移交手续，采用“分层套写”、开虚假发票的行为，防止其高价出售、低价入账，从中贪污货款。如果企业事先与买方签订了不可撤销合同，按合同要求开发房地产，则应按建造合同的处理原则处理。

4. 审查营业收入真实性和账务处理正确性

审计人员应抽取企业部分销售发票，追查销货合同、营业收入明细账、分类账，检查其记录、过账、加总是否正确一致，并与“应收账款”“应收票据”以及“银行存款”等账户核对是否相符，以核实其营业收入的真实性和账务处理的正确性。

（1）审查发票和销货合同。审计人员抽查发票时应审查发票的真伪、发票簿的连续编号是否完整，发票是否按规定顺序使用、填制，有无刮、改、涂、擦，作废发票是否加盖“作废”章并全联保存，发票记录的购货单位、商品名称、销售单价、数量、金额是否与销货合同或协议、记账凭证相符。

审计人员应抽取部分发票与发货记录相核对，检查仓储部门发出商品的品名、规格、数量、购货单位等与发票的相符性。抽取本期一定数量的记账凭证，检查入账日期、品名、数量、单价、金额等是否与销售发票、发运凭证、销售合同或协议等一致。

审查销货合同时应获取商品价格目录，抽查售价是否符合定价政策，并注意销售给关联方或关系密切的重要客户的商品价格是否合理，有无低价或高价结算以转移收入和利润的现象。

审查企业有无特殊的销售行为，如附有销售退回条件的商品销售、委托代销、售后回购、以旧换新、商品需要安装和检验的销售、分期收款销售、售后租回等，审计人员应针对各种不同情况的销售确定恰当的审计程序进行审核，包括：

第一，附有销售退回条件的商品销售，如果对退货部分能作合理估计的，确定其是否按估计不会退货部分确认收入；如果对退货部分不能作合理估计的，确定其是否在退货期满时再确认收入。

第二，售后回购，分析特定销售回购的实质，判断其是属于真正的销售商品业务，还是属于融资行为。

第三，以旧换新销售，确定销售的商品是否按照商品销售的方法确认收入，回收的商品是否作为购进商品处理。

（2）审查营业收入账务处理的正确性。审计人员可采用时间抽样，即选取审计期内某几个时间段落，对全部产品的营业收入账表进行审查。审查时可按结算方式的不同选用不同的方法与相关账户进行对比、核查。具体包括：以现金或支票结算方式销售商品时，可将销售发票存根与“营业收入明细账”“现金日记账”“银行存款日记账”相核对；以分期收款方式销售商品时，先核查是否按期转入“营业收入明细账”，然后按银行对账单收款项目检查已收货款是否转入“银行存款日记账”；审查中应核对“业务收支明细表”中“营业收入”栏金额与“营业收入明细账”贷方发生额中各种产品的金额及总额是否相等。

审计人员还要注意是否少计收入，例如：只计算营业收入，不计算联产品的收入；涉及外币的销售收入，还需要审查外币收入折算汇率是否正确。

（3）审查营业收入的截止期。对销售实施截止测试，其目的主要在于确定被审计单位主营业务收入的会计记录归属期是否正确：应记入本期或下期的主营业务收入是否被推延至下期或提前至本期。

审计人员可以考虑选择两条审计路径实施营业收入的截止测试：

一是以账簿记录为起点。从资产负债表日前后若干天的账簿记录追查至记账凭证和客户签收的出库单，目的是证实已入账收入是否在同一期间已发货并由客户签收，有无多记收入。这种方法的优点是比较直观，容易追查至相关凭证记录，以确定其是否应在本期确认收入，特别是在连续审计两个以上会计期间时，检查跨期收入十分便捷，可以提高审计效率。缺点是缺乏全面性和连贯性，只能检查多记，无法检查漏记，尤其是当本期漏记收入延至下期而审计时被审计单位尚未及时入账，不易发现应记入而未记入报告期收入的情况。因此，使用这种方法主要是为了防止多计收入。

二是以出库单为起点。从资产负债表日前后若干天的已经客户签收的出库单追查至账簿记录，确定主营业务收入是否已记入恰当的会计期间。

上述两条审计路径在实务中均被广泛采用，它们并不是孤立的。实际上，由于被审计单位的具体情况各异，管理层意图各不相同，有的为了完成利润目标、承包指标，更多地享受税收等优惠政策，便于筹资等目的可能会多计收入；有的则为了以丰补歉、留有余地、推迟缴税时间等目的而少计收入。因此，审计人员需要凭借专业经验和所掌握的信息进行风险评估，做出正确判断，选择适当的审计路径实施有效的收入截止测试。

5. 审查销售退回、折让及折扣的真实性，账务处理的正确性

由于会计实务中企业往往用销售退回、折让和折扣作为调节营业收入和利润水平的手段。如果企业将退回的商品重新作为新商品销售，则表明其存在舞弊的可能性。

审查企业的销售退回时，第一，分析企业销售退回原因是否合理，如果市场需求发生变化或价格波动，购货单位购入产品后因产品滞销或价格下跌，为转嫁损失而要求退货是不合理的。第二，审查销售退回的批准手续是否符合规定，应关注是否存在内外勾结、营私舞弊。第三，结合原始销售凭证检查其会计处理是否正确，如果存在退货凭证，而在“营业收入明细账”中未予以记录，说明有可能存在虚增营业收入，调高利润水平的问题，如果在“营业收入明细账”中有销售退回的记录，而无相关退货的原始凭证，则说明有可能存在隐匿营业收入、虚减利润、偷逃税金的问题。通过“营业收入明细账”“营业成本明细账”“产成品明细账”等有关账目的核对，审查销售退回账务处理的正确性，查明有无只冲减当期营业收入，而未相应冲减营业成本，或因计算错误多冲营业收入或营业成本等导致当期损益不真实、不正确的问题。第四，针对个别企业为追求本期销售计划的完成而采用期末虚构销售，开出“空头支票”，下期期初再冲回的弄虚作假，审计人员还应当结合应收账款函证程序，检查是否存在未经认可的大额销售。第五，审计人员须结合存货项目审计关注其真实性，检查销售退回的产品是否已验收入库并登记入账，有无形成账外物资的情况。

销售折让是指产品售出后，购买者发现产品品种、规格、质量不符合要求，不要求退货而提出在价格上给予折让的业务。销售折扣是指企业为了扩大销售和及时收回货款，按照一定条件，给予购买单位一定比例的折扣，从而减少的价款。审计人员首先取得或编制销售折让与折扣明细表，复核加计其正确性，并与报表、总账、明细账核对相符，在此基础上审查销售折扣与折让业务是否真实，内容是否完整，相关手续是否符合规定，折扣与折让的计算和会计处理是否正确。其次，取得企业有关折扣与折让的具体规定和其他文件资料，并抽查较大的折扣与折让发生额的授权批准情况，与实际执行情况进行核对，检查其是否经授权批准，是否合法、真实。再次，检查销售折让与折扣是否及时足额提交对方，有无虚设中介、转移收入、私设账外“小金库”等情况，可以通过对折让、折扣原因的调查和分析，进行必要的函证，确定合理的折让、折扣比例。最后，检查折扣与折让的账务处理是否及时、正确。

6. 审查关联方销售和集团内部销售

由于关联方交易的特殊性，审计人员应予以关注，调查企业是否存在关联方销售的情况，如存在，则需记录其交易品种、价格、数量、金额和比例，并记录占总销售收入的比例。对于合并范围内的销售活动，记录应予以合并抵销的金额。

对集团内部销售，审计人员也需要调查其销售情况，记录交易价格、数量和金额，并追查在编制合并财务报表时是否已予以抵销。

7. 审查营业收入在利润表上的披露是否恰当

略。

二、应收账款的审计

应收账款是指企业因销售商品、提供劳务而形成的现时收款权利，即由于企业销售商品、提供劳务等原因，应向客户收取的款项。应收账款余额一般包括应收账款账面余额和相应的预期信用损失两部分（坏账准备）。

（一）应收账款的审计目标

应收账款的审计目标一般包括：确定资产负债表中记录的应收账款是否存在（“存在”认定）；确定所有应当记录的应收账款是否均已记录（“完整性”认定）；确定记录的应收账款是否由被审计单位拥有或控制（“权利和义务”认定）；确定应收账款是否可收回；坏账准备计提方法和金额是否恰当，计提是否充分（“准确性、计价和分摊”认定）；应收账款及其坏账准备是否已记录于恰当的账户（“分类”认定），并已被恰当地汇总或分解且表述清楚，按照企业会计准则的规定在财务报表中作出的相关披露是相关的、可理解的（“列报”认定）。

（二）应收账款的实质性测试程序

以下列示了针对应收账款的常规的实质性程序：

1. 取得应收账款明细表，并执行以下工作

第一，复核加计正确，并与总账数和明细账合计数核对是否相符；结合“坏账准备”科目与报表数核对是否相符。应收款项报表数反映企业因销售商品、提供劳务等应向客户收取的各种款项，减去已计提的相应的损失准备后的净额。

第二，检查非记账本位币应收账款的折算汇率及折算是否正确。对于用非记账本位币（通常为外币）结算的应收账款，审计人员检查被审计单位外币应收账款的增减变动是否采用交易发生日的即期汇率将外币金额折算为记账本位币金额，或者采用按照系统合理的方法确定的、与交易发生日即期汇率近似的汇率折算，选择采用汇率的方法前后各期是否一致；期末外币应收账款余额是否采用期末即期汇率折合为记账本位币金额；折算差额的会计处理是否正确。

第三，分析有贷方余额的项目，查明原因，必要时，建议作重分类调整。

第四，结合其他应收款、预收款项等往来项目的明细余额，调查有无同一客户多处挂账、异常余额或与销售无关的其他款项（如代销账户、关联方账户或员工账户）。必要时提出调整建议。

2. 运用分析性复核程序分析应收账款的总体合理性

审计人员应运用分析性复核程序分析应收账款、营业收入的变动，根据各项比例及其趋势变化，从中找出不符合正常规律变动的情况，从而抓住进一步审核的重点。验证其总体合理性。具体分析内容包括：

第一，将本期应收账款的余额与上年度相比，了解其变动趋势，分析其波动原因。

第二，复核应收账款借方累计发生额与主营业务收入是否配比，并将当期应收账款借方发生额占销售收入净额的百分比与管理层考核指标比较，如存在差异应查明原因。

第三，分析应收账款周转率和应收账款周转天数等指标，并与企业以前年度指标、同行业同期相关指标对比分析，检查是否存在重大异常。

第四，分析每个主要客户的平均余额、应收账款占流动资产的百分比、应收账款账龄、坏账准备占应收账款的百分比、坏账费用占赊销净额的百分比、本期期末应收账款余额占本期销售额的比重等各项指标，并与上年度同类指标比较，分析其波动原因。

3. 确认已收回的应收账款金额

审计人员应请企业财务人员协助，在应收账款明细表上标出至审计时已收回的应收账款金额，对已收回金额较大的款项进行常规检查，如核对收款凭证、银行对账单、销货发票等，并注意凭证发生日期的合理性，分析收款时间是否与合同相关要素一致。通过审查确认应收账款已收回的部分，证实该部分应收账款期末余额的真实性和正确性，从而减少审计人员函证的工作量。

4. 对应收账款实施函证程序

函证应收账款的目的在于证实应收账款账户余额是否真实、准确。通过第三方提供的函证回复，可以比较有效地证明被询证者的存在和被审计单位记录的可靠性。除非应收账款在全部资产中占的比例极小，或者审计人员判断函证很可能是无效的，否则审计人员都必须对应收账款进行函证。如果认为函证很可能是无效的，审计人员应当实施替代审计程序，获取相关、可靠的审计证据。

（1）函证的范围和对象。函证范围是由诸多因素决定的，主要有：

第一，应收账款在全部资产中的重要程度。如果应收账款占资产总额的比重较大，则需要相应扩大函证的范围。

第二，被审计单位内部控制的有效性。如果相关内部控制有效，则可以相应减少函证范围；反之，则需要扩大函证范围。

第三，以前期间的函证结果。如果以前期间函证中发现过重大差异，或欠款纠纷较多，则需要扩大函证的范围。

第四，选择函证项目时，除考虑金额较大的项目，还需要考虑风险较高的项目。例如：账龄较长的项目；与债务人发生纠纷的项目；重大关联方项目；主要客户（包括关系密切的客户）项目；新增客户项目；交易频繁但期末余额较小甚至余额为零的项目；可能产生重大错报或舞弊的非正常的项目。这种基于一定的标准选取样本的方法具有针对性，比较适用于应收账款余额和性质差异较大的情况。如果应收账款余额由大量金额较小且性质类似的项目构成，则审计人员通常采用抽样技术选取函证样本。

（2）函证的方式。审计人员可采用积极的或消极的函证方式实施函证，也可将两种方式结合使用。由于应收账款通常存在高估风险，且与之相关的收入确认存在舞弊风险假定，因此，实务中通常对应收账款采用积极的函证方式。

［参考格式7－1］列示了积极式询证函的格式；［参考格式7－2］列示了消极式询证函的格式。

［参考格式7－1］

企业询证函（积极式）

编号：

××（公司）：

本公司聘请的××会计师事务所正在对本公司××年度财务报表进行审计，按照中国注册会计师审计准则的要求，应当询证本公司与贵公司的往来账项等事项。下列数据出自本公司账簿记录，如与贵公司记录相符，请在本函下端“信息证明无误”处签章证明；如有不符，请在“信息不符”处列明不符金额。回函请直接寄至××会计师事务所。

回函地址：

邮编：　　　　电话：　　　　传真：　　　　联系人：

1. 本公司与贵公司的往来账项列示如下：

单位：元

截止日期	贵公司欠	欠贵公司	备注

2. 其他事项

本函仅为复核账目之用，并非催款结算。若款项在上述日期之后已经付清，仍请及时函复为盼。

（公司盖章）

年　月　日

结论：1. 信息证明无误。

（公司盖章）

年 月 日

经办人：

结论：2. 信息不符，请列明不符的详细情况。

（公司盖章）

年 月 日

经办人：

［参考格式7－2］

企业询证函（消极式）

编号：

××（公司）：

本公司聘请的××会计师事务所正在对本公司××年度财务报表进行审计，按照中国注册会计师审计准则的要求，应当询证本公司与贵公司的往来账项等事项。下列数据出自本公司账簿记录，如与贵公司记录相符，则无须回复；如有不符，请直接通知会计师事务所，并请在空白处列明贵公司认为是正确的信息。回函请直接寄至××会计师事务所。

回函地址：

邮编： 电话： 传真： 联系人：

1. 本公司与贵公司的往来账项列示如下：

单位：元

截止日期	贵公司欠	欠贵公司	备注

2. 其他事项

本函仅为复核账目之用，并非催款结算。若款项在上述日期之后已经付清，仍请及时核对为盼。

（公司盖章）

年 月 日

××会计师事务所：

上面的信息不正确，差异如下。

（公司盖章）

年 月 日

经办人：

（3）函证时间的选择。审计人员通常以资产负债表日为截止日，在资产负债表日后适当时间内实施函证。如果重大错报风险评估为低水平，审计人员可选择资产负债表日前适当日期为截止日实施函证，并对所函证项目自该截止日起至资产负债表日止发生的变动实施其他实质性程序。

（4）函证的控制。审计人员通常利用被审计单位提供的应收账款明细账户名称及客户地址等资料据以编制询证函，但审计人员应当对函证全过程保持控制，并对确定需要确认或填列的信息、选择适当的被询证者、设计询证函以及发出和跟进（包括收回）询证函保持控制。

（5）对不符事项的处理。收回的询证函若有差异，审计人员应当首先查明原因，并作进一步分析和核实，不符事项的原因可能是由于双方登记入账的时间不同，或是由于一方或双方记账错误，也可能是企业的舞弊行为。

（6）对函证结果的总结和评价。审计人员函证后，必须编制函证汇总分析表。注明被函证客户名称、金额、询证函签发日期、收回日期、认可金额、原因分析等内容，作为审计工作底稿。分析不同函证结果并做相应处理。

如果函证结果表明存在审计差异，审计人员则对此进行分析，并查明产生差异的原因。大致有三种情况：

第一，购销双方登记入账的时间不同。可能的情况包括：询证函发出时，债务人已经付款，而企业尚未收到货款；询证函发出时，企业的商品已发出并已做销售记录，但商品仍在途中，债务人尚未收到商品；债务人由于某种原因将商品退回，而企业尚未收到；债务人对收到货物的数量、质量或价格等有异议而全部或部分拒付货款。审计人员需要针对不同情况，审核期后的现金日记账、银行存款日记账或相关销售退回的明细账记录，查明相关款项或退回的货物是否已经收到。

第二，一方或双方记账错误。审计人员应核实相关货运单据、销售发票和其他单据，查实企业的账面记录是否正确。

第三，存在弄虚作假或舞弊行为。企业通过虚增应收账款从而达到虚增营业收入和虚增利润的目的，或低估应收账款以达到低估营业收入、低估利润和少交税金的目的，审计人员应核实销货合同、发票和发货单等并加以证实。

（7）对未收到回函的和未函证的应收账款实施替代审计程序。审计人员如采用的积极式询证函未能在规定时期内收到回复，则应再寄出第二次询证函。二次发出后仍一直不回复，要做具体分析与调查，可能有几种情况：

第一，客户已还款，不愿再回复。审计人员要核查决算日后一至两个月的现金日记账与银行存款日记账，注意账款是否已收回，收回的金额与期末应收账款账面余额是否一致，由于审计人员前面已提请会计人员标注已收回的应收账款，而在函证过程中的新发现可能揭露出存在收回货款不入账，从中贪污或故意高估、低估决算日应收账款的行为。

第二，坏账损失发生，即顾客发生重大财务困难或已破产清算。审计人员需向工商行政管理部门、财政金融机构、信用部门了解顾客的正确地点、财务状况等，确定应收账款尚可收回金额，如确属坏账，建议企业按正常审批手续，报经批准后冲减坏账准备，调整有关账户。

第三，根本不存在该顾客，即企业虚构应收账款户名，凭空记入应收账款，此种舞弊的目的一般是为了虚增营业收入，虚增利润，审计人员要予以揭露，并调整账户。

询证函邮寄丢失。由于审计时间限制，审计人员可以不再补寄询证函，而是实施替代审计程序。

如果经过多次发函后，仍没有回复，或者企业应收账款未实施函证，审计人员可考虑实施替代审计程序来验证这些应收账款的真实性与正确性，即查阅有关销货合同、销货发票、发货单、订货单、现金收入、回款单据以及企业与其顾客之间的书信往来等，验证应收账款的真实性。

［同步案例7－4］

背景与情境：

ABC会计师事务所在对X公司2022年度财务报表进行审计时，项目负责人决定由助理人员王某执行应收账款的函证程序。助理人员王某直接向X公司索取了应收账款明细汇总表后，确定了其中100个债务人作为函证对象。由于工作量大，助理人员王某决定请X公司财务人员协助工作。具体步骤为：助理人员王某亲自填写询证函；交X公司财务人员帮助盖章并复印；财务人员将复印件交助理人员王某作为工作底稿，原件由财务人员帮助装入信封，书写地址等并寄发。

问题：请指出助理人员王某在执行审计过程中存在的问题，并简要说明理由。

分析提示：

（1）未对应收账款明细汇总表进行必要的核对。

（2）助理人员王某对函证过程的控制不够。为了提高工作效率，审计人员可以利用被审计单位的人员协助工作，但为了避免询证函的内容被更改或询证函未寄出，审计人员必须做到真正控制函证的过程。在粘贴信封时，对函证内容、地址等事项重新核对；由审计人员亲自寄发询证函等。

5. 获得或编制应收账款账龄分析表，确定应收账款的可实现价值

由于审计人员除了查明应收账款占用的资金数额外，还必须审查应收账款可实现价值。如果应收账款账龄分析表由企业编制，审计人员必须测试计算的准确性。将应收账款账龄分析表中的合计与应收账款总分类账余额相比较，并调查重大调节项目；检查原始凭证，如销售发票、运输记录等，测试账龄核算的准确性。通常应收账款的账龄越长，可能发生坏账的百分比越大，反之越小，据此确定应收账款可实现价值。对于账龄较长，超过一定时间的，应建议企业一方面要加以催收，另一方面经确认确实无法收回的，应及时转坏账处理，以便确定资产估价的正确性，以及促进企业加速资金的周转和进行经营决策。

6. 审查坏账准备的提取与坏账的确认和处理

根据会计准则的规定，企业应当定期或至少于年度终了，按照备抵法计提坏账准备，计入信用减值损失。企业发生的坏账损失，冲减坏账准备；收回已核销的坏账增加坏账准备。审计人员审查坏账准备前必须了解管理层估计和注销坏账的方法，了解管理层如何运用一种或多种方法评价坏账估计的合理性；复核并测试管理层坏账估计所运用的过程。审查时采用将“坏账准备”账户与“应收账款”账户核对的方法，验证企业坏账准备计提方法和计提比例的恰当性，计算的金额是否正确。

审计人员应严格审查坏账的注销，各项坏账的处理有无申请核销坏账的申请报告和授权管理人员的审批文件，如有疑问，应派人到债务人处调查，是否存在债务人破产或者死亡的，以其破产或遗产清偿后仍无法收回的情况，或者债务人确实长期不履行清偿义务，以查明坏账注销的正确性。特别是金额巨大的坏账，应加以验证核实。防止以此盗用资金的情况。

7. 审查应收账款账务处理的正确性

审计人员重点审查应收账款与其他应收款分类是否正确，有无将其他应收款混淆记入应收账款，并对其他应收款进行审查。通过抽查应收账款明细账，并追查有关原始凭证，查证企业有无不属于结算业务的债权，如有，应作记录或建议企业作适当调整。

8. 审查应收账款的贴现、质押或出售

审计人员通过检查银行存款和银行贷款等询证函的回函、会议纪要、借款协议和其他文件，确定应收账款是否已被质押或出售，应收账款贴现业务属于质押还是出售。其会计处理是否正确。

9. 审查应收关联方账款及其交易

针对标明应收关联方（包括持股5%及以上的股东）的款项，审计人员应实施关联方及其交易审计程序，并注明合并报表时应予抵销的金额，对关联企业、有密切关系的主要客户的交易事项作专门核查：了解交易事项目的、价格和条件，作比较分析；检查销售合同、销售发票、货运单证等相关文件资料；检查收款凭证等货款结算单据；向关联方、有密切关系的主要客户或其他审计人员函询，以确认交易的真实性、合理性。

10. 审查应收账款在资产负债表上的披露是否恰当

审计人员重点审查应收账款是否按减去已计提坏账准备的净额列示，坏账准备的会计政策和应收关联方账款是否已在会计报表附注中予以披露。如果企业为上市公司，则其财务报表附注通常应披露期初、期末余额的账龄分析，期末欠款金额较大的单位账款，以及持有5%以上（含5%）股东的股东单位账款等情况。

本章小结

1. 销售与收款循环涉及的主要业务流程如下：（1）接受顾客订单；（2）批准赊销信用；（3）按销售单编制出库单并供货；（4）按销售单装运货物；（5）向客户开具发票；（6）记录销售；（7）定期对账和催收账款；（8）办理和记录现金、银行存款收入；（9）审批销售的退回和折让；（10）计提坏账准备；（11）核销坏账。该循环所涉及的主要凭证、会计记录如下：(1) 客户订购单；(2) 销售单；(3) 销售合同；(4) 出库单；(5) 发运凭证；(6) 销售发票；(7) 商品价目表；(8) 贷项通知单；(9) 销售日记账或明细账；(10) 销售退回及折让日记账或明细账；(11) 汇款通知书；(12) 现金日记账和银行存款日记账；(13) 坏账核销审批表；(14) 应收账款明细账；(15) 客户对账单；(16) 转账凭证；(17) 收款凭证。

2. 健全的内部控制是销售与收款循环必不可少的组成部分，主要包括：(1) 建立适当的职责分工；(2) 信息传递程序控制；(3) 实物控制；(4) 定期寄出对账单。销售与收款循环的内部控制测试如下：(1) 了解并描述该循环的内部控制；(2) 检查不相容职责的划分；(3) 检查授权审批程序；(4) 检查凭证和记录的控制；(5) 观察对账单是否按期寄出；(6) 检查内部核查程序；(7) 测试内部控制制度的执行情况；(8) 抽查账龄分析表；(9) 审查销售折扣与收款的合理性；(10) 审核坏账损失的账簿记录及相应的手续；(11) 评价销售与收款循环内部控制。

3. 主营业务收入的实质性程序主要有：(1) 获取营业收入明细表并执行相关工作；(2) 基于对被审计单位及其环境等情况的了解，运用分析性复核方法审查营业收入完整性；(3) 审查营业收入确认的正确性；(4) 审查营业收入真实性和账务处理正确性；(5) 审查销售退回、折让及折扣的真实性，账务处理的正确性；(6) 审查关联方销售和集团内部销售；(7) 审查营业收入在利润表上的披露是否恰当。

4. 应收账款的实质性程序主要有：(1) 取得应收账款明细表，并执行相关工作；(2) 运用分析性复核程序分析应收账款的总体合理性；(3) 确认已收回的应收账款金额；(4) 对应收账款实施函证程序；(5) 获得或编制应收账款账龄分析表，确定应收账款的可实现价值；(6) 审查坏账准备的提取与坏账的确认和处理；(7) 审查应收账款账务处理的正确性；(8) 审查应收账款的贴现、质押或出售；(9) 审查应收关联方账款及其交易；(10) 审查应收账款在资产负债表上的披露是否恰当。

5. 函证范围是由诸多因素决定的，主要有：(1) 应收账款在全部资产中的重要程度；(2) 被审计单位内部控制的有效性；(3) 以前期间的函证结果；(4) 选择函证项目时，除考虑金额较大的项目，还需要考虑风险较高的项目。审计人员可采用积极的或消极的函证方式实施函证。

复习思考题

1. 对于销售交易授权审批问题，注册会计师应当关注哪些关键点上的审批程序？
2. 销售与收款循环内部控制检查的主要内容包括哪些？
3. 在销售与收款循环的交易测试中，不同的审计目标下，其测试程序有何不同？
4. 如何实施销售业务的截止测试？
5. 应收账款函证的方式、函证范围和函证对象有哪些？
6. 注册会计师应当采取何种措施对函证实施控制？

第八章　采购与付款循环审计

学习目标

1. 熟悉采购与付款循环的业务活动和所涉及的凭证和记录。
2. 掌握采购与付款循环的内部控制及其测试的内容。
3. 理解采购与付款循环重大错报风险的识别与评估内容。
4. 掌握应付账款、固定资产和累计折旧的实质性程序。

☞ 案例导入

东方金钰是国内第一家也是唯一一家翡翠珠宝类上市公司，曾有“翡翠第一股”之称，主要从事首饰产品的设计、采购和销售以及配套的产业链金融服务，主要经营产品是翡翠原石、翡翠成品、黄金金条等。2016 年，赵兴龙之子——35 岁的赵宁接任赵兴龙，成为东方金钰董事长，同年，东方金钰开始财务造假。2019 年证监会累计对 22 家上市公司财务造假行立案调查，其中就包括东方金钰。

东方金钰虚构销售和采购交易并且虚假记载营业收入、营业成本、利润总额等财务数据。东方金钰通过伪造合同及现金流水虚构数亿元交易，控制三组 19 个银行账户形成资金闭环，以其全资孙公司为平台，虚构翡翠原石购销业务，通过造假方式实现业绩目标。数据显示，东方金钰 2016—2018 年连续三年的定期报告中的营业收入、营业成本和利润总额等数据存在虚假记载。经证监会调查，东方金钰 2016 年年报中虚增营业收入 1.42 亿元，虚增营业成本 0.47 亿元，虚增利润总额 0.95 亿元，占当年利润总额的 29.6%。2017 年年报中虚增营业收入 2.95 亿元，虚增营业成本 1.10 亿元，虚增利润总额 1.84 亿元，占当年利润总额的 59.70%。2018 年半年度报告虚增营业收入 1.2 亿元，虚增营业成本 0.41 亿元，虚增应收账款 0.77 亿元，虚增利润 0.79 亿元，占 2018 年半年度利润总额的比例为 211.48%，让利润指标“咸鱼翻身”，利润由负转正。

证监会认定，综合考虑合同签字情况、履行情况、交易主体适格情况等，宏宁珠宝与 6 名名义客户的翡翠原石交易合同是虚假合同。从合同的履行情况看，宏宁珠宝并无上述交易中交付合同标的物的记录，如提货人名称记录、提货单据、物流单据等，相关工作人员亦不知悉标的物的去向，也未见过前来看货和提货的客户；普某腊等 6 名名义客户缺少翡翠原石交易的相关经历、经验、鉴定能力、资金实力及渠道，客观上缺少签订并履行翡翠原石交易合同的能力。

因此，东方金钰通过其控制的宏宁珠宝虚构上述销售交易的资金流及销售合同等，虚构上述销售交易。东方金钰财务造假主观恶性明显，虚构翡翠原石购销业务，通过造假方式实现业绩目标。以东方金钰为代表的这些财务造假的上市公司不仅损害了投资者的利益，还毁坏了市场诚信基础，影响了证券市场的健康发展。

思考： 东方金钰虚构翡翠原石购销业务，通过造假方式实现业绩目标。请结合案例，作为审计人员，可采取哪些具体的审计程序来识别虚假的采购业务？

资料来源：改编自“曲京山，王家璇，刘雅琦·东方金钰财务舞弊波尔原子模型分析［J］. 合作经济与科技，2021（8）：142－144.”。

第一节　采购与付款循环概述

根据财务报表项目与业务循环的相关程度，采购与付款循环涉及的报表项目主要是资产负债表项目，按其在资产负债表中的列示顺序包括预付款项、固定资产、累计折旧、固定资产减值准备、工程物资、在建工程、固定资产清理、应付票据和应付账款等。

采购与付款循环主要包括两部分内容：一是本循环所涉及的主要业务活动；二是本循环所涉及的主要凭证和会计记录。

一、采购与付款循环涉及的主要业务活动

下面以采购商品为例，详细阐述采购与付款循环中的主要环节：

（一）请购商品

仓库负责对需要购买的已列入存货清单的项目填写请购单，其他部门也可以对所需要购买的未列入存货的项目编制请购单。大多数企业对正常经营所需物资的购买均作一般授权；但对资本支出和租赁合同，企业政策则通常要求作特别授权，只允许指定人员提出请购。请购单可由手工或计算机编制，由于企业内不少部门都可以填列请购单，不便事先编号，为加强控制，每张请购单必须经过对这类支出预算负责任的主管人员签字批准。

（二）编制订购单

采购部门在收到请购单后，对经过批准的请购单发出订购单。对每张订购单，采购部门应确定最佳的供应来源。对一些大额、重要的采购项目，应采取竞价方式来确定供应商，以保证供货的质量、及时性和成本的低廉。企业应对订购单的编制和处理加以检查，以确定是否确实收到商品并正确入账。这项检查与购货交易的“完整性”认定有关。

（三）验收商品

验收部门首先应比较所收商品与订购单上的要求是否相符，然后再盘点商品并检查商品有无损坏。验收后，验收部门应对已收货的每张订购单编制一式多联、预先编号的验收单，作为验收和检验商品的依据。验收单是支持资产或费用以及与购货有关的负债的“存在或发生”认定的重要凭证。定期检查验收单则与购货交易的“完整性”认定有关。

（四）储存商品

将已验收商品的保管与采购的其他职责相分离，可减少未经授权的采购风险。存放商品的仓储区应相对独立，限制无关人员接近。这些控制与商品的“存在”认定有关。

（五）编制付款凭单

货物验收后，应核对购货单、验收单和供货发票的一致性，确认负债，编制付款凭单，并将经审核的付款凭单，连同每日的凭单汇总表一起送到会计部门，以编制有关记账凭证和登记有关明细账和总账账簿。经适当批准和预先编号的凭证为记录购货交易提供了依据。这些控制与“存在与发生”“完整性”“权利和义务”“计价和分摊”等认定有关。

（六）办理付款

公司在准备付款前，应核对付款条件，并检查资金是否充足。在签发支票的同时登记支票簿和日记账，以便登记每一笔付款。已签发的支票连同有关发票、合同凭证应送交有关负责人审核签字，并将支票送交供应商。这一环节是付款活动的关键环节，应采用邮寄或其他方式以保证支票安全地送到供应商手中。

（七）记录现金、银行存款支出

会计人员根据付款凭单、支票登记簿、付款日记账和有关记账凭证登记有关明细账和总账账簿。

采购与付款循环涉及的主要业务流程如图 8－1 所示。

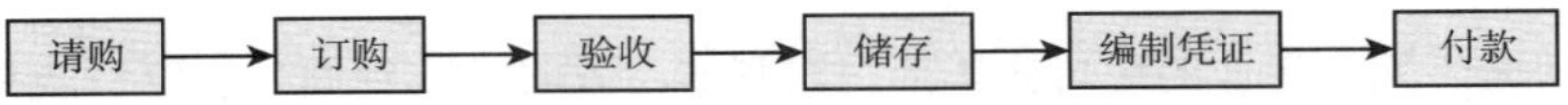

图 8－1　采购与付款循环涉及的主要业务流程

二、采购与付款循环涉及的凭证和会计记录

在内部控制较为健全的企业，处理采购与付款业务通常需要使用多种单据与会计记录。以下列示了常见的采购与付款循环所涉及的主要单据与会计记录：

（一）请购单

请购单是由产品制造、资产使用或者仓储部门等有关人员填写，并送交采购部门申请购买商品、劳务或其他资产的书面凭证。请购单上面应详细注明所要采购的物品的名称、规格、数量及请购人。

（二）订购单

订购单是由采购部门编制并提交供应商，用来记录企业准备采购的商品和劳务的名称、种类、数量、供应商名称、付款条件、价格及其他有关资料的书面凭证，用于表明商品或劳务采购的批准手续，并将其送交供应商表明采购意愿。

订购单必须是预先连续编号的一式多联单，其正联送交供应商，副联则送至企业内部的验收部门、应付凭单部门和编制请购单的部门。

（三）订货合同

订货合同是由采购部门同供应商签订的，用于明确采购商品的品种、规格、数量、质量、供货日期、付款条件等供需双方责任、权利的书面文件。

（四）验收单

验收单是由验收部门在收到采购的商品时填制的收到商品的名称、种类、数量、供应商名称、订单号及其他资料的书面凭证。验收单是预先编号的一式多联单，其中一联随同商品移交仓储部门或其他请购部门时，应取得经过签字的收据，或要求其在验收单的副联上签收，以确立他们对所采购的资产应负的保管责任。另一联送到财务部门作为记录债务的依据。

（五）卖方发票

卖方发票是由供应商开具交给买方以标明采购的商品或劳务的种类、数量、价格、运费、现金折扣条件以及开单日期的书面凭证。

（六）退货或折让通知单

退货或折让通知单是反映由于退货或折让而减少向供应商付款金额的凭证，其格式通常与卖方发票相同，用于证明应付款项减少。

（七）付款凭单

付款凭单是采购方企业的应付凭单部门编制的，载明已收到商品、资产或接受劳务的厂商、应付款金额和付款日期的凭证。它不仅是付款凭单登记簿或采购日记账记录的基础，也是企业支付采购货款的依据。付款凭单正本必须随附卖方发票、验收单和订购单副本。

（八）转账凭证

转账凭证是指记录转账业务的记账凭证，是根据有关转账业务（即不涉及现金、银行存款收付的各项业务）的原始凭证编制的。

（九）付款凭证

付款凭证包括现金付款凭证和银行存款付款凭证，是指用来记录现金和银行存款支出业务的记账凭证。

（十）采购日记账

采购日记账是以付款凭单为依据记录采购业务，对重要的采购类别分设专栏，以及设有应付款项专栏、商品退回与折让专栏等的日记账。

（十一）卖方对账单

卖方对账单是由供应商按月编制的，标明期初余额、本期购买、本期支付款项和期末余额的凭证。卖方对账单是供应商对有关业务的陈述，除了对有争议事项和时间上的差异，其期末余额通常应与采购方相应的应付款项期末余额一致。

（十二）采购相关的其他会计账簿和备查簿

采购与付款循环涉及的其他会计账簿和备查簿主要包括：现金日记账和银行存款日记账，材料采购明细账和总账，原材料、包装物、低值易耗品明细账和总账，应付账款明细账和总账，应付票据明细账和备查簿，预付账款明细账和总账。

采购与付款循环涉及的主要业务活动、相关部门、常见凭证及相关账户如表 8 – 1 所示。

表 8 – 1　采购与付款循环涉及的主要业务活动、相关部门、常见凭证及相关账户

业务类型	业务活动	相关账户	常见凭证和会计记录	相关部门
购货活动	请购商品和劳务		请购单	物资需求部门
	对外订购		订购单	采购部门
	验收商品		验收单	验收部门
	储存商品		入库单	仓储部门
	确认负债		付款凭证	财务部门
	记录采购		应付账款总账和明细账	财务部门
办理和记录现金、银行存款付款	付款并记录该业务	银行存款和应付账款	汇款通知书、转账凭证、收款凭证、供应商月末对账单、现金日记账和银行存款日记账	财务部门

第二节　采购与付款循环的内部控制及其测试

一、采购与付款循环的内部控制

（一）职责分离控制

采购与付款循环中所需处理的主要业务有：确定生产和销售的需要，寻求能满足这些需要的供应商和最低的价格，向供应商发出购货订单，检验收到的货物，确定接受货物或向供应商退回货物，储存或使用货物，进行会计记录，核准付款等。

在这些业务中，需要职务分离的有：生产和销售部门对原料、物品和商品的需要必须由生产或销售部门提出，采购部门采购；付款审批人和付款执行人不能同时办理寻求供应商和索价业务；货物的采购人不能同时担任货物的验收工作；货物的采购、储存和使用人不能担任账务的记录工作；接受各种劳务的部门或主管这些业务的人员应适当地与账簿记录人员分离；审核付款的人员应与付款人职务分离；记录应付账款的人员不能同时办理付款业务。

（二）请购控制

提出货物和劳务的需求是购货环节的第一步，一个企业可以有若干不同的请购制度，对不同的需求有不同的确定和提出请购的方法。

第一，原材料或零配件购进。一般首先由生产部门根据生产计划或即将签发的生产通知单提出请购单。材料保管人员接到请购单后，应将材料保管卡上记录的库存数与生产部门需要的数量进行比较。当生产所需材料和仓储所需后备数量合计超过库存数量时，则应同意请购。

第二，经常性服务项目的请购。由同一服务机构或公司所提供的某些经常性服务项目，如公用事业、报纸杂志、保安等服务项目，请购手续的处理通常是一次性。即当使用者最初需要这些服务时，应提出请购单，由负责资金预算的部门进行审批。

第三，特殊服务项目的请购。确定如保险、广告、法律和管理咨询服务等特殊项目的需求，一般由企业最高负责人审批。可参照过去的服务质量和收费标准，分析由专人提出的需求内容，包括选定的保险公司、广告商、会计师事务所及费用水平等是否合理，经批准后，这些特殊服务项目才能进行。

（三）订货控制

无论何种需求的请购，购货部门在收到请购单后，在最终发出购货订单之前，都应明确订购多少、向谁订购、何时购货等问题。

第一，在订购多少的控制方面，购货部门首先对每一份请购单审查其请购数量是否在控制限额的范围内，其次是检查使用物品和获得劳务的部门主管是否在请购单上签字同意。对于需大量采购的原材料、零配件等，必须进行各种采购数量对成本影响的成本分析，其内容是将各种请购项目进行有效归类，然后利用经济批量法测算成本。

第二，关于向谁订购的问题，购货部门在正式填制购货订单前，必须向不同的供应商（通常要求两家以上）索取供应物品的价格、质量指标、折扣和付款条件以及交货时间等资料，比较不同供应商所提供的资料，选择最有利于企业生产和成本最低的供应商，然后与供应商签订合同。

第三，关于何时订货的问题，主要由存货管理部门运用经济批量法和分析最低库存数量来进行，而不是在购货部门。当请购单已提出，购货部门应将这些请购单的处理结果及时告知仓储和生产部门。

在上述三个方面的决定做出之后，购货部门应及时填制购货订单，并对其进行制，主要是预先对每份订单进行编号；在购货订单向供应商发出前，必须由专人检查该订单是否得到授权人的签字；由专人复查购货订单的编制过程和内容；购货订单副本应递交给请购、保管与会计部门等。

（四）验收控制

货物的验收应由独立于请购、采购和会计部门的人员来承担，其控制责任是检查已收到货物的数量和质量。

第一，对于数量，验收部门在货运单上签字之前，应通过计数、过磅或测量等方法来证明货运单上所列数量，并要求两个收货人在收货报告单上签字。

第二，对于质量，验收部门应检验有无因运输损失而导致的缺陷，在货物质量检验需要有较高的专业知识或者必须经过仪器、实验才能进行的情况下，收货部门应将部分样品送交专家和实验室以对其质量进行检验。

第三，每一项收到的货物必须在检验以后填制包括供应商名称、收货日期、货物名称、数量和质量以及运货人名称、原购货订单编号等内容的收货报告单，并及时报告请购、购货和会计部门。

（五）应付账款控制

任何应付账款的不正确记录和不按时偿还，都会导致交易双方不必要的债务纠纷。对应付账款的控制有：应付账款的记录必须由独立于请购、采购、验收、付款的人员来进行；应付账款的入账必须在取得和审核各种必要的凭证以后才能进行；对有预付货款的交易，在收到供应商发票后，应将预付金额冲抵部分发票金额来记录应付账款；必须分别设置应付账款的总账和明细账；对于享有折扣的交易，应根据供应商发票金额减去折扣金额的净额登记应付账款；每月应将应付账款明细账与客户的对账单进行核对。

（六）付款控制

第一，支票准备。支票准备应独立于采购、付款确认和函证程序，所有付款都应有事前编号的支票，对已签发的支票应将其原始凭证加盖“已付款”印章，以避免重复付款，尽可能使用有安全保障的支票书写器或电脑生成的支票，对于空白支票应安全存放，作废的支票应立即注销等。

第二，支付。付款前，应复核客户发票上的数量、价格和合计数以及折扣条件等。核对支票的金额，采购和付款应有各自独立的签名，对支票应采取邮寄或其他安全方式送交。

第三，会计处理。会计部门应及时记录付款业务，定期核对总账的分类账以及日记账，注意未付账款，检查应付账款的明细账和有关文件，以防失去可能的现金折扣。

二、固定资产的内部控制

固定资产与商品存货同属于一个交易循环，在内部控制和控制测试上具有许多共性之处，但鉴于固定资产的特殊性，其内部控制包括以下几个方面。

（一）固定资产的预算制度

预算管理制度是固定资产内部控制中最重要的部分。通常，大企业应编制旨在预测与控制固定资产增减和合理运用资金的年度预算，即使没有正规预算的中小企业也应对固定资产的购建事先提出计划。审计人员重点关注固定资产的取得和处置是否依据预算和计划，对实际发生与预算之间的差异以及未列入预算的特殊事项，应检查其是否履行特别的审批手续。

（二）授权批准制度

被审计单位应建立的固定资产相关授权批准制度包括：企业的资本性预算必须经过董事会等高层管理机构批准后方可生效；所有固定资产的取得和处置均需经企业管理当局的书面认可。审计人员不仅要检查被审计单位固定资产授权批准制度本身的完善性，还要关注授权批准制度执行的有效性。

（三）账簿记录制度

被审计单位在固定资产的账簿管理方面，除设置固定资产总账外，还需设置固定资产明细分类账和固定资产登记卡，按固定资产类别、使用部门和每项固定资产进行明细分类核算。固定资产的增减变化均应有充分的原始凭证。

（四）职责分工制度

被审计单位对固定资产的取得、记录、保管、使用、维修、处置等，均应指定专门的部门和人员负责，并明确划分责任，防止舞弊事件的发生。

（五）资本性支出和收益性支出的区分制度

被审计单位应制定资本性支出和收益性支出的划分标准，须明确资本性支出的范围和最低金额，凡不属于资本性支出的范围、金额低于下限的任何支出，均应列作收益性支出。

（六）固定资产的处置制度

被审计单位应建立包括投资转出、报废、出售等固定资产的处置方面的申请报批程序。

（七）固定资产的定期盘点制度

被审计单位应建立固定资产的定期盘点制度，以验证账面各项固定资产是否真实存在、了解固定资产放置地点和使用状况以及发现是否存在未入账固定资产。审计人员在了解和评价被审计单位的固定资产盘点制度时一并注意查询盘盈、盘亏固定资产的处理情况。

（八）固定资产的维护保养制度

被审计单位应建立严密的固定资产维护保养和定期检修制度，以防止因各种自然和人为的因素而使固定资产遭到损失。

三、采购与付款循环的风险识别与评估

（一）没有完整记录负债的风险

在承受反映较高盈利水平和营运资本的压力下（如为满足业绩考核要求，从银行获得资金或吸引潜在投资者），被审计单位管理层可能试图低估应付账款等负债。重大错报风险常常集中体现在遗漏交易，例如，未记录已收取货物但尚未收到发票的与采购相关的负债，或未记录尚未付款的已经购买的服务支出，这将对“完整性”等认定产生影响。

（二）多计或少计费用支出的风险

例如，通过多计提或少计提准备把损益控制在被审计单位管理层希望的程度，或者管理层把私人费用计入企业费用。

（三）费用支出记录不准确的风险

例如，被审计单位以复杂的交易安排购买一定期间的多种服务，管理层对于涉及的服务收益与付款安排所涉及的复杂性缺乏足够的了解。这可能导致费用支出分配或计提的错误。

（四）不正确地记录外币交易

当被审计单位进口用于出售的商品时，可能由于采用不恰当的外币折算汇率而导致该项采购的记录出现差错。此外，还存在未能将诸如运费、保险费和关税等与存货相关的进口费用进行正确分摊的风险。

（五）存在未记录的权利和义务

这可能导致资产负债表分类错误以及财务报表附注不正确或披露不充分。

四、采购与付款循环内部控制测试概述

采购与付款循环的内部控制目标、关键控制程序和常用的实质性测试如表 8－2 所示。

表 8－2　采购与付款循环的内部控制目标、关键控制程序和常用的实质性测试

内部控制目标	关键内部控制	常用的内部控制测试	常用的实质性测试
所记录的采购业务都已收到货物或已接受劳务，并符合购货方的利益最大化（存在或发生）	1. 请购单、订货单、验收单和卖方发票齐备，并附在付款凭单后； 2. 购货已按正确的授权级别审批； 3. 注销凭证以防止重复使用； 4. 对卖方发票、验收单、订货单和请购单作内部核查	1. 查验付款凭单后是否附有单据； 2. 检查核准购货、注销凭证和内部核查标记	1. 复核采购明细账、总账及应付款项明细账，注意是否有大额或不正常的金额； 2. 检查卖方发票、验收单、订货单和请购单的合理性和真实性，追查存货的采购至存货永续盘存记录； 3. 检查取得的固定资产
已发生的购货业务均已登记入账（完整性）	订货单、验收单及卖方发票均经事先编号并已登记入账	检查订货单、验收单据及卖方发票连续编号的完整性	分别从验收单和卖方发票追查至采购明细账
所记录的购货业务估价正确（估价或分摊）	1. 计算和金额的内部核查； 2. 采购价格和折扣的批准	1. 检查内部核查的标记； 2. 审核批准采购价格和折扣的标记	1. 将采购明细账中记录的业务同卖方发票、验收单和其他证明文件比较； 2. 复算包括折扣和运费在内的卖方发票计算的正确性
采购业务的分类（分类）	采用适当的会计科目表分录的内部核查	1. 检查工作手册和会计科目表是否适当； 2. 检查有关凭证上内部复查和核查的标记	参照卖方发票，比较会计科目表上的分类
采购业务的记录及时（及时性）	1. 要求一收到商品或接受劳务就记录采购业务； 2. 内部核查	1. 检查工作手册并观察有无未记录的卖方发票存在； 2. 检查有关凭证上内部核查的标记	将采购业务登记入账的日期与验收单和卖方发票上的日期比较核对
采购业务已经正确地记入明细账，并经正确汇总（过账和汇总）	对应付款项明细账作内部核查	检查内部核查标记	通过加计采购明细账，追查过入采购业务总账和应付款项、存货明细账的数额是否正确，用以测试过账和汇总的正确性

五、采购与付款循环的内部控制测试

审计人员在开展采购与付款循环的审计活动时，首先应了解并描述本业务内部控制，进行内部控制测试，收集一定的证据，从而对内部控制健全性、有效性做出评价。

（一）了解并描述采购与付款业务的内部控制

审计人员通过查阅关于物资采购、仓储保管、付款等方面的制度性文件，走访并实地观察采购部门、仓储部门、验收部门和财务部门等，深入了解企业采购与付款业务各方面的管理制度是否健全，手续是否完备，了解采购和付款业务循环的业务分工，评价分工是否合理，是否能够起到自动复核的作用，并通过实地观察判断这些分工是否得到执行。它包括观察验收部门是否独立于仓储部门和财务部门，观察采购职责是否与批准采购、货物验收职责分属不同部门，有无分级授权采购制度，主要控制环节是否有效。经过调查了解，采用文字描述法、调查表法、流程图法等方法将被审计单位的内部控制情况记录在审计工作底稿中。

一个设计良好的控制系统应该做到以下几点：第一，能够确保所有的采购都经过批准，能够密切跟踪长期合同，监督过度的请购并确认潜在的损失。第二，由独立使用者检查存货请购的设计和维护。第三，有确认企业是否存在检查资产减值的程序等。

（二）检查部分采购业务

为防止企业虚构供应商为没有收到的商品付款，从而转移资金，审计人员需详细了解被审计单位与其供货商之间的关系，并抽查供货数量、时间和质量标准的重要合同，通过购货业务测试，检查本循环控制环节的设置与执行情况，具体抽查的范围根据重要性原则确定。

具体检查与验证内容包括：

第一，核对请购单与订购单是否一致，请购单是否经过适当的授权人批准，订购单是否连续编号。

第二，检查采购部门是否有专人审批购货价格，检查订货单上的采购单价是否都经过事先授权批准。

第三，检查采购制度中是否规定大额采购应通过招标方式选择供货商，并且检查这一制度是否得到执行。

第四，检查合同是否经过有关部门审查，核对卖方发票上所购物品的数量、规格、品种与合同是否一致，核对采购合同上确定的价格、付款日期与财务部门核准的支付条件是否一致。

第五，检查订货单和验收单是否都已经预先编号，检查作废的单据是否有注销的痕迹并保存良好。

第六，从存货增加的明细账上抽取一定的业务，检查相应的记账凭证以及后附的请购单、订货单、采购合同、验收单、入库单和卖方发票等原始凭证，将这些凭证逐一核对，对原始凭证和记账凭证上的授权批准标识和内部审核标识要特别注意。

第七，抽取部分付款凭单，检查其是否附有请购单、订购单、验收单，付款凭单和验收单是否连续编号，验证验收环节的有效性和计算的正确性。

第八，检查企业会计制度的规定，判断企业会计制度的合理性和严密性。

第九，检查购入材料计价正确与否，被审计单位采用永续盘存制核算时，复核计价正确性。

第十，检查存货和应付款项的明细账，检查会计记录是否按照企业会计制度的要求进行。

第十一，检查原始凭证、记账凭证和明细账的日期，判断企业的会计核算是否及时。

第十二，获取某月末卖方对账单，检查是否进行了核对，注意对不相符的内容的处理程序。

第十三，检查对编制的会计报表有无独立审核程序，并核对检查应披露事项。

第十四，检查企业有无内部审计制度，内部审计是否定期进行审计和报告。

（三）付款环节的测试

抽查应付款项偿付业务，查明其付款的依据是否正确无误，付款及记录、过账是否及时，对应账户是否正确，有关现金折扣的处理是否符合规定。

第一，了解应付款项记录、付款业务是否分开，了解有关凭证的传递过程；应付款项总账与明细账是否由不同人员记录；应付款项记录人员与出纳员的职责是否分开。

第二，抽查应付款项明细账，检查应付款项各明细账向银行存款（或现金）日记账和向总分类账的过账情况，证实应付款项会计记录内部控制的有效性；检查抽取的明细账过账时所附的原始凭证，例如订货单、供货商发票、验收单和已付支票，验收原始凭证的合法性、正确性以及核对原始凭证记载的金额与相关明细账的一致性，证实各有关部门内部控制的有效性。

第三，审核货款结算手续，检查应付款项明细账上金额与订购单、验收单、卖方发票是否完全一致。

第四，抽取部分支票，检查签发的支票是否有被授权人的签字，支票中各个项目与卖方发票是否一致。

第五，追查材料采购明细账、原材料账与银行存款日记账或应付款项账户的过账是否正确。

第六，审查现金折扣的合理性。企业购货时的现金折扣如果单独记账，审计人员通过计算当期获得的现金折扣与进货总额的比率，将该比率与以前各期相比较，确定现金折扣的合理性。

第七，检查应付票据内部控制。

首先，走访观察应付票据记录与业务经办是否独立，职责分工是否合理。签发票据、记录、付款有无一人负责的情况。如果票据仅由一人签发或名义上虽为两人而实际上其中一人已预先在票据上盖章，或将其印章交由有权签发票据的另一人代办，在这种情况下，审计人员应特别注意。

其次，抽查部分作废的、退回的票据，查明是否予以注销、是否编号保存。

最后，了解应付票据总账与明细账是否定期核对，并且和债权人提供的有关记录相调节。

[同步案例8－1]

背景与情境：

M会计师事务所承接了X公司2022年度财务报表审计业务，2022年11月派注册会计师李明等进行年报预审，李明在对X公司与1—10月报表相关的内部控制进行控制测试时，了解到X公司采购与付款循环中的控制活动有：

（1）公司规定采购物资须由请购部门编制请购单，经请购部门经理批准后，送采购部门。但注册会计师发现，生产车间主管张晓根据车间需要填制了一式三联购买机器配件的订购单，直接向供货商订购机器配件，第一联交供货商，第二联办公室留存，第三联交验收部门。

（2）公司规定采购金额在10万元以下的，由采购部经理批准，采购金额超过10万元的，由总经理批准。由于总经理出差而生产车间又急需采购设备配件，采购部经理多次批准了单笔金额超过10万元的采购申请。

（3）采购完成后，由采购部门指定采购部业务人员进行验收，并编制一式多联的未连续编号的验收单。

（4）物资验收后，由验收部门通知加工车间主管张晓，将机器配件转运到生产车间的物资存放点，车间物资管理员王鑫清点后在库存配件账上直接登记所收到的配件数量，并根据工人报出的更换配件需要直接发出配件。

（5）应付凭单部门核对供应商发票、验收单和采购订单，并编制预先连续编号的付款凭单。财务部在接到经应付凭单部门审核的上述单证和付款凭单后，由财务人员黄英负责登记备件采购业务，黄英根据验收部门送交的验收单和卖方发票分别登记配件明细账和应付账款明细账，并据以填制付款凭单，交现金出纳。

（6）月末，在核对连续编号的验收单和采购订单后，应付凭单部门对相关配件付款。应付凭单部门对已经验收但尚未收到供应商发票的配件编制清单，财务部门据此将相关配件暂估入账。

（7）采购退货由采购部负责，采购部集中在每个季度末向财务部提供退货清单。

问题：请指出X公司采购与付款循环内部控制是否存在缺陷，分析可能导致的错报并提出内部完善建议。

分析提示：

（1）活动（1）有缺陷，请购和订购不相容的职责相分离的制度执行无效。

可能错报：导致配件采购失控，容易产生高价采购或暗中拿回扣等舞弊事项。建议：生产车间根据需要填制请购单报送采购部门，采购部门根据公司预算管理以及请购单填写连续编号的订购单报送主管审批，经核准的订购单寄送供货商。

（2）活动（2）有缺陷，分级授权审批采购的制度执行无效。

可能错报：导致配件采购失控，容易产生高价采购或暗中拿回扣等舞弊事项。建议：制定总经理出差等特殊时期对超过10万元采购申请审批核准的规范控制程序。

（3）活动（3）有缺陷，采购和验收不相容职责无分离。

可能错报：企业无法发现验收中存在的数量和质量问题，无法发现配件的超量或短缺现象。建议：由验收部门通知车间配件管理人员一起参与验收，并编制连续编号的验收单，验收签字后将配件移交生产车间，同时将验收单副本连同卖方发票、订购单及时送交财务部门。

（4）活动（4）有缺陷，配件的保管和领用缺乏牵制和复核监督。

可能错报：导致配件保管和领用由一人控制，容易产生配件虚报冒领，增大成本和费用。建议：完善生产车间配件管理以及领用的流程和相关制度。

（5）活动（5）有缺陷，配件明细账和应付账款明细账不相容的职责由一人完成，缺乏牵制和核对。

可能错报：导致配件与应付账款的错账，产生现金支出错误。建议：配件明细账和应付账款明细账应由不同的人负责登记，填制付款凭单后，交给出纳人员之前需经财务部主管签字审批。

（6）活动（7）有缺陷，退货这种关键业务由一人或一个部门承担，原始凭证没有及时报送并作会计处理。

可能错报：容易产生虚假退货，高估存货。建议：退货以及货款的追讨应由采购部、信用部、财务部等分工协作，建立完善的管理和控制制度，并及时向财务部报送退货清单等凭证。

第三节　采购与付款循环的实质性测试

在完成控制测试之后，审计人员基于控制测试的结果（即控制运行是否有效），考虑从控制测试中已获得的审计证据及其保证程度，确定是否需要对具体审计计划中设计的实质性程序的性质、时间安排和范围作出适当调整。在下文中，我们从风险对应的具体审计目标和相关认定的角度出发，对实务中较为常见的针对应付款项、固定资产、累计折旧的实质性程序进行阐述。这些程序可以从一个或多个认定方面应对识别的重大错报风险。

一、应付款项的审计

应付款项包括应付账款、应付票据等，是企业在正常经营过程中，因购买材料、商品和接受劳务供应等而应付给供应单位的款项。应付款项审计与应收款项审计有所不同，审计人员的审计重点应放在查明债务入账的完整性上，审查有无隐匿负债或利用应付款项隐匿利润的情况。由于其发生是随着企业赊购交易的发生而发生的，审计人员应结合赊购业务进行应付款项的审计。

（一）应付款项的审计目标

应付款项的审计目标一般包括：确定资产负债表中记录的应付款项是否存在（“存

在”认定)；确定所有应当记录的应付款项是否均已记录（“完整性”认定)；确定资产负债表中记录的应付款项是否为被审计单位应当履行的偿还义务（“权利和义务”认定)；确定应付款项是否以恰当的金额包括在财务报表中（“准确性、计价和分摊”认定)；确定应付款项已记录于恰当的账户（“分类”认定)；确定应付款项是否已被恰当地汇总或分解且表述清楚，按照企业会计准则的规定在财务报表中作出的相关披露是相关的、可理解的（“列报”认定)。

由于企业目前普遍存在为提高自身筹资能力，人为高估资产、低估负债的倾向。因此，作为负债项目，应付款项完整性的审计是重点。

（二）应付款项的实质性程序

1. 获取应付款项明细表，并执行以下工作

第一，复核加计是否正确，并与报表数、总账数和明细账合计数核对是否相符；

第二，检查非记账本位币应付款项的折算汇率及折算是否正确；

第三，分析出现借方余额的项目，查明原因，必要时，建议作重分类调整；

第四，结合预付款项、其他应付款等往来项目的明细余额，检查有无针对同一交易在应付款项和预付款项同时记账的情况、异常余额或与购货无关的其他款项（如关联方账户或雇员账户)。

2. 根据被审计单位实际情况，对应付款项实施分析性复核程序

审计人员运用分析性复核方法，具体分析内容包括：

第一，将本期各主要应付款项账户期末余额与上期期末余额比较，分析其波动原因。

第二，将本期外购商品、材料物资或劳务的有关成本费用账户金额与上年比较，判断应付款项增减变动的合理性。

第三，对应付款项占采购金额的比率、应付款项占当年流动负债的比率进行对比分析，评价应付款项整体合理性。

第四，根据存货、主营业务收入和主营业务成本的增减变动情况，判断应付款项增减变动的合理性。

第五，审查长期挂账的应付款项，要求被审计单位做出解释，分析原因，判断企业是否缺乏偿债能力，尤其注意是否利用应付款项隐匿收入。

经过上述分析后，如果发现应付款项期末余额存在不合理之处，则审计人员应在其他环节加强审核。

3. 抽查应付款项明细账

审计人员通常运用抽样方法对应付款项期末余额的真实性进行核实。为查明应付款项的真实性、完整性和合法性，审计人员可以把下列应付款项明细账作为重点审查对象：

第一，应付款项明细账贷方发生额较大或账面余额累计数较大的账户。

第二，应付款项明细账余额长期未能结清的账户，积欠已久而突然全部结清的账户。

第三，同一账户应付已付业务发生频繁的账户。

第四，应付款项明细账未标明欠款单位或欠款单位不明确的账户。

第五，应付款项明细账账面余额很小，而又长期没有变动的账户。

第六，无月结单可供核对的账户。

第七，具有特殊交易的账户。

第八，提供资产担保的账户。

第九，关联单位的账户。

4. 函证应付款项

如果付款内部控制存在缺陷，又无卖方对账单可供审核，则审计人员必须实施函证程序，函证对象主要选择：①金额较大、欠账时间较长的账户。②核对时发现账证不符、往来频繁、变动很大的账户。③在资产负债表日金额不大、甚至为零，但为企业重要供货人的账户。④其他有代表性的账户，如与被审计单位正常业务无关的异常项目等。

审计人员对应付款项的函证最好采用积极式，并具体说明应付金额。在收到债权人函证回函时，应将其反映在审计工作底稿上，并与企业应付款项数额核对，如果不等则应进一步查明原因，审查有无原始凭证和相关资料，核实究竟是由于未达账项、在途物资、账务处理不及时等原因造成的，还是由于其他原因造成的。

由于多数企业对应付款项进行舞弊的目的是低估应付款项，手段以漏记赊购业务为主，因此，对应付款项的函证并不能完全查明未入账的应付款项，但审计人员在必要的时候仍需执行这一审计程序。

5. 审查应付款项账务处理的正确性

第一，审计人员需审查应付款项与其他应付款划分是否正确，有无将其他应付款计入应付款项，同时对其他应付款进行审查。企业因付款后退货、重复付款、多付账款、预付货款、记账、过账错误等因素导致某些明细账户借方余额较大时，审计人员应编制重新分类的分录，将付款后退货、重复付款、多付账款、预付账款等原因导致的借方余额在财务报表中列为资产，而不应抵销其他账户的应付款项贷方余额，以担保资产形成的应付款项应在财务报表附注中予以反映，并对担保资产加注对照索引。

第二，按内部控制的要求，企业应每月从各供应商处取得对账单，与应付款项各明细账记录核对，查明其入账时间是否正确，有无推后截止期的情况。

第三，追踪决算日之前发出的验收单，追查至应付款项明细账。决算日以前已签发的验收单表明收到了相应的商品或材料物资，与这些业务相关的负债按会计准则要求均应反映在该会计期间的应付款项账户上，审计人员从年末前发出的验收单追查到应付款项账户，可以查明该项负债是否反映在应付款项中。

第四，审核卖方对账单，追查应付款项明细表。如果卖方对账单的数据完整，并标明未付账款余额，审计人员可据此追查至相关的应付款项明细表中，或者函证余额为零的应付款项账户，查明有无未入账的负债。

第五，审核决算日后数周内应付款项账单及原始凭证，查明是否属于本期应付债务。

第六，结合企业材料、物资和劳务费用业务进行审查，确定有无未入账的负债。如果原始凭证标明的日期所属会计期间与相关业务负债入账期间不同，则属于漏记或未计入恰当会计期间的负债。审计人员应将发现的未入账的应付款项详细记录在审计工作底稿上。

按内部控制的要求进行应付款项审查，如果企业已按上述要求予以调节，则审计人员只需复核对账单，确定调节是否正确即可。如果企业未进行调节，审计人员应执行这一调节程序。调节供应商对账单时，常见的差异是供应商已经入账并发出的货物，但企业尚未收到，也就没有入账，审计人员应将这些在途货物单独列表反映，不得同那些已验收入库而为了低估负债未作记录的货物相混淆。

此外，审计人员还应检查应付款项长期挂账的原因并做出记录，注意其是否可能无须支付。对于用非记账本位币结算的应付款项，检查其采用的折算汇率是否正确。

6. 查找未入账的应付款项

由于应付款项审查的主要目的是防止企业低估负债，因此其审查的重点是完整性的检查，而查找未记录的应付款项业务要比核实已记录的业务难度大得多，审计人员主要通过对决算日之后的有关支出业务进行审查，查明有无未入账应付款项，或对决算日之前的有关原始凭证进行审查，达到审计目的。

第一，审查决算日以后货币资金支出的主要凭证。审查决算日之后数周内的支出业务，目的在于查明会计期间结束后的支出业务，是否确实为了偿付决算日的负债，某项支出业务是否为付清当期货款。例如，企业将支票备妥，在决算日之前尚未发出，而会计人员已进行账务处理，借记“应付账款”，贷记“银行存款”，但是这笔分录以及未发出的支票实际上并不表示账款已付，其目的显然仅是减少会计报表上应付款项的数额，为真实反映企业决算日的财务状况，此类错误应另作分录予以转回。审查时，通过支出业务与应付款项明细表核对，或者追踪至应付款项账户，查明应付款项是否入账。

第二，追踪决算日后若干天的购货发票，关注购货发票的日期，审查相应的收货记录，查明其入账时间是否正确，有无推后截止期的情况。

第三，追踪决算日之前发出的验收单，追查至应付款项明细账。决算日以前已经签发的验收单表明收到了相应的商品或材料物资，与这些业务相关的负债按会计准则要求均应反映在该会计期间的应付款项账户上，审计人员从年末前发出的验收单追查到应付款项账户，可以查明该项负债是否反映在应付款项中。

第四，审核卖方对账单，追查应付款项明细表。如果卖方对账单的数据完整，并标明未付账款余额，审计人员可据此追查至相关的应付款项明细表中，或者函证那些余额为零的应付款项账户，查明有无未入账的负债。

第五，审核决算日后数周内应付款项账单及原始凭证，查明是否属于本期应付债务。

第六，结合企业材料、物资和劳务费用业务进行审查，确定有无未入账的负债。如果原始凭证标明的日期所属会计期间与相关业务负债入账期间不同，则属于漏记或未计入恰当会计期间的负债。审计人员应将发现的未入账的应付款项详细记录在审计工作底稿上。

7. 审查应付关联方账款

审计人员应关注是否存在应付关联方账款，通过了解关联交易事项目的、价格和条件，检查采购合同等方法确认该应付款项的合法性和合理性。通过向关联方或其他审计人员查询或函证等方法，确认交易的真实性。

8. 审查应付款项在资产负债表上的披露是否恰当

一般来说，“应付账款”项目应根据“应付账款”和“预付账款”科目所属明细科目的期末贷方余额的合计数填列。审计人员在审计上市公司时，应关注其会计报表附注中是否说明有无欠持有5%（含5%）以上表决权股份的股东单位账款；说明账龄超过3年的大额应付款项未偿还的原因，并在期后事项中反映资产负债表日后是否偿还。

[同步案例8-2]

背景与情境：

某审计组长让两位审计人员审查应付账款，这两位审计人员查阅了所有应付账款的会计记录，并向被审计单位索取了有关应付账款的无漏记债务说明书进而做出如下结论：被审计单位的应付账款已全部入账，且入账应付账款均存在。

问题：

1. 上述结论是否正确？

分析提示：

上述结论中被审计单位的应付账款已全部入账的结论不正确。因为审计人员对此除了索取有关应付账款的无漏记债务说明书外，未采取任何其他审计程序，而被审计单位的无漏记债务说明书是出自被审计单位的承诺书，是内部证据，证明力较弱，不能替代、减轻审计人员的审计责任，审计人员不能因此而减少相应的审计查证。

2. 审计组长应让两位审计人员补充执行哪些审计程序？

分析提示：

审计组长应让两位审计人员补充执行的审计程序包括：①审阅结账日之前签发的验收单，追查到应付账款明细账，检查是否有货物已收而未入账的应付账款。②检查被审计单位决算日后收到的购货发票，确定这些发票记录的负债是否应计入所审计的会计期间。③检查被审计单位决算日后应付账款明细账贷方发生额的相应凭证确定其入账时间是否正确。④其他，如询问被审计单位会计和采购人员等。

二、固定资产的审计

固定资产是指同时具有以下特征的有形资产：为生产商品、提供劳务、出租或经营管理而持有的；使用年限超过一年；单位价值较高。鉴于固定资产在企业资产总额中一般都占有较大的比例，固定资产的安全、完整对企业的生产经营影响极大，审计人员应对固定资产的审计予以高度重视。

（一）固定资产的审计目标

固定资产的审计目标一般包括：确定固定资产是否存在；确定固定资产是否完整；确定固定资产是否归被审计单位所有；审查被审计单位对固定资产的所有权是否受留置权等限制；确定固定资产的计价是否恰当；确定固定资产的期末余额是否正确；审查固定资产交易事项会计处理的适当性；确定固定资产在会计报表上的披露是否恰当。

（二）固定资产的实质性程序

1. 获取或编制固定资产分类汇总表

审计人员编制或取得固定资产分类汇总表，该汇总表反映固定资产期初余额、本期增加、本期减少和期末余额等。在此基础上检查企业固定资产分类是否正确，复核其加计正确性，并将其与明细账、总分类账、报表核对，查明是否相符，如果不符，应查出从何时起不符，并将当时的明细账与原始凭证核对，查明原因，予以调整。

2. 运用分析性复核程序分析固定资产变动合理性

具体分析内容包括：

审计人员通过分析与企业固定资产有关的比率及有关项目变动趋势，确定固定资产和折旧业务是否真实、账务处理是否正确、固定资产和折旧变动是否合理。

第一，固定资产总值除以企业全年生产总产量，将该比率与以前年度相比较，目的在于查明有无已减少的固定资产未在账面上注销或者查明有无闲置的固定资产等问题。

第二，比较本年度与以前各年度固定资产增加额和减少额。因企业的生产经营情况不同，各个会计年度固定资产增加和减少数额可能会有较大差异。审计人员通过深入分析差异原因，同时根据企业过去和未来的生产经营趋势确定产生差异的原因是否合理。

第三，比较本年度各个月份，本年度与以前各年度的修理费用，目的在于确定资本性支出和收益性支出的区别是否正确，有无混淆这两类支出的错误。

第四，本年度计提折旧额除以固定资产总值，将该比率与上年计算数比较，目的在于确定本年度折旧额的计算有无错误。

第五，分析比较各年度固定资产保险费，查明变动有无异常。

3. 审查固定资产的真实性

对企业期末结存的各项固定资产是否确实存在的审查，审计人员通常都是通过监盘加以实现。审计人员应根据固定资产的类型分别采用不同的监盘方法。一般来说，对房屋、建筑物等无法移动的固定资产，因其固有风险较小，可以采用重点抽查验证的方式；安装使用设备的固有风险也较小，因此也可以在小范围内抽查验证；对可移动的固定资产，因其固有风险较大，则需扩大抽查验证范围。

在对固定资产实物监盘前，审计人员应先将固定资产明细账与固定资产卡片进行核对，做到账卡相符。

在实施监盘时，既要注意固定资产是否完整存在，如主机、辅机、应有配件、备件是否齐全，也要关注固定资产的维护保养情况，鉴定其新旧程度与账面记录是否一致，必要时可以聘请专家对其实际价值进行估价；对监盘中发现的未使用和不需用的固定资产，应调查其购建启用及停用时点，并做出记录；对于暂时闲置的固定资产，应获取相关证明文件，观察其实际状况，检查其是否按规定计提折旧，相关的会计处理是否正确。

监盘完成后，对于盘盈、盘亏的固定资产进行深入的调查，如发现因凭证手续不全所造成的账外资产应补记入账。在确认盘盈或盘亏的基础上，审查企业是否将盘盈或盘亏的固定资产，通过“以前年度损益调整”和“待处理财产损溢”账户核算。对盘亏的固定资产要查明原因，并审查企业是否根据固定资产账面价值进行了转账处理；对于盘盈的固定资产，审查企业是否按重置价值入账，并按其新旧程度估计累计折旧。

4. 审查固定资产的所有权

对企业的固定资产，除通过监盘确定其存在性外，审计人员还需要收集各种凭证，如契约、产权证明书、财产税单、发票等，以确定固定资产确实属企业所有。

对于初次审计的项目，审计人员需要花费较多的时间收集足够的证据，证明企业固定资产的归属，并将证明企业固定资产所有权的凭单复印件存入审计的永久性档案中。

对于再次审计的项目，审计人员虽然不需要如同初次审计一样全面收集所有权证据，但仍要查验固定资产的所有权，可视内部控制情况，抽取一部分资产记录与资产本身进行查对，特别对记录中的一些增减变动项目必须进行查对。

对企业抵押、担保的固定资产，审计人员应结合对银行借款等的检查，了解固定资产是否存在重大的抵押、担保情况，如有，则需取证并记录，提请被审计单位作必要披露。

5. 审查固定资产入账价值的准确性

企业会计准则规定，企业的固定资产应当按成本进行初始计量，审计人员对固定资产入账价值的审查，就是对固定资产取得的实际成本是否真实、正确地审查。根据企业取得固定资产的渠道与方式的不同，其实际成本的确定与构成内容也有所不同，审计人员应根据不同的情况开展具体的审查工作。

（1）企业购入固定资产。审计人员应审查其入账价值是否按实际支付的买价、相关税费（不包括购进固定资产的进项税）、使固定资产达到预定可使用状态前所发生的可归属于该项资产的运输费、装卸费、安装费和专业人员服务费等记账，有无将包装费、运杂费或安装成本计入生产成本或管理费用中混淆固定资产与生产成本界限的情况。

（2）企业自行建造固定资产。审计人员应审查其入账价值是否按照建造过程中实际发生的全部支出记账。有无将固定资产建造过程中发生的料工费计入生产成本，或者相反，将日常生产中发生的料工费计入固定资产价值中，混淆费用界限，造成固定资产价值不正确以及当前损益不真实的情况。

第一，审查固定资产建造所耗物资。企业为工程准备购入的物资应在“工程物资”科目内核算。审计人员应审查确定工程物资是否存在，与账面记录是否一致，审查的方法与要点可比照存货的审查。

第二，审查预付工程价款。企业出包工程可以按规定预付承包单位工程价款，工程完工收到承包单位账单时，再补付或补记工程价款。审计人员审查预付工程价款时重点关注：审查出包工程是否合法，是否履行招标程序；审查实际支付的预付工程价款是否与合同规定的比例相符，是否与工程进度以及占全部工程款的比例相适应，必要时应请有关工程技术人员进行评定；审查工程完工后承包单位送来的账单，检查工程价款的计算是否合理、正确，需要补付或补记的工程价款，企业是否及时作了正确的账务处理、披露是否适当。

第三，审查固定资产的建造成本。企业自行建造固定资产、改扩建固定资产、安装固定资产发生的各项支出应记入“固定资产”科目。审计人员审查固定资产建造成本时的重点包括：审计人员应根据固定资产的各明细账，结合有关原始凭证，审查物资、人工、水电费等各项开支是否合法，有无将不属于建造固定资产的一些开支计入固定资产成本，或将建造固定资产开支列入生产成本的现象；审查建造固定资产借款利息处理的合规性，审查时应注意，企业发生的工程借款利息，只有属于固定资产尚未达到预定可使用状态之前的才应计入固定资产造价；审查固定资产试运转过程中收入处理的完整性，审查时应注意，建造固定资产试运转中各项收入是否全部入账，有无收入不入账等行为，是否将收入扣除税金后冲减了工程成本，账务处理是否正确。

第四，审查固定资产期末余额。建造固定资产的期末余额为尚未达到预定可使用状态的实际支出，以及尚未使用的工程物资的实际成本。审计人员应按照固定资产各明细科目所反映的内容分别加以审查，证实其真实性、正确性，并确定建造固定资产减值准备是否适当，计提依据是否充分，账务处理是否正确。

第五，审查工程项目的决算。企业的出包工程或自行建造工程，在工程完工后都需编制竣工决算，以此为依据转入固定资产。因此，审计人员应严格审查工程项目的决算，包括各项费用开支是否遵守预算定额标准，资金的使用是否经济合理，有无弄虚作假和损失浪费的现象；项目完工的工作量是否符合要求，主要设备、辅助设备以及应有零部件是否齐全；工程价款的计算方法是否符合标准，计算额是否正确；完工验收情况如何，是否达到了预期标准；产权关系是否明确等。

（3）企业在原有固定资产基础上改建、扩建的固定资产。对此类固定资产的审计，审计人员应注意审查其入账价值是否按原有固定资产账面原值，减去改建、扩建过程中发生的变价收入，加上由于改建、扩建而增加的支出记账，有无将改建、扩建期间发生的料工费与生产成本或管理费用相混，或将改建、扩建中发生的固定资产变价收入不入账的情况。

（4）企业接受捐赠的固定资产。审计人员在审查捐赠所得固定资产时，应注意审查其入账价值是否按照同类资产的公允价值或根据所提供的有关凭证记账，同时包括在接受固定资产时发生的各项费用，是否未按同类资产的市场价格或所提供的有关凭证记账，而只是人为估计价值入账，是否存在将接受固定资产时发生的各项费用计入到管理费用中，或把企业的一些其他开支一并计入接受捐赠的固定资产价值中的情况。

（5）企业盘盈的固定资产。对盘盈的固定资产，审计人员主要审查其入账价值是否合理估价，有无随意估计价值的情况。

（6）企业为取得固定资产而发生的借款费用。企业为取得固定资产借入资金需付出一定的代价，包括借款利息、折价或溢价的摊销和辅助费用，以及因外币借款而发生的汇兑差额等，在固定资产达到预定可使用状态之前发生的，应计入固定资产的价值，在此之后发生的，应计入当期损益。审计人员应注意审查企业借款费用处理是否正确，已经计入固定资产价值的借款费用是否符合资本化的条件，有无将不应资本化的借款费用计入固定资产价值的问题，资本化的借款费用金额是否正确。

6. 审查固定资产的增加、减少

（1）企业新增固定资产的审查。企业新增固定资产应借记“固定资产”科目，同时依据其来源渠道不同，贷记不同的会计科目。企业自行购入的固定资产，应贷记“银行存款”科目；自行建造的固定资产，应贷记“在建工程”科目；投资者投入的固定资产，应贷记“实收资本”或“股本”科目；接受捐赠的固定资产，应贷记“营业外收入”科目；盘盈的固定资产，应贷记“以前年度损益调整”科目。

（2）企业减少固定资产的审查。企业固定资产会因为报废、出售、向其他单位投资转出、盘亏等原因减少，审计人员对固定资产减少审查时，应分析固定资产减少情况，查阅涉及固定资产减少的明细账和会计凭证，按固定资产减少的不同情况，分别进行审查：审查报废固定资产时，重点关注报废固定资产是否达到规定的使用年限，是否有授权审批文件，报废后的固定资产残值是否及时收回入账，报废固定资产净损失的计算是否正确，是否按规定记入了“营业外支出”科目，对提前报废的固定资产应进一步查明其原因。审查出售固定资产时，重点关注出售的合法性，价格是否合理，有无借职务之便以出售固定资产为名谋取私利的行为，固定资产出售后的账务处理是否正确。审查固定资产减少时要结合“固定资产清理”“待处理财产损溢”账户检查其账务处理的正确性，抽查账面转销额是否正确。审计人员还需检查是否存在未作会计记录的固定资产减少业务，首先要向企业的固定资产管理部门查询本期有无未作会计记录的固定资产减少业务。其次是复核本期是否有新增加的固定资产替换原有固定资产，分析“营业外支出”等账户，查明有无处置固定资产所带来的收支，如发现企业有某种产品因故停产，则需追查其专用生产设备的处理情况。

7. 审查固定资产是否已在资产负债表上恰当披露

企业会计报表附注有关固定资产的部分通常应说明的内容包括：固定资产的标准、分类、计价方法和折旧方法；固定资产的预计使用年限和预计净残值；对固定资产所有权的限制及其金额（这一披露要求是指，企业因贷款或其他原因而以固定资产进行抵押、质押或担保的类别、金额、时间等情况）；已承诺将为购买固定资产支付的金额；暂时闲置的固定资产账面价值（这一披露要求是指，企业应披露暂时闲置的固定资产账面价值，导致固定资产暂时闲置的原因，如开工不足、自然灾害或其他情况等）；已提足折旧仍继续使用的固定资产账面价值；已报废和准备处置的固定资产账面价值。固定资产因使用磨损或其他原因而需报废时，企业应及时对其处置，如果其已处于处置状态而尚未转销的，企业应披露这些固定资产的账面价值。

上市公司还应在其会计报表附注中按类别分项列示固定资产期初余额、本期增加额、本期减少额及期末余额；说明固定资产中存在的在建工程转入、出售、置换、抵押或担保等情况；披露通过经营租赁租出的固定资产每类租出资产的账面价值。

审计人员应关注企业会计报表附注是否如实披露了上述相关内容，如果出现漏记、少记的部分应要求企业予以补充完善。

［同步案例 8－3］

背景与情境：

审计人员在对某公司 2022 年 12 月 31 日的固定资产进行清点时，发现如表 8－3 所示情况。

表 8－3　　固定资产年末情况　　单位：元

固定资产名称	固定资产明细账	固定资产卡片	实存价值	每台单价
甲	80000	80000	78000	2000
乙	70000	70000	80000	10000
丙	100000	90000	100000	10000
丁	29500	28000	28000	500

问题：根据上述清点的情况，分析可能存在的问题，并提出审计意见。

分析提示：

(1) 甲种设备账卡相符，实物短缺一台，有可能是该设备已报废处理，但是账卡未注销，查明后应注销账卡；也可能因保管不善，设备被盗，查明后要追究保管者的责任；也可能是设备出租，但没有记入“出租固定资产”账户，应补记。

(2) 乙种设备账卡相符，实物多出一台，有可能是该设备已报废处理，账卡已注销，但实物仍在使用；也可能是购进时未做固定资产入账而做低值易耗品入账，但盘点时作为固定资产；查明后，应对照其价值和使用年限，确认其符合标准，则补记固定资产明细账和卡片账；若不符合标准，则不做盘盈，不记入固定资产账簿。

(3) 丙种设备明细账与实物相符，但卡片少一台，有可能是购进时，有一台没有在卡片上登记，查明后要补记卡片。

(4) 丁种设备卡片和实物相符，但固定资产明细账多出三台，有可能是该三台设备已出售，但明细账没有注销，查明后应予注销。

三、累计折旧的审计

在考虑固定资产减值准备的前提下，影响折旧的因素包括：折旧的基数、累计折旧、固定资产减值准备、固定资产预计净残值和固定资产尚可使用年限五个方面。由于企业在计算折旧时主要取决于企业的折旧政策，具有一定程度的主观性。

（一）累计折旧的审计目标

固定资产折旧的特性决定了累计折旧的审计目标主要包括：确定折旧政策和方法是否符合国家有关的财务会计制度、是否一贯遵循；确定累计折旧增减变动的记录是否完整；确定折旧费用的计算、分摊是否正确、合理和一贯；确定累计折旧的期末余额是否正确；确定累计折旧在会计报表上的披露是否恰当。

（二）累计折旧的实质性程序

1. 获取或编制固定资产累计折旧分类汇总表

审计人员编制或取得固定资产累计折旧分类汇总表，该汇总表反映固定资产折旧方法、折旧率、期初折旧余额、本期增加折旧、本期减少折旧、期末折旧余额等。在此基础上复核其加计正确性，并将其与明细账、总分类账、报表核对，查明是否相符。如果不符，应查出从何时起不符，并将当时的明细账与原始凭证核对，查明原因。

2. 运用分析性复核程序分析固定资产累计折旧合理性

根据情况，选择以下方法对累计折旧进行分析程序：

第一，将当年的折旧费用与以前年度折旧费用比较。

第二，将应计提折旧的固定资产乘以本期的折旧率，分析折旧计提的总体合理性。审计人员在计算前应对本期增加和减少的固定资产、使用年限长短不一的和折旧方法不同的固定资产作适当调整。如果总的计算结果和被审计单位的折旧总额相近，且固定资产及累计折旧的内部控制较健全时，就可以适当减少累计折旧和折旧费用的其他实质性测试工作量。

第三，计算本期计提折旧额占固定资产原值的比率，并与上期比较，分析本期折旧计提额的合理性和准确性。

第四，计算累计折旧占固定资产原值的比率，评估固定资产的老化率，并估计因闲置、报废等原因可能发生的固定资产损失，结合固定资产减值准备，分析其是否合理。

第五，将成本费用中的折旧费用明细账记录与“累计折旧”账户贷方的本期折旧计提额比较，查明计提折旧是否计入本期生产成本或期间费用，如发现差异，必须查明原因，差异数额较大时需作出调整。

3. 审查企业所使用折旧方法的适当性

按照企业会计准则的规定，企业固定资产折旧方法可以采用年限平均法、工作量法、年数总和法、双倍余额递减法等，且折旧方法一经确定，不允许任意变动，如需变更应当在财务报表附注中予以说明。审计人员应检查被审计单位制定的折旧政策和方法是否符合国家有关财务会计制度的规定，确定其所采用的折旧方法能否在固定资产使用年限内合理分摊其成本，审查企业折旧计算单和“累计折旧”账户，以判断其前后期是否一致。

4. 审查企业固定资产折旧计提的正确性

按规定，固定资产的折旧是按月初固定资产原值为基础进行计提，审计人员应审查企业应计提折旧的固定资产是否都已计提，不应计提折旧的固定资产是否无计提折旧的情况。审计人员应重点关注以下方面：

第一，已全额提足折旧但仍在继续使用的固定资产，是否已停止计提折旧。

第二，已计提部分减值准备的固定资产，计提的折旧是否正确，是否按照该固定资产的账面价值以及尚可使用寿命重新计算确定折旧率和折旧额，审查时要结合“固定资产减值准备”账户确认其折旧额计算的正确性；已全额计提减值准备的固定资产，是否已停止计提折旧。

第三，包含土地使用权的固定资产，按规定估价单独入账的土地等是否未计提折旧。

第四，因更新改造而停止使用的固定资产是否已停止计提折旧，因大修理而停止使用的固定资产是否照提折旧。

第五，对按规定予以资本化的固定资产装修费用，是否在两次装修期间与固定资产尚可使用年限两者中较短的期间内，采用合理的方法单独计提折旧，并在下次装修时，将该项固定资产装修余额一次性全部计入当期营业外支出。

第六，未使用、不需用和暂时闲置的固定资产是否按规定计提折旧。

此外，审计人员还要注意折旧率是否正确，是否符合各类固定资产使用年限的规定，应核实年限平均法的折旧率以及其他折旧率，并复核折旧额的计算。审计人员可考虑结合固定资产审计，检查其折旧的计提是否正确无误，并追查至固定资产登记卡。

5. 审查累计折旧账务处理的正确性

为确定企业累计折旧账务处理是否正确，审计人员一方面要审查折旧费用的分配是否合理，与上期分配方法是否一致；另一方面还要将“累计折旧”账户贷方的本期计提折旧额与相应的成本费用中的折旧费用明细账户的借方比较。以查明所计提金额是否已全部摊入本期产品成本或费用，如发现存在差异，应及时追查原因，并考虑是否应建议作适当调整。对于因资产评估调整累计折旧的，审计人员应取得资产评估报告，检查其会计处理是否正确。

6. 检查累计折旧是否已在资产负债表上恰当披露

如果被审计单位是上市公司，应在其会计报表附注中按固定资产类别分项列示累计折旧期初余额、本期计提额、本期减少额及期末余额。审计人员应关注企业会计报表附注是否如实披露了上述相关内容，如果出现漏记、少记的部分应要求企业予以补充完善。

本章小结

1. 采购与付款循环涉及的主要业务流程如下：（1）请购商品；（2）编制订购单；（3）验收商品；（4）储存商品；（5）编制付款凭单；（6）办理付款；（7）记录现金、银行存款支出。该循环所涉及的主要凭证、会计记录如下：（1）请购单；（2）订购单；（3）订货合同；（4）验收单；（5）卖方发票；（6）退货或折让通知单；（7）付款凭单；（8）转账凭证；（9）付款凭证；（10）采购日记账；（11）卖方对账单；（12）采购相关的其他会计账簿和备查簿。

2. 健全的内部控制是采购与付款循环必不可少的组成部分，主要包括：（1）职责分离控制；（2）请购控制；（3）订货控制；（4）验收控制；（5）应付账款控制；（6）付款控制。固定资产的内部控制主要有：（1）固定资产的预算制度；（2）授权批准制度；（3）账簿记录制度；（4）职责分工制度；（5）资本性支出和收益性支出的区分制度；（6）固定资产的处置制度；（7）固定资产的定期盘点制度；（8）固定资产的维护保养制度。采购与付款循环的内部控制测试如下：（1）了解并描述采购与付款业务的内部控制；（2）检查部分采购业务；（3）付款环节的测试。

3. 应付款项审计的实质性程序主要有：（1）获取应付款项明细表并执行相关工作；（2）根据被审计单位实际情况，对应付款项实施分析性复核程序；（3）抽查应付款项明细账；（4）函证应付款项；（5）审查应付款项账务处理的正确性；（6）查找未入账的应付款项；（7）审查应付关联方账款；（8）审查应付款项在资产负债表上的披露是否恰当。

4. 固定资产审计的实质性程序主要有：（1）获取或编制固定资产分类汇总表；（2）运用分析性复核程序分析固定资产变动合理性；（3）审查固定资产的真实性；（4）审查固定资产的所有权；（5）审查固定资产入账价值的准确性；（6）审查固定资产的增加、减少；（7）审查固定资产是否已在资产负债表上恰当披露。

5. 累计折旧审计的实质性程序主要有：（1）获取或编制固定资产累计折旧分类汇总表；（2）运用分析性复核程序分析固定资产累计折旧合理性；（3）审查企业所使用折旧方法的适当性；（4）审查企业固定资产折旧计提的正确性；（5）审查累计折旧账务处理的正确性；（6）检查累计折旧是否已在资产负债表上恰当披露。

复习思考题

1. 采购与付款业务不相容岗位包括哪些？
2. 影响采购与付款交易和余额重大错报风险的因素有哪些？
3. 审计人员如何查找未入账的应付账款？
4. 直接向供货商函证应付账款的审计程序是否和函证应收账款一样重要？
5. 固定资产及累计折旧的实质性程序主要有哪些？

第九章　生产与存货循环审计

学习目标

1. 熟悉生产与存货循环的业务活动和所涉及的凭证和记录。
2. 掌握生产与存货循环的内部控制及其测试的内容。
3. 理解生产与存货循环重大错报风险的识别与评估内容。
4. 掌握生产与存货循环主要的审计方法。
5. 掌握产品成本、营业成本、存货和应付职工薪酬的实质性程序。

☞ 案例导入

獐子岛集团股份有限公司（以下简称"獐子岛"）成立于1958年，2006年在深交所上市，獐子岛是国内最大的以水产增养殖为主，集海珍品育苗、增养殖、加工、贸易、海上运输于一体的综合性海洋食品企业，2010年被评为中国最受信赖的十大品牌。2014年10月30日，獐子岛发布公告称，因北黄海遭遇几十年一遇异常的冷水团，公司在2011年和部分2012年播撒的100多万亩即将进入收获期的虾夷扇贝绝收。受此影响，獐子岛前三季业绩"大变脸"，由预报盈利变为亏损约8亿元，全年预计大幅亏损。2018年1月31日，獐子岛发布公告称，公司正在进行底播虾夷扇贝的年末存量盘点，公司预计2017年净利润亏损5.3亿—7.2亿元。经过4天的重新盘点，獐子岛公司最终将亏损金额确定在6.29亿元，相当于獐子岛2016年净利润的近8倍，这与2017年三季报中预告全年1亿元左右的盈利差别很大。

对于海洋养殖业而言，其存货的特殊性可能使其成为公司财务造假的高危领域。注册会计师针对农业类、水产养殖行业生物资产的审计存在一定难度和较大风险。为其提供审计服务的大华会计师事务所指出，由于大浪等天气原因，注册会计师只有3天能下海监盘。注册会计师在3天内就完成了百倍于公司自己为期28天的存量调查工作，只对不到3%的养殖海域进行抽样调查。针对2011年的亩产，注册会计师测量的数据和獐子岛公司的数据相差1.8倍，注册会计师认为"两者数据相比较，差异不大，基本吻合"。从参加盘点的人员来看，大华会计师事务所并没有邀请其他专业人士共同参与监盘。生物资产的特殊性导致存货的盘点和计价是一大难题，大华会计师事务所对獐子岛存货的监盘工作难以令人满意，存在重大的审计风险点，这很可能导致审计失败。

思考：

（1）在獐子岛案例中，你认为大华会计师事务所对獐子岛公司的消耗性生物资产的审计合理吗？说说你的理由。

（2）如果你是獐子岛公司的审计人员，你将如何审计该公司的存货？

资料来源：改编自“高翔宇．獐子岛公司存货审计案例研究［D］．长春：吉林财经大学，2019．”。

第一节　生产与存货循环概述

生产与存货循环是企业处理有关生产成本计算和存货管理等业务的工作程序的总称，其涉及的内容主要是存货的管理及生产成本的计算等。由于本循环涉及业务复杂，存货种类、数量繁多，计价方法各异，且生产成本、存货计价直接影响当期报益，因而审计风险较高，审计人员应对本循环的审计予以高度重视。

根据财务报表项目与业务循环的相关程度，生产与存货循环涉及的资产负债表项目主要包括存货、应付职工薪酬、预提费用等；所涉及的利润表项目主要包括主营业务成本等项目。其中，存货又包括材料采购或在途物资、原材料、包装物、低值易耗品、材料成本差异、自制半成品、库存商品、商品进销差价、委托加工物资、委托代销商品、分期收款发出商品、生产成本、制造费用、劳务成本、存货跌价准备、代销商品款等。

生产与存货循环主要包括两部分内容：一是本循环涉及的主要业务活动；二是本循环所涉及的主要凭证和会计记录。

一、生产与存货循环涉及的主要业务活动

生产与存货循环是由原材料转化为产成品的有关活动组成。该循环包括制造产品品种和数量的生产计划，控制、保持存货水平以及与制造过程有关的交易和事项。该循环交易从领料生产到加工、销售产成品时结束。生产与存货循环所涉及的主要业务活动包括以下八个方面：

（一）制订和批准生产计划

生产计划部门的职责是根据顾客订单或者对销售预测和存货需求的分析来制订生产计划，交由被授权人员审批。如决定授权生产，即签发预先编号的生产通知单，安排生产单位生产或执行。该部门通常应将发出的所有生产通知单编号并加以记录控制。此外，还需要编制一份材料需求报告，列示所需要的材料、零部件及其库存情况。

（二）发出原材料

仓储部门的责任是根据从生产部门收到的领料单发出原材料。领料单上必须列示所需

的材料数量和种类，以及领料部门的名称。领料单可以一料一单，也可以多料一单，通常需一式三联。仓库管理人员发料并签署后，将其中一联连同材料交给领料部门（生产部门存根），另外一联留在仓库登记材料明细账（仓库联），最后一联交财务部门进行材料收发核算和成本核算（财务联）。

（三）生产加工产品

生产部门根据生产通知单领取原材料后，将生产任务分解到每一个生产工人，并将所领取的原材料交给生产工人，据以执行生产任务。生产工人在完成生产任务后，将完成的产品移交生产部门检查，并转交检验员检验合格后办理入库手续，或是将所完成的产品移交下一工序以进一步加工。

（四）核算产品成本

企业为了正确地核算产品成本，对在产品进行有效控制，必须建立健全成本会计制度，将生产控制和成本核算有机结合在一起。一方面，生产过程中的各种记录、生产通知单、领料单、计工单、入库单等文件资料都要汇集到财务部门，由财务部门的成本会计人员对其进行检查和核对，了解和控制生产过程中存货的实物流转；另一方面，财务部门要设置相应的会计账户，汇集有关部门生产过程中生成的各种凭证，逐步登记、汇总材料费、人工费用和制造费用，对产品的生产成本进行核算和控制。成本会计制度可以非常简单，只是在期末记录存货余额，也可以是完善的标准成本制度，它持续地记录所有材料处理、在产品和产成品，并产生对成本差异的分析报告。完善的成本会计制度应该提供原材料转为在产品，在产品转为产成品，以及按成本中心、分批生产任务通知单或生产周期所消耗的材料、人工和间接费用的分配与归集的详细资料。

（五）储存产成品

产成品经验收入库时，须由仓储部门先行点验和检查，然后签收，并将实际入库数量通知财务部门，财务部门进行相应记录。据此，仓储部门确立了本身应承担的责任，并对验收部门的工作进行验证。仓储部门应根据产成品的品质特征分类存放，并填制标签。

（六）销售发出产成品

销售部门接到客户订单，商定商品的品种规格等相关信息后，报主管人员批准，再签订销售合同、开出销货单，交由独立的发运部门装运产品。经授权人员审批后，仓储部门根据发运单发出产成品并编制出库单，根据出库单登记产成品永续盘存记录。产成品的发出须由独立的发运部门进行，装运产成品时必须持有核准的发运通知单。出库单至少一式四联，一联交仓储部门，一联发运部门留存，一联送交顾客，一联作为给顾客开发票的依据。

（七）存货盘点

管理人员编制盘点指令，安排适当人员对存货实物（包括原材料、在产品和产成品等所有存货类别）进行定期盘点，将盘点结果与存货账面数量进行核对，调查差异并进行适当调整。

（八）计提存货跌价准备

财务部门根据存货货龄分析表信息或相关部门提供的有关存货状况的其他信息，结合存货盘点过程中对存货状况的检查结果，对出现损毁、滞销、跌价等降低存货价值的情况进行分析计算，计提存货跌价准备。

生产与存货循环涉及的主要业务流程如图 9－1 所示。

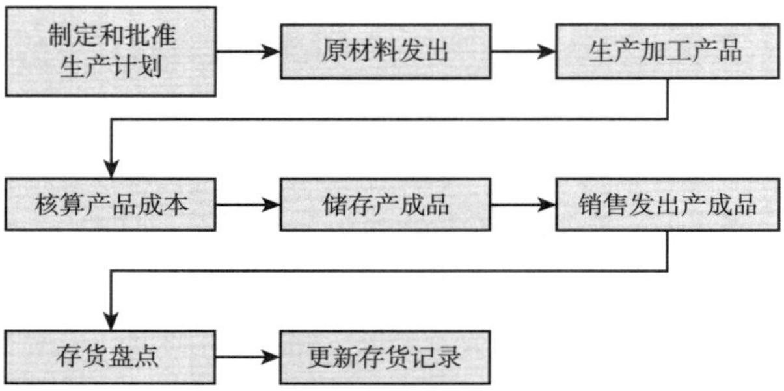

图 9－1　生产与存货循环涉及的主要业务流程

二、生产与存货循环涉及的凭证和会计记录

为加强对生产与存货循环业务涉及的相关业务的控制，企业通常会使用很多的凭证和会计记录，典型的生产与存货循环涉及的主要凭证和会计记录有以下几种：

（一）生产指令

生产指令即生产任务通知单，是企业生产计划部门下达的制造产品等生产任务的书面文件，用以通知生产车间组织产品制造，供应部门组织材料发放，财务部门组织成本计算。广义的生产指令也包括用于指导产品加工的工艺规程，如机械加工企业的“路线图”等。生产指令通常需要预先连续编号。

（二）领发料凭证

领发料凭证是企业为控制材料发出所采用的各种凭证，主要有领料单、限额领料单、领料登记簿、退料单、材料发出汇总表、出库凭证等。

（三）产量和工时记录

产量和工时记录是登记工人或生产班组在出勤内完成的产品数量、质量和生产这些产品所耗费工时数量的原始记录。常见的产量和工时记录主要有工作通知单、工序进程单、工作班产量报告、产量通知单、产量明细表、废品通知单等。

（四）工薪汇总表及工薪费用分配表

工薪汇总表是为了反映企业全部工薪的结算情况，并据以进行工薪结算、总分类核算和汇总整个企业工薪费用而编制的，是企业进行工薪费用分配的依据。工薪费用分配表反映了各生产车间各种产品应负担的生产工人的工资及福利费。

（五）材料费用分配表

材料费用分配表是用来汇总反映各生产车间生产各种产品所耗费的材料费用的原始记录。

（六）制造费用分配汇总表

制造费用分配汇总表是用来汇总反映各生产车间各种产品所应负担的制造费用的原始记录。

（七）成本计算单

成本计算单是用来归集某一成本计算对象所应承担的生产费用，计算该成本计算对象的总成本和单位成本的记录。

（八）产成品入库单和出库单

产成品入库单是产品生产完成并经检验合格后从生产部门转入仓库的凭证。产成品出库单是根据经批准的销售单发出产成品的凭证。

（九）存货明细账

存货明细账是用来反映各种存货增减变动情况和期末库存数量及相关成本信息的会计记录。该记录根据入库凭证和发出凭证登记，据以进行明细分类核算和实物控制。

（十）存货盘点报告表

存货盘点报告表是用来记录并报告企业的存货品种、规格、数量、质量情况的凭证，由存货清查小组根据盘点结果据实填制，按规定报经相关授权部门审批后作为财务部门进行会计处理的原始凭证。

生产与存货循环涉及的主要业务活动、相关部门、常见凭证及相关账户如表9－1所示。

表9－1　生产与存货循环涉及的主要业务活动、相关部门、常见凭证及相关账户

业务类型	业务活动	相关账户	常见凭证和会计记录	相关部门
计划和安排生产	计划和安排生产		生产指令	预算部门
生产产品	发出原材料		领发料凭证	仓储部门
	生产产品		产量和工时记录	生产部门
	核算产品成本		工薪汇总表及工薪费用分配表 材料费用分配表 制造费用分配汇总表 成本计算单	财务部门
储存产品	储存产成品		存货明细账	仓储部门
发出产品	发出产成品		存货明细账	仓储部门、财务部门

第二节　生产与存货循环的内部控制及其测试

一、生产与存货循环的内部控制

生产与存货循环的内部控制包括存货的内部控制、成本会计的内部控制及工薪的内部控制三部分。为了预防、检查和纠正生产与存货循环中的错弊，健全的存货内部控制主要包括以下三个方面：

（一）建立适当的职责分工

完整的生产与存货循环的主要职责包括：采购及验收材料、储存保管存货、制订审批生产计划、领用材料生产产品、分配归集产品的成本费用、检验和存储产成品、盘点存货、会计记录等。

这些职责应当进行明确的分工：①采购部门与验收、保管部门相互独立，防止购入不合格材料。②存储部门与生产或使用部门相互独立，防止多领材料或存货被盗。③生产计划的制订与审批相互独立，防止生产计划不合理。④产成品生产与检验相互独立，防止不合格产品入库和售出。⑤存货的保管与会计记录相互独立，防止篡改会计记录、财产流失。⑥存货盘点由独立于保管人员之外的其他部门人员定期进行，保证盘点真实性。

（二）信息传递程序控制审批

企业管理当局通过授权程序、成本控制、永续盘存制等信息传递程序实施控制。

1. 严格的授权审批程序

企业生产与存货管理业务都必须经过授权，各项业务要经过严格的批准手续方可办理。具体的授权批准内容包括：①生产计划应由被授权的企业管理人员审批，经批准后方可下达生产通知单。②领取材料须经部门经理批准。③产品完工须经检验人员检验合格后方可核准入库，验收入库时尚须由仓储部门先行点验和检查。④产品的发出须经核准的发出通知单方可办理。⑤各业务环节的存货报废须经专门小组审批。⑥存货的盘盈或盘亏的账务处理由被授权人批准。⑦会计方法变更须由企业财务主管批准等。

2. 成本控制（生产与存货循环所特有）

生产与存货的价值流转控制主要由财务部门执行，为了正确核算和有效控制生产与存货成本，必须建立健全生产与存货成本管理制度，将生产控制与成本控制有机结合起来，主要包括：制订成本计划、费用预算或控制目标，严格审核原始凭证，设置生产与存货总账及明细账并进行核算，选择适当的成本计算方法科学计算产品成本，进行生产与存货成本分析，建立成本和费用的归口分级管理控制制度等。

3. 永续盘存制（生产与存货循环所特有）

永续盘存记录由财务部门而不是仓储部门负责，以使管物与管账两个不相容职责分离。财务部门应设置存货明细账对存货的收、发、结存进行及时反映，根据有会计凭证逐日、逐笔登记各种存货的收、发、存的数量和金额，随时反映结存数量和金额：设置存货总分类账对存货收、发、存的数量和金额及时汇总和记录，并将明细账置于总账的控制之下；经常核对总账与明细账，存货账面结存数与实际库存数核对，保证账账、账实相符。

（三）实物控制

生产与存货循环过程中涉及的存货种类繁多、收发频繁，对存货实物控制贯穿于采购、验收、存储、发货、生产和报废等多个环节，加强实物控制的主要措施包括：①保管人员对入库存货进行点验并填制入库单，存货分类安全存放和保管，堆放、仓储条件良好，重要存货建立良好的防火、防盗等防护措施。②限制非授权人员接近存货。③定期盘点检查存货管理情况，并如实反映盘点结果，对存货盘盈和盘亏的处理经企业主管批准，其处理及时，符合财务制度规定。④保管与记录严格分工。

二、生产与存货循环的风险识别与评估

生产与存货循环相关账户余额存在的重大错报风险可能包括：

（一）董事会、经理层错报生产成本的偏好

被审计单位董事会、经理层可能为了完成经营目标，满足业绩考核的要求，往往会在财务报表中错报生产成本，以达到调节当期利润的目的。被审计单位董事会、经理层常用的手段有混淆生产成本与资本化支出、混淆不同产品之间的生产成本、混淆不同会计期间的生产成本等。

（二）成本计算的复杂性

不同性质的企业成本计算有所不同而且十分复杂。原材料和直接人工等直接费用的分配比较简单，但间接费用的分配却很复杂，并且同一行业中的不同企业可能采用不同的认定和计算方法。

（三）存货项目的可变现净值难以确定

如价格受全球供求影响的存货，由于其可变现净值难以确定，会影响存货采购成本的确定，并将影响注册会计师对与存货认定有关的风险进行评估。

（四）存货存放地点很多

被审计单位可能将存货存放在很多地点，并且可以在不同的地点之间配送存货，这将增加存货途中毁损或遗失的风险。

（五）产品的多元化风险

在企业同一会计期间，可能生产的多种产品都会使用相同的原材料和生产员工，使原材料和人工等费用在不同产品之间进行分配就变得十分烦琐，这会增加产品生产成本不真实的风险。

三、成本会计制度的内部控制

成本会计制度的内部控制目标、关键控制程序和常用的实质性测试如表 9－2 所示。

表 9－2　成本会计制度的内部控制目标、关键控制程序和常用的实质性测试

内部控制目标	关键内部控制	常用的内部控制测试	常用的实质性测试
生产业务是根据管理当局一般或特定的授权进行的	对生产指令、领料单、工资三个关键控制点，应通过恰当手续，经过特别审批或一般审批	检查凭证中是否包括这三个关键控制点的恰当审批	检查生产指令、领料单、工资等是否经过授权
记录的成本为实际发生的而非虚构的（存在或发生）	成本的核算是以经过审核的生产通知单、领发料凭证、产量和工时记录、人工费用分配表、材料费用分配表、制造费用分配表为依据	检查有关成本的记账凭证是否附有生产通知单、领发料凭证、产量和工时记录、人工费用分配表、材料费用分配表、制造费用分配表，这些原始凭证的顺序编号是否完整	对成本进行分析性复核；将成本明细账与生产通知单领发料凭证产量和工时记录、人工费用分配表产量费用分配表、制造费用分配表相核对
所有耗费和物化劳动均已反映在成本中（完整性）	生产通知单、领发料凭证、产量和工时记录、人工费用分配表、产量费用分配表、制造费用分配表均事先编号并已经登记入账	检查生产通知单、领发料凭证、产量和工时记录、人工费用分配表、产量费用分配表、制造费用分配表的顺序编号是否完整	对成本进行分析性复核；将生产通知单、领发料凭证、产量和工时记录、人工费用分配表、产量费用分配表、制造费用分配表与成本明细账相核对

续表

内部控制目标	关键内部控制	常用的内部控制测试	常用的实质性测试
成本以正确的金额，在恰当的会计期间及时记录于适当的账户（估价或分摊、分类）	1. 采用适当的成本核算方法，并且前后各期一致；采用适当的费用分配方法，并且前后各期一致； 2. 采用适当的成本核算流程和账务处理流程； 3. 内部核查	1. 选取样本测试各种费用的归集和分配以及成本的计算； 2. 测试是否按照规定的成本核算流程和账务处理流程进行核算和账务处理	1. 对成本进行分析性复核； 2. 抽查成本计算单，检查各种费用的归集和分配以及成本的计算是否正确； 3. 对重大的在产品项目进行计价测试
对存货实施保护措施，保管人员与记录、批准人员相互独立	存货保管人员与记录人员职务相分离	询问和观察存货和记录的接触以及相应的批准程序	
账面的存货与实际存货定期核对相符（过账和汇总）	定期进行存货盘点	询问和观察存货盘点程序	对存货进行监盘

四、工薪的内部控制

工薪的内部控制目标、关键控制程序和常用的实质性测试如表 9－3 所示。

表 9－3　　工薪的内部控制目标、关键控制程序和常用的实质性测试

内部控制目标	关键内部控制	常用的内部控制测试	常用的实质性测试
工薪账项均经适当批准	对上工、工作时间（特别是加班时间）工资薪金或佣金、代扣款项、工资结算表和工资汇总表等关键控制点，应通过恰当手续，经过特别审批或一般审批	1. 检查人事档案；检查工时卡的有关核准说明；检查工薪记录中有关内部检查标记； 2. 检查人事档案中的授权；检查工薪记录中有关核准的标记	将工时卡同工时记录等进行比较
记录的工薪为实际发生的而非虚构的（存在或发生）	1. 工时卡经领班核准； 2. 准确记录生产工时	检查工时卡的核准说明；检查工时卡；复核人事政策、组织结构图	1. 对本期工资费用的发生情况进行分析性复核； 2. 将工资费用分配表、工资汇总表、工资结算表与有关费用明细账相核对
所有已发生的工薪支出已记录（完整性）	工资分配表、工资汇总表完整反映已发生的工薪支出	检查工资分配表、工资汇总表、工资结算表，并核对员工工资手册、员工手册等	1. 对本期工资费用的发生情况进行分析性复核； 2. 将工资分配表、工资汇总表、工资结算表与有关费用明细账相核对

续表

内部控制目标	关键内部控制	常用的内部控制测试	常用的实质性测试
工薪以正确的金额，在恰当的会计期间及时记录于适当的账户（估价或分摊、分类）	采用适当的工资费用分配方法，并且前后各期一致；采用适当账务处理流程	选取样本测试工资费用的归集和分配；测试是否按照规定的账务处理流程进行核算和账务处理	1. 对本期工资费用的发生情况进行分析性复核； 2 抽查工资的计提是否正确，分配方法是否与上期一致
人事、考勤、工薪发放、记录之间相互分离	人事、考勤、工薪发放、记录等职务相互分离	询问和观察各项职责执行情况，看是否相互独立分离	

五、生产与存货循环的内部控制测试

审计人员通过对内部控制的测试，对生产与存货循环固有风险和控制风险做出客观的评价，指出其存在的薄弱环节和失控之处，并确定对其可依赖的程度，进而确定实质性测试的范围和重点。

（一）调查了解生产与存货循环的内部控制

审计人员通过查阅企业关于存货保管、存货领用、成本会计、工薪费用等方面的制度文件，采用了解控制环境，走访并实地观察生产部门、仓库、验收部门以及财务部门的工作等方式，深入了解企业生产与存货管理各方面的制度是否健全，手续是否完备。具体调查了解的内容包括以下方面：

第一，了解被审计单位存货的范围，重点关注代销商品、在途商品、购货约定商品的确认。

第二，了解被审计单位存货的采购、验收、存储、发货和会计记录等各个方面是否有明确的职责分工。

第三，了解被审计单位是否建立了严格的采购业务请购审批制度，采购业务是否由独立的采购部门负责，各个部门请购之前是否填制了请购单等；各部门是否恰当地核算收到的存货，并通过独立的测试以证实达到规定标准。

第四，了解被审计单位对存货是否建立了定期盘点制度，采用何种方法进行存货的期末盘点，实地盘存制和永续盘存制各有利弊，应根据具体情况选择使用；是否以永续盘存制为财务报告的基础，确保会计系统能够及时、正确和完整地记录存货交易。

第五，了解被审计单位对发出制造的各种存货是否建立了必要的控制，是否对各工序建立了质量检验制度和统计在产品与产成品的制度。

第六，了解被审计单位是否建立了完善的成本会计制度；成本会计系统是否及时更新；产品成本是否被合理地确认和分配；期末存货是否采用成本与可变现净值计价；是否及时分析、调查产品成本差异，并将其恰当地分配到存货和销货成本上。

第七，了解被审计单位是否定期检查存货，处理多余的存货，把技术过时造成的存货损失降低到最低的限度；了解被审计单位存货跌价准备的计提方法；对存货的盘盈、盘亏、报废、毁损的处理是否有明确的制度规定。

第八，了解被审计单位财务部门对存货资金的占用与周转的管理。

经过调查了解后，将内部控制情况描述记录于审计工作底稿。

（二）检查不相容职责的分离

与存货有关的不相容职责包括：存货的验收、仓储、使用与记账职责；对半成品或产成品的验收与生产部门；存货报废核销、审批与仓储、使用部门；存货业务各账户的总账与明细账登记职责；保管存货与监督定期实地盘点职责等。

审计人员应观察、审查生产与存货管理的各个环节，采购部门与保管部门、计划部门与生产部门、存货保管与盘点、生产与验收、存货保管与记录、存储与销售是否独立，对企业控制环境、会计准则的应用进行评价。在企业的各部门和岗位严格分工，职责明确分离，相互牵制，每个环节都按照规定的程序、标准和方法运作时，其内部控制风险相对较低。

（三）检查授权审批程序

对于企业的授权审批控制，审计人员可以根据重要性原则，抽取企业部分业务文件，测试各控制环节的执行情况，授权、审核、计量、记录等控制环节是否真正发挥了作用。包括以下内容：

第一，抽取部分入库单检查。检查内容包括：是否附有验收单并经检验人员签字；核对入库单的数量、日期、规格、型号、价格等是否同实物收发存登记簿记录、存货明细账记录相一致；大额存货采购是否签订了合同，有无审批手续。

第二，抽取部分出库单检查。例如，如果是领料，追查有无经主管批准和领用人签字的领料单等。

第三，抽查部分“资产报废审批单”，看有无资产报废审核小组或部门负责人审批。

第四，选取若干标准成本同实际成本差异较大的账户，检查差异的调整是否有差异分析记录和被授权人的批准。

（四）检查凭证和记录的控制

审计人员检查与存货有关的凭证与记录控制，主要审查内容包括以下四个方面：

1. 询问法和实地观察法

采用询问法和实地观察法检查企业是否编制生产计划或进行预算控制，检查生产通知单是否连续编号，成本的归口分级管理制度执行情况如何，检查有关原始凭证的完备性、及时性和正确性。

2. 审阅生产与存货业务

审阅生产与存货业务会计科目是否健全，存货计价方法是否符合财会制度规定，计价方法发生变化有无批准程序；仓储部门是否依据领料单或提货单发货并填写出库单；在产品在各生产部门或工序间的转移有无严格手续和记录。

3. 成本会计制度的测试

成本会计制度的测试，包括直接材料成本测试、直接人工成本测试、制造费用测试和生产成本在当期完工产品与在产品之间分配的测试四项内容。

（1）直接材料成本的内部控制测试。对采用定额单耗的企业，可选择并获取某一成本报告期若干种具有代表性的产品成本计算单，获取样本的生产指令或产量统计记录及其直接材料的单位实际成本，计算直接材料的总消耗量和总成本，与该样本成本计算单中的直接材料成本核对，并注意下列事项：生产指令是否经过授权批准；单位消耗定额和材料成本计价方法是否适当，在当年度有何重大变更。

对非采用定额单耗的企业，可获取材料费用分配汇总表、材料发出汇总表（或领料单）、材料明细账（或采购业务测试工作底稿）中各该项直接材料的单位成本，做以下检查：成本计算单中直接材料成本与材料费用分配汇总表中该产品负担的直接材料费用是否相符，分配的标准是否合理；抽取材料发出汇总表或领料单中若干种直接材料的发出总量和该种材料费用进行比较，并注意领料单的签发是否经过授权批准；材料发出汇总表是否经过适当的人员复核，材料单位成本计价方法是否适当，在当年有何重大变更。

对采用标准成本法的企业，获取样本的生产指令或产量统计记录、直接材料单位标准用量、直接材料标准单价及发出材料汇总表或领料单，检查下列事项：①根据生产量、直接材料单位标准用量和标准单价计算的标准成本与成本计算单中的直接材料成本核对是否相符。②直接材料成本差异的计算与账务处理是否正确，并注意直接材料的标准成本在当年度内有何重大变更。

（2）直接人工成本的内部控制测试。对采用计时工资制的企业，获取样本的实际工时统计记录、职员分类表和职员工资手册（工资率）及人工费用分配汇总表，作如下检查：①成本计算单中直接人工成本与人工费用分配汇总表中该样本的直接人工费用核对是否相符。②样本的实际工时统计记录与人工费用分配汇总表中该样本的实际工时核对是否相符。③抽取生产部门若干天的工时台账与实际工时统计记录核对是否相符。④当没有实际工时统计记录时，则可根据职员分类表及职员工资手册中的工资率，计算复核人工费用分配汇总表中该样本的直接人工费用是否合理。

对采用计件工资制的企业，获取样本的产量统计报告、个人（小组）产量记录和经批准的单位工资标准或计件工资制度，检查下列事项：①根据样本的统计产量和单位工资标准计算的人工费用与成本计算单中直接人工成本核对是否相符。②抽取若干个直接人工（小组）的产量记录，检查是否被汇总计入产量统计报告。

对采用标准成本法的企业，获取样本的生产指令或产量统计报告、工时统计报告和经批准的单位标准工时、标准工时工资率、直接人工的工资汇总表等资料，检查下列项目：①根据产量和单位标准工时计算的标准工时总量与标准工时工资率之积同成本计算单中直接人工成本核对是否相符。②直接人工成本差异的计算与账务处理是否正确，并注意直接人工的标准成本在当年内有何重大变更。

（3）制造费用测试。获取样本的制造费用分配汇总表、按项目分列的制造费用明细账、与制造费用分配标准有关的统计报告及其相关原始记录，作如下检查：①制造费用分配汇总表中，样本分担的制造费用与成本计算单中的制造费用核对是否相符。②制造费用分配汇总表中的合计数与样本所属成本报告期的制造费用明细账总计数核对是否相符。③制造费用分配汇总表选择的分配标准（机器工时数、直接人工工资、直接人工工时数、产量等）与相关的统计报告或原始记录核对是否相符，并对费用分配标准的合理性做出评估。④如企业采用预计费用分配率分配制造费用，则应针对制造费用分配过多或过少的差额，检查其是否作了适当的账务处理。⑤如果企业采用标准成本法，则应检查样本中标准制造费用的确定是否合理，计入成本计算单的数额是否正确，制造费用差异的计算与账务处理是否正确，并注意标准制造费用在当年度内有何重大变更。

（4）生产成本在当期完工产品与在产品之间分配的测试。检查成本计算单中在产品数量与生产统计报告或在产品盘存表中的数量是否一致；检查在产品约当产量或其他分配标准是否合理；计算复核样本的总成本和单位成本，最终对当年采用的成本会计制度做出评价。

4. 工薪费用内部控制测试

对企业工薪费用相关的内部控制测试主要包括以下方面：

（1）选择若干月份工资汇总表检查。计算复核每一月份工资汇总表；检查每一份工资汇总表是否经授权批准；检查应付工资总额与人工费用分配汇总表中的合计数是否相符；检查其代扣款项的账务处理是否正确；检查实发工资总额与银行付款凭单及银行存款对账单是否相符，并正确过入相关账户。

（2）从工资单中选取若干个样本（应包括各种不同类型人员）检查。检查内容包括：检查员工工资卡或人事档案，确保工资发放有依据；检查员工工资率及实发工资额的计算；检查实际工时统计记录（或产量统计报告）与员工个人钟点卡（或产量记录）是否相符；检查员工加班加点记录与主管人员签证的月度加班费汇总表是否相符；检查员工扣款依据是否正确；检查员工的工资签收证明；实地抽查部分员工，证明其确在本公司工作，如已离开本公司，须管理当局证实。

（五）实地观察与存货有关的实物控制

审计人员应实地查看企业与存货有关的实物控制是否严格执行，包括：①看存货的存放和保管情况，仓储条件是否良好，有无防护措施。②保管人员是否对入库存货进行点验并填制入库单。③审计人员应检查存货是否建立定期盘点制度，主要抽查企业若干月份的盘点记录，审查盘点范围、组织方式、盘点结果与账面金额是否一致，盘点是否由企业内部审计人员或仓库保管人员以外的人员监督执行。通过存货项目的循环盘点、抽查盘点以及独立盘点对永续盘存制进行定期检查。

（六）评价生产与存货循环内部控制

审计人员通过对生产与存货循环内部控制的了解测试，确定对内部控制的信赖程度，并指出其存在的薄弱环节与失控点，评价控制风险，明确实质性测试的范围和重点，必要时调整或修订审计计划。

[同步案例9-1]

背景与情境：

注册会计师李浩在审计工作底稿中记录了所了解的有关生产与存货循环的控制，部分内容摘录如下：

（1）仓库管理员李华将原材料领用申请单编号、领用数量、规格等信息输入存货信息系统，经仓库经理胡杰复核并以电子签名方式确认后，系统自动更新材料明细台账。

（2）系统每月末根据汇总的产成品销售数量及各产成品的加权平均单位成本自动计算主营业务成本，自动生成结转主营业务成本的会计分录并进入相应的账簿。

（3）每月末进行存货盘点，仓库管理员根据盘点中发现的毁损、陈旧、过时及残次存货编制不良存货明细表，交给采购经理马静和销售经理赵阳分析该存货的可变现净值，如需要计提存货跌价准备的，由会计主管编制存货价值调整表，并安排相关人员将结存成本低于可变现净值的部分确认为存货跌价准备进行账务处理。注册会计师李浩对生产与存货循环的控制实施测试，并在审计工作底稿中记录了测试情况，部分内容摘录如下：

（1）在抽样追踪了若干笔原材料领用申请单到材料明细台账的过程中，没有发现差异，但是存在仓库经理请假期间，仍然有仓库经理电子签名确认的业务。

（2）在抽样追踪20×2年11月10个主要产品的主营业务成本在系统中的结转过程时，注意到有两笔主营业务成本的金额存在手工录入修改痕迹。财务人员解释，由于新系统的相关数据模块运行不够稳定，部分产成品的加权平均单位成本的运算结果有时存在误差，因此采用手工录入方式予以修正，并且只有财务经理有权在系统中录入修正数据。审计检查了相关样本的手工修正后产成品加权平均单位成本，没有发现差异。

（3）注册会计师利用抽样技术，抽取若干份不良存货明细表，检查是否附有支持性的文件，询问采购和销售经理如何分析存货的可变现净值，检查会计主管对存货跌价准备计提的账务处理和披露是否恰当。检查过程中没有发现异常。

问题：

1. 假定不考虑其他条件，判断公司生产与存货循环的控制在设计上是否存在缺陷。如果存在缺陷，分别予以指出，并简要说明理由，提出改进建议。

分析提示：

公司生产与存货循环的控制在设计上的缺陷是：

（1）每月末存货盘点时，才根据发现的存货状况编制不良存货明细表；（2）直接将不良存货明细表提交给其他部门经理进行分析；（3）确定需要调整存货价值时，会计主管直接安排人员进行调整；（4）将结存成本低于可变现净值的部分确认为存货跌价准备。

理由：（1）每月末进行存货盘点，才考虑编制不良存货明细表，对于存货价值反映不及时，容易出现存货价值已经发生损失，而没有及时反映到财务报表中；（2）将没有经过审核的不良存货明细表直接交给其他部门经理进行分析，缺乏审核制度，容易出现错误，也容易出现本身存货没有毁损，但是管理员多报损毁，贪污存货的情况；（3）存货价值的调整需要经过复核和审批，没有经过复核可能存在错误，没有经过审批，容易出现舞弊；（4）将结存成本低于可变现净值的部分确认为存货跌价准备不符合会计准则要求。

改进建议：（1）建议增加非盘点时如果发现存货毁损，仓库管理员编制不良存货明细表，随时反映存货状况的内部控制；（2）建议增加审核制度，对于仓库管理员编制的不良存货明细表，经过仓库经理审批后交给其他相关部门经理进行分析；（3）建议增加财务经理对存货价值调整的复核，并确定董事会审批的控制；（4）建议按照会计准则规定将结存成本高于可变现净值的部分确认为存货跌价准备。

2. 注册会计师李浩对生产与存货循环的控制实施测试后能够得出什么审计结论，简要说明理由。

分析提示：

（1）仓库经理审核控制未得到有效执行。理由：存在“未经授权的人员，利用仓库经理的代码进入系统操作”的问题，在系统安全上存在较大的隐患。（2）输入控制未得到有效执行。理由：自动控制的系统模块存在缺陷，需要手工调整的介入，财务经理有权限直接输入，产生直接篡改数据而凌驾于账户记录控制之上的风险。（3）存货跌价准备计提控制得到有效执行。

第三节　生产与存货循环的主要审计方法

一、分析性复核

分析性复核在生产与存货循环审计中占有重要的地位，在本循环审计中通常运用的分析性复核方法主要是简单比较法和比率分析法两种。

（一）简单比较法

在生产与存货循环的分析性复核中，审计人员通常进行的简单比较内容包括六个方面。

第一，比较前后各期及本年度各个月份的各账户余额及其构成，以确定期末账户余额及其构成的总体合理性。

第二，比较前后各期及本年度内各个月份的各项成本费用（包括主营业务成本、产品生产成本、直接材料、直接人工、制造费用）的总额及单位成本费用，以评价其总体合理性。

第三，对每月各项成本、费用差异率进行比较，以确定是否存在人为调节成本的现象。

第四，将存货余额与现有订单、资产负债表日后各期的销售额和下一年度的预测销售额进行比较，以评估存货滞销和跌价的可能性。

第五，将存货跌价准备与本年度存货处理损失的金额相比较，判断审计单位是否足额计提存货跌价准备。

第六，将与关联企业发生存货交易的频率、规模、价格和账款结算条件，与非关联企业对比，判断被审计单位是否利用与关联企业的存货交易虚构业务交易、调节利润。

（二）比率分析法

在生产与存货循环的分析性复核中，审计人员通常运用的比率主要是存货周转率和毛利率。

1. 存货周转率

存货周转率是用以衡量销售能力和存货是否积压的指标。其计算公式为：存货周转率 =（主营业务成本/平均存货）×100%

将被审计单位不同会计期间存货周转率进行纵向比较并与同行业其他企业进行横向比较，比较时，要求存货计价持续一致。分析存货周转率变动是否存在以下情况：①存货成本项目发生变动。②存货核算方法变动。③存货储备减少。④存货控制程序变动。⑤存货跌价准备计提基础变动。⑥销售变动。

2. 毛利率

毛利率是反映盈利能力的主要指标，用以衡量成本控制及销售价格的变化。其计算公式为：毛利率 =（主营业务收入 - 主营业务成本）/主营业务收入 ×100%

毛利率的波动可能意味着被审计单位存在以下情况：①销售价格发生变动。②销售产品总体结构发生变动。③单位产品成本发生变动。④固定制造费用比重较大时销售数量发生变动。

[同步案例 9 - 2]

背景与情境：

X 公司主要从事冰箱的生产和销售，按照往年的情况，夏季属于明显的销售旺季，冬季属于明显的销售淡季。

从冰箱行业的发展趋势来看，许多一流的冰箱企业陆续推出了环保冰箱（即不使用氟利昂的冰箱）。为了积极推动本企业产品的发展，X 公司于 20×1 年 2 月开始研究开发环保冰箱，20×1 年 6 月研制成功并投产，9 月正式上市，但是由于其成本较高，对应的市场销售价格也偏高，所以上市后销量不佳。但已经有消息称，国家环保机构出于环保的目的，正大力推进国家出台相关政策，控制氟利昂冰箱的生产和销售。同行企业生产的环保冰箱成本明显低于 X 公司，在 X 公司制定的 20×3 年计划中，降低环保冰箱成本仍然是研发部门的首要任务。20×2 年普通冰箱市场的整体状况与 20×1 年近似，未发生较大的价格波动，供求状况平稳，成本基本没有变化。

X 公司 20×2 年度未经审计财务报表及相关账户记录反映：

（1）20×1 年度和 20×2 年度的销售记录，其中 20×1 年度普通冰箱的销售量占总销售量的 95%（见表 9－4）。

表 9－4　　普通冰箱销售记录

产品名称	20×2 年度（未审核）			20×1 年度（已审核）		
	数量（万台）	营业收入（万元）	营业成本（万元）	数量（万台）	营业收入（万元）	营业成本（万元）
冰箱	25	50000	40000	23	40000	34000

（2）普通冰箱 20×2 年度收发存记录（见表 9－5）。

表 9－5　　普通冰箱 20×2 年度收发存记录

日期及摘要	入库			出库			库存		
	数量（万台）	单价（万元）	金额（万元）	数量（万台）	单价（万元）	金额（万元）	数量（万台）	单价（万元）	金额（万元）
年初余额							5	1480	7400
1 月 3 日入库							7	1514.29	10600
1 月 4 日出库				3	1514.29	4542.86	4	1514.29	6057.14
2 月 9 日入库	0.5	1385.72	692.86				4.5	1500	6750
（略）									
7 月 10 日入库	3	1560	4680				20	1570	31400
7 月 31 日出库				1	1570	1570	19	1570	29830
（略）									
11 月 30 日出库				8	1420	11360	22	1570	34540
12 月 2 日入库	8	1400	11200				30	1480.67	44420.1
12 月 29 日出库				10	1480.67	14806.7	20	1480.67	29613.4
年末余额							20	1480.67	29613.4

(3) 环保冰箱20×2年度收发存记录(见表9-6)。

表9-6　环保冰箱20×2年度收发存记录

日期及摘要	入库			出库			库存		
	数量(万台)	单价(万元)	金额(万元)	数量(万台)	单价(万元)	金额(万元)	数量(万台)	单价(万元)	金额(万元)
7月3日入库	0.5	1750	875				0.5	1750	875
8月4日入库	2	1790	3580				2.5	1782	4455
9月1日出库				0.1	1782	178.2	2.4	1782	4276.8
(略)									
12月2日入库	10	1740	17400				15	1755	26325
12月31日出库				0.8	1755	1404	14.2	1755	24921
年末余额							14.2	1755	24921

问题:

(1) 分析营业收入、营业成本和毛利率的变动。

营业收入增长率=(50000-40000)/40000×100%=25%

营业成本增长率=(40000-34000)/34000×100%=17.65%

20×1年毛利率=(40000-34000)/40000×100%=15%

20×2年毛利率=(50000-40000)/50000×100%=20%

从“20×2年普通冰箱市场的整体状况与20×1年近似,未发生较大的价格波动供求状况平稳,成本基本没有变化”以及新研发的环保冰箱“由于其成本较高,对应的市场销售价格也偏高,所以上市后销量不佳”这两点可以看出,X公司20×2年与20×1年相比较,按照整体市场情况稳定的态势,应该不会发生较大的变动,但是据报表数据分析,X公司20×2年比20×1年收入增长25%,成本增长17.65%,毛利增长5%,可能存在虚增收入、虚增利润的情况,所以存在重大错报风险。

(2) 分析销售季节变动情况。

根据“X公司主要从事冰箱的生产和销售,按照往年的情况,夏季属于明显的销售旺季,冬季属于明显的销售淡季”分析,X公司的销售旺季应该在6-8月,销售淡季应该在本年11月到次年1月,但是从X公司普通冰箱的出库情况来分析,发现7月的销售量仅占全年销售量的4.21%(即1/(25×95%)×100%),但11—12月合计销售量占全年销售量的75.79%(即18/(25×95%)×100%),与企业行业的销售状态明显不符,且存在12月末有大量存货销售的情况,说明企业很可能存在年末虚构营业收入的情况,营业收入存在重大错报风险。

(3) 分析存货期末余额的变动。

普通冰箱期末与期初余额比=29613.4∶7400=4∶1

根据“已经有消息称,国家环保机构出于环保的目的,正大力推进国家出台相关政策，控制氟利昂冰箱的生产和销售”分析，企业应当控制普通冰箱的生产和销售，但企业期末普通冰箱的库存比期初大大提高，达到了期初余额的4倍，且数量占当年总销售量的84.21%（即20/(25×95%)×100%），说明本期末普通冰箱的库存存在虚高现象。

根据“同行企业生产的环保冰箱成本明显低于X公司，在X公司制定的20×2年计划中，降低环保冰箱成本仍然是研发部门的首要任务”分析，X公司由于新研发的环保冰箱的成本过高，准备在新年度积极研究改进措施，但是其20×2年年末仍然有14.2万台的库存，说明企业本期末环保冰箱可能存在存货虚高现象。结合上述两点分析，X公司存货可能存在高估的重大错报风险。

二、存货监盘

（一）存货监盘概述

存货监盘是指审计人员现场监督被审计单位存货的盘点，并进行适当的抽查。根据《中国注册会计师审计准则第1311号——对存货、诉讼和索赔、分部信息等特定项目获取审计证据的具体考虑》的规定：“如果存货对财务报表是重要的，注册会计师应当实施下列审计程序，对存货的存在和状况获取充分、适当的审计证据：在存货盘点现场实施监盘（除非不可行）；对期末存货记录实施审计程序，以确定其是否准确反映实际的存货盘点结果。在存货盘点现场实施监盘时，注册会计师应当实施下列审计程序：评价管理层用以记录和控制存货盘点结果的指令和程序；观察管理层制订的盘点程序的执行情况；检查存货；执行抽盘。”

（二）存货监盘计划

1. 制订存货监盘计划的基本要求

审计人员应当根据被审计单位存货的特点、盘存制度和存货内部控制的有效性等情况，在评价被审计单位存货盘点计划的基础上，编制存货监盘计划，对存货监盘做出合理安排。由于存货的存在与完整性的认定具有较高的固有风险，且审计人员通常只有一次机会通过存货的实地监盘对有关认定做出评价。因此，审计人员必须尽量根据计划过程所收集到的相关信息确定参与监盘的地点以及存货监盘的程序。

审计人员应要求企业成立存货盘点小组，将要盘点存货的已发生经济业务全部入账，结出余额。为保证存货盘点工作的独立性和能够有条不紊地进行，审计人员应参与盘点计划的制订，包括确定盘点的范围、重点、方法与时间安排。

2. 制定存货盘点计划应实施的工作

在编制存货监盘计划时，审计人员应当实施以下工作：①了解存货的内容、性质、各存货项目的重要程度及存放场所。②了解存货会计系统及其他相关的内部控制。③评估与存货相关的固有风险、控制风险和检查风险及其重要性。④查阅以前年度的存货监盘工作底稿。⑤考虑实地查看存货的存放场所，特别是金额较大或性质特殊的存货。⑥考虑是否需要利用专家的工作或其他注册会计师的工作。⑦复核或与管理当局讨论其存货盘点计划。

3. 存货监盘计划的主要内容

存货监盘计划应当包括以下主要内容：①存货监盘的目标、范围及时间安排。②存货监盘的要点及关注事项。③参加存货监盘人员的分工。④抽查的范围。

（三）存货监盘程序

1. 观察程序

在被审计单位盘点存货前，审计人员应当观察盘点现场，确定应纳入盘点范围的存货是否已经适当整理和排列，并附有盘点标识，防止遗漏或重复盘点。对未纳入盘点范围的存货，审计人员应当查明未纳入的原因。

对所有权不属于被审计单位的存货，审计人员应当取得与其规格、数量等有关资料，确定是否已分别存放、标明，且未被纳入盘点范围。对于被审计单位持有的受托代存存货，审计人员应视情况确定并执行有关的补充程序。此外，审计人员还应当向受托代存存货的所有权人确认受托代存的存货属于所有权人，尤其在无法立即识别存货归属的情况下。

审计人员在实施存货监盘过程中，应当跟随被审计单位安排的存货盘点人员，自始至终地监督盘点工作的进行，注意观察被审计单位事先制定的存货盘点计划是否得到了贯彻执行，盘点人员是否准确无误地记录了被盘点存货的数量和状况。

2. 抽查程序

抽查的范围通常包括所有盘点工作小组的盘点内容以及难以盘点或隐藏性较强的存货。如果审计人员对被审计单位的有关程序不满意，或者审计人员未能观察到相当比重的存货盘点项目，审计人员应当实施实质性的盘点程序。需要特别说明的是，审计人员应尽可能地避免被审计单位了解自己将抽取测试的存货项目。

在抽查时，审计人员应当从存货盘点记录中选取项目追查至存货实物，以测试盘点记录的准确性，还应当从存货实物中选取项目追查至存货盘点记录，以测试存货盘点记录的完整性。如果审计人员在实施抽查程序时发现了差异，很可能表明被审计单位的存货盘点记录在准确性或完整性方面存在错误。由于抽查的内容通常仅仅只是存货盘点中的一小部分，因此，在抽查中发现的错误很可能意味着在被审计单位的存货盘点中还存在着其他错误。审计人员应当进一步查明原因，及时提请被审计单位更正，审计人员还需考虑错误的潜在范围和重大程度，在可能的情况下，增加抽查范围以减少错误的发生。审计人员还可要求被审计单位重新进行盘点，重新盘点的范围限制在某一特殊领域或特定盘点小组。

3. 需要特别关注的情况

第一，审计人员应当特别关注存货的移动情况，防止遗漏或重复盘点。审计人员在实施存货监盘程序时应当关注存货的移动情况，并确定（例如通过实施必要的截止测试程序）被审计单位是否已经设置了相应程序，以便在适当的期间内对存货做出准确记录。

第二，审计人员应当特别关注存货的状况以验证存货质量，观察被审计单位是否已经恰当地区分了所有毁损、陈旧、过时及残次的存货。

审计人员在监督盘点过程中，还应注意存货的状况是被审计单位管理当局对存货计价认定的一部分，审计人员在存货监盘过程中，应当特别关注存货的状况，了解并观察被审计单位的存货质量，有无过期、失效、毁损或材质下降的情况。必要时应聘请专家对存货的质量与价值加以鉴定，做出必要的调整记录，以合理地反映决算日存货的价值。审计人员还应当把所有毁损、陈旧、过时及残次存货的详细情况记录下来，以便事后追查以及编制存货跌价准备明细表。

第三，审计人员应当获取盘点日前后存货收发及移动的凭证，检查库存记录与会计记录期末截止日期是否正确。

审计人员在对期末存货进行截止测试时，通常应当关注：所有在截止日期以前入库的存货项目均已包括在盘点范围内并已反映在账簿之中，且任何在截止日期以后入库的存货项目均未包括在盘点范围内，也未反映在账簿记录之中；所有在截止日期以前装运出库的存货项目均未包括在盘点范围内且未反映在账簿之中，任何在截止日期以后装运出库的存货项目均已包括在盘点范围内，并已反映在账簿之中；所有已确认为销售、但尚未装运出库的商品均未包括在盘点范围内且未反映在账簿之中；所有已记录为购货、但尚未入库的存货均已包括在盘点范围内并已反映在账簿之中；在途存货和被审计单位直接向其顾客发运的存货均已得到了适当的会计处理。

第四，在存货监盘过程中，审计人员应当获取存货验收入库、装运出库以及内部转移截止等信息，以便将来追查至被审计单位的会计记录。

审计人员通常可观察存货的验收入库地点和装运出库地点以执行截止测试。当被审计单位在存货入库和装运过程中均采用连续编号的凭证时，审计人员应当关注截止日期前的最后编号以及未使用的编号凭证。如果被审计单位没有使用连续编号的凭证，审计人员应当列出截止日期以前的最后几笔装运和入库记录。如果被审计单位使用运货车厢或拖车进行存储、运输或验收入库，审计人员应当详细列出存货场地上满载和空载的车厢或拖车并记录各自的存货状况。

第五，将盘点结果与存货明细账余额核对，验证存货明细账余额的正确性。

存货明细账余额的正确性要依盘点的结果来证实。在账实进行核对之前，应先将存货明细账所记录的收、发、存的计算加以核实，然后与总账核对，如果发现记录错误，应予以调整。然后在将存货盘点结果与存货明细账验证的基础上，将二者加以核对，证实账实是否相符，如出现不符，应做出盘盈、盘亏记录，并建议查找原因。

4. 存货监盘结束时的工作

在被审计单位存货盘点结束前，审计人员应当：(1) 再次观察盘点现场，以确定所有应纳入盘点范围的存货是否均已盘点。(2) 取得并检查已填用、作废及未使用盘点表单的号码记录，确定其是否连续编号，查明已发放的表单是否均已收回，并与存货盘点的汇总记录进行核对。审计人员应当根据自己在存货监盘过程中获取的信息对被审计单位最终的存货盘点结果汇总记录进行复核，并评估其是否正确地反映了实际盘点结果。

如果存货盘点日不是资产负债表日，审计人员应当实施适当的审计程序，确定盘点日与资产负债表日之间存货的变动是否已作正确的记录。在很多情况下，存货盘点日并不是资产负债表日，而有可能是在资产负债表日之后或之前甚至是在不同日期进行（例如循环盘点的情况）。在不同情况下，审计人员应当根据不同情况的特点实施程度不同的审计程序，以便确定被审计单位对于盘点日与资产负债表日之间的存货变动情况是否已做出了正确的记录。

（四）特殊情况的处理

1. 由于存货的性质和位置而无法实施监盘程序

如果由于被审计单位存货的性质或位置等原因导致无法实施存货监盘，审计人员应当考虑能否实施替代审计程序，获取有关期末存货数量和状况的充分、适当的审计证据。

（1）存货的特殊性质。由于被审计单位存货的性质而可能导致审计人员无法实施存货监盘，这种情况包括但不限于：存货涉及保密问题。例如，商品在生产过程中需要利用特殊配方或制造工艺，或者涉及机密的政府合同；存货系危害性物质。例如，辐射性化学物品或气体。对于具有特殊性质的存货审计，通常需要存在值得信赖的内部控制，审计人员应当查阅购货、生产和销售记录以获取必要的审计证据，通常情况下还可向能够接触相关存货项目的第三方检查人员做出询证。此外，审计人员还可以实施其他替代审计程序。例如，对于危害性存货物质，如果被审计单位对其生产、使用和处置存在正式报告，审计人员可通过追查至有关报告的方式确定此类危害性物质是否存在。

（2）存货的特殊位置。由于被审计单位存货的位置而可能导致审计人员无法实施存货监盘，一种比较典型的情况是在途存货。由于此类项目通常仅占存货的一小部分，所以一般情况下可通过审查相关凭证加以验证。对于储放在独立于被审计单位的仓库中的存货，可通过询证方式审查。

综上所述，审计人员实施的替代程序主要包括：①检查进货交易凭证或生产记录以及其他相关资料；②检查资产负债表日后发生的销货交易凭证；③向顾客或供应商发函询证。

2. 因不可预见的因素导致无法在预定日期实施存货监盘或确定审计项目时被审计单位的期末存货盘点已经完成

如果因不可预见的因素导致无法在预定日期实施存货监盘或确定审计项目时被审计单位的期末存货盘点已经完成，审计人员应当评估存货内部控制的有效性，对存货进行适当抽查或提请被审计单位另择日期重新盘点，同时测试在该期间发生的存货交易，以获取有关期末存货数量和状况的充分、适当的审计证据。

（1）不可预见的因素。由于某些不可预见的因素，而导致审计人员无法在预定日期实施存货监盘，有两种比较典型的情况：审计人员无法亲临现场，即由于无法到达存货储放地点而无法参与被审计单位的存货盘点；气候因素，即由于恶劣的天气而导致审计人员无法参与盘点，或是由于天气而无法观察存货（例如木材被积雪覆盖）。对于上述情况，如果被审计单位存在良好的内部控制，审计人员可以考虑改变存货监盘日期，并对预定盘点日与改变后的存货监盘日之间发生的交易进行测试。对于无法亲临现场的情况，审计人员可考虑选派其他人员实施存货监盘。

（2）确定审计项目时被审计单位的期末存货盘点已经完成。如果确定审计时被审计单位的期末存货盘点已经完成，审计人员应当评估存货内部控制的有效性，对存货进行适当抽查或提请被审计单位另择日期重新盘点，同时测试抽查日或重新盘点日与资产负债表日之间发生的存货交易。

3. 委托其他单位保管或已作质押的存货

审计人员在监盘存货时，应对各种存货的所有权加以鉴定，剔除一些代管、代销、代加工的存货，对于产权不明确的，应加以必要的函证和核实。

对被审计单位委托其他单位保管的已作质押的存货，审计人员应当向保管人或债权人发函询证。如果此类存货的金额占流动资产或总资产的比例较大，审计人员还应当考虑实施存货监盘或利用其他审计人员的工作。

如果被审计单位将存货存放于其他单位，审计人员通常需要向该单位获取委托代管存货的书面确认函。如果存货已被质押，审计人员应当向债权人询证与被质押存货有关的内容。

4. 首次审计被审计单位的情况

当审计人员首次审计被审计单位，未能对上期期末存货实施监盘，且该存货对本期会计报表存在重大影响时，如果已获取有关本期期末存货余额的充分、适当的审计证据，审计人员应当实施以下一项或多项审计程序，以获取有关本期期初存货余额的充分、适当的审计证据：①查阅以前审计项目的审计工作底稿。②审阅上期存货盘点记录及文件。③抽查上期存货交易记录。④运用毛利百分比法等进行分析。

[同步案例9－3]

背景与情境：

X公司为玻璃制造企业，存货包括玻璃、煤炭、烧碱、石英砂。除网销与直销外，还将其生产的50%的玻璃发送到各个经销处。各月初，经销处将上月的收、发、存的数量汇总后报X公司财务部门和销售部门，财务部门作相应会计处理。20×2年12月31日，X公司存货账面余额为62000万元，资产总额为140000万元。

20×2年12月27日，X公司编制了存货盘点计划，并与注册会计师讨论。存货盘点计划的部分内容如下：

（1）存货盘点范围、地点和时间安排（见表9－7）。

表 9－7　　存货盘点计划

地点	存货类型	估计占存货比例	盘点时间
A 仓库	烧碱、煤炭	烧碱 10%、煤炭 5%	12.29
B 仓库	烧碱、石英砂	烧碱 10%、石英砂 10%	12.30
C 仓库	玻璃	26%	12.31
经销处	玻璃	39%	—

X 公司本部存货由采购、生产、销售、仓库和财务等部门相关人员组成的盘点小组，在 20×2 年 12 月 29－31 日进行盘点。经销处的盘点分别由各经销处负责，在 12 月 31 日前后进行，盘点结束后分别将盘点资料报送财务部门和仓库部门。

将盘点日前已验收但尚未办理入库手续的若干原材料单独摆放，不纳入盘点范围。废品与毁损品不进行盘点，以财务部门和仓库部门的账面记录为准。

（2）由于 N 公司库存的煤炭与 X 公司自身的煤炭并无区别，故未单独摆放，煤炭的库存数以盘点数扣除 N 公司寄存煤炭的账面数确定；由 N 公司代管的石英砂不安排盘点，库存数直接根据 N 公司的记录确定。

（3）存货数量的确定方法。

对于烧碱、煤炭和石英砂等堆积型存货，采用观察以及检查相关的收、发、存凭证和记录的方法，确定存货数量；对于存放在 C 仓库的玻璃，按照包装箱标明的规格与数量进行直接计算确定存货数量，并辅以适当的开箱检查。

（4）盘点标签的设计、使用和控制。

对存放在 C 仓库玻璃的盘点，设计预先编号的一式多联的盘点标签。使用时，由负责盘点存货的人员将一联粘贴在已盘点的存货上，另一联由其留存，盘点结束后，连同存货盘点表交存财务部门。

（5）盘点结束后，对出现盘盈或盘亏的存货，由仓库保管员将存货实物数量和仓库存货记录调节相符。

根据 X 公司存货的内部控制情况和盘点计划，注册会计师决定实施的监盘计划部分内容如下：

（1）随机选择 1/3 的经销处进行存货监盘，其余直接审阅经销处盘点记录及账面记录予以确认。

（2）在 X 公司开始盘点存货前，监盘人员在拟检查的存货项目上作出标识。

（3）X 公司盘点后，注册会计师按存货期末余额的 5% 复盘。若复盘结果表明误差低于 2%，则不要求 X 公司重新盘点。

（4）在存货监盘过程中，监盘人员除关注存货的数量外，还需要特别关注存货是否出现毁损、陈旧、过时及残次等情况。

（5）对存货监盘过程中收到的存货，要求 X 公司单独码放，不纳入存货监盘的范围。

（6）视情况考虑是否索取盘点前的最后一张验收报告单（或入库单）和最后一张货

运单（出库单），同时监盘人员将除作废的盘点表单以外的所有盘点表单的号码记录于监盘工作底稿。

问题：

1. 指出盘点计划存在的缺陷并提出建议。

分析提示：

（1）存在四个缺陷。A、B 仓库的存货中均存在烧碱，对于同一类型的存货，建议采用同时盘点的方法，不应该安排在不同的时间；存放经销处的玻璃，占存货总额的 39%，对于高比例的存货，建议安排时间进行盘点，纳入盘点范围；已验收但尚未办理入库手续的存货未纳入盘点表，盘点范围不完整，建议将在途存货纳入盘点表；废品与毁损品不进行盘点，以财务部门和仓库部门的账面记录为准不正确，建议废品与毁损品要与正品分开摆放，但也要纳入盘点范围。

（2）存在缺陷，寄存的煤炭未单独摆放存在缺陷，建议单独摆放，并在追查 N 公司寄存的相关协议、原始凭证后确认该寄存煤炭没有纳入存货盘点表中，委托代管的石英砂不安排盘点，库存数直接根据 N 公司的记录确定存在缺陷，建议向 N 公司发函确认。

（3）存在缺陷。盘点方式不恰当，对于烧碱、煤炭和石英砂等堆积型存货，通常运用工程估测、几何计算、高空勘测等盘点方式，并依赖详细的存货记录；如果堆场中存货堆不高，可进行实地监盘，或通过旋转存货堆加以估计。对于标准规格包装箱包装的存货按照包装箱标明的规格和数量进行直接计算确定存货数量不妥，建议抽样盘点。

（4）不存在缺陷。

（5）存在缺陷。盘点结束后，对于盘盈或盘亏的存货，不应由仓库保管人员对存货实物数量和仓库存货记录进行调节。应该安排与仓库保管有关的主管人员负责调节。

2. 指出监盘计划存在的缺陷及其改进建议。

分析提示：

（1）随机选择 1/3 的经销处进行存货监盘不妥当。注册会计师对被审计单位存货监盘应当适时 100% 的监督，经销处也不例外，在现场观察被审计单位盘点的基础上可以抽取一定比例盘点。

（2）存在缺陷，在 X 公司开始盘点存货前，监盘人员不应当在拟检查的存货项目上作出标识，注册会计师检查的范围不应该让被审计单位知道。

（3）存在缺陷，X 公司盘点的同时，注册会计师应当按一定比例复盘。若复盘结果表明误差大，必要时要求 X 公司重新盘点。

（4）不存在缺陷。

（5）存在缺陷，存货监盘的时间定在 12 月 29—31 日，所以对存货监盘过程中收到的存货，应当确定是否要计入 20×2 年 12 月 31 日的存货，如果需要，则应纳入存货监盘的范围。

（6）存在缺陷，视情况考虑是否索取盘点前的最后一张验收报告单（入库单）和最后一张货运单（出库单）不妥，建议在监盘人员与公司盘点人员分别在清单上签字的同时，索取盘点前的最后一张验收报告单（入库单）和最后一张货运单（出库单）。将作废的盘点表单不记录于监盘工作底稿不妥，建议注册会计师应将取得所有已填用、作废和未使用盘点表单的号码记录于监盘工作底稿。

第四节　生产与存货循环的实质性测试

一、产品成本的审计

（一）产品成本的审计目标

产品成本的审计目标包括：（1）证实生产成本的真实性。（2）证实成本形成的合规性。（3）证实截止期正确性。（4）运用分析性复核检查产品成本的总体合理性，抽查成本计算单，检查成本开支的合法性，抽查复核产品成本计算的正确性。

（二）产品成本的实质性程序

1. 运用分析方法检查产品成本总体合理性

产品成本的审计主要是运用分析方法检查产品成本总体合理性，分析比较的内容主要有以下九点：

第一，分析比较近期各年度和本年各个月份主要产品生产成本和存货余额及其构成的变动情况，以评价生产成本和期末存货余额及其构成的总体合理性。

第二，分析比较各月材料和产品成本差异率，判断是否存在人为调节生产成本存货余额的可能。

第三，分析比较近期各年度和本年度各个月份产品生产成本总额及单位生产成本，以判断本期生产成本的总体合理性。

第四，分析比较近期各年度待处理财产损溢，判断其总体合理性。

第五，分析比较近期各年度和本年度各个月份制造费用总额及其构成，判断制造费用及其构成的总体合理性。

第六，分析比较近期各年度和本年度各个月份直接材料费，判断直接材料费的总体合理性。

第七，分析比较近期各年度和本年度各个月份直接人工费用，判断本期直接人工费用的总体合理性。

第八，分析比较近期各年度和本年度各个月份营业成本总额及单位成本，判断营业成本的总体合理性。

第九，计算分析毛利率：毛利率 =（销售收入 − 销售成本）/销售收入，分析其变动合理性。毛利率变动可能存在的原因有：售价变动、产品单位成本变动、产品总体结构变动、产品销售结构变动等。

2. 审查标准成本系统

对于采用标准成本系统控制成本、进行会计处理和计算存货成本的制造业企业，审计人员应该通过询问了解企业制定标准成本的方法。

第一，审核以前年度工作底稿对标准成本系统的描述，询问该系统在本年度发生的主要变化。

第二，检查上期工作底稿与本年度的差异账户，以此为基础确定由标准成本会计系统确认的差异额，考虑该差异是否意味着应对标准成本系统进行修改。

第三，询问更新标准成本的程序，以确定其在本年度的修正程度。

第四，查看厂房设备，记录成本中心、工厂的大致布局、存货的储存；了解本年度企业生产流程是否进行了重大变化，是否有生产创新、增加了新产品。

第五，随机抽取几个产品的标准成本构成，审查产品的成本构成、工薪记录、制造费用分配方法的合理性，确定所有分录是否已经恰当记录。

第六，审核差异报告，确定企业对差异及差异产生原因的分析情况。确定差异产生的原因是否表明有必要对标准成本系统进行修正；了解企业年末将差异在存货和销货成本之间进行分配的方法，确定该方法的合理性以及是否与以前年度保持一致。

第七，对企业标准成本系统进行评价并形成书面记录，说明是否可以依赖该标准成本系统将成本分配到年末存货中。

3. 审查成本项目

企业的产品成本主要包括直接材料、直接人工以及按照一定方法分配的制造费用等。审查产品成本开支范围的合法性，审计人员应重点关注企业是否存在混淆成本支出的方面，如购置固定资产、无形资产和其他资产的资本性支出，对外投资支出，由职工福利费开支的费用，由税后利润开支的各项税收滞纳金、罚款及被没收财物损失，企业对外赞助、捐赠及各种非常损失，赔偿金、违约金等营业外支出。

（三）直接材料成本的审计

直接材料成本的审计一般应从审阅材料和生产成本明细账入手，抽查有关的费用凭证，验证企业产品直接耗用材料的数量、单价和材料费用分配是否真实、合理。直接材料审计中常见弊端如下：用途不明确，各种产品生产用料界限不清；材料消耗缺乏严格的审批手续，材料浪费，公料私用；假退库，导致两个会计期间直接材料费失真；边角料不退库，或退库后不做记录，造成直接材料费和产品成本虚增；任意调整发出材料的计价方法，人为调节产品成本；未选用合理的分配方法进行分配，造成前后期产品成本不可比、不真实；等等。常用的审计直接材料成本的实质性程序如下：

第一，抽查产品成本计算单，检查直接材料成本的计算是否正确，材料费用的分配标准与计算方法是否合理和适当，是否与材料费用分配汇总表中该产品分摊的直接材料费用相符。

第二，进行分析性复核。分析比较同一产品前后各年度的直接材料成本，如有重大波动，应查明原因。

第三，检查直接材料耗用数量的真实性，有无将非生产用材料计入直接材料费用的情况。抽查材料发出及领用的原始凭证，检查领料单的签发是否经过授权，材料发出汇总表是否经过适当的人员复核。审计中应注意材料耗用量是否真实、是否存在多领未用材料，未办理上述手续而虚增本期材料耗用量的问题。

第四，检查直接材料计价是否准确，单位成本计价方法是否适当，是否正确及时入账。对按实际成本计价的，首先应审查前后期材料计价方法的一致性；其次应进一步审查计价方法运用及其计算结果的正确性。抽取本期与上期“材料明细账”进行复算，证实计价方法的一致性。通过将“材料明细账”中某种（或某几种）材料的期末结存单价与该材料的耗用单价进行比较，如有差异，应追踪调查并查明原因。

第五，对采用定额成本或标准成本的企业，还应审查材料成本差异的计算和分配的真实性和正确性，会计处理是否正确，并查明直接材料的定额成本、标准成本在本年度内有无重大变更。

（四）直接人二成本的审计

其主要内容包括以下四点：

第一，抽查产品成本计算单，检查直接人工成本的计算是否正确，查明人工费用的分配标准与计算方法是否合理和适当，核对是否与人工费用分配汇总表中该产品分摊的直接人工费用相符。

第二，进行分析性复核。将本年度直接人工成本与前期进行比较，分析比较本年度各个月份的人工费用发生额，如有异常波动，应查明原因。

第三，结合应付职工薪酬的检查，抽查人工费用会计记录及会计处理是否正确。

第四，对采用定额成本法或标准成本法的企业，应抽查直接人工成本差异的计算、分配与会计处理是否正确，并查明直接人工的标准成本在本年度内有无重大变更。

（五）制造费用的审计

制造费用是企业为生产产品或提供劳务而发生的间接费用，包括分厂和车间管理人员的工资、职工福利费、折旧费、修理费、办公费、水电费、取暖费、租赁费、机物料消耗、劳动保护费、保险费、季节性和修理期间的停工损失以及其他制造费用等。由于制造费用是一种由多种费用项目组成的综合费用项目，其发生的概率较高，且易与管理费用和其他费用项目混淆，故应在审查中予以重视。制造费用审计的基本要点包括以下七点：

第一，制造费用会计处理正确性及合理性的审查。获取或编制制造费用汇总表，复核加计正确，并与明细账、总账核对是否相符。

第二，进行分析性复核。将本年度制造费用与前期进行比较，分析比较本年度各个月份的制造费用发生额，如有异常波动，应查明原因。

第三，审阅制造费用明细账，检查其核算的真实性。根据制造费用项目繁多的特点，审查工作可有针对性地对制造费用中的重大数额项目和例外项目是否合理、易与其他费用支出混淆的项目（如折旧费、修理费、工资及福利费、水电费等）以及规定有提取或开支标准的项目，重点审查其是否为实际发生，支出或提取标准是否符合有关规定。

第四，制造费用项目合规性的审查。审阅制造费用明细账，检查其核算内容及范围是否正确，并应注意是否存在异常会计事项。如存在异常，则应进一步追查至记账凭证及原始凭证，重点查明企业有无将非本部门、单位的制造费用混入，有无属于管理费用等期间费用、福利性支出、其他业务支出、营业外支出等不应列入成本费用的支出（如投资支出、被没收的财物、支付的罚款、违约金、技术改造支出等）计入制造费用。

第五，必要时，对制造费用实施截止测试，即检查资产负债表日前后若干天的制造费用明细账及其凭证，确定有无跨期入账的情况。

第六，检查制造费用的分配是否合理。重点查明制造费用的分配方法是否符合企业自身的生产技术条件，是否体现受益原则，分配方法一经确定，是否在相当长时期内保持稳定，有无随意变更的情况；分配率和分配额的计算是否正确，有无以人为估计数代替分配数的情况。对按预定分配率分配费用的企业，还应查明计划与实际差异是否及时调整。

第七，对于采用标准成本法的企业，应抽查标准制造费用的确定是否合理，计入成本计算单的数额是否正确，制造费用的计算、分配与会计处理是否正确，并查明标准制造费用在本年度内有无重大变动。对按预定分配率分配费用的企业，还应查明预计与实际差异是否及时调整。

（六）辅助生产费用的审计

（1）审查辅助生产费用的归集。检查各辅助车间的“生产成本——辅助生产成本”，并与有关费用分配表、记账凭证核对，确认“辅助生产成本”中所列直接材料费、直接人工费及其他各项费用是否因本车间为基本生产车间和企业管理部门提供产品或劳务而发生。复核各个成本项目及费用总额，证实其正确无误。

（2）审查辅助生产费用的分配。审查所选择的辅助生产费用分配方法是否符合企业及各辅助生产车间生产特点，在一定会计期间内有无人为调节产品而任意改变分配方法。审查辅助生产费用分配依据是否可靠，分配结果是否正确。审查辅助生产费用分配账务处理的正确性。此外，审查时还应注意是否存在将辅助生产车间为福利部门、基建部门提供的产品和劳务混入基本生产车间和管理部门，或者不参加分配，而直接冲减辅助生产费用的问题。

二、主营业务成本的审计

主营业务成本是指企业对外销售商品、产成品、对外提供劳务等发生的实际成本。它是由期初库存产品成本加上本期入库产品成本，再减去期末库存产品成本求得的。对主营业务成本的审计，应通过审阅主营业务成本明细账、产成品明细账等记录并核对有关的原始凭证和记账凭证进行。

（一）主营业务成本的审计目标

主营业务成本的审计目标一般包括：确定记录的营业成本是否已发生，且与被审计单位有关；确定营业成本记录是否完整；确定与营业成本有关的金额及其他数据是否已恰当记录；确定营业成本是否已记录于正确的会计期间；确定营业成本的内容是否正确；确定营业成本与营业收入是否配比；确定营业成本的披露是否恰当。

（二）主营业务成本的实质性程序

第一，获取或编制主营业务成本明细表，与明细账和总账核对相符。

第二，编制生产成本及主营业务成本倒轧表，与总账核对相符。

第三，进行分析性复核。分析比较本年度与上年度主营业务成本总额，以及本年度各月份的主营业务成本金额，如有重大波动和异常情况，应查明原因。

第四，结合生产成本的审计，抽查主营业务成本结转数额的正确性，并检查其是否与主营业务收入相配比。

第五，检查主营业务成本账户中重大调整事项（如销售退回等）是否有其充分理由。

第六，确定主营业务成本在利润表中是否已恰当披露。

三、存货审计

（一）存货的审计目标

存货的审计目标一般包括：审查与评价存货的内部控制制度是否健全，且一贯有效执行；确定存货是否存在，是否归被审计单位所拥有；确定存货增减变动的记录是否正确，存货的计量和计价方法是否恰当；确定存货入库与发出的手续是否齐全；确定存货期末余额是否正确；确定存货在资产负债表上的披露是否恰当。

（二）存货的实质性程序

审查存货余额。一般采用如下程序：

1. 建立存货项目明细表

取得或编制存货项目明细表，与存货明细账和总账、报表数核对是否相符。

2. 运用分析方法检查存货总体合理性

存货的分析性复核主要采用简单比较法和比率分析法。审计人员通常运用存货周转率衡量销售能力、存货有无积压，分析存货余额存在错误、舞弊的可能性。

针对企业存在异常多存货的情况，审计人员应判断企业是否存在潜在的过时存货，主要分析以下方面：存货的增长率是否高于销售增长率；生产费用是否明显高于或低于行业平均水平；各种“准备”是否明显减少；生产费用账户是否发生重大的贷方记录；对审计人员建议的必要内部控制是否缺乏后续措施。

3. 存货监盘（检查数量）

存货的监盘主要应核实其真实性、完整性，鉴别其所有权，与存货明细账核对，证实账实是否相符。

4. 存货的计价测试（检查价值）

监盘程序只能对存货的结存数量予以确认。为验证报表上存货余额的真实性，还必须对存货的计价进行审计。

存货的计价审查应从材料采购、存货发出、存货截止期三方面进行审查。

（1）材料采购的审查。材料计价的审查，按实际成本计价的材料，应审查其成本构成项目是否真实、正确，计价方法是否前后期一致；按计划成本计价的材料，则审查材料成本差异处理是否正确。

材料采购成本的审查，审查内容包括：材料采购成本的构成项目是否完整，材料采购费用分配比例是否合理，材料采购成本是否合规、正确，材料采购成本的计算方法是否符合有关规定。在途材料的审查，应通过有关账、证的核对，确定在途材料的真实性。

（2）存货发出的审查。审查生产领用材料，核实生产计划，核查发出材料的计价。审计人员在审查生产领用的材料时，应特别注意企业虚增或虚减发出材料成本，虚减或虚增企业盈利等弄虚作假的行为，以及利用多转或少转材料成本进行舞弊等行为。

核实产成品出库的成本结转，审计人员应先分析产成品销售与销售收入的变动趋势；在分析趋势的基础上，对一些主要种类的产成品，核实其销售数量与产成品成本结转数量，并根据企业所采用的不同计价方法，验证其结转额的正确性。

材料销售的审查，应注意企业销售材料是否属于特殊情况，是否经过被授权人批准，出售的价格是否合理。

（3）存货截止期审查。所谓存货截止测试，就是检查截止到 12 月 31 日所购入并已包括在 12 月 31 日存货盘点范围内的存货。在会计上，就是检查存货及其对应的会计科目是否一并记入当年财务报表内。存货正确截止的关键在于存货实物纳入盘点范围的时间与存货引起的借贷双方会计科目的入账时间都处于同一会计期间。抽查决算日前后的购货发票和验收单或入库单，凡是决算日或决算日前购进的货物，应检查其相应采购发票是否在同期入账，对于未收到采购发票的入库存货，是否单独存放并暂估入账。查明材料有无提前入账或延期入账的问题。

在确定截止审计样本时，一般以截止日为界限，分别向前倒推或向后顺推若干日，按顺序选取较大金额购货业务的发票或验收报告作为审计样本。截止审计完成后，对于发现的错误，应提请被审计单位作必要的账务调整。

5. 存货跌价准备的审查

通过对存货跌价准备进行审查，查明存货跌价准备的真实性、转销的合理性、会计记录的完整性、期末跌价准备余额的正确性及披露的正确性。

第一，取得或编制存货跌价准备明细表。复核加计该明细表的正确性，并与报表、总账、明细账核对相符。

第二，存货跌价准备计提合理性的审查。了解被审计单位期末是否对存货进行系统分析，存货跌价准备计提的依据、方法是否合理，各个期间采用的方法是否一致，计算及账务处理是否正确、跌价准备余额是否符合规定。

存在下列迹象的，表明存货可能发生了减值，应予以重点关注：存货的市价当期大幅度下跌，其跌幅明显高于因时间的推移或者正常使用而预计的下跌；企业经营所处的经济、技术或者法律等环境以及资产所处的市场在当期或者将在近期发生重大变化，从而对企业产生不利影响；有证据表明存货已经陈旧过时或者其实体已经损坏；存货已经或者将被闲置、终止使用或者计划提前处置；其他表明存货可能已经发生减值的迹象。

第三，期后售价的审查。审计人员应抽查部分计提存货跌价准备的项目，检查其决算日后销售价格是否低于存货原始成本。

第四，对存货跌价准备进行分析。审查前后各期存货跌价准备有无异常变动，是否存在利用跌价准备人为调节成本费用的情况。

第五，核对相关会计科目。将存货跌价损失发生额与“存货跌价准备”科目结合进行核对，检查存货跌价准备和跌价损失的账务处理是否正确。

6. 审查存货和存货跌价准备在财务报表中披露的正确性

审查企业是否在财务报表附注中披露与存货有关的下列信息，各类存货的期初和期末账面价值；确定发出存货成本所采用的方法；用于担保的存货账面价值。

在资产负债表日，存货应当按照成本与可变现净值孰低计算。

检查存货跌价准备和存货在财务报表中的披露是否适当；是否披露了存货可变性净值的确定依据，存货跌价准备的计提方法，当期计提的存货跌价准备的金额，当期转回的存货跌价准备的金额，以及计提和转回的有关情况等。

审计实务中，存货属于财务舞弊的易发高发领域。如果识别出与存货相关的舞弊风险，注册会计师可以特别关注或考虑实施以下程序：

1. 针对虚构存货相关舞弊风险

（1）根据存货的特点、盘存制度和存货内部控制，设计和执行存货监盘程序；（2）关注是否存在金额较大且占比较高、库龄较长、周转率低于同行业可比公司等情形的存货，分析评价其合理性；（3）严格执行分析性程序，检查存货结构波动情况，分析其与收入结构变动的匹配性，评价产成品存货与收入、成本之间变动的匹配性；（4）对异地存放或由第三方保管或控制的存货，严格执行函证或异地监盘等程序。

2. 针对账外存货相关舞弊风险

（1）在其他资产审计中，关注是否有转移资产形成账外存货的情况；（2）关注存货盘亏、报废的内部控制程序，关注是否有异常大额存货盘亏、报废的情况；(3) 存货监盘中，关注存货的所有权及完整性；(4) 关注是否存在通过多结转成本、多报耗用数量、少报产成品入库等方式，形成账外存货。

四、应付职工薪酬的审计

(一) 应付职工薪酬的审计目标

应付职工薪酬的审计目标一般包括：确定期末应付职工薪酬是否存在，是否为被审计单位应履行的支付业务；确定应付职工薪酬计提和支出是否合理，记录是否完整；确定应付职工薪酬期末余额是否正确；确定应付职工薪酬的披露是否恰当。

(二) 应付职工薪酬的实质性程序

获取或编制应付职工薪酬明细表，复核加计正确，并与报表、总账数和明细账合计数核对是否相符。对本期工资费用的发生情况进行分析性复核，具体内容包括以下九点：

第一，检查各月工资费用的发生额是否有异常波动，若有，则要求被审计单位予以解释。

第二，将本期工资费用总额与上期进行比较，要求被审计单位解释其增减变动原因，或取得被审计单位管理当局关于员工工资水平的决议。

第三，抽查应付职工薪酬的支付凭证。

第四，检查应付职工薪酬核算内容和计提的正确性，方法是否与上期一致，并将应付职工薪酬的计提数与相关的成本、费用项目核对是否一致。

第五，检查应付职工薪酬的计量和确认。

第六，检查应付职工薪酬支付和使用情况。

第七，检查应付职工薪酬期末余额中是否存在拖欠性质的职工薪酬。

第八，如果被审计单位是实行工效挂钩的，应取得有关部门确认的效益工资发放额的认定证明，并复核有关合同文件和实际完成的指标，检查其计提额、发放额是否正确，是否需要进行纳税调整。

第九，确定应付职工薪酬在资产负债表上的披露是否恰当。

本章小结

1. 生产与存货循环涉及的主要业务流程如下：(1) 制订和批准生产计划；(2) 发出原材料；(3) 生产加工产品；(4) 核算产品成本；(5) 储存产成品；(6) 销售发出产成品；(7) 存货盘点；(8) 计提存货跌价准备。该循环所涉及的主要凭证、会计记录如下：(1) 生产指令；(2) 领发料凭证；(3) 产量和工时记录；(4) 工薪汇总表及工薪费用分配表；(5) 材料费用分配表；(6) 制造费用分配汇总表；(7) 成本计算单；(8) 产成品入库单和出库单；(9) 存货明细账；(10) 存货盘点报告表。

2. 健全的内部控制是生产与存货循环必不可少的组成部分，主要包括：(1) 建立适当的职责分工；(2) 信息传递程序控制审批；(3) 实物控制。生产与存货循环的内部控制测试如下：(1) 调查了解生产与存货循环的内部控制；(2) 检查不相容职责的分离；(3) 检查授权审批程序；(4) 检查凭证和记录的控制；(5) 实地观察与存货有关的实物控制；(6) 评价生产与存货循环内部控制。

3. 分析性复核方法主要有简单比较法和比率分析法两种。审计人员通常运用的比率主要是存货周转率和毛利率。存货周转率是用以衡量销售能力和存货是否积压的指标。毛利率是反映盈利能力的主要指标，用以衡量成本控制及销售价格的变化。

4. 存货监盘计划包括以下主要内容：(1) 存货监盘的目标、范围及时间安排；(2) 存货监盘的要点及关注事项；(3) 参加存货监盘人员的分工；(4) 抽查的范围。存货监盘程序包括以下主要内容：(1) 观察程序；(2) 抽查程序；(3) 需要特别关注的情况；(4) 存货监盘结束时的工作。存货监盘可能还存在以下特殊情况：(1) 由于存货的性质和位置而无法实施监盘程序；(2) 因不可预见的因素导致无法在预定日期实施存货监盘或确定审计项目时被审计单位的期末存货盘点已经完成；(3) 委托其他单位保管或已作质押的存货；(4) 首次审计被审计单位的情况。

5. 产品成本审计的实质性程序主要有：(1) 运用分析方法检查产品成本总体合理性；(2) 审查标准成本系统；(3) 审查成本项目。

6. 主营业务成本审计的实质性程序主要有：(1) 获取或编制主营业务成本明细表，与明细账和总账核对相符；(2) 编制生产成本及主营业务成本倒轧表，与总账核对相符；(3) 进行分析性复核。分析比较本年度与上年度主营业务成本总额，以及本年度各月份的主营业务成本金额，如有重大波动和异常情况，应查明原因；(4) 结合生产成本的审计，抽查主营业务成本结转数额的正确性，并检查其是否与主营业务收入相配比；(5) 检查主营业务成本账户中重大调整事项（如销售退回等）是否有其充分理由；(6) 确定主营业务成本在利润表中是否已恰当披露。

7. 存货审计的实质性程序主要有：(1) 建立存货项目明细表；(2) 运用分析方法检查存货总体合理性；(3) 存货监盘（检查数量）；(4) 存货的计价测试（检查价值）；(5) 存货跌价准备的审查；(6) 审查存货和存货跌价准备在财务报表中披露的正确性。

8. 应付职工薪酬审计的实质性程序主要有：(1) 获取或编制应付职工薪酬明细表，复核加计正确，并与报表、总账数和明细账合计数核对是否相符；(2) 对本期工资费用的发生情况进行分析性复核。

复习思考题

1. 如何进行主营业务成本的审计？

2. 存货监盘程序包括哪些环节？请具体说明。
3. 如何确定存货监盘结果对审计报告的影响？
4. 如果无法实施存货监盘程序，注册会计师如何获取有关期末存货数量和状况的审计证据？
5. 存货正确截止的关键是什么？如何进行存货的截止测试？
6. 如何实施应付职工薪酬的审计？

第十章　筹资与投资循环审计

学习目标

1. 熟悉筹资与投资循环涉及的业务活动及其所涉及的凭证和记录。
2. 掌握筹资与投资循环的内部控制及其控制测试内容。
3. 掌握筹资与投资循环的实质性程序。

☞ 案例导入

联大实业股份有限公司的投资审计案例

诚信会计师事务所委派审计组对联大实业股份有限公司（以下简称“联大实业”）2017年度财务报表进行审计。联大实业尚未采用计算机记账，审计组于2017年11月对联大实业的内部控制制度进行了了解和测试，并在相关审计底稿中记录了了解和测试的投资与筹资循环的相关事项，摘录如下。

（1）联大实业股东大会批准董事会的投资权限为1亿元以下。董事会决定此权限由总经理负责实施。总经理决定由证券部负责总额1亿元以下的股票买卖。联大实业规定：公司划入营业部的款项由证券部申请，会计部审核，总经理批准后划转入公司在营业部开立的资金账户。经总经理批准，证券部直接从营业部资金账户支取款项。证券买卖、资金存取的会计记录由会计部处理。审计组在了解和测试了投资的内部控制制度后发现：证券部在某营业部开户的有关协议及补充协议未经会计部或其他部门审核。根据总经理的批准，会计部已将8000万元汇入该户。证券部负责处理证券买卖的会计记录，并于月底将证券买卖清单交给会计部，会计部再据以汇总登记。

（2）联大实业控股股东的法定代表人同时兼任联大实业的法定负责人，总经理是聘任的。在公司章程及相关决议中未具体载明股东大会、董事会、经营班子的融资权限和批准程序。经了解联大实业由会计部负责融资，2017年根据总经理的批示向工商银行借入了1亿元资金。

（3）联大实业无形资产管理明确规定了专家论证、集体决策，以及谈判签约等流程的控制措施。审计组了解到2017年3月总经理李发在美国考察某高科技公司时，得知该公司资金周转困难，急于融资。由于该公司拥有联大实业急需的核心专利技术，李发当即与对方进行谈判，对方愿意以1500万美元出让联大实业急需的专利技术，总经理李发认为机会难得、机不可失，在电话请示董事长后，当即与对方签约引进。2013年7月联大实业支付全款后获取专利技术全部资料，但由于该项专利技术需要专业人员操作和使用，而所签合同又缺乏要求对方给中方技术人员培训等约束条款，导致截至2017年11月联大实业的技术人员尚在探索使用，无法在生产中运用该专利技术创造价值。

(4) 联大实业下属的分公司2017年3月决定兴建一座总投资为5500万元的仓库。由于时间紧，分公司一边向联大实业报批，一边在等待联大实业批复过程中委托设计单位设计，通过邀请投标方式确定施工单位，并于4月初正式开工建设，当年6月中旬联大实业正式批复，该项目11月底完工。联大实业虽认为分公司有不当之处，但考虑到工期紧，且分公司向来经营状况比较好，而项目建设也符合发展需要，因此未追究相关人员责任。

思考：上述案例（1）—（4）中的投资活动分别存在哪些缺陷？

资料来源：李俊林、徐静：《审计案例：解析与训练》，电子工业出版社，2020年.

第一节　筹资与投资循环概述

筹资与投资循环包括筹资活动和投资活动的交易事项。筹资活动是指企业为满足生产活动的需要，通过改变企业资本、债务规模及构成而筹集资金的活动，企业筹集资金的方式主要有资本投入、举债筹资和企业内部积累等。举债筹资包括短期借款、长期借款、应付债券和长期应付款等，举债筹资具有一定的时间限制，到期时，必须用企业的资产或劳务偿还。企业内部积累的资金主要来源于盈利所得，包括利润的形成和按照企业章程或投资协议等规定进行的利润分配等。投资活动是指企业为通过分配来增加财富，或为谋求其他利益，将资产让渡给其他单位而获得另一项资产的活动，主要有权益性投资交易和债权性投资交易。

筹资与投资循环具有如下特征：审计年度内交易数量较少，而每笔交易的金额通常较大；漏记或不恰当地对一笔业务进行会计处理，将会导致重大错误，从而对企业会计报表是否满足公允性产生较大的影响；其交易必须遵守国家法律、法规和相关契约的规定。

根据财务报表所涉及的项目与业务循环的相关程度，筹资与投资循环涉及的资产负债表项目主要包括交易性金融资产、应收利息、应收股利、可供出售金融资产、持有至到期投资、长期股权投资、投资性房地产、短期借款、交易性金融负债、应付利息、应付股利、长期借款、应付债券、实收资本（或股本）、资本公积、盈余公积、未分配利润等；所涉及的利润表项目主要包括财务费用、投资收益等。

筹资与投资循环主要包括两部分内容：一是本循环涉及的主要业务活动；二是本循环所涉及的主要凭证和会计记录。

一、筹资与投资循环涉及的主要业务活动

筹资与投资循环包括筹资活动和投资活动两方面业务活动。筹资活动从筹资的审批授权开始，通过签订合同或协议取得资金，到计算利息或股息并偿还本息或发放股利时结束。投资活动从投资的审批授权开始，取得投资和投资收益，到转让债券或其他投资结束。

（一）筹资活动涉及的主要业务活动

（1）确定资金需求量。企业开展筹资活动前应首先确定为满足组织生产、研究开发、投资等各部门的业务发展需求的资金需用量，再交财务部门统筹安排，然后根据企业的战略发展需求，以及股票、债券投资和联营项目或偿还到期债务、资本结构调整需要等具体业务活动安排决定资金需求量，制定筹资计划。

（2）选择筹资方式。企业财务部门根据收集的信息，研究筹资渠道、筹资可能性、资金成本和财务风险，确定最佳筹资方式。

（3）审批授权。企业财务部门制定的筹资方案需经管理当局的审批，其中债券的发行每次均要由董事会授权，若发行股票还必须依据国家有关法规或企业章程的规定，报经企业最高权力机构（如董事会）及国家有关管理部门批准。

（4）签订筹资合同或协议。企业根据审批的筹资方案，确定筹资协议签订的程序。吸收直接投资的，先由财务部门与投资方协商，再由企业法人代表签订联营协议或股东会制订公司章程；以借款方式筹资的，向银行或其他金融机构融资须签订借款合同，发行债券须签订债券契约和债券承销或包销合同；以租赁方式筹资的，签订借款合同；以发行股票或债券方式筹资的，以招股说明书或债券募集办法代替筹资协议。

（5）取得资金。企业签订相关筹资协议，经办人将协议、合同副本送达财务部门以备记账，并在还本付息时核对。财务部门根据相关协议、合同实际取得银行或金融机构划入的款项，或取得债券、股票的融入资金。

（6）计算利息或股利并偿还本息或发放股利。企业财务部门经授权和审批后，银行的借款或发行的债券应按照筹资协议或合同计算利息并偿还债务资金、支付利息并及时入账，融入的股本根据股东会的决定及时计算股利并发放股利。

（二）投资活动涉及的主要业务活动

（1）选择投资项目。企业的战略性投资由企业最高管理层提出，战术性投资项目由投资管理部门或开发部门提出，企业投资部门再根据企业发展战略需要，依据管理层的要求，按照投资目的和投资原则开展投资项目的方案设计，并对各方案实施可行性论证分析，出具投资可行性报告。

（2）投资的审批授权。企业投资部门设计的投资方案首先经企业财务、市场、生产、研究开发等方面专家论证分析后，再交由管理当局审批。根据企业章程的授权规定分别由

总经理、董事会或股东会做出相应的投资决策。

（3）签订投资协议并执行。企业做出投资项目决策后，对外直接投资项目应由授权的投资管理部门与受资方或合资方签订相关投资协议，明确各自权利和义务，承担各自的责任。企业投资管理部门可以通过购买股票或债券进行投资，也可以通过与其他单位联合形成投资。以实物或无形资产投资的，先要对这些资产进行评估，确认其价值后再对外投资，并将资产评估报告副本交财务部门作为财务处理依据。

（4）投资项目管理。企业投资管理部门应对取得的投资开展日常管理工作，将有关投资的各种原始文件归档保管，跟踪投资过程。对于股权投资，应区别控股与非控股情况后派出董事长、董事、监事、总经理、财务总监等管理人员参与生产经营或参与重大决策；对于债权性投资，在投资管理部门适时了解投资项目情况之后，及时向管理当局报告。

（5）取得投资收益。企业财务部门对取得股权投资的股利收入、债券投资的利息收入和其他投资收益予以确认记账。

（6）转让证券或收回其他投资。企业投资管理部门根据投资协议到期后收回投资本金和利息，股权投资按投资协议参与利润分配，收取投资收益；债权投资按协议规定收取利息，到期收回本金，也可以通过转让证券实现投资的收回；其他投资一经投出、除联营合同期满，或由于其他特殊原因联营企业解散外，一般不得抽回投资。

二、筹资与投资循环涉及的凭证和记录

（一）筹资活动涉及的凭证和记录

（1）债券。债券是公司依据法定程序发行，并约定在一定期限内还本付息的有价证券。

（2）股票。股票是企业签发的证明股东所持股份的凭证。

（3）债券契约。债券契约是明确债券持有人与发行企业双方所拥有的权利与义务的法律性文件，其内容一般包括：债券发行的标准；债券的明确表述；利息或利息率；受托管理人证书；登记和背书；如系抵押债券，其所担保的财产；对债券发生拖欠情况，以及对偿债基金、利息支付、本金返还等的处理。

（4）股东名册。发行记名股票的公司应记载的内容一般包括：股东的姓名或者名称、住所；各股东所持股份数；各股东所持股票的编号；各股东取得股份的日期。发行无记名股票公司应记载其股票数量、编号及发行日期。

（5）公司债券存根簿。发行记名公司债券的应记载的内容一般包括，债券持有人的姓名或者名称、住所；债券持有人取得债券的日期及债券的编号；债券总额、债券的票面金额、债券的利率、债券还本付息的期限和方式；债券的发行日期及偿还时间等。发行无记名债券的应当在公司的债券存根簿上记载债券总额、利率、偿还期限和方式、发行日期和债券编号。

（6）承销或包销协议。公司向社会公开发行股票或债券时，应当由依法设立的证券经

营机构承销或包销，公司应与其签订承销或包销协议。

（7）借款合同或协议。公司向银行或其他金融机构借入款项时与其签订的合同或协议。

（8）有关记账凭证和会计科目的明细账、总账。筹资活动涉及的记账凭证主要是会计人员依据上述原始凭证单据进行会计处理所编制的记账凭证。筹资活动涉及的会计科目主要有：银行存款、短期借款、长期借款、应付债券、长期应付款、股本等。

①资本投入涉及的其他相关凭证、账簿。资本投入涉及的相关凭证和账簿包括：企业申请成立报告、可行性研究报告、投资方的营业执照、法人代表的资格证明、自然人的身份证明、股东名册；企业章程、合同、协议；政府主管部门的批准证书、准予开业的营业执照副本或准予组建筹委会的临时营业执照等；外商投资企业外方进口材料、设备的商检证明，中方财产转移申请表；货币资金投资清单及股票、债券合同，债券存根簿，承销协议等；实物投资清单及有关凭证；无形资产投资合同、协议及有关凭证；资产评估资料及确认文件、验资报告；土地管理部门出具的土地出让、场地使用文件或租赁文件；股东会、董事会决议、会议文件；决算日（或验资基准日）的财务报表、资本投入的有关账簿的凭证，如实收资本和资本公积明细账及总账；股份制企业改造设立或发起设立的有限责任公司和股份有限公司过去三年的财务报表及审计报告；批准的募股文件；招股说明书；股票承销合同、协议和承销商募集股款有关凭证；个人股股东名册、认缴股本、实缴股款及相关凭证等。

②举债筹资及其清偿的有关凭证、账簿。举债筹资及其清偿涉及的相关凭证、账簿包括：企业管理部门有关举债筹资决议、借款合同或协议、债券契约和债券承销协议；短期借款明细账与总账；长期借款明细账与总账：应付债券明细账与总账；债券折价溢价摊销表；长期应付款明细账与总账；财务费用明细账与总账；银行对账单。

③盈余公积的相关文件和记录。盈余公积涉及的相关文件和记录包括：利润表和利润分配表；投资收益明细账和总账；利润分配决议、分配方案；利润分配明细账；盈余公积明细账和总账。

（二）投资活动涉及的凭证和记录

（1）股票或债券。企业所拥有的股票或债券通常可以证明企业投资的真实性。

（2）经纪人通知书。当投资是通过经纪人代理进行的，对经纪人通知书的审查可以证实企业投资的合理性、投资账务处理的正确性。

（3）债券契约。可以证明债券持有人与发行企业双方所拥有的权利与义务的法律性文件。

（4）被投资企业的章程及有关协议。通过对被投资企业章程及有关协议的审查，可以确定投资业务的真实性、核算处理的准确性以及有无不正常交易行为发生。

（5）股票或债券登记簿。通过审查股票或债券登记簿或向被投资企业函证可以证明企业投资的真实性。

（6）有关的记账凭证和相关科目的明细账、总账。其主要包括交易性金融资产、可供出售金融资产、持有至到期投资、长期股权投资、投资性房地产、应收利息、投资收益、应收股利、交易性金融负债等科目相关的记账凭证、明细账和总账。

筹资与投资循环涉及的主要业务活动、相关部门、常见凭证及相关账户如表10－1所示。

表10－1 筹资与投资循环涉及的主要业务活动、相关部门、常见凭证及相关账户

业务类型	业务活动	常见凭证和会计记录	相关部门
筹资活动	确定资金需求量	企业各部门预算	生产、研发、投资、财务等部门
	选择筹资方式	可行性报告	财务部门
	筹资的审批授权	审批文件	管理层①
	签订合同或协议	承销或包销协议；借款合同或协议；债券契约；股东名册	企业法人代表②
	取得资金	债券；股票；公司债券存根簿	财务部门
	计算利息或股息	有关的记账凭证和会计账簿	财务部门
	还本付息或发放股利	有关的记账凭证和会计账簿	财务部门
投资活动	选择投资项目	投资可行性报告	财务等部门
	投资的审批授权	审批决议	投资管理部门③
	签订投资协议	股票或债券；经纪人通知书；债券契约；被投资企业的章程及有关投资协议	投资管理部门
	取得投资	股票或债券登记簿	投资管理部门
	投资项目管理	股票或债券登记簿	投资管理部门
	取得投资收益	有关的记账凭证和会计账簿	财务部门
	收回投资	有关的记账凭证和会计账簿	财务部门

第二节 筹资与投资循环的内部控制及其测试

一、筹资与投资循环的内部控制

筹资活动的内部控制主要涉及筹资的授权审批控制、职责分离控制、会计控制、实物

① 企业筹集资金需经管理层的审批，其中：债券的发行每次均要由董事会授权；发行股票必须依据国家有关法规或企业章程的规定，报经企业最高权力机构（如董事会）及国家有关管理部门批准。

② 根据不同的筹资渠道和筹资方式，确定筹资协议签订的程序。吸收直接投资的，财务部门与投资方协商，由企业法人代表签订联营协议或由股东会制订公司章程；以借款方式筹资的，借款人与债权人双方签订借款合同；以租赁方式筹资的，签订租赁合同；以发行股票或债券方式筹资的，以招股说明书或债券筹集办法代替筹资协议。

③ 企业根据投资目的，对投资项目进行可行性研究。战略性投资由企业最高管理层提出，战术性投资项目由投资管理部门或开发部门提出。经财务、市场、生产、研究开发等方面专家论证可行后，交管理当局审批。根据公司章程授权，分别由总经理、董事会或股东会做出相应的投资决策。

保管的控制以及筹资业务在资产负债表上能否得到恰当地披露等。投资活动内部控制的主要内容包括合理的职责分工、健全的资产保管制度、详尽的会计核算制度、严格的记名登记制度、完善的定期盘点制度等。

（一）职责分工

企业内部需经董事会授权并以公司章程形式明确企业最高权力机构与企业管理部门之间的职责。对业务的授权、执行、会计记录及资产的保管等有明确分工，不得由一个人同时负责上述的任何两项工作，如董事会对资本投入的权利、责任、企业管理部门内部管理人员进行有关股票签发、登记相关账簿、现金收支、票据保管等职责的划分。

第一，筹资、投资决策与执行相互独立，防止舞弊发生。

第二，筹资、投资业务执行与记录相互独立，以互相牵制。

第三，筹资、投资业务执行与财务部门监督相互独立，防止资金管理失控。

第四，财务部门内部对资金的收付、记录、复核相互独立，以保证业务处理正确无误。

第五，盈余公积核算、复核由不同人员完成，有关明细账与总账记录分开，便于核对账面记录的一致性，避免发生错弊。

（二）信息传递程序控制

（1）授权程序。所有的资本交易事项，如股本交易的股票登记、发行、减资或增资等，都必须经过企业最高权力机构的事先审批与授权，其他任何未经授权的企业行政管理部门无权自行决定股本交易事项，最高管理机构制定举债政策及内部批准程序、偿还债务时，要有正式的授权审批程序。企业对筹集的资金进行投资时，必须进行可行性研究，有正式的授权审批程序，决策后授权财务部门执行。企业盈余公积的提取和使用按国家有关规定，由股东会或董事会做出决定办理，盈余公积中各部分的使用经董事会的授权批准。

（2）文件和记录的使用。作为内部控制的重要措施，企业筹资和投资业务循环需设计或取得相应的原始凭证，并进行相关明细记录。企业财务部门应针对不同投资者设置资本投入的各种明细账、备查簿，将出资者投入的资本金及时地登记入账，并将其后所发生的增资、减资变动及时、完整地登记在明细账与备查簿中，应根据评估、验证并核实后的凭证进行详细登记。对债务的形成、债务资金的使用和归还等，及时、完整地根据有关凭证进行记录，利息支出手续必须完备。对经营形成的利润及利润分配设置明细账进行详细记录。

（3）审核制度。企业应对筹资和投资业务循环建立相应的审核制度。包括对资本金的筹集、存留、增减情况和股息、红利的分配定期进行检查清理，检查这些投资活动和会计处理是否真实、合法、正确，加强对资本金保值、增值的控制；对长期债务资金的实有数、使用情况及归还情况进行经常性检查，以保证债务资金的合理使用，确保借款及其利息的正确记录、及时归还；对股利的分配、公积金和未分配利润账户应定期进行检查清理，验证其真实性、正确性，以正确评价资本是否增值；企业财务部门在进行相关账务处理时对筹资和投资过程中生成的原始凭证应进行严格审核；对涉及的实物资产应定期或不定期盘点检查；企业内部审计部门要定期检查账、证、表，抽查出纳保管的票据，检查投资收益和利息等计算的正确性及支付的及时性。

（三）实物控制

企业应对筹资和投资业务循环中生成的相关实物文件和实物资产加强实物控制。业务循环中生成的实物文件主要包括筹资计划、筹资协议或合同、股东会纪要、总经理办公会纪要、企业各级领导人批示、投入实物资产验收单、股票或债券发行批件、发行委托书、投资研究方案、投资协议、借款合同、账册凭证等；实物资产主要包括股票、股权证书、债券、支票、机器设备等。企业应建立实物文件和实物资产的保管制度，确保专人负责，并严格限制非授权人接近实物文件和实物资产，以保证各种实物安全。

筹资活动的控制目标、内部控制测试和实质性测试如表10－2所示。

表10－2　　筹资活动的控制目标、内部控制测试和实质性测试

内部控制目标	关键内部控制	常用的内部控制测试	常用的实质性程序
借款和所有者权益账面余额在资产负债表日确实存在，借款利息费用和已支付的股利是由被审计期间实际发生的交易事项引起的（存在或发生）	1. 借款或发行股票经过授权审批； 2. 签订借款合同或协议、债券契约、承销或包销协议等相关法律性文件	1. 索取借款或发行股票的授权批准文件，检查权限是否恰当，手续是否齐全； 2. 索取借款合同或协议、债券契约、承销或包销协议	1. 获取或编制借款和股本明细表，复核加计正确，并与报表数、总账数和明细账合计数核对相符； 2. 检查与借款或股票发行有关的原始凭证，确认其真实性，并与会计记录核对，检查利息计算的依据，复核应计利息的正确性，并确认全部利息计入相关账户
借款和所有者权益的增减变动及其利息和股利已登记入账（完整性）	1. 筹资业务的会计记录与授权和执行等方面明确职责分工； 2. 借款合同或协议由专人保管，如保存债券持有人的明细资料，应同总分类账核对相符，如由外部机构保存，须定期同外部机构核对	1. 观察并描述筹资业务的职责分工； 2. 了解债券持有人对明细资料的保管制度，检查被审计单位是否与总账或外部机构核对	检查被审计期间借款和所有者权益增减变动的原始凭证，核实变动的真实性、合法性，检查授权批准手续是否完备，入账是否及时准确
借款均为被审计单位承担的债务，所有者权益确属股东所有（权利与义务）			1. 向银行或其他金融机构、债券包销人函证，并与账面余额核对； 2. 检查股东是否已按合同、协议、章程约定时间缴付资金，其出资额是否经审验

续表

内部控制目标	关键内部控制	常用的内部控制测试	常用的实质性程序
借款和所有者权益的期末余额正确（估价或分摊）	1. 建立严密完善的账簿体系和记录制度； 2. 核算方法符合会计准则和会计制度的规定	抽查筹资业务的会计记录，从明细账抽取部分会计记录，按原始凭证到明细账、总账的顺序核对有关数据和情况，判断其会计处理过程是否合规完整	
借款和所有者权益在资产负债表上的披露正确（表达与披露）	1. 筹资业务明细账与总账的登记职务分离； 2. 筹资披露符合会计准则和会计制度的要求	观察职务是否分离	确定借款和所有者权益的披露是否恰当，注意一年内到期的借款是否列入流动负债

投资活动的控制目标、内部控制测试和实质性测试如表 10－3 所示。

表 10－3　　投资活动的控制目标、内部控制测试和实质性测试

内部控制目标	关键内部控制	常用的内部控制测试	常用的实质性程序
投资账面余额为资产负债表日确实存在的投资，投资收益（或损失）是由被审计期间实际发生的投资交易事项带来的（存在或发生）	投资业务经过授权审批与被投资单位签订合同、协议，并获取被投资单位出具的投资证明	1. 索取投资的授权批准文件，检查权限是否恰当，手续是否齐全； 2. 索取投资合同或协议、检查是否合理有效； 3. 索取被投资单位的投资证明，检查其是否合理有效	1. 获取或编制投资明细表，复核加计是否正确，并与报表数、总账数和明细账合计数核对相符； 2. 向被投资单位函证投资金额、持股比例及发放股利情况
投资增减变动及其收益（或损失）均已登记入账（完整性）	1. 投资业务的会计记录、授权、执行和保管等方面明确职责分工； 2. 健全证券投资资产的保管制度，或者委托专门机构保管，或者建立由内部至少两名人员联合控制的制度，证券的存取均需详细记录和签名	1. 观察并描述投资业务的职责分工； 2. 了解证券资产的保管制度，检查被审计单位自行保管时，存取证券是否进行详细的记录并由所有经手人员签字	检查被审计期间投资增减变动的原始凭证，对于增加项目要核实其入账基础是否符合投资合同、协议的有关规定，会计处理是否正确；对于减少的项目，要核实其变动原因及授权批准手续
投资均为被审计单位所有（权利与义务）	内部审计人员或其他独立的第三者定期盘点证券投资资产，检查是否为企业所实际拥有	1. 了解企业是否定期进行证券投资资产的盘点； 2. 审阅盘点报告，检查盘点方法是否恰当、盘点结果与会计记录核对情况以及出现差异的处理是否合规	盘点证券投资资产，向委托的专门保管机构函证，以证实投资证券的真实存在

续表

内部控制目标	关键内部控制	常用的内部控制测试	常用的实质性程序
投资的计价方法正确，期末余额正确（估价或分摊）	1. 建立详尽的会计核算制度，按每一种证券分别设立明细账，详细记录相关资料； 2. 核算方法符合会计准则和会计制度的规定； 3. 期末进行成本与市价孰低比较，并正确记录投资减值准备	抽查投资业务的会计记录，从明细账抽取部分会计记录，按原始凭证到明细账、总账的顺序核对有关数据和情况，判断其会计处理过程是否合规完整	1. 检查投资的入账价值是否符合投资合同、协议的规定，会计处理是否正确，重大投资项目应查阅董事会有关决议并取证； 2. 检查长期股权投资的核算是否按规定采用权益法或成本法；期末各项投资是否计提减值准备； 3. 检查长期债券投资的溢价或折价，是否按有关规定摊销
投资在资产负债表上的披露正确（表达与披露）	1. 投资明细账与总账的登记职务分离； 2. 投资披露符合会计准则和会计制度的要求	观察职务是否分离	1. 查明库存股票是否已提供质押或受到其他约束，应取证并提请被审计单位作恰当披露； 2. 验明投资的披露是否恰当，注意一年内到期的长期投资是否列入流动资产

表 10－2 和表 10－3 中分四栏列示出筹资与投资循环有关的内部控制目标、关键内部控制以及审计人员常用的相应内部控制测试和实质性程序，其目的在于帮助审计人员根据具体审计情况和审计条件设计实现审计目标的审计方案。在审计实务工作中，审计人员应根据表中所列示的内容，从实际出发，综合考虑被审计单位所处行业特性、规模大小、内部控制的健全程度和执行效果、前期接受审计的情况，同时还要受审计时间、审计费用的限制，尽可能地消除重复的测试程序，设计更实用、高效的审计计划。如果前一年度该企业的审计工作结果令人满意，审计人员应将审计重点放在企业内部控制的变动部分，掌握各项变动的原因和影响，对上一年度审计中提出的内部控制管理建议逐一核实其落实情况，并查明未予落实的原因。

二、筹资与投资循环的内部控制测试

（一）筹资活动的内部控制测试

筹资活动由借款业务活动和股东权益业务活动组成。企业的借款业务活动涉及短期借款、长期借款和应付债券，这些内部控制基本类似。股东权益增减变动的业务较少而金额较大，审计人员在审计中一般直接实施实质性程序。

1. 资本投入业务的内部控制测试

由于企业资本投入业务较少发生，因此，审计人员通常对企业资本投入业务实行详细审计，并不需要依据相关内部控制的评审确定资本投入业务的审查范围与重点。审计人员应通过研究与评价企业资本投入业务的内部控制制度，以揭露管理上的薄弱环节，促进企业加强管理，确保投入资本的安全性。

（1）了解与描述资本投入业务的内部控制。审计人员应了解企业治理结构及机制，包括股东会、董事会、监事会、总经理等权责分配与制衡情况，调查了解企业的章程、相关财务制度、业务审批授权等情况，并将了解的情况记录在审计工作底稿中。审计人员应查阅企业董事会制订的有关章程、制度，了解企业对资本投入业务的有关规定，索取并阅读经董事会制定并公布的有关章程与制度，从中主要了解以下问题：章程、制度中各项内容是否在国家相关法令、制度范围内；企业所规定的资本金筹集、使用、变更和清算等事项的办理程序是否符合国家规定的程序与方法；章程与制度中是否明确授权有关部门与人员负责资本投入交易事项的办理，并注意不相容职务的划分、其他有关规定，如股东会决议、董事会纪要等有关投入资本的约束规定等。

（2）测试资本投入业务的内部控制。审计人员在了解资本投入业务的内部控制后，应认真查阅企业股票发行的有关文件，例如公司章程、股东会或董事会决议、工商行政管理部门的审批文件、股票发行记录以及政府有关法令。通过对这些文件记录的审阅，可以较全面地理解企业有关股本交易活动的内部控制设置情况与执行情况，取得相关证据。审计人员还应进一步分析、核实“股本”账户，对“股本”账户（或“实收资本”账户）每一项增减变动情况核实有无正式的董事会批准文件，并获取证据纳入永久性审计档案，以便再次审计时只需核实新的变动情况。

（3）评价资本投入的内部控制。审计人员通过对资本投入的内部控制测试，对其内部控制的健全性、有效性做出客观评价，取得一定的审计证据，指出其薄弱环节。

2. 举债筹资业务的内部控制测试

（1）了解举债筹资业务的内部控制。对举债筹资业务内部控制的了解，一般可以通过编制流程图、撰写内部控制说明、设计问答式调查表等方式进行。在了解举债筹资业务的内部控制时，一般应注意以下问题：①走访企业管理部门，了解举债筹资的过程，查明企业是否把提出问题、确定目标、拟订方案、评估选优等程序作为举债筹资的法定决策程序，借款业务和债券的发行是否根据董事会授权和有关法律规定进行。②借款业务和债券的发行是否履行审批手续。③借款和发行债券的收入是否立即存入银行。④是否按照借款协议和债券契约的规定及时支付借款利息和债券利息。⑤是否将借款和应付债券记入恰当的账户。⑥询问财务部门人员，了解债务资金取得以后是否与债权人定期核对，如出现差异是否采取措施。⑦借款和债券持有人明细账是否指定专人妥善保管。⑧借款和债券的偿还、购回是否根据董事会授权办理。

如果被审计单位上一年度的审计工作是由同一审计机构（或人员）完成，则审计人员在本次审计中应将调查重点放在企业内部控制的变动部分，掌握各项变动的原因和影响。如果在上一年度审计中，针对内部控制提出过管理建议，审计人员还应证实各项管理建议是否已得到落实，并弄清未予落实的原因。

（2）测试举债筹资业务的内部控制。审计人员在了解企业举债筹资业务的内部控制后，应运用一定的方法测试其健全、有效程度，具体措施包括：①取得借款和债券发行的法律性文件，检查借款和债券发行是否经董事会授权、是否履行适当的审批手续、是否符合法律的规定。②检查企业借款和发行债券的收入是否立即存入银行。③取得借款协议和债券契约，检查企业是否根据协议和契约的规定支付利息。④了解借款经办人员与记录人员是否独立，了解债务利息计算、记录、复核及支付业务人员职责分工情况。⑤抽查、核对负债形成、偿还的有关记录和文件，检查债券入账的会计处理是否正确，验证发生日期与其记录日期是否接近或一致，金额是否正确，确定记录控制的有效性。⑥检查债券溢（折）价的会计处理是否正确。⑦取得借款和债券偿还、购回时的董事会决议，检查债券的偿还和购回是否按董事会的授权进行。

（3）分析评价举债筹资业务的内部控制。审计人员在完成上述程序后，应对企业举债筹资业务的内部控制进行分析、评价，以确定其在实质性程序工作中的影响，并针对薄弱环节提出改进建议。

3. 盈余公积的内部控制测试

（1）了解并描述盈余公积的内部控制。审计人员通过收集、审阅与企业利润形成和利润分配有关的文件、资料，并结合调查、询问，在了解相关内部控制的流程及控制环节的基础上，采用调查表法、文字描述法或流程图法，将其描述出来，并纳入审计工作底稿。

（2）测试盈余公积的内部控制。审计人员在了解企业盈余公积的内部控制后，应进一步测试其执行的有效性，具体审查内容包括：①审阅、复核利润计划表编制依据的可靠性，编制方法的科学、合理性，计算数据的正确性，计划指标的可行性以及与其他相关计划的衔接、协调性等，分析利润计划的执行情况并做出评价。②通过实地观察和询问，确定企业在处理盈余公积业务中不相容职务是否分离，有关人员是否职责分明，有无越权办理的情况。③查阅规章制度、文件、岗位责任制，询问有关人员，确定企业是否建立了完备的利润计算制度、营业外收支控制制度、完整的记录和决算制度，了解上述制度的执行情况。④检查决算日损益核算的会计记录，验证期末利润的结转是否按照有关规定的程序，及时办理各项手续。⑤查阅公司章程、制度，了解企业对盈余公积业务处理的有关规定是否符合国家有关规定，如税后利润的分配程序、盈余公积的提取比例及其使用范围等。⑥查阅盈余公积的提取与使用的有关批准文件，了解企业在盈余公积提取与使用方面的内部控制情况，取得有关审计证据。审计人员需关注股份制企业除按国家规定提取法定盈余公积外，提取任意盈余公积应经股东会决议，从支付优先股股利之后的利润中提取，无论法定盈余公积还是任意盈余公积的使用都须经股东会决议通过方可办理。

（3）评价盈余公积的内部控制。经过对盈余公积的内部控制测试，审计人员可以对其健全性、有效性做出客观评价，同时揭露企业在管理中的漏洞，提出相应的改进意见。

（二）投资活动的内部控制测试

1. 了解并描述投资活动的内部控制

审计人员通过调查走访企业投资管理部门，询问相关岗位人员，结合问卷调查形式，了解被审计单位是否存在投资内部控制，并做适当记录，采用一定的方式对其内部控制加以描述，以便深入进行测试。一般而言，应了解的内容包括：①投资项目是否经授权批准，投资金额是否及时入账。②是否与被投资单位签订投资合同、协议，是否获得被投资单位出具的投资证明。③投资的核算方法是否符合有关财务会计制度的规定，相关投资收益的会计处理是否正确，手续是否齐全。④有价证券的买卖是否经合法授权，是否妥善保管并定期盘点核对。

2. 测试投资活动的内部控制

（1）抽查投资项目的文件记录。审计人员应根据投资项目的重要性，抽查部分投资业务的文件记录，追踪检查投资管理各环节的控制情况。审计人员应检查其有无投资申请报告，有无对接受投资单位的信用调查报告，有无投资所需资金及未来效益的可行性分析，有无经过企业最高领导认可，如股东会正式审批手续等，以检查投资立项环节内部控制的有效性。

（2）抽查投资项目的会计记录。审计人员可从各类投资业务的明细账中抽取部分会计记录，首先，核实其与原始凭证在证券名称、买卖日期、证券编号、购入成本或售价等方面是否相符。其次，按原始凭证到明细账、总账的顺序核对有关数据和情况，判断其会计处理过程是否合规完整，据以核实投资核算有关内部控制的有效性。

（3）审阅内部监盘报告。审计人员应审阅内部审计人员或其他授权人员对投资资产进行定期监盘的报告，包括盘点人员是否具有独立性、盘点方法是否适当、盘点结果与会计记录相核对情况以及出现差异的处理是否合规。如果各期监盘报告的结果未发现账实之间存在差异（或差异不大），说明投资资产的实物控制得到了有效执行。

（4）分析企业投资业务管理报告。对于企业的长期投资，审计人员应对照相关投资方面的文件和凭据，分析企业的投资业务管理报告。在做出长期投资决策之前，企业最高管理阶层（如董事会）需要对投资进行可行性研究和论证，并形成会议纪要。投资业务一经执行，便会形成一系列的投资凭据或文件，如证券投资的各类证券，联营投资中的投资协议、合同及章程等。负责投资业务的财务经理须定期向企业最高管理层报告有关投资业务的开展情况（包括投资业务内容和投资收益的实现情况及未来发展预测），即提交投资业务管理报告书，供最高管理层做出决策和控制。审计人员应认真分析这些投资管理报告的具体内容，并对照前述的有关文件和凭据资料，判断企业长期投资业务的管理情况。

3. 评价投资活动的内部控制

审计人员完成上述步骤并取得有关内部控制是否健全、有效的证据之后，在工作底稿中标明内部控制的强弱点，即可对内部控制做出客观评价，确认对投资内部控制的可信赖程度，进而确定实质性程序的程序和重点，并对企业投资管理上的薄弱环节提出改进建议。

[同步案例 10－1]

背景与情境：

今明会计师事务所委派审计组对华兴公司 2022 年度财务报表进行审计。华兴公司尚未采用计算机记账。审计组于2022年11月对华兴公司的内部控制制度进行了解和测试，并在相关审计工作底稿中记录了了解和测试的投资与筹资循环的相关事项，摘录如下：

（1）华兴公司股东大会批准董事会的投资权限为1亿元以下。董事会决定由总经理负责实施。总经理决定由证券部负责总额1亿元以下的股票买卖。华兴公司规定：公司划入营业部的款项由证券部申请，会计部审核，总经理批准后划转入公司在营业部开立的资金账户。经总经理批准，证券部直接从营业部资金账户支取款项。证券买卖、资金存取的会计记录由会计部处理。审计组了解和测试投资的内部控制制度后发现：证券部在某营业部开户的有关协议及补充协议未经会计部或其他部门审核。根据总经理的批准，会计部已将8000万元汇入该户。证券部负责处理证券买卖的会计记录，月底将证券买卖清单交给会计部，会计部据以汇总登记。

（2）华兴公司控股股东的法定代表人同时兼任华兴公司的法定代表人，总经理是聘任的。在公司章程及相关决议中未具体载明股东大会、董事会、经营班子的融资权限和批准程序。经了解华兴公司由会计部负责融资，2022年根据总经理的批示向工商银行借入了1亿元资金。

（3）华兴公司无形资产管理明确规定了专家论证、集团决策以及谈判签约等流程的控制措施。审计组了解到2022年3月总经理李发在美国考察某高科技公司时，得知该公司资金周转困难，急于融资。由于该公司拥有华兴公司急需的核心专利技术，李发当即与对方进行谈判，对方愿意以1500万美元出让华兴公司急需的专利技术，总经理李发认为机会难得，机不可失，在电话请示董事长后，当即与对方签约引进。2022年7月华兴公司支付全款后获取专利技术全部资料，但由于该项专利技术需要专业人员操作和运用，因签约时缺乏要求对方给培训中方技术人员等约束条款，至11月，华兴公司的技术人员尚在探索使用，无法在生产中运用该专利技术创造价值。

（4）华兴公司下属的分公司2022年3月决定兴建一座总投资为5500万元的仓库，由于时间紧，一边向华兴公司报批，在等待华兴公司批复过程中委托设计单位设计，通过邀请投标方式确立施工单位，于4月初正式开工建设，6月中旬华兴公司正式批复，该项目11月底完工。华兴公司虽认为分公司有不当之处，但考虑到工期紧、分公司向来经营情况较好，项目建设符合发展需要，未追究相关人员责任。

问题：根据了解到的情况，请指出华兴公司内部控制设计和运行存在的缺陷。

分析提示：

（1）事项（1）投资控制设计和运行都存在缺陷：①由证券部直接支取款项使授权与执行职务未得到分离，损害款项安全。应建议华兴公司从资金账户支取款项时，由会计部审核和记录，由证券部办理。②与证券投资有关的活动要由两个部门控制。有关的协议未经独立的部门审查，会使有关条款未全部在协议中载明，可能存在协议外约定。建议华兴公司与营业部协议应经会计部或法律部审查。证券部自己处理证券买卖的会计记录，业务的执行与记录不相容职务没有分离，并且未得到适当的授权和批准。月末会计部汇总登记证券投资记录，未及时按每一种证券分别设立明细账，详细核算。应建议华兴公司由会计部负责对投资进行核算，及时分品种设立明细账详细核算。

（2）事项（2）融资控制设计和运行都存在缺陷，借款应得到适当的授权或批准。建议华兴公司在公司章程或有关决议中具体规定股东大会、董事会、经营班子关于筹资的权限和批准程序。

（3）事项（3）投资控制运行存在缺陷：①从国外引入专利技术这种重大活动应当经过专家论证和集体决策；②重大合同签订应当对关键条款认真推敲和斟酌，并由律师和相关专家组成的团队与对方谈判。

（4）事项（4）对分公司管理控制存在缺陷：①分公司不能独立在项目尚未批准前，边设计边招投标施工；②应当建立对重大经济活动违规运作的处罚制度。

资料来源：李晓慧：《审计学：实务与案例（第三版）》，中国人民大学出版社，2014 年。

第三节 筹资与投资循环的实质性测试

一、筹资业务主要账户的审计

（一）筹资业务的审计目标

筹资业务的审计目标主要包括：确认被审计单位所记录的各项筹资业务是否确实存在，记录金额是否正确；审查所有与筹资有关的业务是否全部得到记录，入账是否及时；确认负债是否为被审计单位所承担，出资者的投资是否为被审计单位所拥有；审查筹资业务的核算和计价是否正确；审查筹资业务是否以恰当的金额包括在财务报表中；审查筹资业务在财务报表中是否得到恰当披露。

（二）银行借款的实质性程序

银行借款是被审计单位向银行或其他金融机构借入的款项，偿还期在一年以内的为短期借款，偿还期在一年以上的为长期借款。对银行借款实施实质性程序，审计人员应根据被审计单位年末银行借款余额的大小、占负债总额的比重、以前年度发现问题的多少以及相关内部控制的强弱等，确定银行借款实质性程序的审计程序和方法。审计人员对银行借款实施的实质性程序主要包括以下内容。

1. 获取或编制银行借款明细表

审计人员应首先获取或编制银行借款明细表，复核其加计数是否正确，并与明细账和总账核对，确定其一致性，如有不符，应查明原因。

2. 执行分析性复核

审计人员对银行借款执行分析性复核，主要关注被审计单位的资产负债率、借款成本水平等相关指标，将计算结果与该单位以前年度水平及同行业平均水平进行比较，如果发现问题，则需进行进一步审查。

3. 审查银行借款的合法性

第一，审计人员应审查被审计单位的管理层或上级主管机关关于借款业务的授权。

第二，审查被审计单位与银行或其他金融机构签订的借款合同、协议，通过对借款合同、借款协议的审查，了解被审计单位借款数额、借款时间、借款利率和还款日期等详细情况。

4. 确定银行借款期末余额的真实性

第一，审查有关借款的账簿记录、借款凭证及有关文件，确定借款业务的真实性。

第二，利用银行借款对账单与短期借款余额核对，并编制调节表进行调节。

第三，银行借款期末余额较大或有关业务的内部控制存在薄弱环节时，向有关债权人发函询证。债权单位在外地的可采用发函询证的方法，债权单位在当地、负债数额较大的可直接向债权单位调查核实。审计人员向银行或其他金融机构发函询证时，主要了解银行借款的金额、期限、有无抵押等内容。审计人员必须将收到的询证函与被审计单位银行借款明细账及总账进行核对。

5. 审查银行借款抵押、担保情况

第一，审查借款合同，调查了解抵押资产是否确实存在，其所有权是否确为企业所有，资产及实际状况是否与借款合同规定一致。

第二，企业以收入作担保借款时，充当担保的收入是否可靠。

第三，借款有担保人时，查明担保人是否符合法定要求。

第四，审查企业是否披露以金融资产作为担保物的有关信息。

6. 审查银行借款入账的完整性

第一，审查各项借款的日期、利率、还款期限及其他条件，确定有无低计短期借款或将短期借款记入长期负债账户的问题。

第二，向被审计单位开户银行或其他债权人函证，确定有无未登记的银行借款。

第三，分析利息费用账户，了解利息支出、利率及利息支付期限等，验证利息支出是否合理。如果利息实际支出大于账面反映的应付利息，应进一步审查利息支出凭证，证实有无隐瞒借款的情况。

7. 审查银行借款账户记录的真实性、及时性及准确性

第一，审计人员应审阅被审计单位借款业务相关的会计凭证、明细账及总账，对被审计单位所借款项的增加额、减少额及相关的利息费用支出额进行详细审查，查明入账是否及时，科目及数额是否正确。

第二，对被审计单位外币借款所采用汇率的准确性进行审查，对外币折算差额的准确性和及时性进行审查，对会计核算所采用的会计方法进行审查。

8. 验证利息计算及账务处理的正确性

第一，根据银行借款的有关资料，验算应付利息费用，将计算结果与期初应付、预付及期末应付、预付核对，当期利息经计算与利息支出数不符时，应加以调整，复核年末是否正确计提了利息费用，并查明相关的会计记录是否正确。

第二，通过对借款合同进行审查，查明实际支付利息的利率与合同规定的利率是否一致，确定借款合同规定的利率水平与同期金融市场利率水平是否接近。如果发现合同规定的利率明显偏离市场利率，则应进一步审核，以便确定借款业务中发生各种舞弊行为、违法行为的可能性。

9. 审查长期借款合同履行情况

根据长期借款合同有关条款，审查金融机构是否按合同规定及时向借款单位发放足额贷款，借款单位对借款的使用和归还是否符合借款合同的规定，借款的用途和使用是否合理、合法，是否达到预期使用目标，企业有无违约行为。

10. 审查银行借款偿还的真实性、及时性和合规性

审查账簿记录，验证银行借款账户借方发生额同有关付款凭证是否相符；还款日期与借款合同内容核对，确定还款的及时性。审查银行存款支出等原始凭证，查明归还的借款本金和利息核算是否真实正确。如果逾期偿还，需查明原因和责任。借款转期时，旧借款和新借款是否同时在账上反映，转期手续是否齐备。

11. 审查借款业务在资产负债表中的披露是否恰当

被审计单位从银行或其他金融机构取得的借款，在资产负债表中应在长期借款和短期借款中分别列示，尤其注意审查一年内到期的长期借款是否列为流动负债，如果以前年度已对企业长期借款进行了审查，可以只对本年度内发生变动的长期借款进行重点审查。对于重大事项在会计报表附注中应单独说明，被审计单位应恰当、公允地披露借款项目的会计信息。

[同步案例 10 -2]

背景与情境：

ABC 会计师事务所的 A 注册会计师负责审计甲公司 2021 年度财务报表。与函证相关的部分事项如下：

（1）在发出询证函前，A 注册会计师根据风险评估结果选取部分被询证者，通过查询公开网站等方式，验证了甲公司管理层提供的被询证者名称和地址的准确性，结果满意。

（2）甲公司 2021 年 12 月 31 日银行借款账面余额为零。为确认这一情况，A 注册会计师在询证函中将银行借款项目用斜线划掉。银行回函显示信息相符，结果满意。

（3）甲公司开户行乙银行因受新冠肺炎疫情影响无法处理函证。A 注册会计师与乙银行的上级银行沟通后向其寄发了询证函并收到回函，结果满意。

（4）2022 年 3 月现场审计工作开始前，甲公司已收回 2021 年年末的大部分应收账款。A 注册会计师检查了相关的收款单据和银行对账单，结果满意，决定不对应收账款实施函证程序，并在审计工作底稿中记录了不发函的上述理由。

（5）甲公司 2021 年年末的一笔大额银行借款已于 2022 年初到期归还。A 注册会计师检查了还款凭证等支持性文件，结果满意，决定不实施函证程序，并在审计工作底稿中记录了不实施函证程序的理由。

问题：针对上述第（1）至（5）项，逐项指出 A 注册会计师的做法是否恰当。如不恰当，简要说明理由。

分析提示：

（1）不恰当。还应询问关联方的特征/关联方关系的性质。

（2）不恰当。还应获取交易已经恰当授权和批准的审计证据。

（3）不恰当。还应比较该借款的其他条款和条件。

（4）恰当。

（5）不恰当。应当对重要的银行借款实施函证程序。

（三）应付债券的实质性程序

通过发行债券方式筹集资金，是许多企业采用的筹资方式，对应付债券实施的实质性程序主要包括以下几个方面。

1. 取得或编制应付债券明细表

审计人员应取得或编制应付债券明细表，并将明细表的内容与有关明细分类账及总账进行核对，以便确认应付债券业务的处理情况。应付债券明细表应包括债券名称、面值、折价或溢价的情况，利息支出情况，应付债券的期初、期末数，本期的增减变动情况等。

2. 审查应付债券业务的合法性

发行公司债券，国家有严格规定，审计人员应向被审计单位索取有关文件资料，通过审查被审计单位债券发行和偿付的有关原始凭证，确认发行债券业务审批手续是否完备，是否有国家证券管理部门的正式批文，是否有公司权力机构的正式决议，发行债券的条件是否符合我国《中华人民共和国公司法》和其他法律法规的要求。

3. 审查应付债券业务的真实性

审计人员应验证结账日“应付债券”账户的余额是否真实，账实是否相符，是否有漏列的项目。

第一，审计人员可以直接向债权人或债券的承销商函证应付债券的真实性。函证的内容主要包括债券的名称、面值、利率、发行日期、发行价格、到期日等。审计人员应将函证的结果与应付债券明细表进行核对，并与被审计单位有关明细账和总账进行核对。

第二，审查应付债券形成的有关凭证及偿还的记录，验证其期末余额是否真实。

4. 审查应付债券业务会计处理的及时性、完整性

第一，发行收入完整性的审查。查阅企业发行债券收到货币资金的收据、汇款通知单、送款登记簿及相关的银行对账单和债券存根簿，确定债券发行收入是否实际收到，入账金额是否完整。

第二，会计处理完整性的审查。审计人员通过对被审计单位应付债券业务有关的原始凭证和记账凭证、明细分类账和总账的审核，确认被审计单位对应付债券业务是否及时、准确、完整地进行了会计处理，折价和溢价的会计处理是否正确，利息费用的核算是否正确。

审计人员对未入账负债的审查方法主要包括：①查阅企业管理当局的会议记录。了解企业决定筹集的全部债务资金的来源。②向被审计单位索取债务说明书。③向债权人函证负债金额。④分析利息费用账户，验证利息支出是否合理，确定实际支出利息是否大于账面反映的应付利息，以查明有无付款利息来自未入账的银行借款。⑤询问取得资产的融资方式、复核货币资金的收入来源等。通过审核银行存款余额调节表的未达账项确认有无借款不入账、支出不入账的问题。

5. 债券溢价或折价摊销的审查

取得或编制有关应付债券的利息、溢价或折价等账户的分析表，审查利息费用、应付利息、溢价或折价摊销的计算是否正确。

（1）债券溢价的审查。根据应付债券、利息费用、债券溢价摊销计算表等账表和有关文件、凭证，查明债券溢价发行及其摊销的账务处理是否正确，有无通过溢价摊销调节当期损益的问题。

（2）债券折价的审查。债券折价发行时，根据应付债券、利息费用、债券折价摊销计算表等账表及有关凭证，查明债券折价发行及其摊销的账务处理是否正确。

6. 审查债务偿还情况

审核用以偿还债券的支票存根等原始凭证，验证利息费用计算，核对“应付债券”账户借方发生额与已偿还债券数额是否相符，查明债券偿还的真实性。还要查明：

第一，发行新债券赎回旧债券时，应注意新旧债券差价的处理是否合法、正确。

第二，债券提前偿还时，支付的利息计算是否正确，相关的未摊销折价或溢价是否按规定计入当期损益，有无人为调节的情况。

第三，可转换公司债券符合转换要求时，是否按照发行转换债券的办法向债券持有人换发股票。

第四，应付债券设有偿债基金或准备账户时，每年划拨数额是否适当，能否履行合同规定的义务。

审查中如果发现有违反偿还规定的情况，违约严重时应要求企业将有关事项反映在财务报表中。如果企业发行债券时已将某些资产抵押或担保，应对抵押或担保资产的处置情况进行核实。

7. 审查应付债券在资产负债表中是否得到恰当披露

被审计单位的应付债券应按不同的类别在资产负债表中分别列示。按规定，应付债券在资产负债表中进行披露时，应列在长期负债项下，对于将于一年内到期的应付债券应当单独列示在流动负债项下“一年内到期的长期负债”项目内进行反映。审计人员应在明细账和总账核对无误的前提下，重点审核上述内容。

（四）长期应付款的审计

1. 获取或编制长期应付款明细表

获取或编制长期应付款明细表，复核加计是否正确，并与报表数、总账数和明细账合计数核对是否相符。检查长期应付款的内容是否符合企业会计准则的规定。

2. 检查长期应付款的真实性

审查引进设备项目的经济合同等各项原始凭证，并与企业会计记录核对，查明长期应付款业务是否真实存在。

3. 审查长期应付款计价的正确性

查阅引进设备项目经济合同及有关凭证、账簿，查明利息计算、外币折算过程及应付引进国外设备价款计算是否正确。

4. 审查引进设备经济合同的履行情况

第一，审查合同规定的固定资产是否按期到货，询问主管人员，深入现场实地了解其质量、数量、品种规格是否与合同规定一致。

第二，检查各项长期应付款的相关契约有无抵押情况。

第三，审查是否按合同规定的期限和方式、数额归还借款，偿还借款本息与相关的支票存根金额是否相符，有无违约行为。

5. 向债权人函证重大的长期应付款

长期应付款期末余额较大，或者在以上审查过程中发现异常事项时，应函证债权人，确认应付款项余额是否真实。

6. 审查长期应付款项利息费用处理

第一，与长期负债相关的利息费用在资产尚未达到预定可使用或者可销售状态以前应予以资本化，计入资产价值；在资产达到预定可使用状态后发生的，不应计入资产的价值。

第二，审查企业长期负债利息费用是否按规定处理。检查各项长期应付款本息的计算是否准确，会计处理是否正确。

7. 检查与长期应付款有关的汇兑损益的处理

审计人员应查阅有关账簿和原始凭证，确定企业与长期应付款有关的汇兑损益是否按规定进行了会计处理。

8. 检查长期应付款的列报是否恰当

第一，查明财务报表中长期应付款余额与其账户余额是否一致。

第二，是否按规定将不同类别的长期应付款在财务报表或其附注中分别列示，注意一年内到期的长期应付款是否列报入流动负债。

（五）借款费用的审查

1. 借款费用资本化的审查

在资本化期间内，每一会计期间的利息（包括折价或溢价的摊销）资本化金额，是否按照下列规定处理：

第一，为购建或者生产符合资本化条件的资产而借入专门借款的，应当以专门借款当期实际发生的利息费用，减去将尚未动用的借款资金存入银行取得的利息收入或进行暂时性投资取得的投资收益后的金额确定。

第二，为购建或者生产符合资本化条件的资产而占用了一般借款的，企业应当根据累计资产支出超过专门借款部分的资产支出加权平均数乘以所占用一般借款的资本化率，计算确定一般借款应予资本化的利息金额。资本化率应当根据一般借款加权平均利率计算确定。

第三，借款存在折价或者溢价的，应当按照实际利率法确定每一会计期间应摊销的折价或者溢价金额，调整每期利息金额。

第四，在资本化期间内，每一会计期间的利息资本化金额，不应当超过当期相关借款实际发生的利息金额。

第五，在资本化期间内，外币专门借款本金及利息的汇总差额，应当予以资本化，计入符合资本化条件的资产的价值。

第六，专门借款发生的辅助费用，在所购建或者生产的符合资本化条件的资产达到预定可使用或者可销售状态之前发生的，应当在发生时按其发生额予以资本化，计入符合资本化条件的资产的价值；在所购建或者生产的符合资本化条件的资产达到预定可使用或者可销售状态之后发生的，应当在发生时根据其发生额确认为费用，计入当期损益。

第七，符合资本化条件的资产在购建或者生产过程中发生非正常中断，并且中断时间连续超过 3 个月的，应当暂停借款费用的资本化。在中断期间发生的借款费用应当确认为费用，计入当期损益，直至资产的购建或者生产活动重新开始。如果中断是所购建或者生产的符合资本化条件的资产达到预定可使用或者可销售状态必要的程序，借款费用的资本化应当继续进行。

第八，购建或者生产的符合资本化条件的资产的各部分分别完工，且每部分在其他部分继续建造过程中可供使用或者可对外销售，且为使该部分资产达到预定可使用或者可对外销售所必要的购建或者生产活动实质上已经完成的，应当停止与该部分资产相关的借款费用的资本化。购建或者生产的资产的各部分分别完工，但必须等到整体完工后才可使用或者可对外销售的，应当在该资产整体完工时停止借款费用的资本化。

2. 财务费用的审查

第一，财务费用确认正确性的审查。财务费用的确认首先应符合财务费用性质的规定，还应检查确认的时间是否符合权责发生制原则和划分资本性支出与收益性支出的原则。

第二，财务费用发生额真实性的审查。审查其确为筹集生产经营资金的活动而发生，审查其数额确为抵减利息收入、汇兑损益等的净支出；审查其计算的正确性。

第三，财务费用结转合规性的审查。按规定，财务费用应于期末全部转作当期损益，该账户期末应无余额。

3. 其他项目的审查

第一，计算短期借款和长期借款各个月份平均余额，利用适当的利息率估算利息费用总额，并与财务费用账簿记录核对，判断被审计单位是否多计或少计利息费用。

第二，根据审查期内银行借款期限、借款额及利率等资料，复核固定资产已交付使用并已办理竣工决算的，用于购建固定资产的借款利息金额。按借款期限审核各月份的预提数，验证当期利息支出额的正确性。

第三，复核利息支出净额，查明当期银行存款利息收入是否已扣除。

第四，检查“库存现金”“银行存款”账户中外币货币资金明细账以及用外币表示的债权、债务账户，证实其期末余额的正确性；根据期末外汇汇率验证汇兑损益的正确性。

第五，通过账证核对，证实有关金融机构手续费的真实性。

在审查中应注意下列可能发生的错误和弊端：①未按期预提银行借款利息，或者为调节当期损益，违反规定任意预提利息。②企业银行存款的利息收入未冲减当期利息支出。③混淆收益性支出同资本性支出的界限，将应列入企业开办费的企业筹建期间的长期借款利息列入财务费用；将应计入固定资产购建成本的用于购建固定资产但尚未达到预定可使用状态之前的长期借款利息列入财务费用。④将其他一些不属于企业筹集生产经营资金而发生的费用支出（如违约金等）列入财务费用。⑤企业的外币存款、外币债权债务的核算违反权责发生制原则，随意调整汇兑损益。

4. 审查企业在财务报表附注中披露借款费用的正确性

审查企业是否在财务报表附注中披露与借款费用有关的下列信息：当期资本化的借款费用金额、当期用于计算确定借款费用资本化金额的资本化率等。

（六）实收资本（或股本）的实质性程序

1. 获取或编制实收资本（或股本）增减变动情况明细表

获取或编制实收资本（或股本）增减变动情况明细表，复核加计是否正确，与报表数、总账数和明细账合计数核对是否相符。

2. 审查实收资本（或股本）的真实性

查阅公司章程、股东会、董事会会议记录中有关实收资本（或股本）的规定。将实收资本（或股本）明细表与财务报表有关项目及记账凭证、原始凭证相互核对，检查其是否一致。

以下就投入资本的不同形式说明审计要点：

（1）货币资金。审计人员对以货币资金形式投入的实收资本（或股本），重点审计内容包括：查明投入货币资金的所有权。审查开户银行或货币资金汇出银行的相关凭证，查明投资者有无以接受投资企业的名义或者以接受投资企业为担保人，向银行或其他机构借款，并以该项借款投资。对以外币资金形式投入的实收资本（或股本），无论是否有合同约定汇率，均不采用合同约定汇率折算，而是采用交易日即期汇率折算，这样，外币投入资本与相应的货币性项目的记账本位币金额相等，不产生外币资本折算差额。

（2）实物资产。审计人员对以实物资产形式投入的实收资本（或股本），重点审计其真实存在性与所有权，审查其证明文件。必要时，根据实物投资清单的内容深入现场，实地确定房屋、建筑物的存在性。

（3）无形资产。审计人员对以无形资产形式投入的实收资本，重点审计其真实存在性与所有权，对投入的无形资产应审查是否办理了法律手续，有无合法的证明文件。

3. 审查实收资本（或股本）记录的完整性

审计人员应审查企业实收资本（或股本）明细表及相关账簿，确定应该记入各资本账户的余额是否全部记入，有无漏记、少记的情况。

4. 审查实收资本（或股本）业务的合法性

第一，检查账册、凭证等，查明企业的注册资金数额是否符合国家有关规定，借入资金与资本有无混淆，有无以借入资金顶替资本的情况，有无抽取、侵占国家资本的情况；企业注册资金是否与其经营范围与经营规模相符，是否符合《中华人民共和国公司法》等法律的要求。

第二，审查各投资者是否根据规定投入资金，投入资本是否按时全部到位，有无违约情况。

第三，审查出资形式的合法性，验算资本投入额，查明有形资产与无形资产投入比例是否符合规定。

第四，审查资产估价的合法性。根据规定，非货币性资产投入时应进行资产评估。

第五，有外商投资时，应索取国家商检部门出具的商检报告，以确定有关投资业务的合法性。

第六，审查实收资本（或股本）的合法性，审阅其是否与董事会纪要、补充合同、协议及其他有关法律性文件的规定一致，逐笔追查至原始凭证，检查其会计处理是否正确。对首次接受委托的客户，除取得验资报告外，还应检查并复印记账凭证及进账单。

第七，对于以资本公积、盈余公积和未分配利润转增资本的，应取得股东会等资料，并审核是否符合国家有关规定。

第八，以权益结算的股份支付，取得相关资料，检查是否符合相关规定。

第九，根据证券登记公司提供的股东名录，检查被审计单位及其子公司、合营企业与联营企业是否有违反规定的持股情况。

第十，检查认股权证及其有关交易，确定委托人及认股人是否遵守认股合约或认股权证中的有关规定。

5. 审查实收资本（或股本）业务账务处理的正确性

第一，审查股票发行时账务处理的完整性。审查“实收资本（或股本）”账户及其他有关账户及凭证等，查明溢价发行的溢价收入扣除发行费用的余额是否全部计入“资本公积”账户。

第二，审查实物资产投资业务处理的正确性。审计人员应注意审查企业是否按照投资双方确认的价值确认有关资产账户和实收资本（或股本）的入账价值。

第三，审查转增资本账务处理的正确性。将资本公积金、盈余公积金转作资本金的账务处理，所有者权益总额不变，但各投资者明细账的资本数额应按其原有投资的比例增加，审计人员应注意其处理的正确性。

第四，审查实收资本（或股本）明细账与总账余额及财务报表的一致性。

第五，中外合作企业根据合同规定在合作期间归还投资的，检查的内容有：如果直接归还投资，检查是否符合有关的决议与公司章程和投资协议的规定，款项是否已付出，会计处理是否正确。如果以利润归还投资，还需检查是否与利润分配的决议相符，并检查与利润分配有关的会计处理是否正确。

第六，以非记账本位币出资的，检查其折算汇率是否符合规定。

6. 检查实收资本（或股本）的列报是否恰当

确定实收资本（或股本）相关业务是否按企业会计准则，对有关事项作了充分揭示和详细记录说明，正确地列示于财务报表中。

（七）资本公积的实质性程序

第一，获取或编制资本公积明细表，复核加计正确，并与报表数、总账数和明细账合计数核对相符。

第二，收集与资本公积变动有关的股东会决议，董事会会议纪要、资产评估报告等文件资料，更新永久性档案。首次接受委托的，应检查期初资本公积的原始发生依据。

第三，根据资本公积明细账，对股本溢价、其他资本公积各明细的发生额逐项进行审查，审查投资合同、协议、公司章程及账簿记录、凭证，确定资本溢价的真实性，计价和账务处理的正确性等。

第四，对股本溢价，应取得董事会会议纪要、股东会决议、有关合同、政府批文，追查至银行收款等原始凭证，注意发行股票溢价收入的计算是否已扣除股票发行费用，确定资本溢价的真实性，审查企业创立后投资者追加资本时，投入资本转为实收资本与资本公积比例的合理性，结合相关科目的审计，检查会计处理是否正确。

第五，检查以权益法核算的被投资单位除净损益以外所有者权益的变动，被审计单位是否已按其享有的份额入账，会计处理是否正确；处置该项投资时，应注意是否已转销与其相关的资本公积。

第六，对拨款转入，审阅政府有关的拨款批文、拨款凭证及项目的完成情况记录和项目决算书等，查明其真实性和完整性，结合专项应付款的审计，检查会计处理是否正确。

第七，以权益结算的股份支付，取得相关资料，检查在权益工具授予日期和行权日的会计处理是否正确。

第八，对自用房地产或存货转换为采用公允价值计量的投资性房地产，若转换日公允价值大于账面价值，差额是否正确计入本科目，若转换日公允价值小于账面价值，检查差额是否正确计入公允价值变动损益；处置投资性房地产，检查相关的资本公积是否已转销。

第九，对于在资产负债表日，满足运用套期会计方法条件的现金流量套期和境外经营净投资套期产生的利得和损失，是否进行了正确的会计处理。

第十，其他资本公积的审查。除了资本溢价（或股本溢价）以外的资本公积项目，是其他资本公积。公司发行的可转换公司债券按此规定转为股本时，审查被审计单位是否按照该项可转换公司债券的权益成分的金额，计入“资本公积——其他资本公积”科目，并进行了正确的业务处理。

第十一，检查资本公积各项目，考虑对所得税的影响。

第十二，记录资本公积中不能转增资本的项目。

第十三，确定资本公积的列报是否恰当。

（八）盈余公积的实质性程序

1. 获取或编制盈余公积明细表

复核加计是否正确，并与报表数、明细账和总账的余额核对。在此基础上，针对盈余公积各明细项目的发生额，逐项审查其原始凭证。

2. 审查盈余公积的提取

根据国家有关规定，企业的法定盈余公积必须从税后利润中提取，主要审查提取是否符合规定并经批准，提取手续是否完备，提取的依据（税后利润）是否真实、正确，提取项目是否完整，提取比例是否合法，有无多提或少提的现象发生。

第一，审查法定盈余公积从利润中提取的顺序是否符合国家规定。企业缴纳所得税后的利润分配顺序为：首先，抵补被没收的财物损失，支付各项税收的滞纳金和罚款；其次，用于弥补企业以前年度亏损（超过税前补亏期限）；最后，提取法定盈余公积。查明法定盈余公积金的提取顺序有无违反规定，有无税前列支、减少应交所得税的情况。

第二，审查任意盈余公积提取的合法性、合规性、正确性。

第三，审查法定盈余公积、任意盈余公积的提取比例是否符合规定。

3. 审查盈余公积的合法性

盈余公积的提取与使用应按国家有关规定和公司章程以及股东会决议方法进行。通过对盈余公积的审查，应证实其提取和使用是否符合国家和公司制度规定。

4. 审查盈余公积分类的正确性

确定盈余公积各项目分类是否合理；盈余公积与未分配利润是否分开记录、处理；盈余公积各项目之间的划分是否合理。

5. 审查盈余公积计价的正确性

盈余公积的形成以及增减变动应该及时、完整地登记在有关账户中，确保已经记录的金额是正确的金额。企业账户设置是否合理、登记是否及时、增减变动时所记录的对方会计科目是否正确。期初余额与上期期末余额是否相符，本期期末余额是否正确等，以上这些都需审计人员加以证实。

6. 审查盈余公积的列报是否恰当

审查盈余公积账务处理的正确性，以及是否在资产负债表上得到恰当披露。

（九）未分配利润的实质性程序

第一，获取或编制利润分配明细表，复核加计是否正确，并与报表数、总账数和明细账合计数核对相符。

第二，上年度和本年度结转未分配利润实有额的审查。审查本年度未分配利润结转的真实情况，检查未分配利润期初数与上期审定数是否相符，涉及损益的上期审计调整是否正确入账，还应注意利润分配表中最后一项“未分配利润”与资产负债表上该项目口径的一致性。

第三，未分配利润合规性、合法性和正确性的审查。收集和检查与利润分配有关的董事会会议纪要，股东会决议，政府部门批文及有关合同、协议、公司章程等文件资料，更新永久性档案。审查利润分配方案、分配方式，查明分配决定有无董事会提出的方案和股东会的决议记录，分配决议方案有无与法律及公司章程相抵触之处，对照有关规定确认利润分配的合法性。检查对资产负债表日后至财务报告批准报出日之间由董事会或类似机构所制定利润分配方案中拟分配的股利，是否在财务报表附注中单独披露。注意当境内与境外会计师事务所审定的可供分配利润不同时，被审计单位进行利润分配的基数是否正确。

第四，未分配利润账务处理正确性的审查。检查本期未分配利润变动除净利润转入以外的全部相关凭证、账、表，结合所获取的文件资料，确定其会计处理是否正确，账面记录的未分配利润，是否与分配方案相符，确定本期实现利润总额和利润分配结转的方向是否正确。利润调整时，应直接在“未分配利润”明细科目核算，查明有无记入其他账户的情况；确定未分配利润明细账期末余额与资产负债表上该项目是否一致。

第五，了解本年利润弥补以前年度亏损的情况，如果已超过弥补期限，且已因为抵扣亏损而确认递延所得税资产的，应当进行调整。

第六，结合“以前年度损益调整”科目的审计，检查以前年度损益调整的内容是否真实、合理，注意对以前年度所得税的影响。对重大调整事项应逐项核实其发生原因、依据和有关资料，复核数据的正确性。

第七，确定未分配利润的列报是否恰当。

二、投资业务主要账户的审计

（一）投资业务的审计目标

投资业务的审计目标主要有：确定资产负债表中记录的投资性资产是否存在；确定所有应当记录的投资性资产是否均已记录；确定记录的投资性资产是否由被审计单位拥有或控制；确定投资性资产是否以恰当的金额包括在财务报表中，与之相关的计价调整是否已恰当记录；确定投资性资产是否已按照企业会计准则的规定在财务报表中做出恰当列报。

（二）交易性金融资产的实质性程序

第一，对期末结存的相关交易性金融资产，向被审计单位核实其持有目的，检查“交易性金融资产”科目核算范围是否恰当。

第二，获取股票、债券及基金等交易流水单及被审计单位证券投资部门的交易记录，与明细账核对，检查会计记录是否完整、会计处理是否正确。

第三，向相关金融机构发函询证交易性金融资产期末数量以及是否存在变现限制（与存出投资款一并函证），并记录函证过程。取得回函时应检查相关签章是否符合要求。

第四，复核与交易性金融资产相关的损益计算是否准确，并与公允价值变动损益及投资收益等有关数据核对。

第五，复核股票、债券及基金等交易性金融资产的期末公允价值是否合理，相关会计处理是否正确。

（三）可供出售金融资产的实质性程序

第一，获取可供出售金融资产明细表，复核加计是否正确，并与总账数和明细账合计数核对相符；获取可供出售金融资产对账单，与明细账核对，并检查其会计处理是否正确。

第二，检查库存可供出售金融资产，并与相关账户余额进行核对，如有差异，应查明原因，并做出记录或进行适当调整。

第三，向相关金融机构发函询证可供出售金融资产期末数量，并记录函证过程。取得回函时应检查相关签章是否符合要求。

第四，对期末结存的可供出售金融资产，向被审计单位核实其持有目的，检查“可供出售金融资产”科目核算范围是否恰当。

第五，复核可供出售金融资产的期末公允价值是否合理，检查会计处理是否正确。

第六，如果可供出售金融资产的公允价值发生较大幅度下降，并且预期这种下降趋势属于非暂时性的，应当检查被审计单位是否计提资产减值准备，计提金额和相关会计处理是否正确。

第七，复核可供出售金融资产划转为持有至到期投资的依据是否充分，会计处理是否正确。

(四) 持有至到期投资的实质性程序

第一，获取持有至到期投资明细表，复核加计是否正确，并与总账数和明细账合计数核对相符；获取持有至到期投资对账单，与明细账核对，并检查其会计处理是否正确。

第二，检查库存持有至到期投资，并与账面余额进行核对，如有差异，应查明原因，并做出记录或进行适当调整。

第三，向相关金融机构发函询证持有至到期投资期末数量，并记录函证过程。取得回函时应检查相关签章是否符合要求。

第四，对期末结存的持有至到期投资资产，核实被审计单位持有的目的和能力，检查“持有至到期投资”科目核算范围是否恰当。

第五，抽取持有至到期投资增加的记账凭证，注意其原始凭证是否完整合法，成本、交易费用和相关利息的会计处理是否符合规定。

第六，根据相关资料，确定债券投资的计息类型，结合“投资收益”科目，复核计算利息采用的利率是否恰当，相关会计处理是否正确，检查持有至到期投资持有期间收到利息的会计处理是否正确。检查债券投资票面利率和实际利率有较大差异时，被审计单位采用的利率及其计算方法是否正确。

第七，检查当持有目的改变时，持有至到期投资划转为可供出售金融资产的会计处理是否正确。

(五) 长期股权投资的实质性程序

第一，获取或编制长期股权投资明细表，复核加计是否正确，并与总账数和明细账合计数核对相符；结合“长期股权投资减值准备”科目与报表数核对相符。

第二，根据有关合同和文件，确认股权投资的股权比例和持有时间，检查股权投资核算方法是否正确。

第三，对于重大投资，向被投资单位函证被审计单位的投资额、持股比例及被投资单位发放的股利等情况。

第四，对于应采用权益法核算的长期股权投资，获取被投资单位已经注册会计师审计的年度财务报表，如果未经注册会计师审计，则应考虑对被投资单位的财务报表实施适度的审计或审阅程序。

第五，对于采用成本法核算的长期股权投资，检查股利分配的原始凭证及分配决议等。

第六，对于成本法和权益法相互转换的，检查其投资成本的确定是否正确。

第七，确定长期股权投资的增减变动的记录是否完整。

第八，期末对长期股权投资进行逐项检查，以确定长期股权投资是否已经发生减值。

第九，确定长期股权投资在资产负债表上已恰当列报。与被审计单位人员讨论确定是否存在被投资单位由于所在国家和地区及其他方面的影响，其向被审计单位转移资金的能力受到限制的情况。

（六）投资收益的实质性程序

第一，获取或编制投资收益分类明细表，复核加计是否正确，并与总账数和明细账合计数核对相符，与报表数核对相符。

第二，与以前年度投资收益比较，结合投资本期的变动情况，分析本期投资收益是否存在异常现象。如有，应查明原因，并做出适当的调整。

第三，与长期股权投资、交易性金融资产、交易性金融负债、可供出售金融资产、持有至到期投资等相关项目的审计结合，验证确定投资收益的记录是否正确，确定投资收益被计入正确的会计期间。

第四，确定投资收益已恰当列报，检查投资协议等文件，确定国外投资收益汇回是否存在重大限制，若存在重大限制，应说明原因，并做出恰当披露。

本章小结

1. 筹资活动的主要单据和会计记录包括：（1）债券；（2）股票；（3）债券契约；（4）股东名册；（5）公司债券存根簿；（6）承销或包销协议；（7）借款合同或协议；（8）与筹资有关的记账凭证等。

2. 筹资活动的内部控制测试主要包括资本投入活动、举债筹资活动和盈余公积的内部控制测试。资本投入活动的内部控制测试包括：（1）了解与描述资本投入活动的内部控制；（2）测试资本投入活动的内部控制；（3）评价资本投入的内部控制。举债筹资活动的内部控制测试包括：（1）了解举债筹资活动的内部控制；（2）测试举债筹资活动的内部控制；（3）分析评价举债筹资活动的内部控制。盈余公积的内部控制测试包括：（1）了解并描述盈余公积的内部控制；（2）测试盈余公积的内部控制；（3）评价盈余公积的内部控制。

3. 投资活动的内部控制测试主要包括：（1）了解并描述投资活动的内部控制；（2）测试投资活动的内部控制；（3）评价投资活动的内部控制；其中测试投资活动的内部控制包括：（1）抽查投资项目的文件记录；（2）抽查投资项目的会计记录；（3）审阅内部监盘报告；（4）分析企业投资业务管理报告。

4. 筹资与投资循环的实质性程序主要包括：（1）银行借款；（2）应付债券；（3）借款费用；（4）实收资本；（5）资本公积；（6）盈余公积；（7）未分配利润等筹资业务，以及（1）交易性金融资产；（2）可供出售金融资产；（3）持有至到期投资；（4）长期股权投资；（5）投资收益等投资业务。

5. 银行借款的实质性程序主要包括：（1）获取或编制银行借款明细表；（2）执行分析性复核；（3）审查银行借款的合法性；（4）确定银行借款期末余额的真实性；（5）审

查银行借款抵押、担保情况；（6）审查银行借款入账的完整性；（7）审查银行借款账户记录的真实性、及时性及准确性；（8）验证利息计算及账务处理的正确性；（9）审查长期借款合同履行情况；（10）审查银行借款偿还的真实性、及时性和合规性；（11）审查借款业务在资产负债表中的披露是否恰当等内容。

6. 应付债券的实质性程序主要包括：（1）取得或编制应付债券明细表；（2）审查应付债券业务的合法性；（3）审查应付债券业务的真实性；（4）审查应付债券业务会计处理的及时性、完整性；（5）债券溢价或折价摊销的审查；（6）审查债务偿还情况；（7）审查应付债券在资产负债表中是否得到恰当披露等内容。

7. 交易性金融资产的实质性程序主要包括：（1）检查“交易性金融资产”科目核算范围是否恰当；（2）检查会计记录是否完整、会计处理是否正确；（3）向相关金融机构发函询证；（4）复核与交易性金融资产相关的损益计算是否准确；（5）复核股票、债券及基金等交易性金融资产的期末公允价值是否合理等内容。

复习思考题

1. 简述筹资与投资循环中涉及的业务活动及会计记录。
2. 简述筹资与投资循环中的内部控制主要内容，其中关键控制点分别有哪些？
3. 短期借款和长期借款的实质性程序有哪些？
4. 交易性金融资产的实质性程序有哪些？

第十一章　货币资金审计

学习目标

1. 熟悉货币资金与各业务循环的关系及主要凭证和账户。
2. 掌握货币资金循环的内部控制及其测试内容。
3. 掌握库存现金和银行存款的实质性程序。

☞ 案例导入

联大实业股份有限公司货币资金控制测试审计案例

诚信会计师事务所的注册会计师于2019年1月2日进驻联大实业股份有限公司（以下称“联大实业”），对其2018年度财务报表进行审计。

审计组对联大实业的货币资金的内部控制制度进行了了解和测试，并在审计工作底稿中记录了相关情况，具体如下：

财务专用章由专人保管，分管财务的总经理个人印章由其授权办公室助理张某保管；对重要货币资金支付业务，实行集体决策；现金收入及时存入银行，特殊情况下，经公司领导班子集体研究批准后，方可坐支现金；银行存款余额调节表由出纳员李某负责定期编制。

联大实业财务部的人员要重新分工，在与审计组交换意见时，该公司就下列问题提出咨询。该公司财务部门有3位员工要进行重新分工，以承担以下8项工作，分工结果要符合内部控制制度的要求：

①记录并保管总账；

②记录并保管应付账款明细账；

③记录并保管应收账款明细账；

④记录货币资金日记账；

⑤记录、填写支票；

⑥发出销货退回及折让的贷项通知书；

⑦调节银行存款日记账和银行存款对账单；

⑧保管并送存现金收入。

思考：

（1）分析联大实业货币资金的内部控制制度存在的缺陷。

（2）作为注册会计师，请思考如何对联大实业的财务人员进行分工，并简述理由。

资料来源：李俊林、徐静：《审计案例：解析与训练》，电子工业出版社，2020 年。

第一节　货币资金业务概述

作为企业流动性最强的资产，货币资金是企业资产的重要组成部分，在企业的会计核算中占有重要的地位。根据货币资金的存放地点和用途不同，可分为库存现金、银行存款及其他货币资金。货币资金审计是指注册会计师对企业货币资金业务的收付和结存情况所进行的审计。

一、货币资金业务与各业务循环的关系

企业资金营运过程，从资金流入企业形成货币资金开始，到通过销售收回货币资金、成本补偿确定利润、部分资金流出企业为止。企业资金的不断循环，构成企业的资金周转。货币资金与各业务循环均直接相关，如图 11 – 1 所示。需要说明的是，图 11 – 1 仅选取各业务循环中具有代表性的会计科目或财务报表项目予以列示，并未包括各业务循环中与货币资金有关的全部会计科目或财务报表项目。

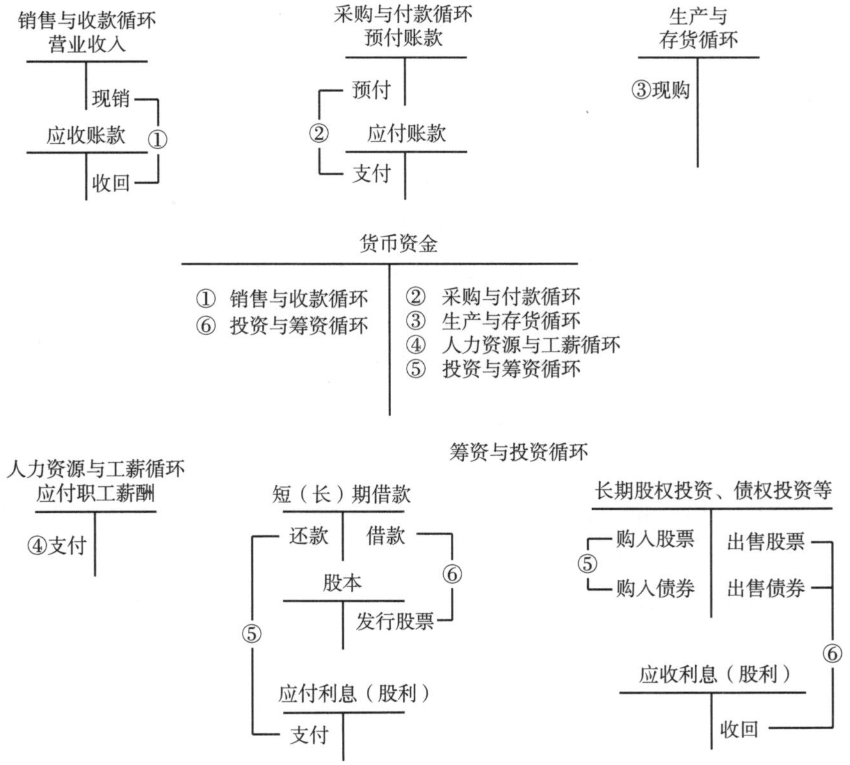

图 11 –1　货币资金与各业务循环的关系

二、货币资金业务涉及的主要业务活动

货币资金业务主要包括相关业务单据的处理、结算凭证的受理、办理结算、收付款项、账务处理和调节银行存款余额等，具体内容如下：

（一）相关业务单据的处理

处理与货币资金业务相关的单据涉及企业各个职能部门，包括销售部门签订的销售合同、收款部门开具的零星业务收款通知单、收发室受理的汇款单、仓库部门填写的请购单、各部门零星支出填写的差旅费报销单、备用金报销单等、人事部门编制的工资结算汇总表。各职能部门处理这些相关业务单据后统一递交财务部门。

（二）结算凭证的受理

企业销售部门受理的由购货单位或开户银行转来的票据和收款结算凭证，采购部门受理的由供货单位或开户银行转来的付款结算凭证，以及其他部门受理的零星结算凭证，所有的外部转来的结算凭证需先经过销售部门或采购部门等相关职能部门受理后再送交财务部门。

（三）办理结算

财务部门的出纳等相关岗位人员根据相关业务单据和结算凭证到银行办理结算，包括根据销售合同、销售发票、提货单和货运单等编制代垫费用清单，到银行办理收款转账或提取现金；根据采购合同、请购单、验收单、入库单等办理现金支票、转账支票结算，或在开户银行申请办理汇兑、银行汇票、银行本票、外埠存款、国际信用证存款结算；根据受理的付款结算凭证，到开户银行办理付款、拒付、多余款转账。

（四）收付款项

财务部门的出纳根据相关原始单据收付款项，包括根据销售发票和收款通知单，办理收款业务；根据请购单、差旅费报销单、备用金报销单、付款凭单和工资结算汇总表及所附原始凭证，办理付款业务。每日终了，出纳需根据所收款项编制送款单，连同所收现金送存银行。

（五）账务处理

财务部门相关岗位人员应在办理收付款时根据相关原始凭证编制记账凭证，并登记现

金账或银行存款账，包括收到现金或银行存款时，根据相关原始凭证编制收款凭证，登记现金或银行存款账；支付现金或银行存款时，根据原始凭证编制付款凭证，登记现金账或银行存款账；涉及其他货币资金收付时，根据相关原始凭证进行账务处理。

（六）调节银行存款余额

企业开户银行于每月初将企业存款账户上月的存款和支款情况，打印一份“银行存款对账单”，连同注销的支票以及一些费用通知单交送企业核对，企业财务部门相关岗位人员需要对企业存款账户的银行存款余额进行调节。

三、货币资金业务涉及的凭证和记录

为加强对货币资金业务的控制，企业通常会使用很多的凭证和会计记录，典型的货币资金业务涉及的主要凭证和会计记录有以下类型。

（一）原始凭证

企业货币资金收支审核及货币资金支出授权涉及的相关原始凭证主要包括销售合同、收款单据、收款结算凭证和票据、采购合同、支出和报销单据、付款结算凭证和票据、交款单、库存现金日报表、银行对账单、银行存款余额调节表、现金盘点表、与被审计单位开户银行往来询证函等。

（二）现金日记账

现金日记账是对企业现金进行序时登记的账簿，也是企业货币资金业务的主要账簿，通常由企业出纳人员根据审核后的原始凭证进行逐日逐笔序时登记。

（三）银行存款日记账

银行存款日记账是对企业银行存款进行序时登记的账簿，通常由企业出纳人员根据审核后的原始凭证，办理银行存款收付业务，并按照经济业务发生的顺序逐笔登记。

（四）现金总账和银行存款总账

现金总账和银行存款总账是企业用于汇总登记现金和银行存款收、付、余金额的账簿，通常由企业总账会计根据汇总记账凭证或科目汇总表进行登记。

货币资金业务涉及的主要业务活动、相关部门、常见凭证如表 11－1 所示。

表 11－1 货币资金业务涉及的主要业务活动、相关部门、常见凭证

业务类型	业务活动	常见凭证和会计记录	相关部门/执行人员
处理单据	批量销售业务	销售合同	销售部门
	零星收入	收款通知单	收款部门
	收发汇款单	汇款单	收发室
	请购商品	请购单	仓储部门
	零星支出	差旅费报销单 备用金报销单	零星支出部门
	工资核算	工资结算汇总表	劳动工资部门
受理结算凭证	销售业务的结算	付款单位或开户银行转来票据，收款结算凭证	销售部门
	采购业务的结算	收款单位或开户银行转来票据，付款结算凭证	采购部门
办理结算	办理收款转账或提取现金	销售合同、销售发票、提货单、运单、代垫费用清单	出纳员
	办理现金支票、转账支票结算，或在开户行申请办理汇兑、银行汇票、银行本票、外币存款、国际信用证存款结算	采购合同、请购单、验收单、入库单	出纳员
	到开户行办理付款、拒付、多余款转账	付款结算凭证	出纳员
收款与付款	办理收款业务	销售发票、收款通知单	出纳员
	办理付款业务	请购单、差旅费报销单、备用金报销单、付款凭单和工资结算汇总表及所附原始凭证	出纳员
	每日终了现金送存银行	送款单	出纳员
账务处理	登记库存“现金”或“银行存款”账户	收款凭证、付款凭证	财会人员
银行存款余额调节表	银行存款余额调节	银行存款对账单、注销支票、费用通知单、银行存款余额调节表	银行非出纳财会人员

第二节 货币资金的内部控制及其测试

一、货币资金的内部控制

由于货币资金是企业流动性最强的资产，加强库存现金的管理对于保护企业资产安全

完整具有重要的意义。因此，企业必须强化其管理，并建立良好的内部控制制度以防范风险，实现预期的管理目标。货币资金业务内部控制的关键在于职责分工、信息传递、实物管理。一般而言，基于企业对货币资金的管理目标，一个良好的货币资金内部控制应该达到以下几点：①货币资金收支与记账的岗位分离。②货币资金收入、支出要有合理、合法的凭据。③全部收支及时准确入账，并且支出要有核准手续。④控制现金坐支，当日收入现金应及时送存银行。⑤按月盘点现金，编制银行存款余额调节表，以做到账实相符。⑥加强对货币资金收支业务的内部审计。

为实现对货币资金业务的有效控制，健全的内部控制主要包括以下几方面的内容。

（一）建立适当的职责分工

企业应当建立货币资金业务的岗位责任制，明确相关部门和岗位的职责权限，确保办理货币资金业务的不相容岗位相互分离、制约和监督。主要职责分工如下：

（1）财务部门应与采购、销售、劳动工资、其他零星收支相互独立，防止作弊。

（2）收入单据的开具与审核相互独立，防止贪污或挪用。

（3）支出和报销单据的编制、审批、审核相互独立，防止虚列支出。

（4）收付款结算办理与审核相互独立，防止差错和舞弊。

（5）结算票据的使用要经严格审核，防止虚列支出、贪污或挪用。

（6）出纳与会计相互独立分管货币资金收支和记录，出纳不得兼管稽核、会计档案保管和收入、支出、债权、债务账目的登记工作，单位不得由一人办理货币资金业务的全过程，防止收入不入账、虚列支出、贪污或挪用。

（7）记账凭证的编制与审核相互独立，防止连贯性差错。

（8）现金、银行存款日记账的登记与总账相互独立，防止连贯性差错。

（9）由出纳员以外人员编制银行存款余额调节表和对现金进行稽核，防止连贯性差错。

（10）严禁一人保管收付款项所需的全部印章，财务专用章应当由专人保管，个人名章应当由本人或其授权人员保管。负责保管印章的人员要配置单独的保管设备，并做到人走柜锁。支票与印章应由不同的人保管，防止管理失控。

[同步思考 11－1]

不相容职务应该如何有效分离?

理解要点：虽然很多会计人员都知道内控规范有不相容职务分离的要求，知道“管钱不管账，管账不管钱”，但在具体的内控设计和执行时，却往往会忽视这一点或不清楚如何有效分离不相容职务。一些单位在进行职责分工时，往往是从工作方便或效率角度考虑，便安排经常跑银行的出纳来领取银行对账单，殊不知，这种做法会埋下巨大隐患。从不相容职务分离来说，由出纳来领取银行对账单是大忌，因为出纳本身负责货币资金保管和收支，如果再由出纳负责领取银行对账单、编制银行存款余额调节表，出纳就有可能挪用或侵占企业货币资金，并通过伪造对账单或在余额调节表上做手脚来掩盖自己的舞弊行为。再比如，一些企业由销售人员负责客户收款、核对的全过程，发生挪用货款事项也就不奇怪了。因此，企业应全面系统地分析、梳理业务流程中所涉及的不相容职务，实施相应的分离措施，形成各司其职、各负其责、相互制约的工作机制。各单位通常应分离的不相容职务包括授权和执行、执行和审核、执行和记录、保管和记录等。

（二）信息传递控制

建立必要的授权审批程序、使用文件和记录、业务独立监督检查。

1. 授权审批程序

有效的控制要求单位应当对货币资金业务建立严格的授权批准制度，对货币资金的各项业务均应由主管领导授权或审批后才可办理，明确审批人对货币资金业务的授权批准方式、权限、程序、责任和相关控制措施，规定经办人办理货币资金业务的职责范围和工作要求。审批人应当根据货币资金授权批准制度的规定，在授权范围内进行审批，不得超越审批权限。经办人应当在职责范围内，按照审批人的批准意见办理货币资金业务。对于审批人超越授权范围审批的货币资金业务，经办人员有权拒绝办理，并及时向审批人的上级授权部门报告。

单位应当按照规定的程序办理货币资金支付业务，送交财务部门之前，采购合同、付款结算凭证、收款结算凭证、支出单据、支票使用等，须经主管部门领导审批，防止差错、挪用资金、贪污等。

（1）支付申请。单位有关部门或个人用款时，应当提前向审批人提交货币资金支付申请，注明款项的用途、金额、预算、支付方式等内容，并附有效经济合同或相关证明。

（2）支付审批。审批人员根据其职责、权限和相应程序对支付申请进行审批。对不符合规定的货币资金支付申请，审批人应当拒绝批准。

（3）支付复核。复核人应当对批准后的货币资金支付申请进行复核，复核货币资金支付申请的批准范围、权限、程序是否正确，手续及相关单证是否齐备，金额计算是否准确，支付方式、支付单位是否妥当等。复核无误后，交由出纳人员办理支付手续。

（4）办理支付。出纳人员应当根据复核无误的支付申请，按规定办理货币资金支付手续，及时登记现金和银行存款日记账。

单位对于重要货币资金支付业务，应当实行集体决策和审批，并建立责任追究制度，防范贪污、侵占、挪用货币资金等行为。

2. 使用文件和记录

为保证货币资金业务全部收支及时、正确入账，出纳员与会计人员应根据审核后的原始凭证填制连续编号的收、付款记账凭证，及时办理收、付款业务，并在原始凭证上加盖“收讫”或“付讫”戳记，签字盖章以示收付完成。出纳员应及时按顺序登记现金与银行存款日记账，做到日清月结。财务部门应对货币资金实行预算管理，尽可能详细、周密地计划预期的收入和所需的支出，达到有效运用资金的目的，使货币资金产生最大经济效益。

3. 业务独立监督检查

（1）建立严格的审核制度。企业应建立严格的审核制度。会计人员在办理各项货币资金收付款业务以及进行会计核算时，都要审核经济业务内容的合法性，业务处理手续的合规性，原始凭证内容的完整性、真实性，审核后要签字盖章。

（2）建立定期对账制度。企业应建立定期对账制度。企业货币资金业务的核对检查内容主要包括：财务部门通过对账保证总账与日记账、企业账户与开户银行账户的一致性，会计与出纳要定期核对日记账与总账，保证账账一致；企业应当指定专人定期核对银行账户，每月至少核对一次，通过定期核对银行存款日记账与银行对账单，编制银行存款余额调节表，调整未达账项，使银行存款账面余额与银行对账单调节相符。如条件不符，应查明原因，及时处理；定期开展内部审计，内部审计人员或稽核员应定期或不定期地通过监督盘点库存现金，确保现金账面余额与实际库存相符，发现不符，及时查明原因，做出处理；抽查收付款业务账项和凭证，检查有无错误和弊端。

（3）建立货币资金业务的监督检查制度。企业还应建立货币资金业务的监督检查制度，明确监督检查机构或人员的职责权限，定期和不定期地开展监督检查活动。货币资金监督检查的内容主要包括：货币资金业务相关岗位及人员的设置情况，重点检查是否存在货币资金业务不相容职务混岗的现象；货币资金授权批准制度的执行情况，重点检查货币资金支出的授权批准手续是否健全，是否存在越权审批行为；支付款项印章的保管情况，重点检查是否存在办理付款业务所需的全部印章交由一人保管的现象；票据的保管情况，重点检查票据的购买、领用、保管手续是否健全，票据保管是否存在漏洞。对监督检查过程中发现的货币资金内部控制中的薄弱环节，应当及时采取措施，加以纠正和完善。

（三）实物控制

企业货币资金业务的实物控制措施主要包括以下六个方面。

第一，企业应设置现金、支票、账簿的相关保管设施，防止失窃，应限制未经授权的机构或人员办理货币资金业务或直接接触货币资金及支票、账簿等重要资料，出纳员主管现金和银行单据的收付与保管，应限制其他人员的接近。

第二，在企业内部，现金的收取和支付要尽可能集中办理，取得的货币资金收入必须及时入账，不得私设“小金库”，不得账外设账，严禁收款不入账；收到的现金要及时解缴银行，防止坐支现金，因特殊情况需坐支现金的，应事先报经开户银行审查批准；必须根据《现金管理暂行条例》的规定，结合企业的实际情况，确定现金的开支范围，不属于现金开支范围的业务应当通过银行办理转账结算；同时还应当加强现金库存限额的管理，超过库存限额的现金应及时存入银行。

第三，企业应当加强与货币资金相关的票据的管理。明确各种票据的购买、保管、领用、背书转让、注销等环节的职责权限和程序，并专设登记簿进行记录，防止空白票据的遗失和被盗用。

第四，企业应当加强银行预留印鉴的管理，财务专用章应由专人保管，个人名章必须由本人或其授权人员保管，严禁一人保管支付款项所需的全部印章，按规定需要有关负责人签字或盖章的经济业务，必须严格履行签字或盖章手续。

第五，企业应当严格按照《支付结算办法》等国家有关规定，加强银行账户的管理，严格按照规定开立账户，办理存款、取款和结算。单位应当定期检查、清理银行账户的开立及使用情况，发现问题，及时处理。单位应当加强对银行结算凭证的填制、传递及保管等环节的管理与控制。

第六，企业应当严格遵守银行结算纪律，不准签发没有资金保证的票据或远期支票，套取银行信用；不准签发、取得和转让没有真实交易和债权债务的票据，套取银行和他人资金；不准无理拒绝付款，任意占用他人资金；不准违反规定开立和使用银行账户。

货币资金业务的内部控制如表 11 –2 所示。

表 11 –2　货币资金业务的内部控制

内部控制	具体内容
1. 职责分工	1. 采购、销售、劳动工资、其他零星收支与财务部门相互独立，防止作弊 2. 收入单据的开具与审核相互独立，防止贪污或挪用 3. 支出和报销单据的编制、审批、审核相互独立，防止虚列支出 4. 收付款结算办理与审核相互独立，防止差错和舞弊 5. 结算票据的使用要经严格审核，防止虚列支出，贪污或挪用 6. 出纳与会计相互独立分管货币资金收支和记录，防止收入不入账，虚列支出，贪污或挪用 7. 记账凭证的编制与审核相互独立，防止连贯性差错 8. 现金、银行存款日记账的登记与总账相互独立，防止连贯性差错 9. 由出纳员以外人员编制银行存款调节表和对现金进行稽核，防止连贯性差错 10. 支票与印章应由不同的人保管，防止管理失控
2. 信息传递控制	1. 必要的审批授权程序：货币资金的各项业务均应由主管领导授权或审批后，方可办理 2. 文件和记录的使用：原始凭证的审核；收付款记账凭证的连续编号及管理；顺序登账 3. 业务独立监督检查：建立严格的审核制度
3. 实物控制	实物控制：设置现金、支票、账簿保管设施；限制接近货币资金；现金及时解缴银行

二、货币资金循环的内部控制测试

审计人员通过对货币资金业务内部控制的了解测试，包括收付过程、功能组织、收付业务的特点、相关业务的复杂性等，评价其固有风险；通过了解控制环境，对控制程序、会计制度进行测试，确定内部控制是否符合各项要求，有无薄弱环节和失控点，评价控制风险，明确审计范围和重点。

（一）调查了解内部控制制度

审计人员应根据被审计单位的实际情况采用不同的方法实现对货币资金内部控制的了解，一般采用编制流程图的方法。审计人员在编制流程图之前应通过走访、询问、实地观察、查阅文件制度等调查手段收集必要的资料，然后根据所了解的情况，对规模较大的企业可采用编制流程图或内部控制调查表的形式，对中小型企业也可采用编写货币资金内部控制说明书的方法。若以前年度审计中已编制流程图，则审计人员可根据当期调查结果加以修正后供本次审计使用。通常在调查了解内部控制时，审计人员还应关注相关内部控制是否建立并严格执行。

以现销业务为例，说明货币资金的控制目标、关键内部控制测试和实质性程序，如表11－3所示。

表11－3 货币资金的控制目标、关键内部控制测试和实质性程序

内部控制目标	关键内部控制	常用的内部控制测试	常用的实质性程序
登记入账的现金收入确系企业已经实际收到的现金（存在或发生）	1. 现金出纳与现金记账的职务分离； 2. 现金折扣必须经过适当的审批手续	观察、检查现金折扣是否经过恰当的审批	检查现金收入的日记账、总账和应收账款明细账的大额项目和异常项目
收到的现金收入均已登记入账（完整性）	1. 现金出纳与现金记账的职务分离； 2. 每日及时记录现金收入，定期向顾客寄送对账单；现金收入记录的内部复核	1. 观察、检查是否存在未入账的现金收入； 2. 检查是否向顾客寄送对账单，了解是否定期进行； 3. 检查复核标记	现金收入的截止测试，抽查顾客对账单并与账面金额核对
已经收到的款项确系企业所有（权利与义务）	定期盘点现金并与账面余额核对	检查是否定期盘点，检查盘点记录	盘点库存现金，如与账面应有数存在差异，分析产生差异的原因
登记入账的现金已经如数存入银行并登记入账（估价或分摊）	1. 定期取得银行对账单； 2. 编制银行存款余额调节表	检查银行对账单和银行存款余额调节表	检查调节表中未达账项的真实性以及资产负债表日后的进账情况
现金收入在资产负债表上的披露正确（表达与披露）	现金日记账与总账的登记职责分离	观察	

（二）抽查现金和银行存款的收款凭证

为测试货币资金收款的内部控制健全性和执行的有效性，审计人员应选取适当数量样本的收款凭证进行相关检查，检查内容主要包括：①收款凭证是否由复核人员和记录人员核对。②收款凭证与账户记录的日期和金额是否相符。③货币资金、银行存款日记账的收入金额是否正确。④收款凭证与银行对账单是否相符。⑤收款凭证与应收账款等相关明细账的有关记录是否相符。⑥核对实收金额与销货发票等相关票据是否一致等。审计人员可抽取一部分现金送款单，以验证企业是否将当日所有现金收入如数、及时地送存银行，如果发现收入现金未能如数、及时送存银行的，应追查原因，分析有无挪用和盗窃现金的行为。还应检查收入支票、汇票登记簿，与送款单和银行存款日记账核对，验证当日收到支票、汇款单的款项是否及时解缴银行，核对完毕后应及时编制相关

工作底稿。

（三）审查现金和银行存款的付款凭证

为测试货币资金的付款内部控制，审计人员应选取适当数量样本的货币资金付款凭证，验证各项货币资金的付款业务是否经过适当的审批、授权与审核。检查内容主要包括：①付款凭证是否由复核人员和记录人员核对。②付款凭据上有无规定授权人的审批签章，签章人是否符合授权的层次与范围。③现金或银行存款日记账记录的付款金额是否正确。④现金支出是否符合国家规定的限额和批准用途。⑤核对付款凭证与银行对账单是否相符。⑥核对实付金额与购货发票等相关凭据是否相符等。⑦核对付款凭证与应付账款等相关明细账的记录是否一致。

对重要的货币资金付款业务，审计人员有必要检查其控制功能和执行效果，如查验付款业务的合法性，检查会计处理的正确性，包括金额的计算、会计科目的使用等，以此验证货币资金审批授权控制与审核控制的效能发挥情况。审计人员完成上述核对后应及时编制相关工作底稿。

（四）审查现金、银行存款日记账和总账

审计人员应抽取一定期间的现金、银行存款日记账，检查其记录、加总是否正确无误，如果检查中发现问题较多，说明被审计单位货币资金的会计记录不够可靠。还应将现金、银行存款日记账与总账核对，检查其每月金额是否一致，对账账不一致的情况有无调整与说明。同时根据日记账提供的线索，核对总账中的现金、银行存款、应收账款、应付账款等有关账户的记录。

（五）审查库存现金盘点表和银行存款余额调节表

企业健全的内部控制要求建立定期对账与稽核制度，在内部控制测试时，审计人员应该抽查库存现金盘点表，与相应月份的现金日记账核对，验证一致性，并核实溢缺现金的处理是否符合规定。

审计人员为证实银行存款记录的正确性，应检查一定期间的银行存款日记账与银行对账单是否一致。还应检查企业是否定期编制银行存款余额调节表，至少抽查两个月的银行存款收支记录，逐笔核对银行对账单，验证企业银行存款余额调节表编制的正确性。查验其是否由出纳之外的第三者按月正确编制并复核银行存款余额调节表，并将其同银行对账单、银行存款日记账及总账进行核对，检查企业是否及时调节差异。同时注意是否存在出租、出借银行账户的情况，以及存在与本企业无关的收付款业务。

（六）审查企业货币资金业务相关制度的执行情况

审计人员应实地观察、检查企业的账簿制度，检查不相容职务的划分，审查相关

制度文件的执行有效性。其内容主要包括：①抽查银行存款余额调节表，了解编制人签章是否为出纳员以外的人员。②抽查日记账记录与相应的会计凭证，凭证上是否有会计人员的审核签章。③支票保管、登记与印章的保管是否分别由不同人员负责。④各项货币资金的收、付程序有无明确的制度规定，如差旅费报销手续、借支现金手续等。

（七）审查货币资金业务收付凭证等原始票据的管理

由于货币资金业务收付凭证等原始票据的管理存在缺陷，可能导致收付款业务出现舞弊问题。因此，审计人员应审查企业对货币资金业务收付凭证等原始票据的管理，审查重点包括：企业的存款单、现金支票、转账支票、付款委托书、银行结算凭证。主要审查内容包括：相关原始票据是否有专人保管，是否按顺序使用，是否有发票签发登记簿，作废的凭证是否加盖“作废”戳记，并妥善保管，有无开出空白支票、空头支票等情况发生。

（八）评价货币资金内部控制制度

审计人员在完成上述程序后，可对货币资金的内部控制进行评价。对货币资金业务内部控制的评价内容包括：评价货币资金业务收入处理程序以及资金在途时间；根据先进标准衡量并评价现金管理、现金预算方法的效率；检查企业与金融机构签署的协议，识别存在的风险，确定是否与管理层或董事会授权一致；评价与电子转账有关的风险；确定现金支出的时间选择是否适当，是否充分利用现金折扣。

审计人员在评价企业货币资金内部控制制度基础上。首先，确定货币资金内部控制可信赖的程度及存在的薄弱环节和缺点。其次，据以确定在货币资金实质性程序中对哪些环节可以适当减少审计程序，哪些环节应加大审计力量重点审查，以降低审计风险。

第三节　货币资金的实质性测试

一、货币资金的审计目标

作为企业流动性最强的资产，货币资金尽管在企业资产总额中的比重不大，但企业发生的舞弊事件大部分与货币资金有关。因此，审计人员应高度重视对货币资金的审计。

货币资金的审计目标一般包括以下五点：

（一）确定企业货币资金业务的真实性和货币资金余额的真实性和所有权

通过对货币资金有关账户记录的审查，核实其各项收入与支出项目发生的真实性，监盘库存现金，核对银行存款，确定其账面金额是否真实存在并为企业所拥有，发现其核算工作中的差错或故意高估账面余额的舞弊行为。

（二）确定企业货币资金收支业务的完整性

审计人员须审查核实企业与货币资金业务有关的经济业务是否全部被记录在有关账户中，财务报表中的货币资金项目与各有关账户的余额是否一致。

（三）确定企业货币资金收支业务的合法性

由于货币资金业务风险性大，其收支频繁并易于转入和被盗用，审计人员应核查货币资金的收、付业务有无违反国家有关法规、制度和违反会计原则的现象，揭露贪污、盗窃、挪用等舞弊行为，并及时提请有关方面加强管理。

（四）确定外币计价的正确性

企业的外币交易须根据有关规定，在编制财务报表时，将外币现金、外币银行存款的账户余额，按照月末的外汇市场价格正确折合为记账本位币金额，审计人员通过审查对其正确性加以证实，并揭露在外币折算中的舞弊行为。

（五）确定货币资金分类的正确性、过账和汇总的正确性，以及货币资金在资产负债表上披露的恰当性

审计人员核实货币资金收、付业务与期末金额后，进一步审查货币资金项目是否按规定进行分类，及时、正确地记录在有关账户中，在财务报表上的列示是否符合会计准则的要求。

二、货币资金的实质性测试

（一）库存现金的实质性程序

库存现金是指企业存放于财务部门、由出纳人员经管的货币，包括人民币和外币现金。现金是企业流动性最强的资产，尽管其在企业资产总额中的比重不大，但企业发生的舞弊事件大都与现金有关。因此，审计人员应该重视现金的审计。

1. 核对现金日记账与总账的余额是否相符

审计人员测试现金余额的起点，是核对现金日记账与总账的余额是否相符。如果不相符，应查明原因，并做出适当调整。

2. 运用分析性复核方法检查现金总体合理性

审计人员应对不同期间的现金余额进行趋势分析，检查所有的运营报告和内部审计报告，进而了解现金可能发生的潜在变化和风险，了解贷款或债券协议是否对现金使用和营运资金比率有一定的限制，分析这些限制对审计计划可能产生的影响。

3. 库存现金的监盘

审计人员为能正确地确定库存现金的实存数额和应有数额，明确出纳员和有关人员的责任，应适时组织安排库存现金监盘工作。监盘库存现金是证实资产负债表中所列现金存在性的一项重要审计程序，须采取突击式盘点，事先不能通知出纳员，防止出纳员在监盘前采取措施掩盖弊端。审计人员对企业库存现金的监盘应在企业会计主管人员陪同下进行，盘点时间最好选择在上午上班前或下午下班后进行（建议最好选择上午上班前盘点，以检查出纳是否做到“日清月结”），盘点的范围一般包括企业各部门经管的所有现金。

审计人员监盘现金的步骤一般分为以下四步。

（1）组织安排库存现金监盘工作。审计人员应充分了解企业除出纳员保险柜中的现金外，是否还有现金暂存在办理收付业务的其他部门或其他人员手中，对于企业所有的库存现金，无论存放何处，应同时进行全面的清点，或由出纳员将企业所有现金全部放入其保险柜中，必要时可暂作封存。

（2）审阅现金日记账并同时与现金收付凭证相核对。审计人员一方面检查日记账的记录与凭证的内容和金额是否相符，另一方面了解凭证日期与日记账日期是否相符或接近。由出纳员将已办妥现金收付手续的全部收付款凭证登入现金日记账，根据现金日记账进行加计累计数额，结出当日现金日记账余额，填写“现金出纳报告书”或“现金余额表”。

（3）监督盘点库存现金。出纳员填制“现金出纳报告书”或“现金余额表”后，应在会计主管人员和审计人员在场的情况下，清点保险柜中现金，分币种、面值列示盘点金额，并做出记录。会计主管人员和审计人员在旁观察监督，必要时进行复查。

监盘库存现金工作应注意：监盘时一定要在被审计单位的有关领导或主管会计、出纳员始终在场的情况下，由出纳员自己清点，审计人员只是监盘；如果监盘发现库存现金短缺或溢余，审计人员应要求再次清点，并要求被审计单位确认监盘数据的正确性；监盘中要注意有无利用借条、收据抵库的现象，有无未提现支票、未做报销的原始凭证，应在“库存现金盘点表”中注明或做出必要的调整。

（4）填制“库存现金盘点表”。出纳员清点库存现金以后，应由其填制“库存现金盘点表”（见参考格式 11 –1），该表由出纳员、会计主管、审计人员共同签字，作为审计工作底稿。库存现金盘点表应反映实际库存现金监盘数、当日现金日记账结余数，账实是否相符及有无溢缺等情况。

[参考格式 11 -1]

库存现金盘点表

客户：　　　　　　编制人：　　　　　　日期：　　　　　　索引号：
项目：　　　　　　复核人：　　　　　　日期：　　　　　　页次：
会计期间：
盘点日期：　　年　　月　　日

检查盘点记录						实有现金盘点记录						
项目		项次	人民币	美元	某外币	面额	人民币		美元		某外币	
							张	金额	张	金额	张	金额
上一日账面库存余额		1				1000 元						
盘点日未记账传票收入金额		2				500 元						
盘点日未记账传票支出金额		3				100 元						
盘点日账面应有金额		4 =1 +2 -3				50 元						
盘点实有现金数额		5				10 元						
盘点日应有与实有差异		6 =4 -5				5 元						
差异原因分析	白条抵库（张）					2 元						
						1 元						
						0. 5 元						
						0. 2 元						
						0. 1 元						
						合计						
追溯调整	报表日至查账日现金付出总额				情况说明及审计结论：							
	报表日至查账日现金收入总额											
	报表日库存现金应有余额											
	报表日账面汇率											
	报表日余额折合本位币金额											
本位币合计												

盘点人：　　监盘人：　　复核：

4. 库存现金日记账记录的审查

审计人员应抽查1—2个月的现金日记账记录，重点审核内容包括以下方面：

第一，验算加总额，核实每笔收支记录。通过验算如果发现较多差错，应扩大验算范围，并核实每笔收支记录，要求企业对差错做必要调整。在核实时，注意发现并揭露少计收入、多计支出、贪污盗用现金的现象。

第二，审阅现金日记账摘要栏，看其现金收支业务是否合法，有无超出规定的预算范围。对于摘要栏记录不清的、违反有关规定的、将应通过银行进行转账而采用了现金结算的收支业务，做出进一步追查。

第三，审阅现金日记账金额栏，看其现金收支金额是否过大，有无超过国家规定的限额。

第四，审阅对应科目栏，检查各项现金收支业务的账务处理是否正确，会计科目的使用是否正确。

第五，审阅库存现金每日余额，看其是否超过了规定限额，超出部分是否及时解缴银行。

第六，审查有无坐支现象。企业收入的现金，应及时解缴银行，不能直接用来支付自身的开支，需要支付现金的应另外向银行领取。审计人员可通过若干笔序时经济业务的审查，揭示有无收入现金未解缴银行而直接用于支付的现象。

第七，审查现金日记账的序时登记，审计人员应审查现金日记账是否按日期序时登记，揭示前后日期颠倒、故意调剂，以掩盖错弊的情况。

[同步案例11－1]

背景与情境：

2022年3月11日下午5点30分，审计人员参加对华光工厂库存现金的清查盘点工作。清查结果如下：

（1）实点库存现金（人民币）结存数：100元币120张，50元币80张，10元币220张，5元币84张，2元币175张，1元币220张，5角币50枚，2角币20枚，1角币51枚，5分币32枚，2分币14枚，1分币8枚。

（2）查明现金日记账截至2022年3月10日的账面余额为21679.24元。

（3）查出已经办理收款手续尚未入账的收款凭证（191号至202号）金额合计为4372.31元。

（4）查出已经办理付款手续尚未入账的付款凭证（203号至211号）金额合计为4126.14元。

（5）发现现金日记账中夹有下列借据，共计2560元：职工刘红借学费250元，职工王敏借学费110元，职工许要华借药费1000元，职工万广华借药费1200元。

（6）发现保险柜中有3月1日收到销售产品的转账支票一张，计价7500元。

（7）发现保险柜中有待领工资215元，单独包封。

（8）银行核定库存现金限额10000元。

问题：指出该企业现金管理中存在的主要问题，并提出审计意见。

分析提示：

1. 该企业现金管理中存在下列主要问题：

（1）白条借据抵库。出纳员擅自以白条方式借给四名职工现金，共计2560元，抵充库存入账。

（2）账款不符。盘点日止账面应存额为21925.41元，而实际盘存库存现金仅为19226.06元，其中除出纳员擅自以白条借据2560元抵充库存外，尚短缺139.35元，出纳员提不出任何理由。

（3）银行核定该厂库存现金限额为10000元，而实际库存超过限额9226.06元。

（4）出纳员工作拖拉，未及时登记现金日记账。

（5）收入销货款的转账支票未及时送存银行，已超过支票有效期，该笔货款将被对方开户银行拒付。

2. 针对上述问题，提出审计意见如下：

（1）白条抵库的现金2560元，如经有关人员正式审批，应做其他应收款入账处理，或限期归还或敦促报销。

（2）出纳员短缺现金139.35元，进一步查明原因后，按有关规定追究其责任，作出处理。

（3）今后应坚持按银行核定限额存放库存现金。

（4）出纳员今后应坚持做到及时登账，日清日结。

（5）应及时与购货单位联系，收回7500元销货款。

5. 抽查大额现金收支的原始凭证

审计人员应抽查大额现金收支的原始凭证，检查其内容是否完整，有无授权批准，是否合法，凭证本身有无被涂改或伪造的情况，并核对相关账户的进账情况。审计人员在审查原始凭证时，应随时与记账凭证核对，包括内容、金额的一致性，所附原始凭证张数的正确性等。如有与被审计单位生产经营业务无关的收支事项，应查明原因，并做相应的记录。

[同步思考11－2]

审计人员在审查某企业的现金付款凭证时，其中一张摘要是“退回A零售店包装物押金600元”，所附原始凭证为邮局汇款单。后来发现本月又以“A零售店收到退还押金收据”为原始凭证记支出账，金额为600元。此时，审计人员应该如何安排下一步的审计程序？

理解要点：当审计人员发现以邮局汇款单为依据记录的现金支出时，应当以记账依据不全为由提请被审计单位说明缘由，并注意相同金额的支出；当后来发现本月又以“A零售店收到退还押金收据”为原始凭证记支出600元时，应将邮局汇款单与A零售店收到退回押金收据核对，如果核对相符，就表明会计人员一笔支出的原始凭证分作两处重复报账，贪污现金600元。

6. 审查现金收支截止期的正确性

被审计单位资产负债表中的现金数额，应以结账日实有数额为准。因此，审计人员应审查决算日前后一段时间内现金收支原始凭证，检查现金收支截止期的正确性，注意有无跨期处理事项。

7. 审查现金溢缺

如果企业存在现金溢缺事项，审计人员应对所有现金溢缺情况给予关注。应审查现金溢缺的会计处理及相关凭证是否合法有效。

8. 检查外币现金的折算是否正确

对于有外币现金的被审计单位，审计人员应检查被审计单位对外币现金的收支是否按所规定的汇率折合为记账本位币金额；外币现金期末余额是否按期末市场汇率折合为记账本位币金额；外币折合差额是否按规定记入相关账户。

9. 检查现金是否在资产负债表上恰当披露

根据有关会计制度的规定，现金在资产负债表中“货币资金”项下反映，审计人员应在实施上述审计程序后，确定现金账户的期末余额是否恰当，据以确定货币资金是否在资产负债表上恰当披露。

（二）银行存款的实质性程序

银行存款是指企业存放在银行或其他金融机构的货币资金。按照国家规定，凡是独立核算的企业都必须在当地银行开设账户。企业收入的款项，除按核定的限额保留库存现金外，或国家另有规定外，都应于当日解缴银行。企业经营过程中发生的一切支出，除在规定的范围内可以用现金支付的以外，在经营过程中所发生的一切货币收支业务，都必须通过银行办理转账结算。相比较库存现金，银行存款业务涉及面广，内容复杂，金额较大，收付款凭证数量较多，因此是财务审计的重要内容。对银行存款的审查主要包括以下方面。

1. 审核银行存款日记账与总账记录

审计人员必须抽取部分银行存款日记账记录加以审核：核对银行存款日记账与总账余额是否相符，如果不符，应查明原因；依次验算其加总额的正确性；抽查银行存款重要业务，验证其合法性和相关性，重点关注是否存在出借银行账户的情况，有无套取现金的情况，有无故意调整记账顺序而掩盖错弊的情况；抽查与银行存款有关的往来账户，查明有无利用往来账户从事非法活动和进行贪污的情况。

2. 分析性复核程序

第一，分析银行存款中定期存款、存放在非银行金融机构的存款占全部存款的比例，通过分析性复核，判断被审计单位有无非法集资问题、是否存在拆借、拆出资金的可能性，如存在高息资金拆借，应进一步分析拆出资金的安全性，检查高额利差的入账情况。

第二，审查长期定期存款或限定用途的存款，查明其所有权。

3. 审查银行存款账面余额和银行存款余额调节表

第一，审查银行存款余额调节表是证实资产负债表中所列银行存款是否存在的重要程序。企业银行存款余额调节表通常应由被审计单位根据不同银行账户及货币种类分别按期编制。审计人员一般应重点抽查收支业务较为频繁的银行账户，选择其 12 月和 1 月至 11 月中的任何 1—2 个月的银行存款余额调节表进行检查。审查中可采取自行编制银行存款余额调节表或复核被审计单位编制的银行存款余额调节表的方法。

第二，审计人员复核企业自编的银行存款余额调节表时应取得被审计单位保存的银行对账单的副本，确定其数字的正确性，将调节表上账面余额与银行存款日记账余额加以核对，确定其是否一致。

第三，审计人员自行独立编制银行存款余额调节表时，首先要求会计人员将银行存款收付凭证全部登记入账，并结出余额，然后向所有被审计年度内存过款的银行或非银行金融机构函证核查其期末银行存款余额，索取银行对账单，将银行对账单与银行存款日记账和总分类账上的余额加以核对，调节未达账项并审阅企业编制的银行存款余额调节表，最后自编银行存款余额调节表，以证实银行存款日记账与对账单是否一致，同时对有关收支业务合法性作进一步审查。

第四，取得银行存款余额调节表后，审计人员应检查调节表中未达账项的真实性，对于对账单与银行存款账户余额不一致的情况，不仅要调节未达账项，而且要注意，有无账务处理上的差错。检查资产负债表日后的进账情况，如果存在应于资产负债表日之前进账的应做相应的调整。其程序一般包括：验算调节表的数字计算；对于金额较大的未提现支票、可提现却未提现支票以及审计人员认为重要的未提现支票，列示未提现支票清单，注明开票日期和收票人姓名或单位，追查截止日期银行对账单上的在途存款，并在银行存款余额调节表上注明存款日期；检查截止日仍未提现的大额支票和其他已签发一个月以上的未提现支票；追查截止日银行已收、企业未收的款项性质及款项来源；核对银行存款总账余额、银行对账单加总金额。

4. 检查、函证银行存款余额

审计人员在审计过程中需要以被审计单位名义向有关单位发函询证，以验证被审计单位的银行存款余额是否真实、合法和完整，是证实资产负债表所列银行存款是否存在的重要程序，也是了解企业贷款信息，发现未入账银行借款的重要渠道。

函证时，审计人员应向被审计单位在本年内存过款（如外币存款、银行汇票存款、银行本票存款、信用卡存款、信用保证金存款）的所有银行发函，其中包括存款账户已结清的银行，因为有可能存款账户已结清，但仍有银行借款或其他负债存在。同时，对于审计人员已直接从某一银行获得了银行对账单和所有已付支票的，仍应向这一银行进行函证。

在实施银行函证时，注册会计师需要以被审计单位名义向银行发函询证，以验证被审计单位的银行存款是否真实、合法、完整。根据《关于进一步规范银行函证及回函工作的通知》（财会〔2020〕12号）（以下简称《通知》），银行业金融机构应当自收到符合规定的询证函之日起10个工作日内，按照要求将回函直接回复会计师事务所或交付跟函注册会计师。［参考格式11－2］列示的是《通知》中给出的银行询证函格式。

［参考格式11－2］

银行询证函

编号：

（银行）：

本公司聘请的××会计师（审计）事务所正在对本公司会计报表进行审计，按照中国注册会计师独立审计准则的要求，应当询证本公司与贵行的存款、借款往来等事项。下列数据出自本公司账簿记录，如与贵行记录相符，请在本函下端“数据证明无误”处盖章证明；如有不符，请在“数据不符”处列明不符金额。询证费用可直接从本公司××存款账户中收取。回函请直接寄至××会计师（审计）事务所。

通信地址：

邮编：　　　　电话：　　　　传真：

截至　　年　月　日止，本公司银行存款、借款账户余额等列示如下：

1. 银行存款

账户名称	银行账号	币种	利率	余额	备注

2. 银行借款

银行账号	币种	余额	借款日期	还款日期	利率	借款条件	备注

3. 其他事项

（公司签章）（日期）

结论：1. 数据证明无误　　　　　　　　　2. 数据不符，请列明不符金额

（银行签章）（日期）　　　　　　　　　（银行签章）（日期）

[同步案例 11－2]

背景与情境：

今明会计师事务所的注册会计师李浩正在审计华兴公司2022年度的财务报表，了解到华兴公司开立有基本存款账户A、一般存款账户B和C。2022年12月31日A账户余额为516万元，B账户余额为12万元，C账户余额为0。注册会计师决定对A账户采用积极式询证函的方式，对B账户采用消极式询证函的方式、对C账户主要采用检查相关记录和原始凭证验证其余额。

在对A账户函证时，注册会计师将询证函交由华兴公司出纳填写银行账号、存款余额及联系方式等事项后，由注册会计师审核后交出纳送交A银行。具体函证内容如下：

银行询证函

A银行：

本事务所接受委托对华兴公司的财务报表进行审计，按照中国注册会计师审计准则的要求，应当询证华兴公司与贵行相关的信息。下列信息出自华兴公司记录，如有不符，请在“信息不符”处列明不符金额。有关询证费用可直接从本账户中收取。回函请寄至华兴公司财务部（通信地址：略）。

截至2022年12月31日，华兴公司与贵行银行存款信息列示如下：

账户名称	银行账号	币种	利率	余额（元）	是否被质押、用于担保或存在其他使用限制	备注
华兴公司	0728393113	人民币		5160000		

除上述列示的银行存款外，华兴公司并无在贵行的其他存款。

今明会计师事务所（盖章）

2023年2月28日

结论：信息不符，请列明不符项目及具体内容。

（银行盖章）

年　月　日

经办人：

2023 年 3 月 5 日，出纳将 A 银行的回函交给注册会计师，银行确认的 2022 年 12 月 31 日华兴公司存款余额为 426 万元。注册会计师检查了华兴公司编制的银行存款余额调节表，调节表显示 A 账户银行对账单余额为 426 万元，银行存款日记账余额为 516 万元。注册会计师复核了调节表中加计数的准确性，通过调节，银行存款日记账余额与银行对账单余额是一致的，调节表显示调节后银行存款余额为 415 万元，注册会计师得出了银行存款日记账余额为 516 万元的记录是准确的结论。注册会计师审计确认，2022 年 12 月 31 日库存现金的余额为 15 万元。

如果注册会计师认为银行存款余额调节表的所有未达账项均不重要，且 B 和 C 账户未发现重大错报，注册会计师最终确定资产负债表中货币资金项目的余额为 543 万元。

问题：有关该询证函的处理有哪些缺陷？

分析提示：

（1）询证函的不当之处：

①询证函没有编号。②询证函不应以会计师事务所的名义发出，应以公司名义发出。③积极式询证函应表明记录相符也应回函的要求。④回函应要求寄至会计师事务所而不是华兴公司。⑤询证函中对账的余额应以对账单显示的余额 426 万元列示。⑥函证事项应包括借款及担保等其他事项。⑦询证函应由被审计单位盖章。⑧结论应有“信息证明无误”的内容。

（2）注册会计师在确定函证对象、询证函的发送、回收以及在确定银行存款余额的审计程序中不当之处；

①函证对象不正确，应对所有的账户函证，包括本年度余额为 0 的公司本年度存过款的银行账户。②函证方式，所有银行函证均应采用积极式函证方式。③函证内容，不仅包含存款，还应当包括借款、担保等事项。④发送和回收，注册会计师应控制询证函的发送和回收，不能由出纳代劳。⑤银行存款余额调节表的审计，不应只通过复核调节表中加计数就确定银行存款日记账的余额，注册会计师还应通过期后相关凭证和对账单验证未达账项的真实性。

资料来源：改编自李晓慧：《审计学：实务与案例（第三版）》，中国人民大学出版社，2014 年。

5. 检查一年以上定期存款或限定用途存款

一年以上的定期存款或限定用途的银行存款，不属于企业的流动资产，应列入其他资产类下。对此，审计人员应查明情况，做出相应记录。

6. 抽查大额银行存款的收支

审计人员应抽查大额银行存款（含外币存款、银行汇票存款、银行本票存款、信用证存款）收支的原始凭证内容是否完整，有无授权批准，并核对相关账户的进账情况。如有与被审计单位生产经营业务无关的收支事项，应查明原因并做相应的记录。

7. 核实银行存款收支的截止期

被审计单位财务报表上所列的银行存款余额，应包括当期最后一日下午所收到或支付的银行存款，而不得包括其后收到的款项；同样，企业年终前开出的支票，不得在年后入账。审查时应关注有无人为多列银行存款，决算日不结账，将决算日后收到的银行存款计入财务报表的货币资金项目的情况。如年终前未解缴银行的收入汇票与支票或在途存款列入银行存款，均属于提前入账、高估银行存款的错误。

审计人员可通过对决算日前后数天所发生的银行存款收付业务进行审查以核实截止期的正确性，可采用以下方法：

第一，审阅支票（包括汇票等各种单据）收入与送存记录，检查年终前未送存银行的支票，其收入记录日期。

第二，查阅期后银行对账单第一周的银行存款收入，核实银行存款日记账，揭露将期后收入提前入账的错误。

[同步案例 11－3]

背景与情境：

乙注册会计师在对 P 公司 2021 年度会计报表进行审计时，对 P 公司的银行存款实施的部分审计程序为：取得 2021 年 12 月 31 银行存款余额调节表；向开户银行寄发银行询证函，并直接收取寄回的询证函回函；取得开户银行 2022 年 1 月 31 日的银行对账单。

问题：

（1）请问乙注册会计师向开户银行询证的作用有哪些？（2）请问乙注册会计师应采取什么方式才能直接收回开户银行的询证函回函？目的是什么？（3）请问乙注册会计师取得银行存款余额调节表后，应检查哪些内容？（4）请问乙注册会计师索取开户银行 2022 年 1 月 31 日的银行对账单，能证实 2021 年 12 月 31 日银行存款余额调节表的哪些内容？

分析提示：

（1）乙注册会计师通过向开户银行函证，不仅可以查明 P 公司银行存款、借款的存在，而且还可发现企业未登记入账的银行存款、借款。

（2）在询证函内指明回函请直接寄往乙注册会计师所在的会计师事务所。乙注册会计师直接收回开户银行询证函的目的是防止 P 公司截留或更改回函。

（3）乙注册会计师应检查银行存款余额调节表中未达账项的真实性，以及资产负债表日后的入账情况。

（4）乙注册会计师索取开户银行 2022 年 1 月 31 日的银行对账单，可以证实列示在银行存款余额调节表上的在途存款和未兑现支票的真实性。

本章小结

1. 货币资金业务涉及的主要业务活动有：（1）相关业务单据的处理；（2）结算凭证的受理；（3）办理结算；（4）收付款项；（5）账务处理；（6）调节银行存款余额。涉及的凭证和记录有：（1）原始凭证；（2）现金日记账；（3）银行存款日记账；（4）现金总账；(5) 银行存款总账。

2. 货币资金的内部控制测试包括：(1) 调查了解内部控制制度；(2) 抽查现金和银行存款的收款凭证；(3) 审查现金和银行存款的付款凭证；(4) 审查现金、银行存款日记账和总账；(5) 审查库存现金盘点表和银行存款余额调节表；(6) 审查企业货币资金业务相关制度的执行情况；(7) 审查货币资金业务收付凭证等原始票据的管理；(8) 评价货币资金内部控制制度。

3. 库存现金的实质性程序主要包括：(1) 核对现金日记账与总账的余额是否相符；(2) 运用分析性复核方法检查现金总体合理性；(3) 库存现金的监盘；(4) 库存现金日记账记录的审查；(5) 抽查大额现金收支的原始凭证；(6) 审查现金收支截止期的正确性；(7) 审查现金溢缺；(8) 检查外币现金的折算是否正确；(9) 检查现金是否在资产负债表上恰当披露。

4. 银行存款的实质性程序主要包括：(1) 审核银行存款日记账与总账记录；(2) 分析性复核程序；(3) 审查银行存款账面余额和银行存款余额调节表；(4) 检查、函证银行存款余额；(5) 检查一年以上定期存款或限定用途存款；(6) 抽查大额银行存款的收支；(7) 核实银行存款收支的截止期。

复习思考题

1. 简述货币资金与各业务循环的关系。
2. 简述如何对货币资金业务进行内部控制测试。
3. 简述如何实施库存现金的实质性程序。
4. 简述如何实施银行存款的实质性程序。
5. 审查银行存款余额调节表的目的何在？审查的重点是什么？

第十二章　审计报告

学习目标

1. 了解审计报告的含义、作用和性质。
2. 掌握不同情况下审计意见的选择。
3. 明确审计报告的基本要素和参考格式。
4. 掌握各种类型的审计报告。

☞ 案例导入

98 家公司在年报审计结束后被出具非标意见

德豪润达与雷士照明是联营企业关系（2014 年年底，在香港联合交易所有限公司上市的雷士照明控股有限公司的 27.03% 股权被德豪润达持有）。雷士照明截至审计报告日，也尚未公告经董事会批准的 2014 年度全年财务业绩，因此其财务数据是否会进一步调整尚存在不确定性，所以德豪润达被出具保留意见财务报表审计报告。

星美联合的重大资产重组计划，一直到财务报表批准报出日时仍无实质性筹划；并且星美联合 2014 年度仍未取得营业收入，已连续亏损两个会计年度。依据《深圳证券交易所股票上市规则》的相关规定，深圳证券交易所有权对星美联合公司股票交易实施退市风险警示。因此，星美联合持续经营能力存在重大不确定性。虽然其已对持续经营能力做出了评估，但星美联合未能就与评估持续经营能力相关的未来应对计划提供充分且适当的证据支持。因此，注册会计师无法判断星美联合运用持续经营假设编制 2014 年度财务报表是否适当，所以星美联合被出具无法表示意见财务报表审计报告。

截至 2015 年 5 月 4 日，40 家证券资格会计师事务所共为 2667 家上市公司出具了财务报表审计报告。在上述 2667 份审计报告中，标准审计报告 2569 份，带强调事项段的无保留意见审计报告 71 份，保留意见审计报告 18 份，无法表示意见的审计报告 9 份。非标准财务报表审计报告共 98 份，占 3.67%，非标报告的数量和比例都较 2013 年度（87 份，比例为 3.43%）有所上升。

资料来源：东方财富网“德豪润达财报被出具保留意见 28 日起停牌”，https：//finance. eastmoney. com/news/1354，20150428501432315. html；

中注协发布 2013 年年报审计情况快报（第三期），https：//www. cicpa. org. cn/xxcx/annual_audit/201402/t20140214_62322. html；

中注协发布 2014 年年报审计情况快报（第十五期），https：//www. cicpa. org. cn/xxcx/annual_audit/201505/t20150522_62350. html。

第一节　审计报告概述

一、审计报告的含义

审计报告是指审计人员根据审计准则的规定，在对审计事项实施审计后，向审计授权人或委托人提出的、反映审计结果、阐明审计意见和建议的书面文件。审计报告作为审计工作的成果，是审计活动的结晶和客观描述，是审计工作质量的主要标志。

注册会计师应当按照审计准则的规定执行审计工作，并只有在实施审计工作的基础上才能出具审计报告，所出具的审计报告必须是书面形式，是一份具有法律效力的文件，具有法定证明力。审计人员应当在审计报告中清楚地表达对财务报表的意见，并通过在审计报告上签名并盖章，表明其对出具的审计报告负责。

二、审计报告的作用

虽然各种审计报告服务的领域不同，但概括起来具有以下相同的作用：

（1）审计报告全面地总结了审计过程和结果，同时也是对审计人员完成审计任务的总结。由于审计报告的出具是通过审计人员实施审计程序、获取审计证据并对审计证据进行评价而最终形成的，因此，审计报告全面总结了审计过程和结果，只要出具了恰当的审计意见，就表明审计人员较为圆满地完成了审计任务。

（2）审计报告表明了审计人员的审计意见和建议，并最终增进审计信息的可信赖性。审计报告是具有法律效力的审计法律文书，是向社会公布的审计结果，可以起到公证或鉴证的作用，是被审计单位的利害关系人即审计报告使用者作出决策的主要依据。

（3）审计报告便于揭露审计对象的主要错弊。审计报告对被审计单位是一份指导性文件，便于被审计单位纠错防弊，改善经营管理，提高经济效益。

（4）审计报告是评价审计人员工作业绩、控制审计质量的重要依据，也是重要的审计档案，是今后查考审计工作的依据。

三、审计报告的性质

审计报告是审计人员依照有关法律、法规，在遵循审计准则的前提下，在实施审计工作的基础上对有关审计事项发表审计意见的书面文件。审计报告是审计人员在完成审计工作后向委托人提交的最终工作产品，具有以下特征：

（1）总结性。审计人员签发的审计报告的总结性特征可以从三个方面来理解：第一，审计报告准确地总结了审计人员的意见结论，主要是准确地反映了审计人员对被审计单位或有关审计事项的评价和判断结论；第二，审计报告简明地总结了审计人员的工作质量情况，是否遵循有关审计准则，是否实施必要的审计程序；第三，审计报告有效地总结了审计人员的工作完成情况，包括总括地反映审计人员的合同履行情况、责任履行情况。

（2）公正性。审计人员从事审计的行为是依法实施的，其审计报告按照法律的规定既要对委托人负责，还要对其他相关的关系人负责，这种负责具有法律上的效力。审计报告本身要对被审计单位或审计事项发表意见，各方面关系人以这种具有鉴证作用的意见为基础进行决策。因此，在审计报告中的审计意见必须具有公信力、公正性和严肃性。

（3）公开性。审计人员签发的审计报告是经济信息报告的一种，按照规定，被审计单位作为审计报告使用者应该在规定的时间、场所向社会发布或报送审计报告，因此，审计报告不仅可以被审计委托人和被审计单位管理层按规定范围使用，而且还可以被企业债权人、金融机构、政府部门和社会公众等广泛查阅使用，从中获得对所需的审计鉴证信息。

（4）增强性。审计人员通过出具不同类型意见的审计报告，表明会计信息的风险程度或组织的经营管理活动的效益性，债权人、股东、其他企业利害关系人等财务报表的使用者，可以据此提高或降低对财务报表的信赖程度，从而在一定程度上保护其合法权益或促进组织价值目标的实现。

第二节　审计意见的形成与审计报告的类型

注册会计师应当就财务报表是否在所有重大方面按照适用的财务报告编制基础编制并实现公允反映形成审计意见。形成的审计意见具体记载于审计报告中。审计报告分为标准审计报告与非标准审计报告。当注册会计师出具的无保留审计意见的审计报告不附加说明段、强调事项段或任何修饰性用语时，该报告称为标准审计报告。非标准审计报告是指标准审计报告以外的其他审计报告，包括带强调事项段的无保留意见的审计报告和非无保留意见的审计报告。非无保留意见的审计报告包括保留意见的审计报告、否定意见的审计报告和无法表示意见的审计报告。

一、审计意见的形成

（一）注册会计师形成审计意见时应考虑的内容

为了形成审计意见，针对财务报表整体是否不存在由于舞弊或错误导致的重大错报，注册会计师应当得出结论，确定是否已就此获取合理保证。

1. 按照风险评估准则的规定，是否已获取充分、适当的审计证据

风险导向审计要求注册会计师根据“风险识别——风险评估——风险应对”的理念来实施审计工作，获取充分、适当的审计证据，有效控制审计风险。在得出总体审计结论前，注册会计师还应当根据实施的审计程序和获取的审计证据，评价对认定层次重大错报风险的评估是否仍然适当。

2. 在财务报告合法性方面，注册会计师应从以下几个方面评价被审计单位

（1）选择和运用的会计政策是否符合适用的财务报告编制基础，并适用于被审计单位的具体情况，在财务报表中给予充分披露。

（2）管理层所做的会计估计是否合理。

（3）财务报表反映的信息是否具有相关性、可靠性、可比性和可理解性。

（4）财务报表反映的信息是否做出充分披露，使财务报表的使用者能够理解重大交易各事项对被审计单位财务状况、经营成果和现金流量的影响。

3. 在财务报告的公允性方面，注册会计师应从以下几个方面评价被审计单位

（1）经管理层调整后的财务报表，是否与注册会计师对被审计单位及其环境的了解一致。

（2）财务报表的列报、结构和内容是否合理。

（3）财务报表是否真实地反映了交易和事项的经济实质。

（二）注册会计师出具标准审计报告

审计准则规定，如果认为财务报表在所有重大方面按照适用的财务报告编制基础编制并实现反映，注册会计师应当发表无保留意见。具体考虑以下两个方面内容：

（1）财务报表已按照适用的财务报告编制基础的规定编制，在所有重大方面公允反映了被审计单位的财务状况、经营成果和现金流量。

（2）注册会计师已经按照中国注册会计师审计准则的规定计划和实施审计工作，在审计过程中未受到限制。

（三）注册会计师出具非标准审计报告

1. 注册会计师出具带强调事项段的无保留意见审计报告

强调事项段是指审计报告中含有的一个段落，该段落提及已在财务报表中恰当列报或披露的事项，根据注册会计师的职业判断，该事项对财务报表使用者理解财务报表至关重要。

如果认为有必要提醒财务报表使用者关注已在财务报表中列报或披露，且根据职业判断认为对财务报表使用者理解财务报表至关重要的事项，注册会计师在已获取充分、适当的审计证据证明该事项在财务报表中不存在重大错报的条件下，应当在审计报告中增加强调事项段。强调事项段应当仅提及已在财务报表中列报或披露的信息。

2. 注册会计师出具非无保留意见审计报告

非无保留意见包括保留意见、否定意见和无法表示意见三种意见类型。当存在下列情形之一时，注册会计师应当按照《中国注册会计师审计准则第 1502 号——在审计报告中发表非无保留意见》的规定，在审计报告中发表非无保留意见：

（1）根据获取的审计证据，得出财务报表整体存在重大错报的结论。

（2）无法获取充分、适当的审计证据，不能得出财务报表整体不存在重大错报的结论。

注册会计师确定恰当的非无保留意见类型，取决于下列事项：

（1）导致非无保留意见的事项的性质，是财务报表存在重大错报，还是在无法获取充分、适当的审计证据的情况下，财务报表可能存在重大错报。

（2）注册会计师就导致非无保留意见的事项对财务报表产生或可能产生影响的广泛性做出的判断。

表 12－1 列示了注册会计师对导致发表非无保留意见的事项的性质和这些事项对财务报表产生或可能产生影响的广泛性做出的判断，以及注册会计师的判断对审计意见类型的影响。

表 12－1　　　　非无保留意见类型的判断

导致发表非无保留意见的事项的性质	对财务报表产生或可能产生影响的广泛性	
	重大但不具有广泛性	重大且具有广泛性
财务报表存在重大错报	保留意见	否定意见
无法获取充分、适当的审计证据	保留意见	无法表示意见

3. 注册会计师出具保留意见审计报告

注册会计师审计后认为被审计单位的财务报表整体上是公允的，当存在下列情形之一时，注册会计师应当发表保留意见：

（1）在获取充分、适当的审计证据后，注册会计师认为错报单独或累计起来对财务报表影响重大，但不具有广泛性。

（2）注册会计师无法获取充分、适当的审计证据以作为形成审计意见的基础，但认为未发现的错报（如存在）对财务报表可能产生的影响重大，但不具有广泛性。

4. 注册会计师出具否定意见审计报告

注册会计师在获取充分、适当的审计证据后，如果认为错报单独或累计起来对财务报表的影响重大且具有广泛性，注册会计师应当发表否定意见。注册会计师只有认定被审计单位的违法是严重的，不公允的情况有重大影响，才可出具此意见。何为重大？这需要注册会计师的专业判断，并不存在一个可以量化的指标。

5. 注册会计师出具无法表示意见审计报告

注册会计师在审计过程中，若认为自己的审计范围受到限制可能产生的影响非常重大和广泛，不能获取充分、适当的审计证据，以至于无法对财务报表发表意见，应出具无法表示意见的审计报告。此类意见是注册会计师不得已而为之，并不代表被审计单位的财务报表就一定存在不合法、不公允的问题。注册会计师更不能以否定意见代替无法表示意见。

二、审计报告的分类

（一）审计报告按格式和措辞的规范性，可分为无保留意见审计报告和非无保留意见审计报告

把审计报告分为无保留意见审计报告和非无保留意见审计报告是独立审计特有的分类方式，该分类标准并不适用于政府审计报告与内部审计报告。

无保留意见是指当注册会计师认为财务报表在所有重大方面按照适用的财务报告编制基础编制并实现公允反映时发表的审计意见，其审计报告为无保留意见审计报告。注册会计师出具的在格式、要素、意见上采用相对标准结构、基本一致的无保留意见审计报告，不含有说明段、强调事项段、其他事项段或其他任何修饰性用语。

如果注册会计师受托对内部控制审计，出具的标准审计报告则同时包括不带和带“非财务报告内部控制重大缺陷描述段”的无保留意见报告。

非无保留意见审计报告是指注册会计师出具的在格式、要素、意见上没有或不能采用统一或标准术语的审计报告，包括带说明段、强调事项段、其他事项段或其他任何修饰性用语的无保留意见的审计报告，以及保留意见审计报告、否定意见审计报告、无法表示意见审计报告。

如果注册会计师受托对内部控制审计，出具的非标准审计报告则同时包括带强调事项段的无保留意见审计报告、保留意见审计报告、否定意见审计报告、无法表示意见审计报告。

应当注意的是，如果注册会计师出具的年度财务报表审计报告有规范的格式和措辞，均属于无保留意见审计报告，无保留意见审计报告应当以“我们认为”作为意见的开头，并适用“在所有重大方面”“公允反映了”等专业术语。将注册会计师出具的保留意见的审计报告、否定意见的审计报告和无法表示意见的审计报告称为“非无保留意见审计报告”；同时还包括带强调事项段或其他事项段的无保留意见的审计报告。注册会计师审计报告按发表审计意见的类型分类如图 12－1 所示。

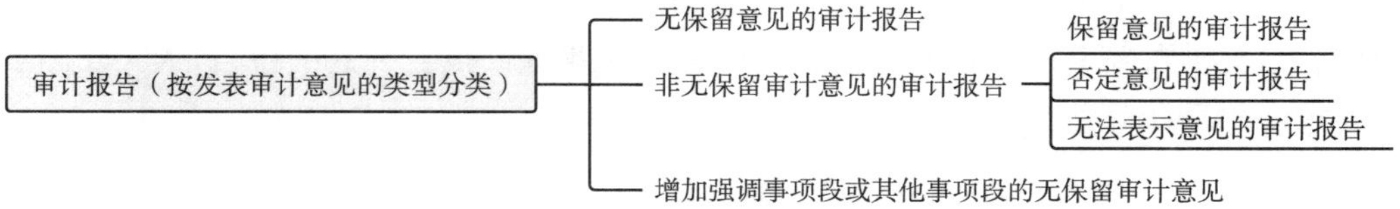

图 12－1　注册会计师审计报告分类

（二）审计报告按使用目的，可分为公布目的审计报告和非公布目的审计报告

公布目的审计报告，一般是对企业股东、投资者、债权人等非特定利益关系者公布财务报表时附送的审计报告。

非公布目的审计报告，一般是为经营管理、合并或业务转让、融通资金等特定目的而实施审计的审计报告。这类审计报告是分发给特定使用者的，如经营者、合并或业务转让的关系人、提供信用的金融机构等。

（三）审计报告按详略程度，可分为简式审计报告和详式审计报告

简式审计报告，又称短式审计报告，一般是指注册会计师对应公布的财务报表所出具的简明扼要的审计报告，其反映的内容是非特定多数的利害关系人共同认为必要的审计事项，且为法律或审计准则所规定，具有标准格式。它一般适用于公布目的，具有标准审计报告的特点。

详式审计报告，又称长式审计报告，一般是指对审计对象所有重要经济业务和情况都要作详细说明和分析的审计报告。它主要用于指出企业经营管理存在的问题和帮助企业改善经营管理，其内容丰富、详细，一般适用于非公布目的，具有非标准审计报告的特点。鉴于详式审计报告反映的内容，政府审计，尤其是内部审计报告通常采用详式审计报告。

（四）审计报告按撰写主体不同，可分为内部审计报告和外部审计报告

内部审计报告是由内部审计机构或人员撰写的审计报告。内部审计报告的性质决定了其权威性不如外部审计，内部审计人员的地位也决定了内部审计报告具有一定的局限性，一般只供部门、单位领导人了解情况、经营决策之用，对外不起公证作用。但内部审计报告内容庞杂，深度、广度一般都超过外部审计报告，表达意见也比较直率。

外部审计报告按其撰写主体不同，又可分为政府审计机关的审计报告和社会中介审计组织的审计报告。政府审计机关的审计报告权威性较高。社会中介审计组织的审计报告多数是为了鉴证、证明，因此对审计人员独立性要求很高，而且要求审计人员提出的审计意见必须客观公正。此外，社会中介审计组织的审计报告还可以提供咨询意见，这就要求报告语气要委婉，措辞平和，态度诚恳，建议切实可行，切忌居高临下，泛泛而谈。

此外，还可以根据审计的内容和目的进行审计报告分类。如美国政府审计就按不同的业务内容，提供财务审计报告、鉴证业务报告和绩效审计报告，这些报告的形式、内容、质量要求、出具和分发都有不同的要求。

第三节　审计报告的基本内容

一、审计报告的基本要素

（一）标题

审计报告的标题统一规范为“审计报告”。

（二）收件人

审计报告的收件人是指注册会计师按照审计业务约定书的要求致送审计报告的对象，一般是指审计业务的委托人。审计报告应当载明收件人的全称。

注册会计师应当与委托人在审计业务约定书中约定致送审计报告的对象，以防止在此问题上发生分歧或审计报告被委托人滥用。针对整套通用目的财务报表出具的审计报告，其致送对象通常为被审计单位的全体股东或董事会。

（三）审计意见

“审计意见”的第一部分应明确指出财务报表已经审计完毕。其内容包括：

（1）指出被审计单位的名称。

（2）说明财务报表已经审计。

（3）指出构成整套财务报表的每一财务报表的名称。

（4）提及财务报表附注（包括重要会计政策和会计估计）。

（5）指明构成整套财务报表的每一财务报表的日期或涵盖的期间。

第二部分应说明注册会计师发表的审计意见。其内容包括：

财务报表是否按照适用的会计准则和相关会计制度的规定编制；是否在所有重大方面公允反映了被审计单位的财务状况、经营成果和现金流量。

当出具无保留意见的审计报告时，注册会计师应当以“我们认为”作为意见段的开头，并使用“在所有重大方面”“公允反映”等术语。

无保留意见审计报告的意见段举例如下：

一、审计意见

我们审计了 ABC 股份有限公司（以下简称“ABC 公司”）财务报表，包括 20×1 年 12 月 31 日的资产负债表，20×1 年度的利润表、现金流量表、股东权益变动表以及相关财务报表附注。

我们认为，财务报表在所有重大方面按照企业会计准则的规定编制，公允反映了 ABC

公司20×1年12月31日的合并财务状况以及20×1年度的合并经营成果和合并现金流量。”

（四）形成审计意见的基础

标题为“形成审计意见的基础”的部分，应紧接在审计意见部分之后，其内容包括：

（1）说明注册会计师按照审计准则的规定执行了审计工作。

（2）提及审计报告中用于描述审计准则规定的注册会计师责任的部分。

（3）声明注册会计师按照与审计相关的职业道德要求独立于被审计单位，并履行了职业道德方面的其他责任。声明中应当指明适用的职业道德要求，如中国注册会计师职业道德守则。

（4）说明注册会计师是否相信获取的审计证据是充分、适当的，为发表审计意见提供了基础。

（五）关键审计事项

关键审计事项是指审计人员根据职业判断，认为在当期财务报表审计中至关重要的事项。

《中国注册会计师审计准则第1504号——在审计报告中沟通关键审计事项》规定：要在上市实体整套通用目的财务报表审计报告中沟通关键审计事项。审计人员应当从与治理层沟通的事项中确定在执行审计工作时重点关注过的事项。审计人员在确定时应当考虑这些因素：①评估的重大错报风险较高的领域或识别出的特别风险；②与财务报表中涉及重大管理层判断（包括被认为具有高度估计不确定性的会计估计）的领域相关的重大审计判断；③当期重大交易或事项对审计的影响。依据上述规定确定事项后，审计人员应当从中再确定出哪些事项对当期财务报表审计最重要，进而构成关键审计事项。

在审计报告中应单设一部分，标题为“关键审计事项”，并在该部分对关键审计事项使用恰当的子标题进行逐项描述。同时，此部分的引言应对下列事项进行说明：①关键审计事项是注册会计师根据职业判断，认为对本期财务报表审计最为重要的事项；②关键审计事项的应对以对财务报表整体进行审计并形成审计意见为背景，注册会计师不对关键审计事项单独发表意见。

当在此部分对关键审计事项逐项描述时，注册会计师应当分别索引至财务报表的相关披露（如有），同时对下列内容进行说明：该事项被认定为审计中重要的事项之一，因而被确定为关键审计事项的原因；该事项在审计中是如何应对的。

导致非无保留意见的事项，或者能导致对被审计单位持续经营能力产生重大疑虑的事项或情况存在重大不确定性，虽其性质上均属于关键审计事项，但不得在审计报告的关键审计事项部分对其进行描述。这些事项在报告时，应当按照适用的审计准则规定进行，并在关键审计事项部分提及形成保留（否定）意见的基础部分或与持续经营相关的重大不确定性部分。

（六）管理层对财务报表的责任

标题为“管理层对财务报表的责任”的部分，应当说明管理层负责下列方面：

（1）按照适用的财务报告编制基础的规定编制财务报表，使其实现公允反映，并设计、执行和维护必要的内部控制，以使财务报表不存在由于舞弊或错误导致的重大错报。

（2）评估被审计单位的持续经营能力和使用持续经营假设是否适当，并披露与持续经营相关的事项（如适用）。对管理层评估责任的说明应当包括描述在何种情况下使用持续经营假设是适当的。

管理层对财务报表的责任段举例如下：

“三、管理层对财务报表的责任

编制和公允列报合并财务报表是管理层的责任，这种责任包括：①按照企业会计准则的规定编制合并财务报表，并使其实现公允反映；②设计、执行和维护必要的内部控制，以使合并财务报表不存在由于舞弊或错误导致的重大错报。”

审计报告提及的管理层责任，与在审计业务约定书中约定的责任在表述形式上应保持一致。

（七）注册会计师对财务报表审计的责任

标题为“注册会计师对财务报表审计的责任”部分的内容应包括：

（1）说明注册会计师的目标是对财务报表整体是否不存在由于舞弊或错误导致的重大错报获取合理保证，并出具包含审计意见的审计报告。

（2）说明合理保证是高水平的保证，但并不能保证按照审计准则执行的审计在某一重大错报存在时总能发现。

（3）说明错报可能由于舞弊或错误导致。此处，注册会计师应选取下列两种做法之一：描述如果合理预期错报单独或汇总起来可能影响财务报表使用者依据财务报表做出的经济决策，则通常认为错报是重大的；根据适用的财务报告编制基础，提供关于重要性的定义或描述。

（4）说明在按照审计准则执行审计工作的过程中，注册会计师运用职业判断，并保持职业怀疑。

（5）通过说明注册会计师的责任，对审计工作进行描述。

（6）说明注册会计师与治理层就计划的审计范围、时间安排和重大审计发现等事项进行沟通，包括沟通注册会计师在审计中识别的值得关注的内部控制缺陷。

（7）对于上市实体财务报表审计，指出注册会计师就已遵守与独立性相关的职业道德要求向治理层提供声明，并与治理层沟通可能被合理认为影响注册会计师独立性的所有关系和其他事项，以及相关的防范措施（如适用）。

（8）对于上市实体财务报表审计，以及决定按照《中国注册会计师审计准则第1504号——在审计报告中沟通关键审计事项》的规定沟通关键审计事项的其他情况，说明注册会计师从与治理层沟通过的事项中确定哪些事项对本期财务报表审计最为重要，因而构成关键审计事项。注册会计师应当在审计报告中描述这些事项，除非法律法规禁止公开披露这些事项，或在极少数情形下，注册会计师合理预期在审计报告中沟通某事项造成的负面后果超过在公众利益方面产生的益处，因而确定不应在审计报告中沟通该事项。

（八）按照相关法律法规的要求报告的事项（如适用）

除审计准则规定的注册会计师责任外，如果注册会计师在对财务报表出具的审计报告中履行其他报告责任，应当在审计报告中将其单独作为一部分，并以“按照相关法律法规的要求报告的事项”为标题，或使用适合于该部分内容的其他标题，除非其他报告责任涉及的事项与审计准则规定的报告责任涉及的事项相同。

（九）注册会计师的签名和盖章

审计报告应当由项目合伙人和另一名负责该项目的注册会计师签名和盖章。

注册会计师在审计报告上签名并盖章，有利于明确法律责任。

审计报告应当由两名具备相关业务资格的注册会计师签名盖章并经会计师事务所盖章方为有效。合伙会计师事务所出具的审计报告，应当由一名对审计项目负最终复核责任的合伙人和一名负责该项目的注册会计师签名盖章。有限责任会计师事务所出具的审计报告，应当由会计师事务所主任会计师或其授权的副主任会计师和一名负责该项目的注册会计师签名盖章。

（十）会计师事务所的名称、地址及盖章

审计报告应当载明会计师事务所的名称和地址，并加盖会计师事务所公章。注册会计师在审计报告中载明会计师事务所地址时，标明会计师事务所所在的城市即可。在实务中，审计报告通常载于会计师事务所统一印刷的、标有该所详细通信地址的信笺上，因此，无须在审计报告中注明详细地址。此外，根据国家工商行政管理部门的有关规定，在主管登记机关管辖区内，已登记注册的企业名称不得相同。因此，在同一地区内不会出现重名的会计师事务所。

（十一）报告日期

审计报告应当注明报告日期。审计报告的日期不应早于注册会计师获取充分、适当的审计证据（包括管理层认可对财务报表的责任且已批准财务报表的证据），并在此基础上对财务报表形成审计意见的日期。在确定审计报告日期时，注册会计师应当确信已获取下列两方面的审计证据：①构成整套财务报表的所有报表（包括相关附注、披露）已编制完成；②被审计单位的董事会、管理层或类似机构已经认可其对财务报表负责。

注册会计师签署审计报告的日期通常与管理层签署已审计财务报表的日期为同一天，或晚于管理层签署已审计财务报表的日期。

二、审计报告的编写要求

不同的审计种类，由于审计目标、对象范围不同，审计报告的写法也有所不同。就其基本要求，有以下四个方面。

（一）逻辑结构方面的要求

一份好的审计报告，必须结构严谨，逻辑关系清楚。就一般审计报告而言，应有如下要求：

（1）审计报告标题必须反映被审计单位的名称和审计类型及主要目标。

（2）基本情况和审计概况要写明审计的授权人或委托人、审计具体目标和任务、审计内容和范围、审计的具体程序和方法，以及对被审计单位基本情况的概述。

（3）审计报告的具体内容中要对审计结果进行全面的陈述，并提出审计人员对被审计单位的处理意见、审计建议和其他需要说明的问题。并且应该按重要性排列反映审计的结果、审计意见、审计建议和其他问题。

（二）内容方面的要求

审计报告内容主要是指审计报告所反映的情况和提出的审计意见及建议等。审计报告反映内容的基本要求主要有：

（1）事实清楚，证据确凿。审计报告中的一切事实材料，必须经过反复查证，来龙去脉清楚；用以证明被审计事项的证据，必须做到充分有力。未证实的材料不能写入审计报告，以免引起审计纠纷，影响审计的声誉和权威。

（2）内容完整，反映全面。审计查实的问题，除了相关性不强的细小问题外，审计人员有责任作全面的反映，但要注意分清主次，突出重点问题，即做到全面性与重点性相结合。

（3）评价公正，定性准确。审计作出的评价，一要正确、公正，二要经过审计查证。审计报告的评价不能将“据闻”“据说”的情况不经过审计核实就作出审计评价，也不能将别的部门的评价不经分析查证就转引。审计评价要实事求是、客观公正，要一分为二地评价被审计单位，既要肯定成绩，又要指出存在的问题和不足。

审计人员要对评价的准确性、公正性负责。准确性是指需要用正确的标尺来衡量事实，即以法律、法规、政策的规定，以及会计准则、财务通则和其他理论为依据进行定性。在定性比较困难的情况下，可将其危害性、造成的后果用写实的方法进行表达，以助于他人正确理解其性质。

（4）处理恰当，建议可行。审计处理要谨慎恰当，要从实际出发，实事求是，宽严适度，并对照审计标准提出恰如其分的审计意见。审计建议应明确、具体，具有针对性、可行性，便于被审计单位认真执行。

（三）行文方面的要求

审计报告的行文要力求做到规范化。根据审计报告的特点，行文方面主要有以下几个方面的规范要求：

（1）文题相符，概念清楚。审计报告中组织名称、被审计单位的名称、审计内容、审计文书名称等要素一应俱全。同时，审计报告不应是简单的概念罗列，更不能偷换、混淆概念，在列举同一对象概念时，在审计报告中要保持一致。

（2）措辞恰当，有理有据。对事实表达方面的措辞及对问题定性时使用的措辞要适当、确切。措辞要符合法规上的统一提法，以及一些约定俗成的习惯用法，要从实际出发，区分具体情况。对审查出来的问题，不能先入为主，不能乱扣帽子。

（3）层次清楚，行文简练。审计报告要注意撰写技巧，要做到简洁明了、层次清楚、表达准确、行文简练，做到“有话则长，无话则短”。

（四）时间方面的要求

审计组应于审计终了后15日内提出审计报告；特殊情况下，经批准，提出审计报告的时间可以适当延长。

第四节　审计报告的参考格式

一、标准审计报告格式

［参考格式12－1］

审计报告

ABC股份有限公司全体股东：

一、对财务报表出具的审计报告

（一）审计意见

我们审计了ABC股份有限公司（以下简称“ABC公司”）财务报表，包括20×1年12月31日的资产负债表，20×1年度的利润表、现金流量表、股东权益变动表以及相关财务报表附注。

我们认为，后附的财务报表在所有重大方面按照企业会计准则的规定编制，公允反映了ABC公司20×1年12月31日的财务状况以及20×1年度的经营成果和现金流量。

（二）形成审计意见的基础

我们按照中国注册会计师审计准则的规定执行了审计工作。审计报告的“注册会计师对财务报表审计的责任”部分进一步阐述了我们在这些准则下的责任。按照中国注册会计师职业道德守则，我们独立于ABC公司，并履行了职业道德方面的其他责任。我们相信，我们获取的审计证据是充分、适当的，为发表审计意见提供了基础。

（三）关键审计事项

关键审计事项是根据我们的职业判断，认为对本期财务报表审计最为重要的事项。这些事项是在对财务报表整体进行审计并形成审计意见的背景下进行处理的，我们不对这些事项提供单独的意见。

［按照《中国注册会计师审计准则第1504号——在审计报告中沟通关键审计事项》的

规定描述每一关键审计事项。]

（四）其他信息

[按照《中国注册会计师审计准则第1521号——注册会计师对其他信息的责任》的规定报告。]

（五）管理层和治理层对财务报表的责任

管理层负责按照适用的财务报告编制基础的规定编制财务报表，使其实现公允反映，并设计、执行和维护必要的内部控制，以使财务报表不存在由于舞弊或错误导致的重大错报。

在编制财务报表时，管理层负责评估ABC公司的持续经营能力，披露与持续经营相关的事项（如适用），并运用持续经营假设，除非计划清算ABC公司、停止运营或别无其他现实的选择。

治理层负责监督ABC公司的财务报告过程。

（六）注册会计师对财务报表审计的责任

我们的目标是对财务报表整体是否不存在由于舞弊或错误导致的重大错报获取合理保证，并出具包含审计意见的审计报告。合理保证是高水平的保证，但并不能保证按照审计准则执行的审计在某一重大错报存在时总能发现。错报可能由于舞弊或错误导致，如果合理预期错报单独或汇总起来可能影响财务报表使用者依据财务报表做出的经济决策，则通常认为错报是重大的。

在按照审计准则执行审计的过程中，我们运用了职业判断，保持了职业怀疑。同时，我们也执行下列工作：

(1) 识别和评估由于舞弊或错误导致的财务报表重大错报风险；对这些风险有针对性地设计和实施审计程序；获取充分、适当的审计证据，作为发表审计意见的基础。由于舞弊可能涉及串通、伪造、故意遗漏、虚假陈述或凌驾于内部控制之上，未能发现由于舞弊导致的重大错报的风险高于未能发现由于错误导致的重大错报的风险。

(2) 了解与审计相关的内部控制，以设计恰当的审计程序，但目的并非对内部控制的有效性发表意见。

(3) 评价管理层选用会计政策的恰当性和做出会计估计及相关披露的合理性。

(4) 对管理层使用持续经营假设的恰当性得出结论。同时，根据获取的审计证据，就可能导致对ABC公司持续经营能力产生重大疑虑的事项或情况是否存在重大不确定性得出结论。如果我们得出结论认为存在重大不确定性，审计准则要求我们在审计报告中提请报表使用者关注财务报表中的相关披露；如果披露不充分，我们应当发表非无保留意见。我们的结论基于截至审计报告日可获得的信息。然而，未来的事项或情况可能导致ABC公司不能持续经营。

(5) 评价财务报表的总体列报（包括披露）、结构和内容，并评价财务报表是否公允反映相关交易和事项。

我们与治理层就计划的审计范围、时间安排和重大审计发现等事项进行沟通，包括沟通我们在审计中识别的值得关注的内部控制缺陷。

我们还就已遵守与独立性的相关职业道德要求向治理层提供声明，并就可能被合理认为影响我们独立性的所有关系和其他事项，以及相关的防范措施（如适用）与治理层进行沟通。

从与治理层沟通的事项中，我们确定哪些事项对本期财务报表审计最为重要，因而构成关键审计事项。我们在审计报告中描述这些事项，除非法律法规禁止公开披露这些事项，或在极少数的情形下，如果合理预期在审计报告中沟通某事项造成的负面后果超过在公众利益方面产生的益处，我们确定不应在审计报告中沟通该事项。

二、按照相关法律法规的要求报告的事项

[本部分的格式和内容，取决于法律法规对其他报告责任的性质的规定。法律法规规范的事项（其他报告责任）应当在本部分处理，除非其他报告责任与审计准则所要求的报告责任涉及的事项相同。如果涉及相同的事项，其他报告责任可以在审计准则规定的同一报告要素部分列示。当其他报告责任和审计准则规定的报告责任涉及同一事项，并且审计报告中的措辞能够将其他报告责任与审计准则规定的责任予以清楚地区分（如差异存在）时，允许将两者合并列示（即包含在“对财务报表出具的审计报告”部分中，并使用适当的副标题）。]

××会计师事务所　　　　　　　　中国注册会计师：×××（项目合伙人）
（盖章）　　　　　　　　　　　　（签名并盖章）
　　　　　　　　　　　　　　　　中国注册会计师：×××
　　　　　　　　　　　　　　　　（签名并盖章）

中国××市　　　　　　　　　　　　二〇×二年×月×日

二、非标准审计报告格式

非标准审计报告是指标准审计报告以外的其他审计报告。非无保留意见的审计报告包括保留意见的审计报告、否定意见的审计报告和无法表示意见的审计报告。

注册会计师发表非无保留意见时，针对发表具体意见的不同情况，应对审计报告要素内容的相关部分进行不同修改：

（1）当发表“保留意见”或“否定意见”时，应修改“形成无保留意见的基础”部分的描述，使其能够说明：注册会计师相信其已获取的审计证据是充分适当的，且为发表非无保留意见提供了基础。

（2）当注册会计师对财务报表发表“无法表示意见”时，应修改下列内容：

①修改无保留意见审计报告中“形成审计意见的基础”部分，不应提及审计报告中用于描述注册会计师责任的部分，也不应说明注册会计师是否已获取充分适当的审计证据，以作为形成审计意见的基础。

②修改无保留意见的审计报告中“注册会计师对财务报表审计的责任”部分，使其仅

包含此类内容：注册会计师的责任是按照中国注册会计师审计准则的规定，对被审计单位财务报表执行审计工作，以出具审计报告；但由于形成无法表示意见的基础部分所述的事项，注册会计师无法获取充分适当的审计证据以作为发表审计意见的基础；声明注册会计师在独立性和职业道德方面的其他责任。

（3）当由于无法获取充分适当的审计证据和发表“无法表示意见”时，应修改审计报告的意见段，用以说明：注册会计师接收委托审计财务报表；其不对后附的财务报表发表审计意见；由于形成无法表示意见的基础部分所述事项的重要性，注册会计师无法获取充分适当的审计证据，以作为对财务报表发表审计意见的基础。

1. 带强调事项段的无保留意见审计报告

带强调事项段的无保留意见审计报告指注册会计师在出具无保留审计意见后增加对重大事项予以强调的段落，强调报表使用人应该予以关注，强调事项段不影响注册会计师发表的审计意见。

如果在审计报告中增加强调事项段，注册会计师应当做到：①将强调事项段作为单独一部分置于审计报告中，并使用包含“强调事项”这一术语的适当标题；②明确提及被强调事项以及相关披露的位置，以便能够在财务报表中找到对该事项的详细描述。强调事项段应当仅提及已在财务报表中列报或披露的信息；③指出审计意见没有因该强调事项而改变。

在审计意见后，注册会计师增加强调事项段不影响已发表的审计意见，只是提醒报表使用者关注这些事项，不是为减轻自身责任所做的开脱。具体包括以下内容：①异常诉讼或监管行动的未来结果存在不确定性；②提前应用（在允许的情况下）对财务报表有广泛影响的新会计准则；③存在已经或持续对被审计单位财务状况产生重大影响的特大灾难；④相关部门要求采用的财务报告编制基础不可接受，管理层同意在财务报表中做出额外披露时；⑤强调可能导致对持续经营能力产生重大疑虑的事项或情况存在重大不确定性的事实，并提醒财务报表使用者关注财务报表附注中的相关披露；⑥提醒审计报告使用者关注财务报表按照特殊目的编制基础编制；⑦审计报告日之后注册会计师知悉某些事实（期后事项），且据此出具新的审计报告或修改原审计报告。

带强调事项段的审计报告格式如下：

[参考格式 12-2]

审计报告

ABC 股份有限公司全体股东：

一、对财务报表出具的审计报告

[“（一）审计意见”至“（二）形成审计意见的基础”参见标准审计报告相关段落表述及前述应修改相关内容。]

（三）强调事项

我们提醒财务报表使用者关注，如财务报表附注×所述，ABC 公司在 20×1 年发生亏损××万元，在20×1年12月31日，流动负债高于流动资产××万元。ABC公司已在财务报表附注×充分披露了拟采取的改善措施，但其持续经营能力仍然存在重大不确定性。

本段内容不影响已发表的审计意见。

（四）管理层和治理层对财务报表的责任

［按照《中国注册会计师审计准则第1501号——对财务报表形成审计意见和出具审计报告》的规定报告，参见标准审计报告相关段落表述。］

（五）注册会计师对财务报表审计的责任

［按照《中国注册会计师审计准则第1501号——对财务报表形成审计意见和出具审计报告》的规定报告，参见标准审计报告相关段落表述。］

二、按照相关法律法规的要求报告的事项

［按照《中国注册会计师审计准则第1501号——对财务报表形成审计意见和出具审计报告》的规定报告，参见标准审计报告相关段落表述。］

××会计师事务所　　　　中国注册会计师：×××（项目合伙人）

（盖章）　　　　（签名并盖章）

中国注册会计师：×××

（签名并盖章）

中国××市　　　　二〇×二年×月×日

2. 保留意见的审计报告

（1）保留意见的含义。保留意见是指注册会计师对财务报表的反映有所保留的审计意见。一般是由于某些事项的存在，使无保留意见的条件不完全具备，影响了被审计财务报表的表达，因而注册会计师对无保留意见加以修正，对影响事项提出保留意见，并表示对该意见负责。

（2）保留意见的发表。存在下列情形之一时，发表保留意见：①在获取充分、适当的审计证据后，注册会计师认为错报单独或汇总起来对财务报表影响重大，但不具有广泛性；②注册会计师无法获取充分、适当的审计证据以作为形成审计意见的基础，但认为未发现的错报（如存在）对财务报表可能产生的影响重大，但不具有广泛性。

（3）保留意见的出具。当由于财务报表存在重大错报而发表保留意见时，注册会计师应当在审计意见部分说明：注册会计师认为，除形成保留意见的基础部分所述事项产生的影响外，后附的财务报表在所有重大方面按照适用的财务报告编制基础编制，公允反映了［……］。

当无法获取充分、适当的审计证据而导致发表保留意见时，注册会计师应当在审计意见段中使用“除……可能产生的影响外”等措辞。当注册会计师发表保留意见时，在审计意见段中使用“由于上述解释”或“受……影响”等措辞是不恰当的，因为这些措辞不够清晰或没有足够的说服力。

应当指出的是，只有当注册会计师认为财务报表就其整体而言是公允的，但还存在对财务报表产生重大影响的情形，才能出具保留意见的审计报告。如果注册会计师认为所报告的情形对财务报表产生的影响极为严重，则应出具否定意见的审计报告或无法表示意见的审计报告。因此，保留意见的审计报告被视为注册会计师在不能出具无保留意见的审计报告情况下最不严厉的审计报告。

（4）保留意见审计报告格式：

①因财务报表存在重大错报而出具的保留意见审计报告。

[参考格式 12 - 3]

审计报告

ABC 股份有限公司全体股东：

一、对财务报表出具的审计报告

（一）保留意见

我们审计了 ABC 股份有限公司（以下简称“ABC 公司”）财务报表，包括 20×1 年 12 月 31 日的资产负债表，20×1 年度的利润表、现金流量表和股东权益变动表以及相关财务报表附注。

我们认为，除“形成保留意见的基础”部分所述事项产生的影响外，后附的财务报表在所有重大方面按照企业会计准则的规定编制，公允反映了 ABC 公司 20×1 年 12 月 31 日的财务状况以及 20×1 年度的经营成果和现金流量。

（二）形成保留意见的基础

ABC 公司 20×1 年 12 月 31 日资产负债表中存货的列示金额为×元。ABC 公司管理层（以下简称“管理层”）根据成本对存货进行计量，而没有根据成本与可变现净值孰低的原则进行计量，这不符合企业会计准则的规定。ABC 公司的会计记录显示，如果管理层以成本与可变现净值孰低来计量存货，存货列示金额将减少×元。相应地，资产减值损失将增加×元，所得税、净利润和股东权益将分别减少×元、×元和×元。

我们按照中国注册会计师审计准则的规定执行了审计工作。审计报告的“注册会计师对财务报表审计的责任”部分进一步阐述了我们在这些准则下的责任。按照中国注册会计师职业道德守则，我们独立于 ABC 公司，并履行了职业道德方面的其他责任。我们相信，我们获取的审计证据是充分、适当的，为发表保留意见提供了基础。

（三）其他信息

[按照《中国注册会计师审计准则第 1521 号——注册会计师对其他信息的责任》的规定报告。]

（四）关键审计事项

关键审计事项是根据我们的职业判断，认为对本期财务报表审计最为重要的事项。这些事项是在对财务报表整体进行审计并形成意见的背景下进行处理的，我们不对这些事项提供单独的意见。除“形成保留意见的基础”部分所述事项外，我们确定下列事项是需要在审计报告中沟通的关键审计事项。

[按照《中国注册会计师审计准则第1504号——在审计报告中沟通关键审计事项》的规定描述每一关键审计事项。]

（五）管理层和治理层对财务报表的责任

[按照《中国注册会计师审计准则第1501号——对财务报表形成审计意见和出具审计报告》的规定报告，参见标准审计报告相关段落表述。]

（六）注册会计师对财务报表审计的责任

[按照《中国注册会计师审计准则第1501号——对财务报表形成审计意见和出具审计报告》的规定报告，参见标准审计报告相关段落表述。]

二、按照相关法律法规的要求报告的事项

[按照《中国注册会计师审计准则第1501号——对财务报表形成审计意见和出具审计报告》的规定报告，参见标准审计报告相关段落表述。]

××会计师事务所　　　　　　　　　　中国注册会计师：×××（项目合伙人）

（盖章）　　　　　　　　　　　　　　　　（签名并盖章）

中国注册会计师：×××

（签名并盖章）

中国××市　　　　　　　　　　　　　　　　二〇×二年×月×日

②因无法获取充分、适当的审计证据而出具的保留意见审计报告。

[参考格式12-4]

审计报告

ABC股份有限公司全体股东：

一、对合并财务报表出具的审计报告

（一）保留意见

我们审计了ABC股份有限公司及其子公司（以下简称“ABC集团”）合并财务报表，包括20×1年12月31日的合并资产负债表，20×1年度的合并利润表、合并现金流量表、合并股东权益变动表以及相关合并财务报表附注。

我们认为，除“形成保留意见的基础”部分所述事项可能产生的影响外，后附的合并财务报表在所有重大方面按照××财务报告编制基础的规定编制，公允反映了ABC集团20×1年12月31日的合并财务状况以及20×1年度的合并经营成果和合并现金流量。

（二）形成保留意见的基础

如财务报表附注×所述，ABC集团于20×1年取得了境外XYZ公司30%的股权，因能够对XYZ公司施加重大影响，故采用权益法核算该项股权投资，于20×1年度确认对XYZ公司的投资收益×元，该项股权投资于20×1年12月31日在合并资产负债表上反映的账面价值为×元。由于我们未被允许接触XYZ公司的财务信息、管理层和执行XYZ公司审计的注册会计师，我们无法就该项股权投资的账面价值以及ABC集团确认的20×1年度对XYZ公司的投资收益获取充分、适当的审计证据，也无法确定是否有必要对这些金额进行调整。

我们按照中国注册会计师审计准则的规定执行了审计工作。审计报告的“注册会计师对合并财务报表审计的责任”部分进一步阐述了我们在这些准则下的责任。按照中国注册会计师职业道德守则，我们独立于ABC集团，并履行了职业道德方面的其他责任。我们相信，我们获取的审计证据是充分、适当的，为发表保留意见提供了基础。

（三）其他信息

[按照《中国注册会计师审计准则第1521号——注册会计师对其他信息的责任》的规定报告。]

（四）关键审计事项

关键审计事项是根据我们的职业判断，认为对本期财务报表审计最为重要的事项。这些事项是在对财务报表整体进行审计并形成意见的背景下进行处理的，我们不对这些事项提供单独的意见。除“形成保留意见的基础”部分所述事项外，我们确定下列事项是需要在审计报告中沟通的关键审计事项。

[按照《中国注册会计师审计准则第1504号——在审计报告中沟通关键审计事项》的规定描述每一关键审计事项。]

（五）管理层和治理层对合并财务报表的责任

[按照《中国注册会计师审计准则第1501号——对财务报表形成审计意见和出具审计报告》的规定报告，参见标准审计报告相关段落表述。]

（六）注册会计师对合并财务报表审计的责任

[按照《中国注册会计师审计准则第1501号——对财务报表形成审计意见和出具审计报告》的规定报告，参见标准审计报告相关段落表述。]

二、按照相关法律法规的要求报告的事项

[按照《中国注册会计师审计准则第1501号——对财务报表形成审计意见和出具审计报告》的规定报告，参见标准审计报告相关段落表述。]

××会计师事务所 中国注册会计师：×××（项目合伙人）

（盖章） （签名并盖章）

中国注册会计师：×××

（签名并盖章）

中国××市 二〇×二年×月×日

③因财务报表披露不充分而出具的保留意见审计报告。

[参考格式12－5]

审计报告

ABC股份有限公司全体股东：

一、对财务报表出具的审计报告

（一）保留意见

我们审计了ABC股份有限公司（以下简称“ABC公司”）财务报表，包括20×1年12月31日的资产负债表，20×1年度的利润表、现金流量表和股东权益变动表以及相关财务报表附注。

我们认为，除“形成保留意见的基础”部分所述事项产生的影响外，后附的财务报表在所有重大方面按照企业会计准则的规定编制，公允反映了ABC公司20×1年12月31日的财务状况以及20×1年度的经营成果和现金流量。

（二）形成保留意见的基础

20×1年12月15日，ABC公司将账面价值为×万元的存货作为抵押品，向×银行借款×万元，但未在财务报表中对抵押事项予以披露。

我们按照中国注册会计师审计准则的规定执行了审计工作。审计报告的“注册会计师对财务报表审计的责任”部分进一步阐述了我们在这些准则下的责任。按照中国注册会计师职业道德守则，我们独立于ABC公司，并履行了职业道德方面的其他责任。我们相信，我们获取的审计证据是充分、适当的，为发表保留意见提供了基础。

（三）关键审计事项

关键审计事项是根据我们的职业判断，认为对本期财务报表审计最为重要的事项。这些事项是在对财务报表整体进行审计并形成意见的背景下进行处理的，我们不对这些事项提供单独的意见。除“形成保留意见的基础”部分所述事项外，我们确定下列事项是需要在审计报告中沟通的关键审计事项。

[按照《中国注册会计师审计准则第1504号——在审计报告中沟通关键审计事项》的规定描述每一关键审计事项。]

（四）管理层和治理层对财务报表的责任

[按照《中国注册会计师审计准则第1501号——对财务报表形成审计意见和出具审计报告》的规定报告，参见标准审计报告相关段落表述。]

（五）注册会计师对财务报表审计的责任

[按照《中国注册会计师审计准则第1501号——对财务报表形成审计意见和出具审计报告》的规定报告，参见标准审计报告相关段落表述。]

二、按照相关法律法规的要求报告的事项

[按照《中国注册会计师审计准则第1501号——对财务报表形成审计意见和出具审计报告》的规定报告，参见标准审计报告相关段落表述。]

××会计师事务所　　　　　　　　　　中国注册会计师：×××（项目合伙人）
（盖章）　　　　　　　　　　　　　　　　（签名并盖章）
　　　　　　　　　　　　　　　　　　中国注册会计师：×××
　　　　　　　　　　　　　　　　　　　　（签名并盖章）

中国××市　　　　　　　　　　　　　　　　　二〇×二年×月×日

④因审计范围受到限制而出具的保留意见审计报告。

[参考格式 12－6]

审计报告

ABC 股份有限公司全体股东：

一、对财务报表出具的审计报告

（一）保留意见

我们审计了 ABC 股份有限公司（以下简称“ABC 公司”）财务报表，包括 20×1 年 12 月 31 日的资产负债表，20×1 年度的利润表、现金流量表和股东权益变动表以及相关财务报表附注。

我们认为，除“形成保留意见的基础”部分所述事项产生的影响外，后附的财务在所有重大方面按照企业会计准则的规定编制，公允反映了 ABC 公司 20×1 年 12 月 31 日的财务状况以及 20×1 年度的经营成果和现金流量。

（二）形成保留意见的基础

ABC 公司 20×1 年 12 月 31 日的应收账款余额为×万元，占资产总额的×%。但由于 ABC 公司未能提供债务人地址，我们无法实施函证，且无法实施其他审计程序，以获取充分、适当的审计证据。

我们按照中国注册会计师审计准则的规定执行了审计工作。审计报告的“注册会计师对财务报表审计的责任”部分进一步阐述了我们在这些准则下的责任。按照中国注册会计师职业道德守则，我们独立于 ABC 公司，并履行了职业道德方面的其他责任。我们相信，我们获取的审计证据是充分、适当的，为发表保留意见提供了基础。

（三）关键审计事项

关键审计事项是根据我们的职业判断，认为对本期财务报表审计最为重要的事项。这些事项是在对财务报表整体进行审计并形成意见的背景下进行处理的，我们不对这些事项提供单独的意见。除“形成保留意见的基础”部分所述事项外，我们确定下列事项是需要在审计报告中沟通的关键审计事项。

[按照《中国注册会计师审计准则第 1504 号——在审计报告中沟通关键审计事项》的规定描述每一关键审计事项。]

（四）管理层和治理层对财务报表的责任

[按照《中国注册会计师审计准则第 1501 号——对财务报表形成审计意见和出具审计

报告》的规定报告，参见标准审计报告相关段落表述。]

（五）注册会计师对财务报表审计的责任

[按照《中国注册会计师审计准则第1501号——对财务报表形成审计意见和出具审计报告》的规定报告，参见标准审计报告相关段落表述。]

二、按照相关法律法规的要求报告的事项

[按照《中国注册会计师审计准则第1501号——对财务报表形成审计意见和出具审计报告》的规定报告，参见标准审计报告相关段落表述。]

××会计师事务所　　　　　　　　中国注册会计师：×××（项目合伙人）

（盖章）　　　　　　　　　　　　（签名并盖章）

中国注册会计师：×××

（签名并盖章）

中国××市　　　　　　　　　　　　二〇×二年×月×日

[同步案例12-1]

审计范围受限时的考虑

背景与情境：

某会计师事务所于2022年1月20日接受甲公司委托对其实施2021年度审计业务。甲公司是一家电脑销售企业，注册会计师小张带领审计项目组于当日进驻甲公司后，发现该公司仓库存货已于2021年12月31日盘点完毕，由于存货数量巨大，被审计单位拒绝重新盘点存货，注册会计师也无法实施存货监盘。审计工作按预先设定时间实施后，负责其他项目审计的项目组其他成员反馈的情况是，除存货外的其他项目都取得充分、适当的审计证据，不存在问题。由此，项目组负责人注册会计师小张认为，尽管报表上显示存货金额占资产总额的30%左右，但被审计单位报告年度末刚实施过存货盘点，盘点记录也比较齐全，因此不再对存货实施监盘而直接予以认定，决定出具标准审计报告。

问题：注册会计师小张决定出具标准审计报告是否合适？为什么？

分析提示：

注册会计师职业道德守则要求注册会计师在执业过程中要保持职业谨慎，收集到充分、适当的审计证据后才能形成审计意见。案例中项目组由于审计范围受限，无法实施存货监盘，对占资产总额30%左右的存货项目无法获取充分、适当的审计证据，就不能形成审计意见。审计准则要求，在承接审计业务后，如果注意到管理层对审计范围施加了限制，且认为这些限制可能导致对财务报表发表保留意见或无法表示意见，注册会计师应当要求管理层消除这些限制。如果管理层拒绝消除限制，除非治理层全部成员参与管理被审计单位，注册会计师应当就此事项与治理层沟通，并确定能否实施替代程序以获取充分、适当的审计证据。如果无法获取充分、适当的审计证据，注册会计师应当通过下列方式确定其影响：①如果未发现的错报（如存在）可能对财务报表产生的影响重大，但不具有广泛性，应当发表保留意见。②如果未发现的错报（如存在）可能对财务报表产生的影响重大且具有广泛性，以至于发表保留意见不足以反映情况的严重性，应当在可行时解除业务约定（除非法律法规禁止）。注册会计师应当在解除业务约定前，与治理层沟通在审计过程中发现的、将会导致发表非无保留意见的所有错报事项。③如果在出具审计报告之前解除业务约定被禁止或不可行，应当发表无法表示意见。

3. 否定意见的审计报告

（1）否定意见的含义。否定意见是指与无保留意见相反，注册会计师提出否定财务报表公允地反映被审计单位财务状况、经营成果和现金流量的审计意见。

（2）否定意见的发表。注册会计师经过审计，获取充分、适当的审计证据后，如果认为错报单独或汇总起来对财务报表的影响重大且具有广泛性，应当出具否定意见的审计报告。

（3）否定意见的出具。当出具否定意见的审计报告时，注册会计师应当在审计部分说明：注册会计师认为，由于形成否定意见的基础部分所述事项的重要性，后附的财务报表没有在所有重大方面按照适当的财务报告编制基础，未能公允反映［……］。

（4）否定意见的审计报告格式。

［参考格式 12－7］

审计报告

ABC 股份有限公司全体股东：

一、对合并财务报表出具的审计报告

（一）否定意见

我们审计了 ABC 股份有限公司及其子公司（以下简称“ABC 集团”）的合并财务报表，包括 20×1 年 12 月 31 日的合并资产负债表，20×1 年度的合并利润表、合并现金流量表、合并股东权益变动表以及相关合并财务报表附注。

我们认为，由于“形成否定意见的基础”部分所述事项的重要性，后附的合并财务报表没有在所有重大方面按照××财务报告编制基础的规定编制，未能公允反映 ABC 集团 20×1 年 12 月 31 日的合并财务状况以及 20×1 年度的合并经营成果和合并现金流量。

（二）形成否定意见的基础

如财务报表附注×所述，20×1 年，ABC 集团通过非同一控制下的企业合并获得对 XYZ 公司的控制权，因未能取得购买日 XYZ 公司某些重要资产和负债的价值，故未将 XYZ 公司纳入合并财务报表的范围。按照××财务报告编制基础的规定，该集团应将这一子公司纳入合并范围，并以暂估金额为基础核算该项收购。如果将 XYZ 公司纳入合并财务报表的范围，后附的 ABC 集团合并财务报表的多个报表项目将受到重大影响。但我们无法确定未将 XYZ 公司纳入合并范围对合并财务报表产生的影响。

我们按照中国注册会计师审计准则的规定执行了审计工作。审计报告的“注册会计师对合并财务报表审计的责任”部分进一步阐述了我们在这些准则下的责任。按照中国注册会计师职业道德守则，我们独立于ABC集团，并履行了职业道德方面的其他责任。我们相信，我们获取的审计证据是充分、适当的，为发表否定意见提供了基础。

（三）其他信息

［按照《中国注册会计师审计准则第1521号——注册会计师对其他信息的责任》的规定报告。］

（四）关键审计事项

除“形成否定意见的基础”部分所述事项外，我们认为，没有其他需要在审计报告中沟通的关键审计事项。

（五）管理层和治理层对合并财务报表的责任

［按照《中国注册会计师审计准则第1501号——对财务报表形成审计意见和出具审计报告》的规定报告，参见标准审计报告相关段落表述。］

（六）注册会计师对合并财务报表审计的责任

［按照《中国注册会计师审计准则第1501号——对财务报表形成审计意见和出具审计报告》的规定报告，参见标准审计报告相关段落表述。］

二、按照相关法律法规的要求报告的事项

［按照《中国注册会计师审计准则第1501号——对财务报表形成审计意见和出具审计报告》的规定报告，参见标准审计报告相关段落表述。］

××会计师事务所　　　　中国注册会计师：×××（项目合伙人）

（盖章）　　　　（签名并盖章）

中国注册会计师：×××

（签名并盖章）

中国××市　　　　二〇×二年×月×日

4. 无法表示意见的审计报告

（1）无法表示意见的含义。无法表示意见是指注册会计师说明其对被审计单位的财务报表不能发表意见，也即对财务报表不能发表包括无保留、保留和否定的审计意见。

（2）无法表示意见的发表。存在下列情形时，可以发表无法表示意见：

①无法获取充分、适当的审计证据以作为形成审计意见的基础，且认为未发现的错报（如存在）对财务报表可能产生的影响非常重大且广泛。

②在极其特殊的情况下，可能存在多个不确定事项，即使注册会计师对每个单独的不确定事项获取了充分、适当的审计证据，但由于不确定事项之间可能存在相互影响，以及可能对财务报表产生累积影响，注册会计师不可能对财务报表形成审计意见。

（3）无法表示意见的出具。当由于无法获取充分、适当的审计证据而发表无法表示意见时，注册会计师应当在审计意见部分说明：由于“形成无法表示意见的基础”部分所述事项的重要性，注册会计师无法获取充分、适当的审计证据以为发表审计意见提供基础，因此，注册会计师不对这些财务报表发表审计意见。

无法表示意见不同于否定意见，它通常仅适用于注册会计师不能获取充分、适当的审计证据。如果注册会计师发表否定意见，必须获取充分、适当的审计证据。无论是无法表示意见还是否定意见，都只有在非常严重的情形下方可采用。

（4）无法表示意见的审计报告格式。

①因注册会计师无法针对合并财务报表单一要素获取充分、适当的审计证据而出具无法表示意见的审计报告。

[参考格式12-8]

审计报告

ABC股份有限公司全体股东：

一、对合并财务报表出具的审计报告

（一）无法表示意见

我们接受委托，审计ABC股份有限公司及其子公司（以下简称“ABC集团”）合并财务报表，包括20×1年12月31日的合并资产负债表，20×1年度的合并利润表、合并现金流量表、合并股东权益变动表以及相关合并财务报表附注。

我们不对后附的ABC集团合并财务报表发表审计意见。由于“形成无法表示意见的基础”部分所述事项的重要性，我们无法获取充分、适当的审计证据以作为对合并财务报表发表审计意见的基础。

（二）形成无法表示意见的基础

ABC集团对共同经营XYZ公司享有的利益份额在该集团的合并资产负债表中的金额（资产扣除负债后的净影响）为×元，占该集团20×1年12月31日净资产的90%以上。我们未被允许接触XYZ公司的管理层和注册会计师，包括XYZ公司注册会计师的审计工作底稿。因此，我们无法确定是否有必要对XYZ公司资产中ABC集团共同控制的比例份额、XYZ公司负债中ABC集团共同承担的比例份额、XYZ公司收入和费用中ABC集团的比例份额，以及合并现金流量表和合并股东权益变动表中的要素做出调整。

（三）管理层和治理层对合并财务报表的责任

[按照《中国注册会计师审计准则第1501号——对财务报表形成审计意见和出具审计报告》的规定报告，参见标准审计报告相关段落表述。]

（四）注册会计师对合并财务报表审计的责任

我们的责任是按照中国注册会计师审计准则的规定，对ABC集团的合并财务报表执行审计工作，以出具审计报告。但由于“形成无法表示意见的基础”部分所述的事项，我们无法获取充分、适当的审计证据以作为发表审计意见的基础。

按照中国注册会计师职业道德守则，我们独立于ABC集团，并履行了职业道德方面的其他责任。

二、按照相关法律法规的要求报告的事项

[按照《中国注册会计师审计准则第1501号——对财务报表形成审计意见和出具审计

报告》的规定报告，参见标准审计报告相关段落表述。]

××会计师事务所　　　　　　　　　　中国注册会计师：×××（项目合伙人）
（盖章）　　　　　　　　　　　　　　（签名并盖章）
　　　　　　　　　　　　　　　　　　中国注册会计师：×××
　　　　　　　　　　　　　　　　　　（签名并盖章）

中国××市　　　　　　　　　　　　　　二〇×二年×月×日

②因注册会计师无法针对财务报表多个要素获取充分、适当的审计证据而出具无法表示意见的审计报告。

[参考格式 12-9]

审计报告

ABC 股份有限公司全体股东：

一、对财务报表出具的审计报告

（一）无法表示意见

我们接受委托，审计 ABC 股份有限公司（以下简称“ABC 公司”）财务报表，包括 20×1 年 12 月 31 日的资产负债表，20×1 年度的利润表、现金流量表、股东权益变动表以及相关财务报表附注。

我们不对后附的 ABC 公司财务报表发表审计意见。由于“形成无法表示意见的基础”部分所述事项的重要性，我们无法获取充分、适当的审计证据以作为对财务报表发表审计意见的基础。

（二）形成无法表示意见的基础

我们于 20×2 年 1 月接受委托审计 ABC 公司财务报表，因而未能对 ABC 公司 20×1 年初金额为×元的存货和年末金额为×元的存货实施监盘程序。此外，我们也无法实施替代审计程序获取充分、适当的审计证据。并且，ABC 公司于 20×1 年 9 月采用新的应收账款电算化系统，由于存在系统缺陷导致应收账款出现大量错误。截至报告日，ABC 公司管理层（以下简称“管理层”）仍在纠正系统缺陷并更正错误，我们也无法实施替代审计程序，以对截至 20×1 年 12 月 31 日的应收账款总额×元获取充分、适当的审计证据。因此，我们无法确定是否有必要对存货、应收账款以及财务报表其他项目做出调整，也无法确定应调整的金额。

（三）管理层和治理层对财务报表的责任

[按照《中国注册会计师审计准则第 1501 号——对财务报表形成审计意见和出具审计报告》的规定报告，参见标准审计报告相关段落表述。]

（四）注册会计师对财务报表审计的责任

我们的责任是按照中国注册会计师审计准则的规定，对 ABC 公司的财务报表执行审计工作，以出具审计报告。但由于“形成无法表示意见的基础”部分所述的事项，我们无法获取充分、适当的审计证据以作为发表审计意见的基础。

按照中国注册会计师职业道德守则，我们独立于 ABC 公司，并履行了职业道德方面的其他责任。

二、按照相关法律法规的要求报告的事项

[按照《中国注册会计师审计准则第 1501 号——对财务报表形成审计意见和出具审计报告》的规定报告，参见标准审计报告相关段落表述。]

××会计师事务所　　　　中国注册会计师：×××（项目合伙人）

（盖章）　　　　（签名并盖章）

中国注册会计师：×××

（签名并盖章）

中国××市　　　　二〇×二年×月×日

【知识拓展 12 -1】

需要在审计报告中增加其他事项段的考虑

理解要点：

区别于强调事项段，必要时还需要在审计报告中增加其他事项段，来提及未在财务报表中披露的事项或情况。其他事项段是指审计报告中含有的一个段落，该段落提及未在财务报表中列报或披露的事项，且根据注册会计师的职业判断，该事项与财务报表使用者理解审计工作、注册会计师责任或审计报告相关。注册会计师应当将其他事项段紧接在审计意见段和强调事项段（如有）之后。如果其他事项段的内容与其他报告责任部分相关，这一段落也可以置于审计报告的其他位置。具体地讲，需要在审计报告中增加其他事项段的情形包括与财务报表使用者理解审计工作相关的情形。如在极其特殊的情况下，即使由于管理层对审计范围施加的限制导致无法获取充分、适当的审计证据可能产生的影响具有广泛性，注册会计师也不能解除业务约定。在这种情况下，注册会计师可能认为有必要在审计报告中增加其他事项段，解释为何不能解除业务约定。需要在审计报告中增加其他事项段的情形可能包括与使用者理解注册会计师的责任或审计报告相关的情形、对两套以上财务报表出具审计报告的情形、限制审计报告分发和使用的情形等。

[同步案例 12 -2]

背景与情境：

（1）A 公司的资产总额 3000 万元，存货占其资产总额的 1/5。审计人员原计划 12 月 3 日飞到 A 公司参加其存货盘点工作，但由于大雾飞机无法起飞，无法参加其存货盘点工作，只好在现场视察中索要了 A 公司的存货盘点表。

（2）B 公司 2022 年利润为 80 万元，审计人员查证有 100 万元的收入是虚构的，建议调整，B 公司没有接受调整建议。

（3）审计人员把 D 公司 2022 年年报计划重要性水平确定为 100 万元，分配到存货的重要性水平为30万元，利用存货计价测试发现存货多计40万元，推断总体误差为70万元。审计人员建议调整，D公司没有接受调整建议。

(4) 由于E公司股权变更中控制权争夺的结果，审计2022年年报时无法获取到E公司的管理层声明书。

(5) 审计人员把F公司2022年年报计划重要性水平确定为300万元，分配到存货的重要性水平为80万元，利用存货计价测试发现存货少计5万元，推断总体误差为40万元，期初已查出多计10万元也没有调整。审计人员建议调整，F公司没有接受调整建议。

(6) 审计人员把G公司2022年年报计划重要性水平确定为100万元，分配到存货的重要性水平为40万元，利用存货计价测试发现存货少计35万元，推断总体误差为80万元，期初已查出多计30万元也没有调整。审计人员建议调整，G公司没有接受调整建议。

(7) H公司2022年利润1000万元，报表中补贴收入为800万元，经审计人员查证没有问题予以确认。

(8) I公司2022年度有12起诉讼事项，且亏损严重，已经资不抵债，审计人员查证这些诉讼事项都正在进行，难以估计最有可能的损失，审计人员建议公司在财务报表中披露其影响持续经营的事项及其影响，I公司按照会计准则已披露了诉讼以及亏损资不抵债的事实，但没有披露改善措施。

(9) J公司亏损严重，已经资不抵债，且本年度存在30多起诉讼事项，审计人员建议公司在财务报表中披露其影响持续经营的事项及其影响，J公司按照会计准则已经充分适当地披露。

问题：假定不存在其他问题，请指出单独存在以下情况时可能发表的审计意见类型并说明理由。

分析提示：

(1) 保留意见，因为存货审计范围受到限制，但并不是非常广泛。

(2) 否定意见，因为收入错报导致报表盈亏逆转，客户没有调整导致报表完全不可信。

(3) 保留意见，因为存货汇总错报没有超过报表层次重要性水平但超过存货重要性水平。

(4) 无法表示意见，因为没有获取管理当局声明书使审计范围受到广泛限制。

(5) 无保留意见，因为存货汇总错报没有超过存货重要性水平也没有超过报表层次重要性水平。

(6) 否定意见，因为存货汇总错报超过报表层次重要性水平，也远远超过存货重要性水平。

(7) 带强调事项段无保留意见，因为不影响财务报表也不影响审计报告意见类型，但需要提请报表使用者关注。

(8) 保留意见，因为披露不充分也属于重大错报。

(9) 带强调事项段无保留意见，因为存在着不确定性对财务报表的影响，需要提请报表使用者关注。

本章小结

1. 审计报告是指审计人员根据审计准则的规定，在对审计事项实施审计后，向审计授权人或委托人提出的、反映审计结果、阐明审计意见和建议的书面文件。审计报告具有总结性、公正性、公开性和增强性的特征。

2. 注册会计师应当就财务报表是否在所有重大方面按照适用的财务报告编制基础编制并实现公允反映形成审计意见。形成的审计意见具体记载于审计报告中。审计报告的编写需要注意逻辑结构、内容、行文和时间四方面的要求。

3. 审计报告的基本要素包括：标题；收件人；审计意见；形成审计意见的基础；关键审计事项；管理层对财务报表的责任；注册会计师对财务报表审计的责任；按照相关法律法规的要求报告的事项（如适用）；注册会计师的签名和盖章；会计师事务所的名称、地址及盖章；报告日期。

4. 审计报告分为标准审计报告与非标准审计报告。非无保留意见的审计报告包括保留意见的审计报告、否定意见的审计报告和无法表示意见的审计报告。

复习思考题

1. 什么是审计报告？它的用途是什么？
2. 审计报告的基本要素包含哪些？
3. 注册会计师出具的审计报告有哪些类别？
4. 注册会计师在不同情况下应分别发表什么审计意见？

第十三章　大数据审计

学习目标

1. 了解大数据环境对传统审计模式和审计方法的影响。
2. 了解大数据审计技术的运用。

☞ 案例导入

政府审计部门用“大数据”挽回损失 1300 万元

某审计局在部门经济责任审计项目中，重点关注了该部门掌管的众多专项资金中的物联网产业扶持资金，充分利用“大数据”发现、核实政府产业扶持专项资金被骗取，且通过各级联动追回了 1300 万元的资金。在对获扶持企业的申报资料比对检查过程中，审计人员发现多家企业虽然其经营范围、申报项目不同，但其联系电话却相同，经进一步分析发现其申报资料也存在疑点。审计人员通过国家工商企业信用公开的外部数据，从企业工商登记信息、联系方式、股东信息等着手分析，发现多家企业是由同一伙人所控制的现象，且通过不同项目申报并获得物联网专项资金近 1300 万元。审计人员进一步查询涉及企业的地税等众多数据，发现这些企业是无经营收入、无税收、无业务人员的异常企业。为此，审计人员对这些企业申报扶持资金的资料进行了逐项检查，并外调查询相关信息，发现其提供的合同协议等资料普遍存在造假情况。其最终得出结论：相关人员通过对企业的收购和更名注册资金等方式，并以虚假项目申报物联网专项资金的违法行为。由于审计及时上报并移送相关部门，被骗取的资金已全部追回，为国家挽回了重大损失。

从本案例可见，大数据时代，审计环境发生了变化，审计的对象、内容和方法都发生了巨大变化。数据类型和数据来源的多样化推动了审计技术方法的创新，审计中的数据分析方法和现代技术在审计中的应用，大大提高了审计的效率和效果。如何更快地适应审计工作环境的变化，更迅速、更准确地处理数据，积极探索和创新大数据时代审计信息化建设的方式方法，应对海量信息给审计带来的机遇和挑战，是摆在审计人员面前亟待解决的重要课题。

资料来源：改编自中华人民共和国审计署《勤用善用“大数据”审计挽回巨额损失》，2018 年 11 月 16 日，http: //sjj. wuzhou. gov. cn/sjts/t472891. shtml。

第一节　大数据审计的背景、概念和意义

一、大数据审计的背景

随着科技和社会的发展以及信息技术和计算机网络的兴起，各行各业的数据量不断增加，伴随着结构化数据，文字、图像、音视频等半结构化和非结构化数据的大量涌现，数据规模、数据种类的极速增长，大数据时代已经来临。

国务院于 2015 年 8 月印发了《促进大数据发展行动纲要》，明确提出“大数据是以容量大、类型多、存取速度快、应用价值高为主要特征的数据集合，正快速发展为对数量巨大、来源分散、格式多样的数据进行采集、存储和关联分析，从中发现新知识、创造新价值、提升新能力的新一代信息技术和服务业态”。

政府资源计划（GRP）的应用使金融、财政、海关、税务等关系国计民生的重要部门开始广泛运用计算机、数据库和网络等进行管理，政务信息全面数据化。财务业务一体化思想使企业资源计划（ERP）在企业经营管理中得到广泛运用，经济业务的发生会自动驱动采购与付款系统、生产系统和销售与收款系统等采集电子数据，并将电子数据存储于业务数据仓库之中。而财务共享服务中心的理念与架构则直接驱动企业财务数据与业务数据进一步集中存储于“财务云”之中，即业务数据与财务数据全面“云化”。

我国正积极构建大数据审计工作模式，实现审计“全覆盖”。审计署《“十三五”国家审计工作发展规划》指出，我国将推进以大数据为核心的审计信息化建设，实现对经济社会各类主要信息数据的全归集，建成数字化审计指挥平台、大数据综合分析平台、审计综合作业平台、模拟仿真实验室和综合服务支撑系统，构建国家和省级审计数据系统，形成“国家审计云”，推动实现审计全覆盖。审计署《“十四五”国家审计工作发展规划》指出，“十四五”时期，中国将加快构建集中统一、全面覆盖、权威高效的审计监督体系。大数据应用于审计工作既符合国家的发展战略，也符合审计工作自身发展的需要。推进基于大数据的审计信息化建设是应对未来各种挑战及实现审计全覆盖的必由之路。

二、大数据审计的概念

大数据审计是在大数据环境下的一种新的审计理念和模式，它是指审计部门按照大数据分析思想，利用大数据分析手段与方法，利用规模庞大、资源分散、格式多样的经济社会相关信息，进行跨层次、跨区域、跨制度、跨部门和跨行业的深度挖掘和分析，以增强审计部门发现问题、评价分析、宏观分析的能力。

大数据审计包括利用大数据技术审计电子数据、审计大数据环境下的电子数据和利用

大数据技术审计信息系统、审计大数据环境下的信息系统。

三、大数据审计的意义

在大数据时代，审计环境发生了翻天覆地的变化，审计的对象、内容和方法都发生了巨大的变化。审计数据呈现出数据体量大、数据类型多样性、数据价值密度低、数据处理速度快等大数据独有的特点，数据采集技术的飞速发展也将促进被审计单位的数据来源多样化。审计需要采集的数据，不仅包括数据库中的结构化电子数据，还包括一些会议记录、会议决议、办公会通知、办公文件，以及一些政策、内部控制手册、各个系统使用手册等非结构化数据，既有来自本单位的数据，也有来自关联企业、政府及金融机构以及互联网平台等其他类型数据，纸质材料将减少，审计对象更多体现为电子数据。

大数据时代，审计人员是否仍然能够按照传统审计处理逻辑开展审计工作？审计取证模式、审计流程、审计技术方法和审计作业模式是否应当发生变革？审计规范体系和审计人才如何适应大数据时代发展的要求？如何更快地适应审计工作环境的变化，更迅速、更准确地处理数据，积极探索和创新大数据时代审计信息化建设的方式方法，应对海量信息给审计带来的机遇和挑战，是审计人员亟待解决的重要课题。

构建大数据审计工作模式，提高审计能力、质量和效率，扩大审计监督的广度和深度，是新时代审计工作的重点，对审计工作具有重要意义。

一是有利于提高审计工作效率。审计工作中，经常会遇到数量庞大、内容复杂的数据，传统的手工分析需要耗费大量的人力和时间，不利于审计工作的开展。运用大数据技术，在导入基础数据的基础上通过编辑 SQL 语句等方式就可得到想要的数据结果，大大节约了人力和时间，提高了审计工作效率，弥补了审计人员不足、业务水平参差不齐的特点。

二是有利于抓住审计重点。通过对被审计单位数据进行字段对比、关联分析等手段，可以更快速地发现被审计单位业务数据和财务数据的异常现象，挖掘出审计疑点，为审计实施提供方向，进行重点取证，让审计工作有的放矢。

三是有利于提升审计覆盖面。对于被审计单位下属单位较多、业务量大，无法应审尽审的问题，通过大数据技术，可以采集审计所需的各类人员信息、银行流水、财务数据等等各类数据，进行全面分析，大大提升工作效率，节约现场审计实施时间，从而全面提升审计覆盖面。

[同步案例 13－1]

江西省审计厅“一卡通”审计：运用大数据审计方法实现审计全覆盖

2017 年，江西省审计厅组织省、市、县三级审计机关、85 个审计组、1168 名审计人员开展对全省 85 个县（市、区）2014—2016 年财政惠农补贴“一卡通”资金和村级使用的涉农财政资金审计，第一次实现了财政涉农惠农资金的审计全覆盖。

在开展“一卡通”审计项目的讨论筹备阶段，首先明确了数据先行的工作思路。厅数据处在省财政平台观测到 2014 年至 2016 年三个年度的相关资金总量多达 600 多亿元，发放全省农户家庭 1300 万户，业务数据总量超 4 亿条，银行发放流水 8 亿多条。面对海量数据，厅数据处拿出了科学有效的方案。

（一）有效开展数据采集工作。数据采集是大数据审计工作的前提，能否采集到准确有效的基础数据，是“一卡通”审计的关键。根据数据由省、市、县分级掌握，各掌握一部分情况的特点，审计采用分层采集的方式，各自采集各层次的数据。省审计厅由对口业务处室采集省级数据，市县审计机关采集相应层级的数据。厅数据处完成 41 张标准表、703 个字段的设计和规范化工作，为全省数据采集的完整性、规范性和准确性奠定了基础。各级数据都按时顺利完成了数据采集工作，整理入库。采集数据的连贯性和完整性，确保了数据全覆盖，排除了非疑点数据，实现了审计全覆盖的目的，有效解决了第一个审计难题。

（二）扎实做好数据分析工作。数据分析是开展大数据审计的核心，关键在于提高数据疑点分析精准度和可靠性。

一是进行科学评估、合理规划，数据收集首先从农业部门取得的“土地确权户籍关系表”为主表作为切入点，再结合新农合数据、婚姻状况数据与水库移民户籍数据，初步整合了 3713.9 万行数据的“人员户籍表”。

二是着手规范了身份证号码的统一性整理基础数据，建立村干部、财政供养人员关系表。村干部、财政供养人员关系表是数据分析团队疑点线索的综合反映，集中展示了其身份户籍关系、财产信息、领取补贴明细、问题汇总等八大类信息。

三是利用数据统计、数据挖掘等技术，将数据中的错误数据、不完整数据、重复数据等清洗完毕，数据分析的第一阶段发现疑点 59 万户，疑点总数 600327 条，占发放总数 1300 万户的 4.5%。经过梳理，第二次下发疑点数 110527 条，精简掉疑点 489800 条，减少了 82%，审计重点也更加清晰具体。

（三）精准开展疑点核查。“一卡通”审计关系到千家万户农民群众的切身利益，必须精准到每一户、每一人。数据处将分析的疑点数据下发到每个审计组，向业务主管部门核实取证并向当事人核实取证。全省 85 个审计组最终反馈统计，全省“一卡通”资金方面查出问题共 16129 条，其中通过数据处下发的疑点数据核查出 12105 条，占比达到 75%，数据分析效果突出。

资料来源：章峰．运用大数据审计方法实现审计全覆盖——以江西省审计厅‘一卡通’审计为例[J]．现代审计与经济．2021（6）：25－27.

第二节　大数据环境对传统审计的影响

一、大数据环境对审计取证模式的影响

审计取证模式是指为实现特定审计目标而采取的审计策略、方式与方法。传统审计取

证模式表现为以纸质材料等为切入点，通过检查纸质材料以获取审计线索或审计证据，这将导致审计面临如下制约因素：

（1）审计效率低下，审计质量得不到保证。

（2）无纸化办公的实施，部分审计证据没有以纸质形式存在，审计范围被迫缩小，审计风险提高。

（3）绝大部分内部控制被固化于信息系统之中，传统审计手段不能测试出内部控制的设计缺陷与执行缺陷。

适应大数据时代的发展要求，审计取证切入点必然转向被审计单位的信息系统和底层电子数据，即对被审计单位信息系统进行审计以获取内部控制有效性的证据，运用数据分析技术与方法提高审计工作的效率，改善审计工作的效果。以被审计单位信息系统作为审计切入点，其目的是测试被审计单位内部控制执行的有效性和保障被审计单位底层电子数据的真实可靠，为数据审计工作开展夯实基础；而以被审计单位底层电子数据作为审计切入点，是指运用数据采集、数据存储、数据标准化以及其他数据库技术构建审计数据库，并结合审计目标、法律法规、审计经验、数据分析方法或数据挖掘方法等构建数据分析模型，形成数据分析报告，进而延伸取证。

［同步案例 13－2］

对被审计单位信息系统的审计

背景与情境：

政府审计人员在对公立医院审计时，为了控制数据风险，对医院提供的原始数据进行了控制测试，核对了财务报表、业务报表中的相关数据，分析了数据库日志，将数据的人工修改行为作为重点进行了筛查，对信息系统的应用权限管理情况进行了审计，发现该医院部分模块员工的权限过大，未进行有效的内部控制，可能存在风险。如药库管理子系统，药库药品的出入库单可由任一药库员工编制，且无须经过审核等程序，即可进入药品出库流程。处方管理系统未合理限制开单权限，医技科室的医务人员也可开出处方。

根据筛选出的疑点，审计人员进行了重点分析核实。针对人工修改数据的疑点，审计人员发现某科室主任的直系亲属在住院期间，曾经发生的床位费、护理费等费用被该科室护士人工多次冲销，经审计人员确认，该行为未经医院同意，属于违规减免。相关责任人员受到了处理。针对医技科室具有开单权限的现象，该审计组调取了处方数据，筛选出了所有医技科室违规开出的处方。针对药库管理权限失控问题，审计组证实该院未实行重要岗位分离制度，授权随意，药品管理混乱，存在大量纸质未入系统的借药单据，期末盘点只核对药品总价，还有部分在 12 月 31 日零点盘点结束后几分钟内入库。据此，审计组将该院药品管理情况上报，建议对药品管理进行深入分析。

问题：以被审计单位的信息系统作为切入点，主要目的是什么？

分析提示：

信息系统是内部控制的载体。信息系统是否安全，关系到内部控制的有效性。案例中审计人员对信息系统的应用权限进行了测试，从而发现部分员工权限过大的问题，然后经过进一步的核实，找到了问题的根源。根据信息系统审计中发现的薄弱环节，如权限控制问题、有效性验证问题，以及发现的内控制度问题，以此为突破口，来查找具体问题。

二、大数据环境对审计流程的影响

在审计取证模式变革的引领下，大数据时代总体审计流程将产生以下变革：首先，审计人员需要开展信息系统审计，验证信息系统的可靠性；其次，通过采集被审计单位底层电子数据构建数据审计平台，开展数据分析并撰写数据分析报告，即数据审计；最后，根据数据分析报告延伸取证，进而完成终结审计并出具审计意见。数据审计流程可分为审计平台构建阶段、审计数据分析阶段、数据分析报告撰写阶段和审计延伸取证阶段。

三、大数据环境对审计方法的影响

传统手工环境下，审计人员常用的审计方法包括检查法、观察法、重新计算法、外部调查法、分析法、鉴定法等，是账项基础审计、制度基础审计和风险导向审计背景下的产物，主要应对以纸质材料为主的会计凭证、账簿和经济业务活动证明材料等。面对被审计单位越来越复杂的电子数据，审计人员必须在传统审计技术方法的基础上，开发新的审计技术以应对大数据时代思维方式转变所带来的挑战。

大数据时代，数据类型和数据来源的多样化将推动审计技术方法实现创新，审计技术方法的变革主要体现为数据分析方法和现代技术在审计中的广泛应用。如广州市审计局采用无人机航拍及遥感技术，对饮用水源保护区基础环境状况及管理现状进行识别和分析，仅用一个多月的时间就发现了大量饮用水源保护方面的违规行为。

1. 数据分析方法在审计中将得到广泛应用

大数据时代，由于数据具有结构多样化特征，既有来自数据库的结构化数据，也有来自网站、办公自动化系统等的文本、音频和视频等半结构化和非结构化数据。常规数据分析方法和数据挖掘方法可以实现对结构化数据的有效处理，但面对半结构化数据和非结构化数据，审计人员需要开发新的数据分析方法加以应对。根据信息技术的应用程度，数据分析方法可以划分为常规数据分析方法、数据挖掘方法和新兴大数据审计方法。

2. 现代技术在审计中的应用将逐步深入

审计工作需要大量的审计判断，因此审计对于现代技术的运用落后于其他行业，在很大程度上制约了审计工作效率的提高。随着社会思维方式、生产方式和生活方式的转变，审计思维方式也将发生重大变化。GPS 卫星定位、无人机、航天遥感、扫描、OCR、面部识别技术、签名算法、区块链和云计算等现代技术低成本和高效率的特性会推动其在审计中的运用，对审计工作产生深远影响，从而提高审计工作的效率，改善审计工作的效果。

[同步案例13－3]

数据分析方法的运用

背景与情境：

审计人员在审计定点医疗机构是否存在医疗项目收费超出国家规定标准的问题时，根据医院HIS系统中的住院、门诊病人收费明细数据和国家诊疗项目收费标准进行关联查询，查询超出诊疗项目目录标准的收费明细数据。然后用编写好的SQL语句，按照超出标准的收费明细数据逐一查询，再将查询结果逐一现场进行疑点核实，即可得出医疗项目超过物价部门核定标准多收取患者医疗服务费的信息。

问题：在审计中如何运用大数据进行数据分析？

分析提示：

这是一个采用大数据来核查医保基金、超标准收费违规问题的成功案例。案例中审计人员将国家规定的标准和定点医疗机构的医疗收费项目数据信息进行比对。然后运用现代信息技术，查出了违规问题，同时也大大提高了审计的效率。

资料来源：改编自搜狐网《大数据查核医保基金管理违规问题》，https：//www.sohu.com/a/144793806_653379。

[同步思考13－1]

在大数据审计中，如何采用现代技术来提高审计效率和效果？

根据统一安排，审计组对某地水污染防治情况进行了审计，审计组采集了2013—2017年度卫星图片和第二次全国土地调查地类数据、湿地保护区红线数据和湖泊保护红线数据，采用地理信息数据与arcgis软件结合的方法有效解决了传统审计中现场踏勘无法对比湖泊现状和历史面貌，无法确定湖泊面积增减变化，以及水域内部地类改变不能直观反映等问题。最终认定该市50多个保护名录湖泊中多数被围垦、面积达上千公顷，违规分割、围埂、围垦现象普遍的事实。为慎重起见，审计组又派出3个小组对分析结果进行现场核实，进一步证实了审计结果的正确性。

理解要点：

这是一个运用大数据分析水污染防治审计的成功案例。当传统审计遭遇困境时，选择GPS卫星定位等成本低和高效率的现代技术方法，无疑是最正确的选择。需要注意的是，应当将审计的结果与现场进行核实，从而保证审计结果的正确性。

四、大数据环境对审计作业模式的影响

在大数据时代下，为破解审计效率与效果提高的困境，审计人员务必引入区块链、人工智能等现代技术以改进或变革审计作业模式，未来将形成多种审计作业模式并存的

局面。

（1）区块链的不可篡改、分布式账本、时间戳以及网络共识等特征符合审计发展的方向。为减少数据获取成本，提高数据分析的可靠性，区块链技术开始应用于审计领域，可称为“区块链 + 审计”。

（2）互联网技术的引入实现了对被审计单位的远程网上审计，互联网审计应运而生。

（3）无人机、智能机器人等人工智能技术的引入，将大幅度提升审计的智能化程度，可以称为“人工智能 + 审计”。

（4）随着人工智能审计的进一步发展，可以自动实现信息系统审计、数据式审计、大数据审计和联网审计等，这又将进一步改变审计的作业模式，促进持续审计作业模式的实现。

未来审计作业模式的变革可能是全方位的，审计作业模式的未来发展将呈现出多维度的交叉复合状态。

[同步思考 13－2]

举例说明传统审计模式与大数据环境下的审计模式有何不同?

理解要点:

例如，在对医院乱收费的审计中，传统审计模式往往采取抽查的方式，选择收费金额较多或是收费频次较高的项目。大数据环境下的新审计思路及方法：数据分析团队采用计算机辅助审计，将患者收费信息与外部获取的物价部门定价目录进行数据比对，能够做到逐一核对患者的每一项收费是否超标，实现对乱收费行为一网打尽。对该模型稍加修改即可应用于查找对项目内耗材重复收费、药品耗材标外采购或未按中标价采购、备案药品加价出售等问题。此类模型解决的主要是审计的效率和全面性问题。审计结果：通过该类比对，数据分析团队发现了一批乱收费问题，经各审计组验证后，取消了擅自设立的收费项目，更正了违规的收费标准，并要求医院将违规收取的费用予以退还。

五、大数据环境对审计规范的影响

审计准则与规范是审计人员开展审计工作时必须遵循的行为规范与要求，是审计人员执行审计业务，获取审计证据，形成审计结论，出具审计报告的专业标准。为了满足信息系统审计的需要，国外制定了一系列的信息系统审计相关审计准则、规范与指南，如 COSO 内部控制框架、信息系统审计与控制协会（ISACA）制定的信息及相关技术控制目标（COBIT）、国际内部审计师协会（IIA）发布的全球技术审计指南（GTAG）等。尽管大数据审计越来越重要，但目前仍缺少大数据审计的审计准则、规范与指南，这限制了大数据审计的广泛应用。因此，尽快制定大数据审计的相关审计准则、规范与指南成为今后大数据审计研究与应用的一项重要任务。

六、大数据环境对审计人才需求的影响

随着以审计数据分析为中心的审计思维模式的变革和现代技术在审计中的广泛应用，审计人员既要精通纷繁复杂的审计业务，又要掌握计算机技术、具有信息化思维，还要通过不断的实践、创新，从而成为合格的计算机审计人才。大数据时代要求审计人员应当完善数学、统计学、计算机和数据方法等方面的技能，以适应未来的职业需求。

（1）人才结构要有战略性调整。根据发展需要，引进计算机专业人才，提高审计机关计算机专业人才的比重。计算机审计人才统一管理分配，优化分配机制，注重各审计组或审计项目的计算机审计人员的分配与调整。

（2）培养有战略性思维的计算机审计团队。注重计算机审计人员的业务素质培养，使其拥有结合审计业务的宏观思考能力，并能将大数据思维方式融入其中。这就要求计算机审计人员不但只是做计算机专业相关的工作，也要参与到整个审计项目的始末。

（3）强化培养数据分析团队。要加大培训力度，完善培训体系，改善培训方式，加快知识更新。典型项目及时总结推广，结合审计案例和分析模型，进行仿真模拟案例教学，学用结合。

第三节 大数据审计技术运用

大数据技术的广泛应用极大地改变了企业的运行与发展，运用大数据技术开展审计工作是现代审计发展的大势所趋。大数据审计技术包含大数据采集、大数据分析和大数据审计证据的获取三个基本步骤。

一、大数据采集

数据采集是大数据审计的基础。只有采集到与审计项目有关的数据，才能通过数据分析方法，发现问题线索，并在此基础上收集审计证据，从而精准、高效地完成审计项目。大数据采集应当做好以下几方面工作。

（1）数据梳理。审计组应当根据项目的内容，梳理出需要采集哪些方面的数据，作为下一步数据采集的基础。

（2）数据采集审前调查。首先，要了解被审计单位的数据来源，主要包括承载数据的平台、应用系统，如财务系统、业务系统、办公系统等；其次，要了解系统的品牌、模块和所使用的数据库，以及连接系统、获取数据的方式和格式；最后，要了解被审计单位对数据的备份管理。

（3）制订数据采集方案。在审前调查的基础上，审计组提出数据采集方案，明确数据

采购的具体方法。

（4）实施数据采集。审计组按照方案实施数据采集。除了企业内部的相关数据外，为了满足审计需要，审计部门可按照方案要求，采集与审计项目相关的外部数据，包括对标企业的数据、行业相关数据以及政府相关部门对外分布的相关数据等。

（5）数据安全。审计组应当采取必要措施以保证数据的安全。

（6）审计数据库的建立与完善。为了保证审计的质量、提高审计效率与效果，内部审计部门可在历年审计的基础上，逐步建立审计数据库。比如，审计部根据历年的工程项目竣工决算审计数据，分类建立工程竣工结算数据库，并据此明确各类工程项目的投资控制标准，为大数据分析奠定基础。

为了确保数据的安全性和可靠性，汇总数据由专人进行加工、转换，最终加载到 Oracle 数据库中。如果审计人员需要查询或分析数据，需要进行申请、登记，严格把控数据的流向，防止泄露。

二、大数据分析

大数据分析是大数据审计的关键环节和核心内容。通过大数据分析，审计人员能发现相关数据的异常或者偏差，并以此为线索，进行进一步分析和查证，进而发现业务和管理中存在的问题。

大数据分析技术有多种，其中传统的财务分析方法包括以下几种：

（1）对比分析法。具体包括：纵向对比是将相关指标的实际完成情况与目标、标准、往年数据等进行对比分析；横向对比是将本企业相关数据与标杆企业、行业先进水平等进行对比分析。相对来说，横向对比往往更有说服力，但需要通过购买数据等方式采集其他企业的相关数据。

（2）趋势分析法。将不同时期相关数据或比率进行比较，直接观察其增减变动情况及变动幅度，考察其发展趋势。

（3）比率分析法。通过计算有关指标的比率，观察比率变化，分析经营状况和成果。

（4）结构分析法。对相关指标的构成进行分析，并观察其变化。

（5）因素分析法。对相关指标的构成因素以及各因素对指标变化的影响方向和影响程度进行分析。

除了这些传统的财务分析方法，还包括一些特殊的分析方法：

（1）异常筛查法。运用关键字或者设定标准对数据进行筛查，发现异常情况，并以此为线索进行进一步查证。

（2）关联度分析。利用采集的数据之间的关联关系对相关数据进行分析，发现异常情况，并以此为线索进行进一步查证。

三、大数据审计证据的获取

大数据审计中，审计人员针对审计发现的问题，应获取相关的审计证据。

（1）审计证据的类型。大数据审计中，审计证据除了传统的审计证据外，还包括电子化数据；电子化数据中不仅包括结构化数据，也包括非结构化数据；不仅包括电子数据本身，还应包括数据库技术白皮书，数据提供方的承诺，审计人员采集、验收、整理数据的过程记录。

（2）审计证据的获取。大数据审计中，审计组在数据采集阶段，对于数据库技术白皮书、数据提供方对于数据真实性的承诺书等作为整体性证据予以保留。在数据分析阶段发现的线索，或者直接认定为问题的，及时获取相关电子化数据作为审计证据予以保留，并纳入审计工作底稿；审计人员在审计工作底稿中完整记录分析数据时的审计思路、具体的程序语句等。在线索查证阶段，根据所采用的审计技术方法，对形成的审计证据予以保留，并纳入审计工作底稿。

（3）审计证据的复核。审计组长审核审计工作底稿，对收集的审计证据进行复核，以保证审计证据的真实性、合法性和相关性。

［同步案例 13－4］

大数据审计技术方法在内部审计中的运用

某集团公司审计部按照2021年审计工作计划，运用大数据审计技术开展销售业务专项审计。

（一）大数据采集

审计部组成销售业务专项审计工作组，梳理出与审计项目相关的数据清单，包括客户及其分类、销售产品及数量、销售价格、销售折扣与折让、销售合同、发货、销售回款、应收账款及坏账损失、销售费用以及与销售相关的生产、客户投诉、客户满意度调查、合同纠纷与诉讼等。

审计组通过与市场部、销售部、财务部、信息中心的了解，发现该企业所使用系统是由德国开发的企业管理软件（SAP），SAP是一个高度集成化的管理软件，包括生产、采购、销售、财务等模块，其中数据库采用Oracle数据库管理软件。SAP可以通过互联网，以VPN方式访问登录，并通过SAP导出Excel格式。该企业SAP系统数据三年归档一次，即将连续三年的数据保存在一个服务器上以供查询。2015年至2017年数据在一个归档数据库上，2018年至2020年数据调查时存放在生产系统上。

通过数据采集审前调查，结合企业的实际情况，审计组决定采用三种方式相结合的方案来采集数据：一是对于难以通过SAP软件直接导出的数据量大的内容，要求企业信资部门提供DMP数据库备份文件；二是对于分类业务数据，要求营销部、采购部等部门通过SAP软件提供的功能从前端导出Excel格式；三是对于重点关注数据，审计组直接从SAP

软件中将数据提取并导出 Excel 格式。按照数据采集方案，审计组开展数据采集。

（二）大数据分析

销售业务专项审计组在数据采集的基础上，进行大数据分析。

1. 运用对比分析，发现集团公司 2020 年实际发生销售费用比预算高出 15%，比集团确定的标准高出 16% 以上，存在明显的偏差，需要进一步分析原因。

2. 运用趋势分析法，发现 2017 年至 2020 年集团应收账款总额分别比前一年增长 15%、2.3%、6.8%、28%，呈现持续增长态势，且增长率均高于销售收入增长率，到 2020 年年底，集团应收账款总额已达 114 亿元，规模巨大，面临严重风险。

3. 运用结构分析法，发现 2020 年年底应收账款结构，在正常购销期的应收账款占应收账款总额的 36%，逾期在 1 个月内的应收账款占应收账款总额的 17%，逾期在 1—3 个月的应收账款占 12%，逾期在 3（不包含）—12 个月的应收账款占 18%，逾期在 1—2 年内的超过 13%，超过 2 年以上的达 4%。逾期应收账款占应收账款比例达 64%，同样证明企业面临巨大风险。

4. 通过异常筛查，共发现异常销售订单达 300 多笔，销售金额达 21 亿多元，存在订单销售价格严重偏离正常折扣、赊销订单不符合信用政策等情况；筛查发现，集团下属企业逾期 2 年以上应收账款近 6 亿元，但当年计提坏账准备不过 2 亿元，坏账准备计提严重不足；筛查发现，集团下属某企业 2019 年年底对方偿还一笔 3200 万元逾期达 23 个月的应收账款，同日向对方赊销一批货物，金额正好 3200 万元，显然是对方还旧欠增新欠，企业减少坏账损失以维持财务状况，类似情况多达 12 笔。

5. 运用关联度分析发现异常销售订单 32 笔。比如，某客户注册资本 100 万元，总资产规模不过 2000 多万元，而其先后 11 次向集团 6 家下属企业赊购产品共计 3 亿多元，应收账款总计达 2.7 亿多元。

（三）大数据审计证据的获取

针对大数据分析发现的销售订单异常情况，除了已经获取的电子证据外，审计人员还通过“两步走”进一步固化审计证据链条：对内而言，调阅了相关销售策略审批资料，重点了解销售价格、赊销期限的确定，与相关经办人员访谈，了解客户营销背景、客户来源；对外而言，通过网络、企查查了解客户基本情况，同时对部分重大异常客户开展现场走访，重点了解客户实力、客户对公司销售策略的理解等。

资料来源：郑金秀．大数据审计技术方法在内部审计中的运用——以某集团公司销售业务专项审计为例一文［J］．中国内部审计．2022（2）．

第四节　区块链与审计

全球范围内，区块链技术正在走向应用普及阶段，并成为数字经济的重要组成部分。作为全球数字经济的引领者，我国政府高度重视区块链的发展，我国 2016 年颁布的《“十三五”国家信息化规划》，标志着区块链技术正式被提到国家战略层面，其中强调了需要加强区块链等新技术的创新、试验和应用，以抢占新一代信息技术主导权。

近年来，区块链技术迅速发展，其完备可追溯、去中心化和去信用化的特点对经济社会生活方式提出了挑战。习近平总书记曾强调，我国在区块链领域拥有良好基础，要加快推动区块链技术和产业创新发展，积极推进区块链和经济社会融合发展。而2022年实施的新审计法要求审计工作要更好服务于经济社会发展。因此，提升审计技术与数字技术发展同频共振对于提升审计质量进而推动经济高质量发展，实现国家治理现代化具有重要意义。

区块链是一种“全球共享网络账本”，更简单地说，就是一个按时间顺序以链条方式排布的去中心化的分布式数据库。区块链的底层设计决定其天然具有防伪、防篡改的特征。除此之外，区块链的优势还包括：公开透明、可验证、可追溯、自治性、匿名性。但是，区块链作为一种新技术也存在一些安全隐患、效率问题、资源消耗、合约漏洞等重大缺陷。

随着区块链技术广泛运用于经济社会各行业发展，在审计领域，区块链技术同样得到了高度重视，并被学界和业界广泛关注。例如，2015年德勤会计师事务所推出了“一站式区块链软件平台”服务Rubix平台，能够减少审计数据采集时间，增加审计分析投入资源，延长审计时间范围（事前预警+事中控制+事后纠正），并对审计整改的监督作出贡献。

审计行业与账簿技术的演化息息相关。区块链技术本质上提供了一种分布式的信息记录方式，改变了原有单式账本和复式账本所代表的中心化的信息交互模式，从而推动审计行业朝着半自动乃至自动审计阶段发展。审计的对象由原有的会计报表及相关资料转变为记录信息的区块；审计重点由单纯的数据准确性转变为对数据及产生、存储数据的系统安全性的关注。审计人员的角色由验证数据的正确性与真实性转变为验证数据生产系统与环境的独立性与正确性，确保在这样的环境下存储的数据真实、准确、可靠。审计实施的时间由传统的定期、事后审计转变为实时审计，审计人员可以通过异地登录的形式实现审计，从而更加独立、自主地发挥审计职能，审计的独立性和权威性在区块链技术应用后得到大幅提升，审计的效率也得到大幅提升。

【知识拓展13-1】

账簿技术、信息交互方式的演变与审计发展阶段的关系如表13-1所示。

表13-1 账簿技术、信息交互方式的演变与审计发展阶段的关系

账簿技术	单式账本	复式账本	数字化账本	分布式账本
记账方法	简单记账法	复式记账法	账簿由物理媒介演化至电子、数字媒介	以区块链为代表的分布式记账法
信息交互模式	中心化		去中心化	分布式
审计发展阶段	人工手动审计	信息技术审计	基于大数据的审计	半自动与自动审计
审计工具	计算器	Excel等软件	大数据分析软件	传感器、物联网、区块链等

资料来源：黄良杰、肖瑞利：《审计学》，西南财经大学出版社，2021年。

第五节　展　　望

将大数据应用于审计领域尚处于新兴阶段，许多技术仍处在研究阶段或者是在试用阶段，还不够成熟。相关的信息系统、信息平台也处在不断完善和构建的阶段，审计规范体系尚待进一步完善，大数据技术在审计领域还有很大的潜力尚待挖掘。

紧密围绕国家和审计署的规划指导，适应大数据时代新形势，推动大数据审计发展，是审计发展的必然趋势，也是实现审计监督全覆盖的必经之路。大数据审计使跨行业、跨领域、跨地区、多维度、多层次审计得以实现，使复杂性、隐蔽性问题的发现更为容易，使有共性、趋势性问题得以预警并能采取预防手段，使可视化领导层决策成为现实。

本章小结

1. 大数据时代背景下，构建大数据审计工作模式，提高审计能力、质量和效率，扩大审计监督的广度和深度，是新时代审计工作的重点，对审计工作具有重要意义。

2. 大数据环境对传统审计有六大影响，包括对审计取证模式、对审计流程、对审计方法、对审计作用模式、对审计规范和对审计人才需求的影响。

3. 大数据审计技术包含大数据采集、大数据分析和大数据审计证据的获取三个基本步骤。

复习思考题

1. 大数据对审计产生了怎样的影响？
2. 怎样才能成为新时代有用的审计人才？
3. 大数据审计技术运用包含哪些步骤？

第十四章　碳审计

学习目标

1. 理解碳审计的概念。
2. 了解碳审计主体、目标以及范围。
3. 了解碳审计执行程序。
4. 理解碳审计与传统审计的区别。

☞ 案例导入

中石化公司积极致力于碳减排

中国石油化工股份有限公司（简称“中石化”）成立于1998年7月，注册资本2316亿元，总部位于北京，是中国最大的一体化能源化工公司之一，也是全球第一大炼油企业。中石化的主营业务范围包括：石油与天然气勘探开发、管道运输、销售；石油炼制、石油化工、煤化工、化纤及其他化工生产与产品销售、储运等。

随着我国城市化和工业化的加剧，能源消费总量急剧增加，温室气体排放量逐年上升，气候问题越来越突出。2021年，国务院印发《2030年前碳达峰行动方案》，要求将“碳达峰”“碳中和”加入我国经济社会的发展蓝图。2022年，“碳达峰”和“碳中和”连续第二年被写入政府工作报告。中石化作为我国最大的成品油和石化产品供应商，在低碳经济下积极采取了许多措施来加强公司内部的碳减排，如大力发展天然气、开展了碳捕集和甲烷回收工作、开发光伏项目等。

市场上，采取各种措施减少碳排放也已成为众多公司积极应对气候变化的一种趋势。因此，作为一种对碳排放管理活动及其成果进行独立性鉴证和评价的行为，碳审计的需求不言而喻。

思考：碳审计有什么意义？

资料来源：改编自袁小梅．中石化碳审计研究［J］．合作经济与科技，2024，(01)：170－172.

第一节 碳审计的概念与意义

一、碳审计的背景

人类社会经济活动排放的二氧化碳、臭氧、氧化亚氮、甲烷等温室气体在大气中的积累，导致全球气候发生变化，产生气候变化风险，如冰川积雪融化加速、灾害性事件大幅增加等，从而造成各种损失与损害。面对气候变化带来的风险，各国积极采取措施参与全球气候治理。2020 年 9 月 22 日，在第七十五届联合国大会一般性辩论讲话中，习近平总书记宣布“中国将提高国家自主贡献力度，采取更加有力的政策和措施，二氧化碳排放力争于 2030 年前达到峰值，努力争取 2060 年前实现碳中和”。在此背景下，2021 年 10 月 24 日，《中共中央 国务院关于完整准确全面贯彻新发展理念 做好碳达峰碳中和工作的意见》发布。该意见作为碳达峰碳中和“1 + N”政策体系的顶层设计，坚持系统观念，从 10 方面 31 项任务明确了碳达峰碳中和（以下简称“双碳”目标）的路线图和施工图。其中各项综合措施的运行将促进我国经济社会绿色转型，这与党的二十大推动绿色发展的精神相契合。党的二十大深入部署生态文明建设，稳健推行碳达峰碳中和，开启对组织机构的碳排放总量和强度的双控制度，从而加快绿色转型。

碳审计作为一种对碳排放管理活动及其成果进行独立性鉴证和评价的行为，对于监督促进节约资源、保护环境政策目标落实具有十分重要的意义。因此，推行碳审计是顺应时代需求的必然举措，也是实现低碳经济的重要路径。

二、碳审计的概念

碳审计是指碳审计主体接受企业利益相关者的委托，对被审计单位的低碳活动和环境行为进行独立监督、鉴证和碳风险评估①。具体是指根据一系列低碳政策法律法规及碳会计制度、标准和准则，采用科学合理的碳审计方法，对审计客体所从事的低碳项目、能源使用、节能减排履行情况等活动的真实性、公允性和效益性进行审计。

【知识拓展 14 －1】

碳审计的其他相关概念：

（1）环境审计。环境审计是现代审计在环境治理中的运用，多数文献认为，碳审计是环境审计的一个分支，是现代审计在碳排放治理中的运用。

① 张亚连．我国碳会计制度设计与运行机制研究［M］．北京：经济科学出版社，2018：178.

（2）能源审计。能源审计是现代审计在能源治理中的运用。能源审计是对能源使用的物理过程和财务过程进行检测、核查、分析和评价并提出改进建议的活动。能源审计是在对能源利用状况进行审计、诊断和分析的同时，对环境效果进行监测和评价，从而寻求耗能效益的最大化。能源审计关注的重点是能源利用状况，能源消耗中的碳排放并不是其关注的重点。但是，能源消耗是最重要的碳排放活动，也是碳审计的重点内容。因此，能源审计与碳审计有交叉，能源消耗状况是二者共同关注的内容；二者也有差异，能源审计重点评价能源使用效率、消耗水平和能源利用经济效果，并提出节能改造措施，而碳审计的重点则是能源消耗所产生的碳排放。因此，能源审计与碳审计是关系密切但并行独立的两种审计类型。

三、推进实施碳审计的意义

“双碳”目标的实现是经济社会的全面变革。推进碳审计全覆盖，有利于推动我国产业升级和企业技术创新，形成促进可持续发展的政策机制和制度保障体系。

（一）规范企业碳排放行为

作为一种新型环境规制工具，碳审计拓宽了传统财务审计的固有思路，以核算碳足迹的方式为企业碳排放活动和履行社会责任的实际情况提供了独立、客观的数据支撑和外部鉴证，可以有效提升碳排放报告的信息披露质量。在确定企业碳排放量、减排潜力的同时，碳审计也能在无形中督促企业履行合规性义务，约束其碳减排行为决策，进而倒逼企业生产方式的绿色转型。

（二）激发碳市场交易活力

全国碳排放权交易市场已于2021年7月16日开市，虽然初步显现了推动低成本减排的成效，但是仍存在交易潮汐现象明显、市场总体活跃度不高等问题。合理、准确的碳交易审计体系能够保证碳交易过程的公正与公允，充分激活碳交易的金融属性，畅通碳价格发现运行机制，进一步增加我国碳交易市场的流动性。

（三）支持“双碳”政策落实

碳达峰碳中和“1+N”政策体系不仅对能源、工业、交通等高碳领域的绿色高质量发展提出了新任务，也对金融、价格、财税、土地、政府采购、标准等保障方案的落地提出了高要求。沿“政策—项目—资金”主线积极开展碳审计，有助于全方位、全链条、全环节监测“双碳”政策措施在各地各部门的具体落实情况，及时、持续跟踪“双碳”工程项目的建设与运行过程，并通过针对性的反馈与评估切实提高“双碳”资金的使用效益。

第二节　碳审计的内容

一、碳审计主体

作为环境审计的分支之一，碳审计的主体有：国家审计机构、内部审计机构、民间审计机构。

国家审计机构是政府机构，具体负责低碳财税资金的审计监督、低碳经济行为和产品的审计认证、低碳政策和法规的制定和执行审计等相关工作。国家审计机构能够依法行使职权，对企业和组织进行强制性的审计和监督，确保其遵守碳排放管理要求。

内部审计机构由企业和组织自行设立，负责对内部运营和业务活动进行审计和评估。在碳审计中，内部审计机构作为审计监督的“第一道防线”，已经扩展到企业管理的各个方面，包括企业环境管理体系建设。对企业环境管理体系建设过程的经济事项的合理性和有效性进行审查和评价，目的在于查错防弊，实施内部控制评价，以提高管理和工作效率及经营业绩。

民间审计机构是独立于企业和组织的第三方机构，例如会计师事务所，代表公众利益对其进行审计。民间审计机构的参与可以增强碳审计的透明度和客观性，合理保证碳排放数据的准确性和真实性。此外，民间审计机构还能够对企业和组织的环境责任和可持续性进行评估，促进企业的碳排放管理和减排行为。

这些主体的合作与协调，在一定程度上保证了碳审计工作的有效执行，促进了全社会的碳排放管理和减排行为。

二、碳审计目标

碳审计目标应是一个由多层目标构成的有机系统，既有最高目标，也有具体目标。结合我国目前碳审计所面临的内外部环境，本书把碳审计目标分为一个最高目标和四个具体目标。下面对此详细阐述。

（一）合理保证节能减排责任的有效履行

碳审计的最高目标即指合理保证企业的节能减排和低碳管理责任全面有效履行。这一目标稳定而适应面广，适用于所有类型的碳审计。它既反映了碳审计的本质——对碳排放和碳交易活动进行鉴证和评价，实现节能减排的有效决策和控制；还能克服社会政治经济环境的变化对碳审计目标的影响。

（二）检验和审计碳会计报告，提高碳信息的决策经济性

提供充分、可靠的碳信息无疑是做出正确决策和实现低碳资源优化配置的基础。只是因受到诸如利益冲突、信息不对称、复杂性等因素的影响，碳信息使用者往往会有可能获取不真实、不正确和不完整等问题的信息而导致决策的不经济性。因此，碳审计目标应该在对碳会计报告的编制和披露进行审查的基础上，就其真实性、合法性和公允性等发表审计意见，提高碳会计信息的可信度，降低碳信息所带来的决策风险，有利于低碳资源的优化配置。

（三）评价碳会计制度体系，监督节能减排资金的有效性

碳会计制度体系的存在性、充分性和有效性是被审计单位全面履行节能减排和低碳管理责任的基础和保障，其关键部分是内部控制制度。对碳会计制度体系中的内部控制制度进行评价，是碳审计具体目标中综合性最强的一项工作。为了加强节能减排资金的管理和监督，国家相继出台了一系列资金管理规定和会计核算办法。这些管理规定和办法的制定和实施，对于合理、合规和合法核算、管理和使用资金，确保碳会计制度的顺利实施及低碳管理政策的效率性提供了制度保证。从这一角度出发，碳审计的目标就是以规范的碳会计核算为基础，对节能减排专项资金的核算、管理和使用进行有效的监督，从而规范专项资金核算，遏制违纪违法行为的发生，确保低碳资源的保值增值。

（四）审计低碳管理活动，评价低碳管理活动的效益性

评价低碳管理活动的绩效，促进被审计单位提高低碳管理效益，是碳审计的重要目标之一。为了使低碳管理活动与企业碳会计制度体系相协调，需要讲求低碳管理的“5E”特征（即经济性、效率性、效果性、适当性和环保性），通过定期评价被审计单位的管理绩效，有利于提高其管理活动的效益性。

（五）审查相关法律、法规和标准的实施，确保碳会计制度的运行保障

要遵循国家温室气体排放法律、法规和碳排放标准等，具体关注节能减排工程项目建设情况，企业碳足迹和产品碳足迹的评估情况等。同时，还要关注节能减排相关政策法规执行情况，关注新能源和碳交易市场等新措施实施和制度建设情况，并通过揭示和反映国家节能减排相关政策落实环节存在的问题，查找问题并分析原因，提出完善节能减排的政策意见及建议，提高节能减排相关经济活动的实施效果。这些法律、法规和标准的贯彻实施，正是碳会计制度顺利运行的有力保障。

三、碳审计范围

碳审计主要是针对企业碳排放相关信息及相应的经济活动情况进行审计，审计范围包

括企业涉及碳排放的相关业务以及相关附属活动。国际上，联合国政府间气候变化专门委员会编制的国家温室气体清单指南对需要纳入碳审计范围的温室气体进行了归纳，并详细介绍了这些气体的排放危害与可能造成的影响。该清单还编制了能源、工业、农业、林业、土地和废弃物处理行业温室气体排放清单的树状图。审计人员可以根据树状图上的项目对企业产生的温室气体种类进行判断，从而确定详细的温室气体审计清单。

四、碳审计执行程序

（一）审计准备阶段

以民间审计为例，在被审计单位进行审计委托时，会计师事务所应当按照执业准则的规定，谨慎决定是否接受或保持某被审计单位的审计业务。在这一流程中的具体环节要涉及以下内容：第一，对委托碳审计项目内容进行分析，了解项目所涉及公司的基本情况、被审计单位简要概况、股权变动情况、碳排放方针政策、碳排放报告及质量管理体系等。第二，了解被审计单位的碳排放信息，明确碳审计范围的选择、碳审计目标以及碳审计报告可信度需要保证的等级等。在了解和分析这些具体业务的基础上，下一步就是对碳审计项目进行风险识别、风险评估和风险应对。如评估事务所自身胜任能力、剔除不能承接业务的情形及被审计单位诚信度的评估等。第三，对碳排放信息进行初步评估。这是业务分析中最重要的一个环节，通过评估被审计单位碳排放信息的重要影响程度及取得信息的难易程度，评估节点企业配合碳审计的程度及风险性，设想可能遇到的困难，以明确审计业务的难易程度，确定审计资源和审计费用，以此作为签订碳审计报告的重要依据，并考虑是否承接该碳审计项目。第四，审计项目组就审计保证等级、审计目的、适用准则和标准、主客体责任和义务、审计范围、报告时间、实质性等诸多事项与审计单位或委托方进行业务商定，签订碳审计业务合同，达成保密协议，表明正式接受或承接该碳审计项目。

碳审计项目合同一旦签订，就需要着手制定碳审计策略和具体计划。具体实施步骤是：第一，根据项目成员的专业胜任能力，分析是否适合参与，确定项目成员。项目成员不仅要具备一般审计人员所拥有的专业知识、技能、职业素养、职业道德及独立性等，还要了解和掌握特定行业或领域的生产工艺或流程，识别与选择碳排放边界和碳排放源，通晓碳足迹核算方法和标准，掌握具体的数据分析和评价方法等。第二，进一步详细了解被审计单位的碳排放情况。首先，检查被审计单位所提供的基准年碳排放报告、生产工艺流程、能源消耗平衡表等，判断其完整性、真实性及合理性是否符合。其次，结合与环境保护相关的国家方针、政策和管理制度以及相关的法律法规基础等，对被审计单位的所有重要碳排放源、碳排放核算的依据和方法、碳排放报告的质量控制体系、碳排放信息的披露情况、核心产品生命周期的碳足迹等情况进行了解，然后确定碳审计项目和基准年，选择好碳审计范围，拟定碳审计计划并予以沟通，以便下一流程的碳审计认定和执行。其中，碳审计计划的变化应当贯穿整个审计工作过程中。

（二）审计实施阶段

在此阶段，审计人员必须制定风险评估程序，以此作为识别和评估重大错报风险的基础。风险评估程序是指审计人员为了解被审计单位及其环境，以识别和评估重大错报风险而实施的审计程序。了解被审计单位及其环境实际上是一个连续和动态的收集、更新与分析信息的过程，贯穿于整个审计过程的始终，为审计人员在许多关键环节做出职业判断提供了重要基础。例如，审计人员可以通过询问不同层级的人员获取对识别重大错报风险有用的信息。

审计人员还需要执行分析性程序，即进行比率分析和趋势分析。由审计人员研究碳排放数据与相关信息之间的内在关系，对碳排放数据的真实性作出评价。分析性程序还包括调查识别出的、与其他相关信息不一致或与预期数据严重偏离的波动和关系。在实施分析性程序时，审计人员应当预期可能存在的合理关系，并与被审计单位记录的数据、依据记录数据计算的比率或趋势相比较；如果发现某些数据异常或未达到预期的关系，则审计人员应当在识别重大错报风险时考虑这些比较结果。

仅以上程序不足以为发表碳审计意见提供充分、适当的审计证据，还应当实施进一步程序，包括控制测试和实质性程序。控制测试用以检查被审计单位内部控制是否有效，如观察审计期间被审计单位相关部门的运行情况，包括询问、检查、观察及重新执行等。审计人员应当根据评估的认定层次重大错报风险和实施控制测试的结果确定收集审计证据的范围、种类和步骤，便于审计人员检查、监盘、观察、询问、函证、计算等有序地开展取证和分析性复核工作。审计人员可以通过对碳排放源的审计抽样，鉴定审计证据的适当性和充分性，以实现碳审计目标。如果被审计单位规模庞大，取证现场较多，则可能无法实现每处的详细审计，这时往往要求遵循重要性和风险导向的原则，将审计资源投放到容易发生问题的环节，可采取抽样审计的方法，运用产品生命周期碳足迹测算法进行碳排放计算，与被审计单位以前年度纵向比较、与同行业横向比较，检查是否存在异常，并询问专家意见，将认定层次的检查风险降低至可接受的水平。抽样结束后，要对整个抽样过程进行检验，判断是否有遗漏，是否具有代表性，抽样风险是否能够接受。最后，需要对审计证据进行分析评价。例如，将揭示碳会计报告公允性、反映碳排放活动绩效和碳管理会计系统有效性，或者反映碳审计依据和标准执行的合法性方面的证据进行归类整理，评价该类证据的整体证明力来考察它们支持碳审计意见的充分性。

审计人员在审计过程中发现的问题和存在的疑问，需要和被审计单位进行有效沟通，并以书面形式反馈给被审计单位，要求其进行调整。

（三）审计报告阶段

碳审计流程的最后一个阶段就是碳审计报告阶段。此流程是对前面流程的总结，撰写碳审计报告，并向委托人提交报告的过程。基本工作路径如下：

（1）提出节能减排的相关建议，出具初步碳审计报告。在现场审计过程中，审计人员发现问题的同时，也能及时发现被审计单位节能减排的机会与风险。比如，供应链路径的合理选择、使用低碳技术的环节、提高节能减排的方式、链上上下游企业碳信息共享的途径、确认节能减排效应较高的具体措施等；当然，在机会面前也面临着风险，例如，是否遵守有关法规政策、碳排放是否得到有效控制、是否恰当使用了节能减排资金等。在提出上述相关建议的基础上，审计人员再根据碳审计证据的适当性和充分性进行合理推论，撰写初步审计报告，报告内容大致包括：碳审计项目的基本概况；碳审计目标和范围；碳审计依据和标准；碳审计方法；碳审计结论；发现的问题及整改措施；有关节能减排的相关建议；碳审计意见及其他等。

（2）进一步的审计沟通。在出具正式碳审计报告前，审计人员还需要与被审计单位的相关机构或部门就所存在的问题进行进一步沟通。例如，在前述碳审计认定的现场鉴定中发现有与碳排放量估算相关的重大瞒报或错报信息，就需要就被审计单位的内部控制缺陷与相关人员进行详细沟通并提出整改意见；另外，还包括相关审计意见类型及是否考虑后续审计等问题进行深度沟通和意见交换。当然，上述所有沟通都必须建立在不违背社会审计职业道德操守和独立性原则的前提下。

（3）提交正式报告并归档。碳审计报告是指审计人员在审计过程中，按照碳审计要求，对被审计单位所从事的低碳项目、能源使用、节能减排履行情况等活动的真实性、公允性和效益性所发表的审计意见的报告。碳审计报告作为碳审计流程的总括性文件，是审计档案的重要内容，不仅具有碳鉴证的作用，还具有合理保护碳信息使用者的作用，因此需出具碳审计报告后应及时将碳审计工作底稿进行整理归档。

一份完整的碳审计报告包括以下内容：标题、收件人、引言段、碳审计范围、碳审计意见等。其中，引言段包含了已审计碳排放信息内容的名称、日期或涵盖的期间、管理层的碳会计责任与碳审计人员的审计责任等内容。在范围段应说明以下三方面内容：其一，为了合理确定碳信息是否存在重大错报，审计人员按照碳审计依据和标准计划并实施碳审计工作；其二，审计工作包括碳排放源抽样、检查碳审计证据等有关碳审计证据的归集、鉴定及评价；其三，碳审计工作为审计人员发表审计意见提供了合理的依据。有关碳审计意见段，应说明碳信息披露是否符合中国颁布的有关碳审计依据和标准，在所有重大方面是否公允反映了被审计单位碳排放活动或事项方面的财务状况、经营成果和现金流量。此外还需具备审计人员的签名及盖章；实施碳审计机构的名称、地址和盖章；碳审计报告日期等要素。碳审计意见类型有无保留意见、保留意见、否定意见及无法表示意见四种。

综上所述，碳审计流程是影响碳审计效果和效率的重要因素，恰当、有效的碳审计流程可使审计活动的每一个环节都按照一定的程序和原则行事，达到碳审计标准，使审计工作得以规范化、全面化和完善化，并有条不紊地开展，从而保证碳审计工作的高质量。

【知识拓展 14－2】

区块链与碳审计

随着“双碳”目标的推进，企业碳信息的重要性日益突出，真实公允的碳信息需求推动了碳审计业务的发展。不过，碳审计面临着碳排放监测核算技术繁琐、碳信息集成困难、可视化不足等问题，而利用区块链技术进行数据的全流程确权，预计能够大大提升碳审计的质量和效率。

第一，区块链技术可以用于企业碳排放数据的全流程监测与记录。

一方面，区块链的数据层能够保障碳排放数据的安全存储与责任落实。企业生产环节的碳排放参数借助各项探测技术获得，通过多个传感器被实时传送至数据层，进行封装存储；区块链体系中时间戳、Merkle 树、非对称加密和哈希函数等技术点，确保了数据的可追溯性和不可篡改性；同时企业各部门需要在区块链节点上注册，负责数据的存储和验证，同时要求在每个板块都要写入生产负责人、碳信息披露人、项目管理人、生产项目、碳排放预算、实际碳排放等信息，使项目的每个环节都可以追溯到责任人。

另一方面，区块链的网络层和共识层能够实时跟踪监管企业的碳信息披露。区块链网络层会对企业碳数据进行验证，若企业的碳排放信息不符合政府发布的碳排放项目信息披露机制和规定细则，则验证不通过，交回整改；同时在共识层中通过分布式一致性技术和数据验证机制实现在不同节点对数据达成高效共识。

可见，区块链的链式结构有利于对企业碳排放数据的全流程监测和记录，将符合各项标准的企业真实碳排放数据存储下来，为碳审计证据的获取及其真实有效性提供保障。

第二，区块链技术可以用于取证和跟踪企业的碳交易流程。

一方面，将企业的碳配额和历史碳交易数据存储在区块链中，不同节点互相连接，能够形成一个完整的数据链条。技术人员可以建立标准化的数据接口，通过节点数据的读取实时获取被审计单位更新的碳交易内容，同时借助数据链条获取每次碳交易的上下游信息。

另一方面，利用区块链的链式存储结构可实现多信息系统交互。审计人员可以借助区块链技术将被审计单位的碳信息系统与环保、金融等机构的信息系统实现交互，将有关信息存储至区块链上，实时动态核查是否存在异常的碳交易信息和交易数据更改痕迹。同时结合实时预警系统，可以取证和跟踪企业的碳交易流程，及时发现漏洞，防范舞弊风险。

因此，对碳审计而言，一方面借助区块链技术的去中心化和可追溯的优势，能够大大降低数据被篡改的发生率，保留数据完整性，碳信息高度的透明和开放能够显著提高碳审计证据的有效性；另一方面区块链技术对数据的实时搜集和预警机制可以帮助审计人员实现实时的碳信息追踪，提升碳审计的质量和效率。

第三，区块链技术可以解决碳审计抽样偏差，极大降低碳审计风险。

重点排放企业的碳信息十分庞杂，传统的审计抽样思维隐藏着大量碳排放数据被忽视、有价值的数据未获取的风险。区块链技术的时间戳机制保证了其不可篡改性，可提供稳定的审计线索，保障碳审计人员可以获取被审计单位的全部数据，减少由样本推断总体带来的偏差。

区块链技术与人工智能、云计算、大数据等审计技术的配合使用，能够从总体上进行数据分析和数据挖掘，将存储于区块链中的大量数据释放出来，帮助审计人员从构建模型中发现碳审计核心问题，进行精确延伸取证，从而实现碳审计目标。

综上，审计人员借助区块链技术可以从大量繁杂的抽样取证工作转向数据分析工作，有效克服碳审计的抽样偏差，降低重点排放企业的碳审计风险。

资料来源：东方财富网“引入区块链技术是开展碳信息审计的有效举措”，https：//finance. eastmoney. com/a/202206052402464937. html.

第三节　碳审计与传统审计的比较

在碳审计过程中，审计人员主要审计含碳物质的排放，从企业公布的可持续发展报告或年度报告里获取所需的碳数据，综合财务数据与非财务数据，客观分析被审计单位的碳排放状况，评估其碳减排是否达标。不同的是，传统审计依赖于企业提供的财务报表，是对报表中的数据开展的审计，两者之间存在一定差异（见表 14 －1）：

（1）审计目标：传统审计的目标是对财务报表是否在所有重大方面按照适用的财务报告编制基础发表审计意见、出具审计报告、与管理层沟通；碳审计的目标是合理保证节能减排责任的有效履行。

（2）审计内容：传统审计的内容是财务报表审计、内部控制评价、专项评价等；碳审计的内容是低碳政策的制定和执行情况、财税资金的使用情况、低碳行为和产品的认证情况、节能减排的达成情况等。

（3）审计程序和方法：传统的审计程序和方法有检查、观察、询问、函证、重新计算、重新执行、分析程序；碳审计的程序和方法在传统审计程序的基础上，还需要借助环境学、物理化学等专业知识和人才，除了审核碳足迹，还要考虑碳抵消（如植树造林或其他吸收 CO_2措施）因素。

（4）审计报告：传统的审计报告包括标准意见审计报告、非标准意见审计报告、其他报告（内部控制报告）；碳审计报告包括两种形式：①合并在传统审计报告中；②单独出具碳审计报告。

表 14 －1　　传统审计与碳审计对比表

项目	传统审计	碳审计
审计目标	对财务报表是否在所有重大方面按照适用的财务报告编制基础发表审计意见、出具审计报告、与管理层沟通	合理保证节能减排责任的有效履行
审计内容	财务报表审计、内部控制评价、专项评价等	低碳政策的制定和执行情况、财税资金的使用情况、低碳行为和产品的认证情况、节能减排的达成情况

续表

项目	传统审计	碳审计
审计程序和方法	检查、观察、询问、函证、重新计算、重新执行、分析	在传统审计程序的基础上，还需要借助环境学、物理化学等专业知识和人才，除了审核碳足迹，还要考虑碳抵消（如植树造林或其他吸收 CO_2 措施）等因素
审计报告	标准意见审计报告、非标准意见审计报告、其他报告（内部控制报告）	碳审计报告：（1）合并在传统审计报告中；（2）单独出具碳审计报告

[同步思考 14 -1]

碳审计有什么特征?

理解要点：

1. 碳审计主体选择性。现阶段，我国在碳审计方面仍然处于探索性阶段，国家审计作为碳审计的主体之一，在审计领域内组织完善、资金充沛、物资充盈，是发挥碳审计作用的主要依托。我们在碳审计工作开展的过程中要发挥出政府碳审计的主体优势，以民间审计和企业内部审计为辅助，综合协调，全面发展，为我国碳审计工作内容的完善和发展奠定基础。

2. 碳审计客体针对性。传统领域内审计工作涉及国民经济的方方面面，审计内容十分广泛，各种组织均包含其中。相比之下，碳审计工作与传统审计之间存在较大差异，以能源消耗高的行业为主要对象，包括石油产业、化工行业、交通运输业、建筑行业和电力行业等，此外，高能耗的家庭也可能是碳审计的重点对象。

3. 碳审计内容宏观性。传统意义上的审计工作以企业为主要对象，从微观层面对企业经营的各项指标进行审查，相比之下，碳审计更加突出宏观领域的指标，尤其是政府机构政策执行状况和落实程度，碳审计的结果也为宏观政策的调整和实施提供了现实依据和资料参考。

4. 碳审计知识交叉性。碳审计工作与传统审计相比，知识结构方面更加复杂，在碳审计中不仅需要传统的经济管理领域知识，同时要涉及社会学、能源学、工科科学、统计学和生态学等不同领域的知识，知识交叉性特点突出，知识体系多元化是碳审计工作的重要特征之一。

资料来源：宋平，郭阳生，夏阳．国外碳审计对我国碳审计发展的经验与借鉴［J］．南华大学学报（社会科学版），2016，17（04）：54－59.

第四节 展 望

从目前来看，我国的碳审计发展仍处于初级阶段。但在碳达峰碳中和的重大战略部署下，我国各地区各行业都逐渐重视起来，开始用实际行动助力“双碳”目标的实现，这无疑将推动我国碳审计事业的高速发展。

在“双碳”背景下，我国碳审计的发展应致力于完善碳审计的顶层设计，加快碳审计的立法；加强碳审计纵横向联动协同，促进平台信息公开，数据共享；扩宽碳审计覆盖面及审计结果应用范围，加强社会公众参与度，提高工作效率；培养复合型碳审计人才，提升碳审计专业人才素质；严格监督考核并压实责任，为碳审计创造一个良好的监督环境，实现碳达峰碳中和以及经济的高质量发展。

本章小结

1. 碳审计是指碳审计主体接受企业利益相关者的委托，对被审计单位的低碳活动和环境行为进行独立监督、鉴证和碳风险评估。具体是指根据一系列低碳政策法律法规及碳会计制度、标准和准则，采用科学合理的碳审计方法，对审计课题所从事的低碳项目、能源使用、节能减排履行情况等活动的真实性、公允性和效益性进行审计。

2. 碳审计的主体包括国家审计机构、内部审计机构和民间审计机构。

3. 碳审计目标包括合理保证节能减排责任的有效履行；检验和审计碳会计报告，提高碳信息的决策经济性；评价碳会计制度体系，监督节能减排资金的有效性；审计低碳管理活动，评价低碳管理活动的效益性；审查相关法律、法规和标准的实施，确保碳会计制度的运行保障。

4. 碳审计的范围包括企业涉及碳排放的相关业务以及相关附属活动。

5. 碳审计执行程序主要包括三个阶段：审计准备阶段、审计实施阶段以及审计报告阶段。

6. 碳审计与传统审计在审计目标、审计内容、审计程序和方法以及审计报告等方面都存在一定差异。

复习思考题

1. 什么是碳审计？推行碳审计有什么意义？
2. 碳审计的范围主要包括哪些？
3. 碳审计执行程序主要包括哪几个阶段？
4. 碳审计和传统审计存在哪些差异？

主要参考文献

[1] 唐华．审计学［M］．北京：科学出版社，2019.

[2] 李瑛．审计学［M］．北京：中国纺织出版社，2018.

[3] 周莉，常艳．审计学［M］．武汉：湖北科学技术出版社，2014.

[4] 黄良杰，肖瑞利．审计学［M］．成都：西南财经大学出版社.2021.

[5] 叶忠明．审计学原理［M］．大连：东北财经大学出版社，2019.

[6] 中国注册会计师协会．审计（2023年度注册会计师全国统一考试辅导教材）［M］．北京：中国财政经济出版社，2023.

[7] 陈汉文．审计理论与实务［M］．北京：中国人民大学出版社，2019.

[8] 黄良杰，肖瑞利．审计［M］．大连：东北财经大学出版社.2013.

[9] 王砚书，董丽英．审计实训教程［M］．大连：东北财经大学出版社.2018.

[10] 刘雪清．财务报表审计模拟实训［M］．大连：东北财经大学出版社.2021.

[11] 王光远，黄京菁．审计学［M］．大连：东北财经大学出版社.2011.

[12] 翁维．审计案例分析［M］．北京：经济科学出版社，2021.

[13] 敖世友，陈倩，张黎明．审计学（第2版）［M］．成都：四川大学出版社，2020.

[14] 李俊林，徐静．审计案例：解析与训练［M］．北京：电子工业出版社，2020.

[15] 杨书怀．现代审计学［M］．上海：复旦大学出版社，2020.

[16] 上官晓文．审计学（第三版）［M］．上海：上海财经大学出版社，2018.

[17] 刘华．审计理论与案例［M］．上海：复旦大学出版社，2005.

[18] 李晓慧．审计学：实务与案例（第三版）［M］．北京：中国人民大学出版社，2014.

[19] 宋平，郭阳生，夏阳．国外碳审计对我国碳审计发展的经验与借鉴［J］．南华大学学报（社会科学版），2016，17（4）：54－59.

[20] 张亚连．我国碳会计制度设计与运行机制研究［M］．北京：经济科学出版社，2018：178.

[21] 刘杰，靳洪灵，陈汉文．大数据时代的审计变革：分析框架与实现路径［J］．财务研究，2019（3）：42－53.

[22] 高廷帆，陈甬军．区块链技术如何影响审计的未来：一个技术创新与产业生命周期视角［J］．审计研究，2019（2）：3－10.

[23] 康雅琳．九好集团财务舞弊案例分析及审计启示［J］．现代商业，2020（18）：95－96.

[24] 曲京山，王家璇，刘雅琦．东方金钰财务舞弊波尔原子模型分析［J］．合作经济与科技，2021（8）：142－144.

[25] 高翔宇．獐子岛公司存货审计案例研究［D］．长春：吉林财经大学，2019.

[26] 宋夏云，谭博文．正中珠江会计师事务所对康美药业审计失败的案例研究［J］．商业会计，2019（22）：4－8.

[27] 于化瀛．农业上市公司财务造假动因分析及对策——以万福生科为例［J］．财会月刊，2014（8）：73－76.

[28] 郑金秀．大数据审计技术方法在内部审计中的运用——以某集团公司销售业务专项审计为例［J］．中国内部审计，2022（2）：58－61.

[29] 章峰．运用大数据审计方法实现审计全覆盖——以江西省审计厅“一卡通”审计为例［J］．现代审计与经济，2021（6）：25－27.

[30] ACCA Audit & Assurance：Workbook［M］．BPP Learning Media，2024.